林崇德 口述历史

林崇德　口述

辛自强　吴安春　林羽霄　整理

北京师范大学出版集团
BEIJING NORMAL UNIVERSITY PUBLISHING GROUP

北京师范大学出版社

图书在版编目 (CIP) 数据

林崇德口述历史/林崇德著 . —3 版 (修订版). —北京：北京师范
大学出版社，2024. 1
ISBN 978-7-303-28841-0

Ⅰ . ①林⋯　Ⅱ . ①林⋯　Ⅲ . ①林崇德–事迹　Ⅳ . ①K825.46

中国国家版本馆 CIP 数据核字 (2023) 第 015980 号

图书意见反馈　　gaozhifk@bnupg.com　　010-58805079

LINCHONGDE KOUSHU LISHI

出版发行：北京师范大学出版社　www.bnupg.com
　　　　　北京市西城区新街口外大街 12-3 号
　　　　　邮政编码：100088
印　　刷：北京盛通印刷股份有限公司
经　　销：全国新华书店
开　　本：787 mm×1092 mm　1/16
印　　张：23.5
字　　数：335 千字
版　　次：2024 年 1 月第 3 版
印　　次：2024 年 1 月第 1 次印刷
定　　价：108.00 元

策划编辑：周雪梅　　　　　　责任编辑：李春生
美术编辑：陈　涛　李向昕　　装帧设计：天放禾城
责任校对：陈　民　　　　　　责任印制：马　洁

（姜媛　摄）

林崇德，北京师范大学资深教授，心理学家和教育家。

至诚报国是他毕生追求的道德品质，忠诚党的教育事业是他的理想信念，培养出超越自己、值得自己崇拜的学生是他的教育理念，严在当严处、爱在细微中是他的育人规范。

他倡导心理学研究中国化的路子，他重视课题"顶天立地"的选项，他坚持苦守基地、求是创新的探索，他强调"走出象牙塔、服务百姓家"的要求。

国务院授他为"全国劳模（先进工作者）"，中组部、中宣部、人事部、科技部授他为"杰出科技人才"，教育部授他为"师德模范"，北京市授他为"北京市人民教师"，称号与他的人格相匹配。

再版前言

  2021年10月16日我获得第三届"杰出教学奖"。杰出教学奖是由陈一丹基金会资助，联合教育部中国教师发展基金会共同设立的，主要用于表彰在人才培养方面取得突出成绩、在国家战略性紧缺人才培养方面做出杰出贡献、具有全球卓越教学影响力、扎根教学一线的高校教师。我在发表获奖感言时表示："忠诚党的教育事业，是我毕生的信念。为了更好的教书育人，我提出了'培养出超越自己，值得自己崇拜的学生'的理念。因此，我注重学生的必备品格和关键能力的培养，并重视发展他们的创新品质。我已进入耄耋之龄，若有余年，将用有限精力，以中央人才工作会议精神，进一步完善我曾为教育部主持的'中国学生发展核心素养'委托课题，为促进学生科学素养的提高，为人才强国战略再尽一份微薄之力。"在获得杰出教学奖后，我和我家人决定把全部100万元奖金捐赠给北师大教育基金会，我希望其用来激励对基础教育教学和人才培养做出贡献的师范院校的老师。

  学校在宣传我的时候特别强调：爱岗敬业、教书育人是我为之奋斗一生的事业与理想；"学为人师，行为世范"的校训是我践行的行为准则。与此同时，我的弟子们也在议论："2021年是我们老师丰收的一年。"这些无非是说，因学术界的鼓励、信任和关切，使我获得了一些政府颁发的业务奖项。也在2021年春，北京师范大学出版社发行了12卷《林崇德文集》。对此，我感慨万千，感受多多：没有北京师范大学的平台，我将一无所有；没有恩师朱智贤教授和我的学生团队，我将寸步难行；没有党用人民助学金供我上高中、读大学，奠定我的德识之基础，又哪有我今天的学术地位和诸多荣誉？联想起我的口述历史，它只是对我的过去的一些总结，体现了北京师范大学对我的关心。

我的口述历史是2011年出版的，北京师范大学出版社打算出修订本，我也想把近因10年自己的工作做个整理，增加为第十章，其内容是制定中国学生核心素养、主持高校学生心理健康教育专家指导委员会、制定《中小学教师培训课程指导标准（师德修养）》、坚持心理学研究的中国化。尽管这些谈不上什么有太大价值，但对我来说，却是自己在以前教学与科研的基础上，最为喜悦而满意的工作。口述历史初版后，我见到一些鼓励性的评论和来信，也看到一些修改的建议，特别是老家浙江省象山县档案局老局长许土根先生提了93条修正和补充意见，我除了致谢之外，对如何修订我的口述历史却犯难了。原先帮助我整理口述历史的是两位弟子，而今，辛自强教授已经成为卓有成就的心理学家，吴安春教授创办了多家书院，他俩不仅是知名学者，而且每天忙碌不堪，我不忍心再把录音笔交给他俩，请他们去打字、修改和整理。恰巧我孙子林羽霄2020年上半年因疫情不能返校在家待了8个月，除接受线上教学之外有一定空余时间，我让他按许土根先生的93条修正和补充意见帮助我修订起我的口述历史；他又利用三个寒暑假，按上述四件事的资料和我的口述，整理出第十章的四节内容。他于今年2月把前九章修订后的新内容发给了出版社；3月5日返校前接受其吴安春阿姨的邀请与我一起去了什刹海书院，吴阿姨带他参观书院，使他深为震撼和感激，不久他把第十章发给吴阿姨去润色和再整理。

就这样，我的口述历史的修订工作总算完成了。再次感谢北京师范大学出版社，感谢先后负责本书初版和再版的王安琳、周雪梅和李春生三位编辑，感谢所有关心和帮助老朽的人。至于有人提出，能否有再一次修订的可能，要看老天爷能否赠我一个耆寿之年。

让我与读者们一起来分享我的口述历史。敬祝所有读者愉快、幸福、健康、长寿！

林崇德

2022 年 3 月 31 日

前　言

　　北京师范大学出版社出版了校内专家《启功口述历史》和《顾明远教育口述史》两本自传以后，2007年又与我签约，预定2009年秋季要出版我的口述历史。我因考虑自己的年龄，故希望推迟半年到2010年春节之后，即我虚岁进入70后再予出版。

　　北京师范大学出版社赔本出版我的自述，反映了从学校党政领导到出版社班子对我的抬爱、厚望和关怀。学术界的知识分子一般不愿意出版自传，现有出版的自传多半出自组织的爱护、宣传和推荐。我的口述史的启动和出版，就体现了来自组织的鼓励、奖励和鞭策，这当然使我深深地感动，并化作一种动力。我要在口述历史的基础上，奉献残生，继续加倍投入事业，鞠躬尽瘁，死而后已。

　　我的口述历史仅仅是一名普普通通的教师教书育人的经历，其主题是展示一个中国的心理学界和教育界的知识分子成长的生涯，自述爱国、爱党、爱学术、爱教育和爱学生的历程。我要表现自己一生的追求和理念：把忠心呈于国家，把孝心献于长者，把爱心奉于社会。我要对心理学界说的话是："越是民族的东西，越能国际化"；我要对教育界说的话是："培养出超越自己，值得自己崇拜的学生"；我要对社会说的话是："天生其人必有才，天生其才必有用，只要在人生十字坐标上找到一个合适的位置，都能发光发热"。我在口述历史的过程中，始终坚持三个原则：一是求实求是。口述自己的历史，不同于写小说，我不会写小说，我只会忠于事实，也就是说，我的口述历史句句有依据，没有半点虚构。二是历史唯物观。口述自己的历史，有着对过去事例的重新认识。不同的历史现实，"昨天"与"今天"毕竟有很大的差异，我是一个辩证唯物主义者，我遵循的是历史唯物主义的原理。三是正面叙述。所口述的历史并不是每天都阳光灿烂，社会生活本来就存在着矛盾，但对任何与我的历史有悖的人和事，我尽95%的可能去口述正面的、和谐的与积极的方面，让过去的就美好地过去。如果是非涉及不可，否则就难以成文的，我则采取对事（件）不对（个）人的方式，绝对不点名道姓，让我的口述历史充满欢乐、亲善与和谐。

我的口述工作从2008年暑假开始。前八章口述后，交给我的弟子辛自强教授，他带着学生认真整理，并与我交流几次，于2008年冬他出国前基本成稿；自强出国后，我的另一位弟子吴安春教授接着润色，连章节的标题都是她与其丈夫和上大学的儿子相继确定的，后又与我交流几次，交给我的博士生罗良、张萌和张梅仔细加工。第九章是2009年冬季口述的，张萌和张梅二人整理并与我交流十余次后，又仔细做了加工，后经自强与安春二位教授润色审定。最后书稿交给北京师范大学出版社出版，责任编辑是我的弟子王安琳教授和周雪梅编辑，她俩又花费了一番心血。这里，还要提及的是我的亲友们为我提供了大量历史素材和照片资料，供我选用。我敢说，口述历史的完成比学术著作的出版还费劲。对于上述付出辛勤劳动的弟子、亲友、同乡和同事，让我于此一并表达谢意。

林崇德

2010年春节于京师园

第一章　家乡、家族与家庭

　　在中国，家乡、家族和家庭对一个人的成长，其意义非同一般，即便后来远在他乡生活、发展，其影响也可以持续一生。我对自己历史的述说，当然要从家乡这个特定地方开始，我与它的关联自然开始于我诞生的那一刻——1941年2月27日，即民国三十年农历二月初二，我出生在浙江省宁波市象山县石浦镇。然而，要讲我的家庭和家族，则要从更早的时候讲起，从家乡整体历史文化背景讲起。

【象山石浦　东海明珠】

　　一提起石浦镇，首先激起的是我对素有"东海明珠"之称的美丽故乡的浓浓眷恋和绵长回忆。石浦镇位于象山县的南部。象山县历史悠久，立县已有1300多年（唐神龙二年即公元706年就已立县）。如果说石浦镇是东海的一颗明珠，那象山县则是海上仙子撒落在东海的一条珠链。在象山县1444.5千米的黄金海岸线上，千港百湾，碧海金沙；656个岛屿，204个岛礁，妖娆璀璨。而今的象山，值得骄傲的不仅是被列序为第54位（2022年）的中国百强县，其空气负氧离子含量更是高达每立方厘米6600个，为名副其实的天然氧吧。目前的石浦镇由大陆部分和120个岛屿组成，主要的岛屿包括檀头山岛、东门岛、对面山岛、半招列岛、渔山列岛等。全镇陆地面积119.46平方千米，其中海岛面积19平方千米，海岸线总长77千米。石浦镇中心城区的面积大约33.46平方千米，位于大陆部分的东北部，是一块背山面港的好地方。全镇下辖8个社区，54个行政村，耕田面积1002.27公顷，林地面积5005.86公顷，淡水养殖面积448.17公顷，海水养殖面积599.42公顷。

　　原来的石浦，则是一座占地大约2000多亩的"沿山而筑、依山临海、城在港上、山在城中"的古镇（现在叫8个社区之一的"九市曲"社区）。这个镇三面环山，一面临海。其中，东面是山，当地人称为后山；北面也是山，叫黄埠岭；紧连着的就是西面的大金山，这是石浦最高的山峰；西南面是炮台山；南面则临大海，这个海，分石浦内港和外海，外海就是东海；石浦的对面是东门岛，东门岛北侧的对岸是铜钱礁岛；这些岛屿和陆地之间形成了一条水道，俨然筑起一个进出石浦、连接外海的门户，这座"门"或水道，被称为铜瓦门。石浦港又名荔港，呈东北西南走向，为"月牙"状半封闭型港湾，港的中心线全长大约18千米，宽0.4~3千米，面积有27平方千米。其水深约4~33米，可以停泊几万吨的大轮船。尽管铜瓦门外的东海汹涌澎湃、波涛起伏，多数人经过此处会晕船吐浪，然而港内平日里却风平浪静。石浦港也自然地成为东南沿海一个著名的避风港，既是渔港又是商港（图1-1）。所以石浦镇历史上就有"浙洋中路重镇"的美誉。

我小时候的石浦，还是个只有一万余人的小镇，四周筑有东南西北四座城门（图1-2、图1-3），城区面积很小，要发展商业有困难。明清以后，南门外的港边地区开辟出来，被叫作城外。城外有许多沿港码头，簇拥着无数船只，沿海建起商业店铺和各种渔行；城外后来比城内要热闹得多，成为石浦镇的商务中心。我小时候经常到城外看热闹，买东西，而城外的同学也必须到城里来，因为我们的小学在城里。

石浦镇真正建设大约是从20世纪60年代开始的，这时后山东侧的潼关村及其东面的延昌乡都划进了石浦镇，石浦镇通过劈山造地拓宽了沿港，形成了真正依山而建的格局，那时我虽已经去上海和北京而不在家乡了，但也知道当时的这项建设任务别提多艰巨了。那时有人曾统计过石浦面积

图1-1　石浦港（陈有顺摄）

图1-2 新装修的石浦南城门（红环是铜瓦门）（陈有顺摄）

图1-3 原始的石浦西城门（陈有顺摄）

达8.5平方千米。20世纪80年代，随着改革开放的深入，石浦镇西扩至炮台山以西的火炉头、凤凰山和番头诸村，并将这里建为城镇的中心，面积扩大为33.46平方千米，接着又合并附近昌国镇、金星乡、东门乡、檀头山乡等十多个乡镇和海岛。今天的石浦已达119.46平方千米，成为拥有10多万人口的小城市，是全国六大中心渔港之一，也是东海渔场主要的渔货交易市场和各方商贾云集之地，建成的"中国水产城"不是招商引资的噱头，而是名副其实的存在。中华人民共和国成立后，特别是改革开放以来，我的家乡小镇发展如此迅速，已经与我小时候的石浦镇完全不一样了，让我这个年过八十的老人禁不住感慨万千！

石浦风光秀丽，溪水潺潺。从大金山、黄埔岭发源的两条小溪，一条往延昌的方向流，一条从北门流入石浦的旧城，流经前街而从城外转入大海。两条溪水，终年绵绵不断，汩汩流淌，滋养了当地的一草一木。特别是流进石浦旧城的这条小溪，水量还比较大，有时溪水最深之处可达2米，于是就在20世纪50年代建造了一个北门水库。我小时候，常与一些同学好友一起在水库旁边溪里游泳。小溪里鱼虾成群，螃蟹横行，泥鳅翻滚，黄鳝钻洞，还不时见凶猛的水蛇追捕青蛙，别有一番情趣。

　　石浦不仅有着美丽的自然风光，也是一座古韵犹存的小镇。石浦镇上有一条老街，沿街有瓮城、关帝庙、绸庄、钱庄、当铺、药店、府第等绵延不断的景点，显示出石浦人的智慧、石浦街的风俗和石浦镇的繁荣。老街起于南城门，以中街为中心，到最后一道月洞门分出前街和后街，一所近200年历史的石浦中心小学（以下简称石小）就位于前后两街的终点，地处北门三圣庙南端。老街上有一条宣传语："老城渔火远，一步一百年"，它委实道出了石浦的悠远历史、风俗特色和文化底蕴。石浦初兴至今已逾两千年，早在秦汉两朝就被辟为渔商港；石浦因为地势险要，被明代的戚继光将军作为抗击倭寇的基地；石浦秀美的自然风光，吸引文艺界前辈名家蔡楚生、聂耳、王人美等来到这里，1933年名片《渔光曲》就在石浦拍摄；石浦独特的地形地势，使它成为天然的避风港湾，每年都有大量的附近省份，特别是我国台湾地区的渔船来此避风，石浦也就成为对台联络的窗口；巨大的市场和商业潜力，使石浦成为国家二类开放口岸，全国重要的中心渔港之一；石浦古老的渔业文化绵延至今，1998年9月象山县人民政府在石浦创办中国开渔节，此后，历届中国开渔节开船仪式都在此举行。开渔节缘起于20世纪90年代初，包括石浦在内的象山县渔民针对海洋资源衰退的情况，率先提出休渔期的建议，被国家有关部门采纳，并于1996年实行。开渔节以渔业文化"善待海洋就是善待人类自己"为主题，以展示渔家风情、演绎独特民俗为主线，是独具魅力的渔民的节庆、渔文化的节庆、滨海旅游的节庆。应象山县人民政府的邀请，我于2008年9月回乡出席第11届中国开渔节，亲历渔文化活动。每年9月14日上午举行的开幕式暨祭海仪式已成为中国开渔节最能显示特色的活动之一。庄严肃穆的祭海仪式展现了渔区古老的民俗文化和现代渔民的精神风貌，体现了人与海洋和谐发展的中心思想，更是石浦人乃至象山人知恩图报的理念写照，场面壮观，气势恢宏，极具震撼力，使我感受到石浦古老渔业文化的深厚底蕴。

　　作为一个古镇，石浦当地的宗教、习俗独具特色。1949年前，就在这2000多亩地的小镇上，居然有庙、寺、庵、宫等宗教场所20多个。石浦老百姓信奉佛教的风气最盛，也有信道教的，与此同时，又非常推崇儒教。从北门往上，朝黄埠岭而行，走山路五六分钟就可以到达文昌阁，文昌阁实际上就是为纪念孔夫子而修建的一处小庙。另外，我家乡的人们还非常推崇戚继光，因为石浦历史上曾经是抗击倭寇的重镇，是著名将领戚继光屯兵的地方，所以有"浙洋中路重镇"之称。镇上有一座城隍庙，是典型的明清建筑，石浦城隍庙现在是浙江省人民政府文物保护单位（图1-4）。城隍庙非常漂亮，分外殿和内殿。内殿里边有一个房顶，全是镶金的，从建庙时起，直到如今，从没有人把这层黄金刮走。有趣的是，城隍庙的外

图1-4 石浦城隍庙的一角（右上角是全顶）

殿里除供奉着城隍老爷外，还供奉着一位城隍老爷的"舅舅"——戚继光老爷。浙江石浦的城隍老爷怎么和山东的戚老爷有亲戚关系呢？只能讲是当地百姓的信仰罢了。史书记载，武毅公戚继光（1528—1588），字元敬，号南塘，山东登州（今蓬莱）人，明朝抗倭名将，军事家。戚老爷出身将门，嘉靖三十四年（1555），调浙江，抵抗倭寇，招募浙东、义乌农民和矿工等，编练新军，人称"戚家军"，成为抗倭的主力。嘉靖四十年（1561），戚继光率领戚家军在台州、宁波一带大胜倭寇。次年援闽，捣破倭寇在横屿岛的老巢。后经过多年的奋战，终于解除东南倭患。石浦当地就流传着与戚老爷有关的正月十四元宵节的习俗。石浦乃至象山县一带的元宵节不同于中国其他地区，元宵节是在正月十四，而不是正月十五，吃的不是"元宵"而是"糊粒"。据传，戚老爷曾在石浦一带，发动人民构建城墙，训练军队，抵抗倭寇的侵犯。有一年的正月中旬，倭寇趁着民众忙于过节，大举入侵昌国、石浦、南田一带。戚老爷的军队和老百姓一道奋起抗击，

最后取得了胜利。而正当大家在正月十四那天杀鱼宰猪欢庆抗倭大捷，各种菜肴准备下锅的时候，不料探子来报，说另有一股倭寇前来报复，进犯我地，军情危急。一盘盘地烧煮饭菜是来不及了，伙夫就匆忙把切好的各种小菜一起倒进锅里，煮烧一段时间后，加上米粥、薯粉，做成"糊粒"，立刻叫大家吃起来，既当饭又当菜。将士们吃饱后，士气大振，经过一阵拼杀，最后大获全胜。从此，每逢正月十四晚上，家家户户都吃"糊粒"以示纪念，同时正月十四夜又是灯会，有人夸张说它比浙江省杭州的灯会还要热闹，这些都表达了石浦人民对戚继光老爷的崇敬和怀念，寄托了石浦人民对爱国、团结、胜利、欢庆和美满的向往。

如果说石浦人正月十四过元宵节是个与众不同的做法，那么，石浦乃至整个宁波市，还有一个独特的习俗，就是八月十六过中秋节。明朝通政司赵文华是慈溪出了名的孝子，据说他的事迹可列入中国古代的新二十四孝。他不仅行孝，而且也热爱家乡。当时浙江的漕米是通过运河运到京都的，浙江离京都遥远，运米时间一久，米就会变质发霉。于是浙江百姓为被急催交粮而怨声连天，解粮官也会因延误运期而被撤职杀头。有一年，浙江的漕米又被运到北京了，皇帝见献上的米黑漆漆的，极为不满。赵文华连忙上前说："万岁，这是我们家乡的米。"说完随手拿一把放进嘴里嚼。皇帝问他为啥吃生米？赵文华回答："我多年未吃家乡米了，我们家乡米味道多好啊！"皇帝不解地追问："这米已经变色发霉了，你为何讲它好呢？"赵文华说："浙江的米本来是雪白透亮的，煮起饭来香喷喷。只是浙江离京都太远，运来时间长了，哪有不变质的？可我是浙江人，我不会忘记家乡，即便家乡米坏了，对我来说味道也是好的。"皇帝听了觉得颇有道理，远地交粮劳民伤财，国家有何收益呢？于是下旨将浙江漕米改为银子。这样解粮官也不会因为耽误运期漕米变质而丢官撤职甚至丧失生命，百姓也不会因迟交米粮而挨打挨罚甚至被杀。于是地方官员和百姓都爱戴赵文华。但政治风云多变，后来赵文华蒙冤被解职充军。赵文华向审判他的官员请求："你们把我充到哪里都行，但不要充到我家乡慈溪。否则，我对不起家乡父老乡亲，更无颜见我的双亲。"审判官员想：你越不想去慈溪，我越发配你去那里，让万人咒骂你这个罪臣，也好丢丢你这孝子的脸。赵文华充军回家，算好八月十五之前能赶到慈溪，与老父老母共聚中秋以行孝道。慈溪百姓心中，装的是赵文华这位孝子对家乡的恩惠和亲情，准备为他接风过中秋。但由于路途不顺，赵文华八月十六才到慈溪，百姓也只好将日子改为十六这一天为赵文华过中秋节。慈溪属宁波府管辖，宁波地区的中秋节也改在八月十六了。正因为如此，石浦镇的中秋节也是八月十六日。

说来也怪，石浦这类奇事还不少。如至今使我纳闷儿的是，在石浦为什么会流传着一句口头禅："正月灯，二月鹞，三月放鹞遭人笑。"在外地，什么季节都可以放风筝（鹞），但在石浦，只限阴历二月。所以，阴历二月一到，大家争着去放风筝；一到阴历三月初一，你在石浦就几乎见不着一个放风筝的人了。再如我在中国传统佳节和"廿四节气"中找不到六月初五、初六和七月二十五、二十六是什么节日，可在20世纪50年代之前，石浦却有两次盛大的庙会。举办庙会，无非为进行两桩活动，一是集中做买卖，尤其是搞餐饮，其营业额可达顶峰；二是进行娱乐活动，各种演出频繁开展。两次石浦庙会中，六月初六下午的庙会最热闹，要举行"行会"，即"大游行"。行会从城隍庙开始。各种花灯，特别是龙灯、鱼灯和马灯，各种"抬阁"，即类似现在的彩车，各种角色队伍都在锣、鼓、镲等10多种民间乐器，尤其是三扇盆锣的伴奏下，有条不紊地上了街头。连城隍老爷也被请进了大轿，由8位壮汉抬着"巡察"。使我不解的是阎王殿（庙）的白无常与黑无常，一高一矮也夹在行会中间，怪吓人的。行会一路，锣鼓声不断，戏声不断，表演不断；高高的大旗，一面又一面，上边绣着诸如"国泰民安、五谷丰登""出海平安、鱼儿满仓""生意兴隆、财源滚滚""老欢少乐、人寿年丰"等。热情奔放的石浦人，随着行会的队伍在纵情狂欢。这与正月十四夜的热闹场面没有什么区别，只是六月初六行会在白天，正月十四灯会在晚上罢了。

俗话说："靠山吃山，靠海吃海。"象山（石浦）濒临海洋，盛产优质美味的海鲜，象山（石浦）海鲜种类繁多，鱼类约440多种，蟹虾80余种，贝类100多种，金色的大小黄鱼、鲜美的鲳鱼、肥嫩的海蟹、晶莹的白虾，还有墨鱼、望潮、鳗鱼、鲻鱼、鳓鱼、虾潺、银蚶等，享誉省内外。象山（石浦）海鲜"十六碗"形成于民间菜肴，并闻名浙东。象山（石浦）一带自古就有用海鲜"十六碗"招待贵宾的传统，但海鲜"十六碗"的具体名称却说法各异。2006年9月9日至10月7日，象山与上海、杭州、苏州等地联合举行象山（石浦）"海洋旅游节"活动。活动期间，群众推选、专家评审，评出象山（石浦）海鲜"十六碗"。象山（石浦）海鲜"十六碗"包括：冷菜有生泡银蚶、鲜炝咸蟹、五香熏鱼、大烤墨鱼；热菜有三鲜鱼胶、椒芹汤鳗、脆皮虾潺、双色鱼丸、渔家白蟹、盐水白虾、清炖鲻鱼、葱油鲳鱼、红烧望潮、雪菜黄鱼、菜干鳓鱼、滑炒鱼片。这海鲜"十六碗"，不仅说明象山（石浦）海产资源极其丰富，而且也道出了象山（石浦）人的心灵手巧。石浦镇下属有个傍山临海的自然村，叫"沙塘湾"，这是一个福建闽南村，至今还保持两种语言：石浦话和闽南语。沙塘湾的海滩特别惹人喜爱。由山脚往海边走，先是一大滩大鹅卵石，接着是一大滩中鹅卵石，紧接着的是一大滩小鹅卵石，再挨着的是大粗沙滩、中粗沙滩，最后是细面沙滩。海水每天要潮涨潮落。涨潮时，海水一浪一浪地冲到最上坡的大鹅卵石层；落潮时，海水退到最下坡露出了细腻柔软的沙滩①。我国台湾地区有一位著名演员柯受良（该人曾于1997年驾驶汽车飞越黄河壶口瀑布），他的老家就在沙塘湾。我外婆的妹妹（姨婆）一家是沙塘湾的渔民，每年暑假，我都要在那里住上几天，跟表舅学游泳，到岸边大岩石群去挖鲍鱼、敲蛎黄。每当饭熟准备煮冬瓜汤时，姨婆从山坡的住处喊响表舅的名字，表舅回答："冬瓜先别下锅！"他拉着我的手，熟练地在大岩石旁翻开几块鹅卵石。说来也怪，只要他翻开的鹅卵石下，总有一只青蟹，青蟹又叫蟳蚍，它有厚实的油光锃亮的外壳，一对凶狠逼人的大螯。表舅把它放进背上的篓里。就这样，不足一刻钟，篓里就放进近10只大小不等的青蟹，他和我跑回家，把青蟹和冬瓜一起扔进锅里。一下锅，青蟹就变得红

---

① 2009年国庆后我重游沙塘湾，鹅卵石与沙滩的细沙已不翼而飞，当地老百姓告诉我：这些东西早已用作建筑材料了。

艳艳,砸开来是白嫩鲜美的蟹肉。这又是一顿美味可口的青蟹宴。但这与象山(石浦)海鲜"十六碗"相比显得逊色多了。今天象山(石浦)依然凭海鲜"十六碗"吸引着来自上海等地的游客,到这里尽情享受美味佳肴。究其缘由,正是因为像沙塘湾这样的渔村,有一翻石头就能捕到青蟹的海洋资源。但光有资源是不行的。象山(石浦)之所以有海鲜"十六碗",靠的是脑子、睿智、创造力。从象山(石浦)海鲜"十六碗"也可以看出当地人是多么会生活。象山县政协前主席王庆祥是我一位小学同学陈昌祥的中学同学,他常对我说:"你们石浦人就是爱追求安闲,小鱼小虾吃吃,小铜板(钱)赚赚,小日子过过。"是啊,小日子、好日子、幸福的日子,这不就是党提出的小康生活吗?

【福建祖籍 浙江发展】

我的祖籍并不是浙江石浦镇,而是福建省泉州府惠安县后龙乡凤尾村一个名为"打银"的地方。凤尾村的打银姓林的多,有林家祠堂(宗谱九牧堂)。统管这个林姓的是族长。如果要谈我的家族,得从160多年前谈起,这里我来谈五代人。这五代人按辈分的顺序依次排列为:恩、茂、吉、成、功。我的太太公或是太曾祖父,是"恩"字辈,我自己是"功"字辈。凤尾村的打银是一个穷渔村。村里有一个十分善良而又勤劳的汉子,他叫林恩荣,就是我的五代以前的太曾祖父。他父母双亡,有兄弟三个。上有哥哥,下有弟弟,他则身为老二。他的哥哥刚成年时,出海打鱼,那时还没有天气预报,忽然遇上大台风,来不及躲避,葬身于海洋。太曾祖父和太曾祖母结婚后,先后生了三个儿子。太曾祖母是惠安女,惠安女非常贤惠、勤劳。但是,家庭贫寒,穷困潦倒,太曾祖父还要照看小他6岁的弟弟,所以日子十分艰难。按辈分,他的三个儿子为"茂"字辈,这里就暂称其为茂一、茂二和茂三吧。茂一就是我的曾祖父。

当林恩荣40多岁的时候,他的三个孩子也都长大了,在艰苦的环境中,过着艰苦的生活,也进行了艰苦的奋斗。经过十余年的努力,他家里有了点积蓄，打造了一条捕鱼船，尽管不算是太大的船，反正能够出海打鱼了。但日子过得仍然非常艰难。他弟弟也三十好几了，一直没有娶上媳妇。在这种情况之下，太曾祖父决定从福建惠安县往北走。当时福建人有两个去处：一是下南洋，到那里打工（这就是现在南洋华侨的由来）；二是有一部分人北上到浙江省。现在浙江有好多姓陈的、姓林的，不少来自福建省。在福建整个省里，陈、林两姓号称半天下，也就是说，姓陈的和姓林的人数在福建省占的比例最大。

我太曾祖父林恩荣听说石浦是一个很好的渔港，好多打鱼人都集中在那边，何况还有一个福建闽南人聚集村沙塘湾。他向往那个地方，于是就和妻子、弟弟以及三个孩子商量。当时，他家的老大已经18岁了，老二16岁，老三14岁。商量后，全家决定北上，到石浦那个地方。他们期望着到那边去定居和打鱼，或许将来的日子更好过些，毕竟石浦是浙江的重镇啊！他们一路辛苦北上，船到哪里，就打鱼到哪里，也真叫艰难。到了石浦，又不敢在石浦镇上定居，就在离石浦城外约两里地的潼关盖了几间草屋，暂时定居下来了。家里经济情况当时是非常非常艰难，靠的只是自己唯一的一条打鱼船。说来也怪，这就是一家发迹的开始。我的老祖宗们都是本分的渔民，给我们后代留下的祖训是：一靠天助（每次出海老天爷保佑一路顺风）；二靠勤劳。就在这天助和勤劳下，林家在石浦慢慢地兴旺发达起来。

林家在石浦港钓鳗鱼起家，靠打鱼—卖鱼—赚钱，一点点地积累。后来太曾祖父的三个儿子，个个都有自己的渔船，又从小船扩展为大船，慢慢地能够深入比较远的海洋，如东海，甚至有了到公海那边去打鱼的能力了。在我太曾祖父的带动下，三个儿子的生活慢慢地好了起来。生活的好转也使得他们不想在潼关那边住草房了，要正经八百地搬进石浦镇里。茂字辈的老大，就是我的曾祖父林茂如，在石浦的北门那个地方盖了房子，房子背山而建，正房坐东朝西。记得上小学有一次写命题作文"我的家"，当时我是这样描写家的环境的（图1-5）："我的家，在山下，房前有棵大榆

图1-5 我家老屋

树，屋后栽满小毛竹。几间平整的瓦房，颇有气势；伸展出的房檐有两根顶梁雕花的柱子，显得更有气魄。道地头（院子）较大，整齐地铺着大小不等的石块。道地的一侧花坛上摆满月季、茉莉和芍药的花盆，一株倚墙爬向屋顶的财香花（蔷薇科），飘香四处。一条小路从竹篱笆大门口通向后街，像三角形的斜边，这'斜边'路上起码垒砌近百个石板筑的台阶。后街的右边是酱园'润和'（1952年改建为'石酒浦厂'），后街的左边是酒坊'元大亨'。"茂字辈的老二，在后山最高的住人区，面对着石浦海港的一个地方，建了房子。老二的房子比老大的房子稍微差一点儿，老二不仅仅以渔业为主，而且他还在石浦中街开了一个小杂货店。发展得最好的是茂字辈的老三，他也在后山盖了房，房子颇有气势，他不仅仅以渔业为主，还买了不少田地。老三从事渔业，不仅在石浦，而且发展到了舟山群岛，特别是在沈家门开了家小渔行，托人经管。兄弟三人先后都成了家，安居乐业，不断发展。我们家祖宗是从打鱼开始的，后来都靠渔业发家。石浦"地灵"，这是促使"人杰"的一个外部重要条件，但我们家发家，还依靠另外两点：一个是勤劳，艰苦奋斗是前提，省吃俭用是辅助；另一个是情感，父子齐心、兄弟团结，也是一个不可或缺的因素。

我的太曾祖父林恩荣，在去世之前曾留下遗言，希望其夫妇的坟墓修在潼关，而不在石浦，于是在离石浦五里远的半山腰，造起一座坟墓，并竖一块大碑，碑上刻有三个儿子的名字，各自名下又有好多孙子的名字。太曾祖父林恩荣的弟弟终身未婚，活到93岁，他是上三代人中最长寿的一位，他一直辅佐其大侄子，也就是我的曾祖父。

我的曾祖父是位地道的渔民。从打鱼起家，后来拥有两条打鱼船，据说卖鱼获利，赚了银元。不过，他没有买田地、置家产，而是把家里多余的钱，都做了善事。他做善事在石浦是出了名的，一是修庙宇庵寺，石浦有名的上清亮庵和皮亚庵主要是我曾祖父出资修缮的；二是救济穷人，他对子孙说过一句话："我是个从贫困过来的人。"他自己不识字，但是非常重视他的儿子也就是我祖父的上学念书问题。我的祖父在19世纪末就读于石小的前身金山书院，读了4年的书。我的曾祖父晚年有一个习惯，他每天背着纸篓，沿街去找字纸或当垃圾丢掉的报刊书籍，不是捡什么废品卖钱，而是捡有字的废物，他认为一字值千金，字是不能随便扔到垃圾堆里的，那是不尊重文字，也就是不尊重文化。他捡回这种有字的废品，走到中街月洞门烧纸灶那里，把带字的纸都烧了。他非常希望他的后代中能够出文化人，尽管他自己不认字。

曾祖父林茂如命运多舛。他20岁左右娶了妻子，生了一个女儿，这就是我姑婆，但是女儿刚过周岁，太阿嬷即我曾祖母就去世了（按闽南习惯称呼，譬如说我祖母，石浦当地人叫阿婆，可是我们不叫阿婆，而是叫阿嬷，所以我的曾祖母就被称为太阿嬷）。曾祖父只好又娶了一个妻子，生了一个儿子，也就是我的祖父林吉兴。祖父在金山书院念了几年书，按宁波地区的习惯，就去"学生意"，当了3年小学徒。没想到祖父才15岁还未满师时，他妈妈即我的太阿嬷就去世了。我太祖父没有办法，又娶了第三房，一位姓杨的太阿嬷。我祖父还没有走上社会去真正谋生的时候，面对的是丧母的打击，家里又来了个后妈，怎么办？他姐弟两个人相依为命。我的姑婆1岁多丧母，她比我祖父大3岁，是其继母把她抚养成人。她长大后嫁到一个中产阶级的陈家，那时候也算门当户对了。当她出嫁的时候，她弟弟又丧母，她担忧自己弟弟的生计。我的姑婆，很有能力。她拉着我的祖父，一个15岁男孩去找到了她的三叔，也就是去找了茂字辈最有钱的老三，即我三曾祖父林茂春。找到了，她就用福建闽南话和其对话。她尽管在石浦长大，但在家里用的是闽南话。她说："叔叔，你在沈家门有一个渔行，叫林元隆，现在你家的我这些弟弟都小，而我弟弟吉兴会打鱼又识字，是不是让我弟弟先到那边去干一段活？"我三曾祖父，有七个孩子，六男一女，年龄都比我祖父小。我三曾祖父原先请别人来经营规模不大的林元隆渔行。此时，他就让我祖父到他的房间里，他说："你念过4年书，你给我写三个字'林元隆'，我看看你到底有多少功底。"他以字写得好坏来考他，我祖父拿起毛笔就唰、唰、唰，写了"林元隆"三个字，写得令他的叔叔非常满意，就同意这个仅15岁的少年去主持这家渔行。从某种角度来说，我的三曾祖父实在太好了，他为人豁达，大方慷慨，富有人情味。他对我祖父说："你是我大侄子，我觉得你有出息，我把林元隆这个小渔行就交给你了，因为叔叔也不想过海到沈家门，我现在是托着好朋友去经营，那你就替我去经营吧。"我祖父则回答："如果我经营好了，我把赚来的钱都运回石浦；如果经营不好，那我只能够回来等惩罚，给叔叔来请罪了。"尽管我祖父去主持管理这家小渔行，但毕竟是渔家后代，他身先士卒，把自己看成是小伙计而不是代理老板。出海打鱼、收购海货、加工海产品，哪件事都带头干。可以说，他是从打工仔开头的老板。

　　我祖父从15岁开始，一直到他49岁去世，长期经营沈家门的林元隆渔行，这个渔行的规模由小变大且越来越大，并拥有六条大小不等的渔船（包括我太祖父的两条渔船），有的还可出远洋打鱼，最后把林元隆从小渔行发展为整个舟山地区最大的渔行之一。往后十几年直到我三曾祖父去世以前，我祖父都一直受到他的赞赏。后来不知怎么变化，我三曾祖父把林元隆的产权给了我祖父。但在我祖父49岁的时候，遇到上海一个特大的渔业界巨头，跟他竞争，他竞争不过。刚好又遇到了台风，据说六条渔船，刮沉了四条。我祖父这样一位老板，不到一年竟债台高筑，这也可能是命吧。后来，他为了东山再起，想起在绍兴有欠他钱的合伙人，于是，在败落的情况下，他带着自己最得意的一个像管家似的姓郑的小伙计（他比我父亲大三四岁），从海上出发，然后进内河，绕到绍兴某个地方，讨到了钱。祖父带了一箱子银元回来了，他要东山再起。当船快到沈家门的时候，他看到沈家门码头向他召唤。他兴奋，激动。他高喊一声："我回来了！"但是没有想到，那时他血压很高，一个跟头摔倒在船舱上，人们呼救半天，也没有把他叫醒，我的祖父才49岁就这样离开了人世。那一年，我的父亲虚岁仅19岁。

我祖父有四个儿子，我父亲排行老三，小名叫阿三，大名叫林成栋。我大伯父林宪章长我父亲10岁；二伯父大我父亲5岁，但他才活到12岁；我四叔又小我父亲8岁。按当地的习惯，我的父辈都先念一段书，然后学生意当学徒，我伯父初小毕业（4年），我父亲高小毕业，都在20世纪20年代的"石小"前身——敬业高级学堂上学。我伯父到一个百货店里去当学徒，学完了以后，他从事一些百货的生意。我父亲去布店当学徒，学完徒也打算做布类生意。在父辈中最有学问的是我的四叔林文胜，他高小毕业后转学财会，中华人民共和国成立后是浙江省水产厅的一名干部，1986年退休后在宁波养老，2019年95岁才逝世，超过了上文提到的93岁逝世的太曾叔祖父。我父亲虚岁19岁那年，我们家里死了三口人，一位是我祖父，一位是我曾祖母，还有一位是我的大伯父。一个虚岁才19岁的年青人，他先后要负担三场丧事，这是多大的打击，又是多么不容易。我听我父亲说过，他为我祖父守灵后，棺材从沈家门运回到石浦，当时没有钱，连修坟墓的钱都没有。因为我祖父想东山再起，尽管讨回了债，但他一死，钱首先在沈家门那边还债，当我父亲把债还完了以后，运回棺材，就没有造坟墓的钱了，他只能够用砖暂砌一个石浦人称的"明坟"。曾祖母去世，事先有我曾祖父做好的坟墓，她进墓合葬就行了。当我的大伯父去世的时候，就更穷了，于是只好在我祖父明坟边再用砖砌一个明坟。我大伯父去世时才29岁，他抛下四个女儿。我大伯父一去世，我的大伯母生活非常艰难，于是只好把我最小的两个姐姐，先后送给别人当养女。1957年，我父亲为祖父修坟墓，原是一墓两穴，与阿嬷在一起。但那时阿嬷还健在，她指着大伯父的明坟，坚持一墓三穴，与长子合葬。此事还引起大伯母的一场大误会。然而，我对大伯母十分尊重，对4位姐姐亲胜同胞，那当然是后话。

【难忘亲情　铭记童年】

我父母亲是自由恋爱结婚的。母亲陈秀云比父亲小3岁，原是一位渔家女，外祖父也是位渔民。后来外祖父不出海打鱼，开了一个小咸货店（卖咸鱼、咸虾这样一个小店）。母亲姐弟一共六人，她自己是大姐，下面有五个弟弟。在我外祖父健在的时候，他们家的生活还是不错的。父亲19岁的时候办了三件丧事，之后他继续在艰苦生活中奋斗着。从贩卖鱼虾、当货郎、做小买卖开始，尽管艰难，但慢慢地日子有一定好转，他不仅可以保证自己的衣食，还养活着我的阿嬷。

我父亲22岁，我母亲19岁时（这里指的都是虚岁），他们结婚了。婚后的生活本来就较艰苦，加上当时日寇已进石浦镇，日寇抓劳工去茅洋开采氟矿（石浦人叫它为绿石，有很多被抓的劳工惨死在氟矿工地），我父亲正是要被抓的对象。于是，他征得阿嬷的同意，提出要带着我母亲到沈家门普陀山寺去打工。因为我父亲小时候，我的祖父母曾经带他上过普陀山，普陀山寺最大的一位住持特别喜欢我父亲，这或许与他的长相有关。我父亲从小就比同龄人长得高，后来长到一米七五的大个子，在他那个年代能有这样的身高并不容易。父亲有双特别大的耳朵，再加之父亲的两条胳膊也比别人的长，所以当时那位住持就说："这不是刘备的化身吗？"于是住持认父亲为他的俗家弟子，也就是不出家的弟子。我父亲和母亲结婚以后，父亲想起了他的师父，于是夫妇两人来到了沈家门，来到了普陀山寺。

父亲和母亲先是拜见了那位住持，也就是我父亲的师父。紧接着，住持又任命父亲管理普陀山的后勤。这是一个相当不错的差使，因为普陀山后勤几乎涉及除了财务以外的所有业务，这些工作包括接待上海等大城市的老板们及他们的饮食起居，当然从这里面还能得到一定小费收入。就这样，我的父母亲在普陀山度过了两个年头，直到母亲怀了我以后，他们觉得应该回自己的老家了。我父亲在这两年里挣了一些钱，而且也认识了不少人，特别是上海、宁波等大城市里的商户，这为他后来的发展奠定了很重要的人脉基础。

父亲带着怀孕的母亲回到了老家。作为渔民的后代，他熟悉渔业，把从普陀山寺挣来的钱，做鱼鲞（黄鱼干）生意，他把鱼鲞贩卖到上海，又运布匹回石浦，并选择了石浦老街——"中街"一个店铺开起了小布店，因为父亲在学生意的时候学的就是这个行业。父亲的布店开张后一共经营了5年时间，后来因投入新的工作而将它关闭。这家布店的名称叫作"荣成"，因为父亲为"成"字辈，所以选择了"荣成"这个店名。在店刚开张时，只有一个会计帮父亲打理，而布店的所有买卖事务则全部由父亲自己做。每年五六月渔汛期，贩鱼鲞到上海，又运布匹回石浦，循环反复，年年如此。尽管辛苦，但业务在扩大，他不仅有一个会计，还招了一个业务员，收了一个学徒。这个学徒叫陈道和，他称我父亲为先生。按照宁波地区的风俗习惯，学徒要拜一位先生。陈道和来当学徒的时候，我父亲既是布店的老板，也是教他学艺的先生。我父母对道和哥哥非常好，道和哥哥在我们家待了很长时间，直到我父亲去上海发展时带着的仍然是他。后来，道和哥哥在上海发展，当了干部，一直到我父亲去世他都非常尊重我的父亲。

父亲24岁、母亲21岁那年，即1941年农历二月初二我出生了。那时候，生孩子不是到医院去生，而是请接生婆到自己家里面来打理。据父母告诉我，在我出生后把我洗得干干净净时，天刚刚亮，用现在的话来推测大概是凌晨5点钟，也就是我出生在五更天前。我是父母亲的第一个孩子，而且又是个男孩子，因此父母对我特别重视。当时石浦的风俗似乎是，老大如果是男孩，往往不给起名字，而叫他为"难看"。当然这只是石浦的风俗而已，因此人们都叫我的乳名为"难看"，也就是说这个孩子特别难看，因为"难看"所以他肯定能好好地活下去。当然，在我们老家还有叫"阿狗""阿猫"的，父母希望孩子像小动物那样健康地活着。在我虚岁进入5岁前，我都没有大名，可见父母非常疼爱我。在石浦，只要认识我们家的人都叫我"难看"，或者用当地的昵称、爱称"阿看"。尤其在我们家居住的北门那一带，我"阿看"就成为非常"有名"的"人物"。只要别人与我父亲打交道，只要与我父亲做生意的事情有关，或者需要我们家对他们有所帮助的时候，都要来见见我父母亲当时唯一的孩子"阿看"。

这里，我还要说明的是，在我快出生时，突然发生了一场悲剧，这就是我外祖父的逝世。外祖父去世后，在把他送到了山上埋葬时，别人都去送行了，只有我母亲没有送别她的父亲，因为母亲当时怀着我，挺着大肚子不能够上山。母亲非常悲恸。外祖父的去世，对他们一家来说是很大的打击，谁来承担这个家的重任呢？我的大舅原先在宁波市上中学，可是当我外祖父去世的时候，他仅仅回来哭送我外祖父埋葬后，就杳无音讯了。后来我们知道他在宁波念书的时候，接受了抗日的思想、抗战的理念。在我出生时的1941年，我的大舅初中快毕业了，他参加了抗日的队伍。他特别向往抗日的十九路军，向往着在十九路军为国奋勇杀敌。没有想到的是，我的大舅这么一走，就很少回家。抗日战争结束以后，他又随着国民党的军队到过舟山，后来又去了台湾，直到20世纪90年代初才回石浦探亲，与其姐弟们团圆。这些都是后话了。母亲其他的四个弟弟，生活很艰难。其中我三舅和四舅去给别人放牛，当了雇农。尽管我的父母也接济了他们一些，但是我外祖母家毕竟孩子多，也接济不过来。

父亲有一个姓陈的小学女同学，据说她比我父亲约大两三岁。在我父母结婚之前，这位女同学嫁了一个有学问同时又有钱的丈夫。当时父亲和他们陈家的往来是较密切的，这位老同学还让我母亲认她的母亲为干娘。当我出生以后，父亲的同学和她的丈夫已经离开了我们老家石浦，不知道去哪个城市工作了。但是她的二妹和五弟仍然在老家，她的五弟叫陈建华，是位中学毕业生；她的二妹嫁给一个"盐缉私"。石浦的盐业相当发达，专门有一个负责管理盐业的，相当于税务局那样的机构，叫作缉私队或缉私办公室。这个缉私队里的人，差不多都是中学毕业生，那时就算小知识分子了。父亲老同学的二妹比我母亲大1岁，她的丈夫是这个缉私队里的一个负责人，叫赵永诚，是一个高中毕业生，谈吐与众不同。他来自安徽淮北萧县，思想进步。他是不是共产党员至今还很难推测。我父亲与他的关系非同一般，两人谈话非常投机，我们两家的关系越来越密切。他们夫妇有三个孩子，大女儿比我大1岁，老二是个男孩比我小1岁，老三也是个男孩比我小3岁。因为我母亲称他们家的阿婆为干娘，所以，不知父母他们怎么商量的，1945年春节刚过，就把我继拜给这对夫妇，认他们为干爹干妈。我小时候没有名字，但我继拜那一天，已是虚岁5岁的人了，干爹对我说："我儿子叫崇基，'阿看'你就叫崇德吧。"我的名字"林崇德"就是这么来的。我继拜给赵家做干亲但不改姓，所以他儿子叫赵崇基，我叫林崇德。从此我有了大名。但是在北门一带，人们并不叫我林崇德，仍然叫我"阿看"。

我父亲忙于开店，我母亲怀上了我二弟（1945年11月生我二弟），对我的教育的任务差不多落到了干爹干妈身上了。我记得干爹对我非常严厉，他给我讲了很多我听不懂的道理。如果用今天的话来讲，他让我懂得怎么爱国，要爱我们中国。他告诉我那时我们中国的大半个国家被日本人统治，我们一定不能当亡国奴；他还告诉我石浦大金山修大炮楼，我们的民工不是被累死，就是被打死，因为怕民工泄漏炮楼的军事机密。他常常对我说，我们一定要打败小日本。虽然我年纪小有时还记不住干爹在讲什么，但是可以说，从我记事起，就受到良好的教育。

如果说这种教育是从1945年春天开始的，那么，两三个月后的一件事情让我对这种教育有了更新的理解。尽管是小布店的老板，但父亲仍然很勤俭。那年初夏的一天中午，父亲在中街买来两根大毛竹，为修家里的篱笆门。那天我也在父亲店里，父亲和我说回家吃午饭的时候他要把两根竹子扛回家。店里面也有人抢着说："先生，我们给您送回家。"但我父亲说他自己来。那时他年轻身体好，还不到30岁。他把两根竹子扛回家，一路上我在后面屁颠儿屁颠儿地跟着他。他从中街出来，走的是后街，后街的尽头有一口井，叫牌坊井。某一朝代在水井旁边为某人立了个贞节牌坊。在我们家附近有两口井，一个是黄家井，黄家人打的井；另一个是牌坊井，牌坊井的水要比黄家井的水好，所以被日本人占了去。我父亲扛着两根竹子，从后街一个大台阶一个大台阶走下牌坊井的时候，没有看见在那边站岗的日本人。我记得那时，谁要经过牌坊井都要向日本人行礼，所以父亲往往不走后街，走前街绕圈从黄家井那边的那条小道回家。那天他扛着两棵大毛竹回来想走个近道，所以没有走前街而是走了后街那边回我们家。当时没有想到会遇到日本人，我父亲扛着两棵大竹子根本没有看到站岗的日本人，这个日本人端着枪过来"啪"地一个大耳光，打了我父亲。我跟在父亲后面，这么一个大耳光我真真切切地看到了。因为水井旁边很滑，父亲没有任何准备，一个耳光下来，把我父亲就打倒在地上。两根近百斤的大竹子一下子压到了我父亲的身上，血从父亲的嘴角流出。我哭喊着："爸、爸"，把父亲扶了起来，父亲什么话也没有说。这一记耳光打在父亲身上，但是记在我心头一辈子，那就是"亡国奴"的生活啊。回到家，母亲过来安慰父亲，父亲恨恨地说："小日本，真可恨！说不定哪一天我拿刀子把他们宰了。"这时，我母亲一直劝慰他。不知道为什么这件事情被我干爹干妈知道了，晚上他们一家都来到我家安慰我父亲。尤其是我干爹，他说了好多好多的道理，主要讲的是怎么样团结抗日，这些道理我当时听不太懂。我们老家石浦一直属于抗日战争的前哨。1945年八、九月日本鬼子投降前夕，那些日本人准备撤退，但我们老百姓还不太知道真相。当时风声十分紧张，日本人垂死挣扎在我们镇上大肆杀人。在这种情况下，我阿嬷嘱咐父亲带着我母亲和我，先到一个叫作昌国的地方躲几天。就在昌国待了三四天以后，有人跟我们说日本人投降了。父亲便陪着母亲带着我慢慢地往家里走，那时母亲已经怀孕六七个月，昌国离老家有10里地。冤家路窄，在走到一半的路上，快过"五眼桥"（地处昌国和石浦中间，有五个桥孔，故名"五眼桥"），即离家五里地的那个地方，我们碰到了一支就地休息的日本鬼子队伍。我父亲瞪大了眼睛，母亲对父亲说："你看有骑马的，又有那么多的人，我们已经遇到他们了，这叫冤家路窄呀！你不妨过去给他敬个礼，我们从他旁边过去。"但是我父亲没有那么做。可能是那记耳光的仇恨，也可能是我干爹对我父亲宣传抗日思想的结果，父亲牵着母亲和我的手在路边坐下来，就和日本人僵持着。也许日本人持有一种失败者的心态，日本毕竟已经投降了，日本的司令已经签了投降书，不知投降后有什么规矩，日本兵在军官的带领下，没敢伤害我们三个人。这个日本军官拿着刀指挥，"嗷"地一声上了马，其余至少20个日本兵跟着军马在我们旁边"噼里啪啦"地跑过去。现在来判断，我想他们是要经过昌国、东溪到象山县城，最后从象山县城向宁波方向撤退。

抗战胜利后不久，我干爹曾对干妈说："为抗日我来到石浦，一待就是8年。我可能回趟老家，还要找八路军办点事。"一年后，干爹辞职离开石浦，从此杳无音信。中华人民共和国成立后10多年里，他老家弟弟和干妈多方打听，就是没有他的消息。干妈是1948年带着三个子女在其五弟陈建华舅舅的帮助下去上海工作的。而我父亲为了扩大自己的事业，也到上海发展。本来他经常去上海是为了卖鱼鲞、贩布，但从1946年春季开始，他在上海做起纺织行业。1947年到1949年时他在上海买了几台缝纫机开了小针织厂，雇了近10人。1949年春上海解放，可是我们老家还未解放，我父亲心系两地，回到了石浦经营小本（商贩）生意。他回家时带回来我另一个母亲，我和二弟称她"上海母亲"。于是我有两个母亲，我父亲带回来的还有个弟弟，是"上海母亲"的老大，他的年龄比我老家的三弟大一个月左右。

我父亲到底有什么样的特点？我不想在这里全面评价我的父亲。2005年我89岁的父亲在上海去世的时候，作为长子的我致悼词时，给他归纳为两个字：一个是"勤"，勤奋的意思；一个是"俭"，节约的意思，总之就是"勤俭"。他勤勤恳恳、勤奋向上；而且非常节俭、节约，毕生没抽过一根烟，真是"一个铜板掰成两半花"。说完父亲，也得给母亲归纳出两个字。她的特点，第一字是"正"，我母亲为人正派、正直不阿，在石浦是出了名的。她在石浦生活最困难时，双腿浸泡在海水里，加工鱼胶挣一点微薄的收入来养活弟弟妹妹，落得痛风性关节炎，有时一个冬季下不了地，她的忠贞在林门赢得了极高的声誉。第二字是"贤"，母亲非常贤惠，对我父亲非常体贴。我们老家有些好吃的食品，其中有一种叫"毛蚶（海子）"的，我母亲是一个一个剥开给我父亲吃的。父亲去世后，后半生信佛的母亲长时间流泪达两年之久，对于父亲的骨灰，她自愿让其留在上海，而自己在上清亮庵竖了两块木质牌位，一块给父亲，另一块给她自己。2013年冬至前，我母亲以94岁的高龄离开人间，冬至那天竟有数百人前来为她送行。

【乡情深沉　影响远大】

　　我在故乡石浦生活了13年，刚过13岁生日我就去上海求学。虽然此后家乡的面貌日新月异，但不管故乡经历什么样的巨变，我对它的热爱始终如一。我们浙江籍的诗人艾青的话，或许最能表达我对家乡的赤子深情——"为什么我的眼里常含泪水？因为我对这土地爱得深沉。"无论离开这片土地多久多远，我始终用带着浓浓乡音的普通话表达心声：我是浙江省宁波市象山县石浦镇人士！2005年10月31日，我出席了由象山县人民政府举办的"全国沿海经济较发达地区未成年人思想道德建设研讨会"并担任学术委员会主任，在大会总结时我和贺知章绝句《回乡偶书》（少小离家老大回，乡音无改鬓毛衰。儿童相见不相识，笑问客从何处来），即兴作诗一首，题为《回乡有感》："少年离家五十载，乡音难改鬓已白。家乡巨变路不识，异乡异客回乡欢。"从中体现了我热爱海洋，热爱家乡的情怀。这种浓浓的乡情不仅表现在对象山，而且也表现在对整个浙江，尤其热衷于浙江的大、中、小学教育和高校的心理学学科建设上。《宁波日报》为了表彰我为宁波基础教育所做的贡献曾发表了《林崇德的"三不"》一文，即不住宾馆（只住一般招待所）、不收讲课费和不搞旅游。有人问我为什么？我说因为我是宁波象山人。对此，我的弟子、宁波市教科所史耀芳研究员很是钦佩，也由此对我更加地尊重。我是浙江大学理学部学术委员会委员（19人，绝大多数是院士）、浙江师范大学双聘教授、宁波大学客座教授和杭州师范大学特聘教授等。除了合理的讲课费之外，有些学校都给出了10万甚至数十万的兼职年薪，而我的原则是：不给兼职工资的，我受聘；要给兼职工资的，我就不受聘。有人说我傻，我的"傻劲"正是表现在我对家乡的热爱上。对于我受聘的学校，我和在北京师范大学工作一样地尽心，尽责，尽力。这里有着一份浓郁的乡情。这份乡情，被浙江大学心理系前主任沈模卫教授、浙江师大前校长梅新林教授、宁波大学前党委副书记刘剑虹教授和我的弟子朱永祥教授（浙江省教科院院长）等一次又一次地赞赏。

　　作为林门家族的一员，我祭奠过列祖列宗，我尊敬我的父母。在严格意义上说，我的祖祖辈辈都是海洋人，都有海洋的血统，我是一个渔民的后代。

父是渔家郎，在海洋边上长大，母是渔家女，在浪花中摔打；我是靠海洋精神成就的一员，是我曾祖父在石浦街头捡字纸、烧废报纸盼出来的文化人。无论我被多少高校聘为教授，获得多少项政府奖励的荣誉，我始终要发自肺腑地说：我最要感激的不是相关机构，而是海洋人，大海对我情意长！

家乡究竟给我留下什么样的深远影响呢？这里，我想集中、系统地叙述海洋和海洋人对我深远的影响。

第一，海洋人爱家，爱家乡，更爱国家。小时候，我每天都面对着大海，尤其是钟爱离我家10里地的大海滩，那就是石浦海滩，也称皇城沙滩（图1-6）。皇城沙滩是如何得名的？据明嘉靖《象山县志》记载，南宋祥兴二年（1279），幼帝赵昺，由大臣陆秀夫背负涯山投海。数日后，石浦本地百姓在沙滩岸边发现很多浮尸，其中一少年，身穿绣龙黄袍，疑为幼帝昺，遂厚葬之，外围以墙，因名宋皇城。旁边的村庄就称为宋皇城村，而习称为"沙头"的沙滩，从此有了"皇城沙滩"的大名。浙江人重视宋朝，可能是因为南宋在浙江定都。围绕宋朝，浙江人产生爱国情怀，并开展一系列爱国主义的教育，石浦是文化古镇，爱国主义教育当然更离不开宋朝的内容。我从小接受的第一位英雄形象就是鄂王岳飞，四五岁看越剧"岳母刺字"，我哭成泪人；学习的第一首诗词是在抗战刚结束不久熟背了的浙江绍兴人陆游的《示儿》："死去元知万事空，但悲不见九州同。王师北定中原日，家祭无忘告乃翁。"诗人的激情是何等执着、深沉、热烈、真挚，正处于当时的抗战背景又受干爹和父亲的"不当亡国奴"的教育，这首诗怎能不引起童年的我的共鸣啊？！正像北方有些地方喜欢演清代的辫子剧一样，浙江人热衷于宋代戏。我小时候随母亲看其喜欢的狄青抗西夏的越剧，史书里的狄青是由士兵累功升为大将，官至枢密使，而越剧中的狄青被美化为皇亲国戚，但抗西夏的事实没有走样。狄青抗西夏保江山屡立战功，这让身为小观众的我深受感动。从宋代狄青、岳飞、陆游，到明代戚继光，一条爱国主义红线贯穿在石浦文化精神领域，所以抗战期间，海洋人不愿当"亡国奴"。抗战胜利后，当国民党政府要严惩一批汉奸，在石浦大操场枪毙这群败类的时候，父亲约了几个朋友去现场观看，回来时喜悦的神态使我感受到其内心的兴奋。爱国的石浦人当然热爱家乡，特别热爱自己的

图1-6　石浦皇城沙滩（陈有顺摄）

家。海洋人的爱家是有根源的，外出打鱼，过去可没有气象预报，往往要以付出生命为代价。一条船出海，岂不是形成那种"打仗亲兄弟，上阵父子兵"的局面？从我前辈的父子齐心、兄弟亲密的故事到父母对我情深的事实，无不体现海洋人爱家的观念。但海洋人更爱国家，更爱家乡。从崇敬宋代英雄、时代英雄，到强烈的抗日情绪，再到今天国家强盛百姓安居乐业的现实，我感受的是有国才有家乡，有家乡才有自己的家的真理。我自诩为一个孝子，更是个有强烈爱国主义情怀的学者，似乎有一股无痕的家国情怀的穿透力，直接抵达我的灵魂深处，久久地发挥着作用。

　　第二，海洋人有海洋人的习俗文化，更有海洋人的豁达精神。每年农历三月初三，我们都要去石浦皇城沙滩，这是象山县最大的海滩，全长10里地，中间有一座山将海滩分隔成两个各5里长的大沙滩。更有趣的是，石浦有"三月三踏沙滩"的习俗。农历三月初三，俗称"上巳节"。它的产生年代久远，文化内涵丰富。关于石浦"三月三踏沙滩"活动的由来，人们纷纷说不一。有的说，有条小九龙在三月三与兴风作浪危害百姓的乌龟精展开激烈的搏斗，最后小九龙为了免除百姓的灾难，骑到乌龟精背上，把它镇在皇城沙滩上，自己变成了一条长长的沙堤。有的说，南宋宰相陆秀夫爱上了美丽善良的拾螺姑娘，却遭渔霸破坏，这位姑娘也投海身亡。殉国的陆秀夫也许是不忘和姑娘的约定，魂魄竟飘至皇城沙滩。后来善良的村民每年三月三都会赶到沙滩纪念他。更有人说，"三月三踏沙滩"的由来与生产活动有关。在农历三月初三前后，地温、水温开始升高，真可谓"浅海辣螺先知暖"，到了这时节，螺们便不顾死活地爬上滩头，海边的人们便在这个季节相继去沙滩拾取，于是，就有了"三月三踏沙滩"的壮观场景。后来，滩头资源逐渐枯竭，无意间却形成了一个全新意义的"三月三踏沙滩"的民俗文化活动（引自《石浦简讯》）。每年三月初三是石小学生远足10里地到皇城沙滩春游的日子。沙滩外边是无边无际的大海，一浪未平——"哗"，一浪又起——"哗"，真正陶冶了海洋人豁达的情怀。我的小学老师很有学问，经常对我说："大海的儿子要有大海的胸怀。"而海洋岸边长大的汉子——我的父亲的名言是："吃亏就是占便宜。"由此我总觉得，海洋人提倡了海的精神——豁达大度的精神。于是我崇拜起弥勒佛的气度："大肚能容容世间难容之事；慈颜常笑笑天下可笑之人。"豁达大度成了我毕生的追求。

第三，海洋人倡导诚实。从石浦到潼关和延昌的路上有一块大石头。这个大石头多高？有大约两三层楼这么高。传说这块石头的下部有一个不到巴掌那么大的洞。拿到钥匙打开洞就能找到这个大石头里藏着的皇帝的龙袍，穿上龙袍，能够当皇帝。这个钥匙在哪里？在铜瓦门底下。石浦内港约有4~33米深。一出铜瓦门，那无边无际的东海又有多深？可能有百米深。这个铜瓦门能保持内港的平静，可一到外海，就是波浪滔天。听说铜瓦门底下藏着一把钥匙，怎么能够拿到呢？传说用稻草绳搓砻糠。但这是不可能的，你想一根稻草绳怎么能够把一把把砻糠都搓在一起。但只有稻草绳和砻糠搓在一起，用钩子伸到铜瓦门底下，才能够把这把钥匙钓起来。有那么一个人，他非常狡猾。他看到有一种麦芽糖的颜色跟稻草绳的颜色差不多，于是他模仿做了一个麦芽糖的草绳，把所有砻糠粘在上面。他慢慢地把这根所谓的绳子往下伸。当骗局快要成功时，这个人不禁发出笑声，结果惊动了东海龙王，龙王张嘴把他一口吞掉了。这个故事，说明海洋人对诚实的倡导，听着这类故事长大的孩子，从小就知道为人要诚实的道理。我就是听故事受教育的一个人。记得小学二年级的某一天，一位同学送我一张他哥哥画的画，我高兴地带回家。院里邻居问谁画的，我说是我自己；被再三追问，我还是说自己画的。于是母亲带我回房间，面对面地讲了上述的故事。我不由得惭愧地低下头承认自己的错误。这个故事伴随我的成长，它督促我诚实做人，诚实办事，诚实守信。

第四，海洋人善良、勤劳、勇敢。尽管石浦三面环山一面靠海，可以靠山吃山靠海吃海，但是要真正能够富裕起来，可不容易，还得靠善良、勤劳和勇敢。我曾经听过"船眼睛"的故事。为什么船有眼睛呢？传说很早以前，有一个捕鱼人，姓周名一郎，他有一个美貌的女儿，叫海囡。父女俩相依为命，以捕鱼为生，过着与世无争的安逸生活。有一天，周一郎在大海里捕到一条鱼，形状很古怪，仔细观察，它有双很灵敏的眼睛。它一离开大海，就好像很伤心似的，两眼直流眼泪，还目不转睛地盯着人看。一郎于是开了个玩笑，把鱼流出的眼泪抹到海囡的眼睛里，然后放那条鱼重返大海。突然，海囡的眼睛起了变化，瞬间就能看透海底的一切，哪里有暗礁，哪里有鱼群，都能看得很清晰。在海囡的指点下，一郎和渔民们网无虚撒，渔船天天满载而归。渔民们渐渐过上了富裕的日子。不多日，这消息传到了渔霸耳朵里，渔霸仗势欺人，说海囡是海妖，把海囡抓走，关在土牢里，不给她吃喝，要逼她说出眼睛的秘密。海囡知道自己落在渔霸手里，不说出眼睛的秘密是不可能活着出去的。当父亲来探望她时，她就毅然把自己的双眼挖了出来，请父亲速将两只眼睛安到船头上，当作船的眼睛，使渔船顺利航行，满载而归（引自《石浦简讯》）。我小时候所见识的石浦人都非常勤劳勇敢，20世纪60年代建成的石浦沿港大马路，就是石浦人劈山填海用勤劳和勇敢换来的。据说，20世纪80年代还没有禁渔期，石浦的对轮（即两个轮船）撒网，大批量地捕鱼。石浦对轮数很多，居然能够赶上整个舟山市的。后来提倡文明捕鱼，石浦开启了开渔节。截至2010年全镇大大小小渔轮已经近5000艘，其中大马力的钢制渔轮有1200多艘，总马力达到40万匹，总吨位已经到了15万吨，水产总量则已经到了25万吨，总产值已经超过十五六个亿。这里渔村收入比较高，因此号称浙江渔业的"第一村"。石浦现在已经被公认为我国最大的渔港之一，没有海洋人的善良、勤劳和勇敢，哪里来这么大的发展，又哪有中国开渔节？联想我的家史，我曾祖父做了一辈子善事，体现了海洋人的善良；我的前辈发迹，靠的是海洋人的勤劳；我太曾祖父闯浙江，表现出海洋人的勇敢。这善良、勤劳和勇敢像一面镜子，常常照着我的心灵与行为。我自幼懂事，热爱劳动，八九岁以后就学会了去井边打水，10岁以后就能上山打柴了。小学时期，父亲在上海，经常不能如期寄家庭生活费用，造成家庭经济的拮据。每次我放学回家，第一件事就是看看米坛子里有没有米。如果有米就安心吃饭了，如果没有米，我就先偷偷地从水缸中舀两碗冷水喝下去，然后对阿嬷说我肚子疼，吃不下饭。小学毕业后，我离开石浦去上海，母亲和弟弟妹妹送我上轮船，当汽笛鸣起第三声时，母亲搂着我哭着说："儿啊，从此后你要记住凡事要勤！"于是，勤奋就伴随我一生。前面提到海洋人的豁达，这里又点到了海洋人的勤奋，这就形成了我一生的座右铭："豁达勤奋——人生发展的两个风火轮。"这个座右铭决定我毕生的一不怕吃亏、二不怕吃苦的品质（图1-7）。

1994年，《中国青年报》曾经用整整一个版面以此座右铭为题对我的事迹加以报道。我的母校石浦中心小学因此把"豁达勤奋"写进了校训。

第五，海洋人有智慧，重创新。创新是一种智慧，指的是新颖、独特且有意义的智能活动；创新是一种动力，产生一批又一批的重大成果，产生广泛的社会影响；创新是文化的生命所在，凝聚起自信昂扬、奋发向上的精神和物质力量。这使我想起

图1-7 豁达勤奋——崇德自勉

石浦老街，整条老街是木质结构的建筑，但一旦起火，这不是要火烧整街吗？到过老街的人都看到，老街每隔四五十米就有一道美观的石质的月洞门，门墙足有半米厚，这是石浦城内保存的多重完整的防火墙，一处着火，绝不会"火烧连营"（图1-8）。可见，作为大海边千年渔港核心的老街，其魅力不完全在"老"字，更重要的是体现了石浦人的创造力。老街的所有景观哪一处没有创新意识和创新表现？！小时候家里人只要有小病小恙，总是派我到吊篮膏药店去买膏药。在安静的天井和二楼的回廊里，隔着木栏杆，高高地悬空挂着一只竹篮。我去买膏药，楼上楼下一问一答，问清病情，放下吊篮，吊上若干现钞，垂下所需的膏药。多么有趣，多么生动，又多么新奇！于是吊篮膏药远近闻名。这有趣、生动、新奇的故事，就发生在石浦。当然，这样的例子还有很多。石浦那个地方，曾一度比象山县城（即丹城镇）还要发达，它是整个象山县南部的政治、经济、文化和交通中心。这是海洋人为求生存而积极创新的结果。石浦三面环山，交通闭塞，要发展，唯求海洋。因为有海，它能够通船；因为海岸线长；因此它能够北面通向宁波、上海，再往北还能够到大连、营口；南面可以到达三门、椒江，再往南可以到温州、厦门、广州、湛江、海口。如果坐船经过海洋进入江河的话，能够走向像南京、武汉、长沙这样的城市，因此石浦人到处去发展，去扩展，去做生意，1949年前石浦镇就有"小宁波""小上海"，甚至"小香港"之称。在20世纪60年代中期，有一条新闻报道，说上

图1-8　石浦古人创新的防火墙右街（陈有顺摄）

海造出了万吨轮。可是时隔十余年，小小石浦造船厂竟也能制造出万吨轮，并销往沿海各省。海洋人造大轮船，是求生存求创新的生动例子。大轮船是海洋人长期的向往，是智慧的结晶。我就是来自这标新立异的海边城镇，所以我重视在专业研究中的创新，并斗胆主持了教育部首批人文社会科学重大攻关课题"创新人才与教育创新研究"。

第六，海洋人开放、豪爽，也好面子，并好显示自己。2008年9月14日，我坐在开渔节的观礼台上观看万舟竞发开船的场面。夹着响震天际的礼花声，传来老渔民用石浦方言说出的铿锵有力的嘱咐："后生人（青年）：出海平安，满舱而归。"在雄壮的声乐中，渔民们将饱含着祝福的"壮行酒"一饮而尽，登上船舷，起锚出航。2000多艘大马力渔轮，一艘艘悬挂着国旗、国际信号旗、彩旗、大小三角雄风旗的渔船，首尾相连、劈波斩浪驶向海洋。站在渔船上的是我的同胞、我的同宗、我的同乡，我鼓励、我赞美、我欣赏：他们个个气势非凡，个个英俊威武。在2005年秋，我应象山县委的指派，邀请一批专家一起回象山出席前面提到的"全国沿海经济较发达地区未成年人思想道德建设研讨会"。会间空隙，我陪近10位专家逛石浦街。石浦处于中国偏东位置，休息时间比中部早一个多小时，时值中午11点钟，石浦人已进入午餐时间。奇怪就奇怪在吃饭上，老街几乎是家家居民，都把饭桌放在门口，毫无隐私地用餐。我身边的专家都来自外地，不理解地向我咨询："是否比赛谁家菜肴更丰盛？""吃的东西都很好，这里不是大餐厅啊！怎么不隐蔽一点？"面对逛老街的游客，没有一家有含蓄之意，没有一点难为情。这可能是这里的文化吧。这使我想起有时同乡聚会，坐在一起聊天，各人免不了要介绍一下自己的工作，可是有几位同乡要夸耀自己的成就，不仅是好面子，还大有一番显示自己的嫌疑。柴红林大校是位颇有涵养的军人，他对这些表现有些看不惯。他说，即使是老家的"传统"，这也是应该改一改的陋习。我是海洋人的后代，应保留的是热情豪放、表里如一的品质，要克服的正是自大自负、显示自我的毛病，人需要谦虚谨慎，人应懂得内外有别、保护隐私。低调为人总要比唱高调的好！

第二章　一别童稚入学海

成功人士在回忆他们成长的时候，往往要提及其受教育的经历。我虽不才，也不妨来谈谈自己的学习过程。我在家乡的石浦中心小学度过的童年既有快乐也有苦恼；初中就读于上海市浦光中学，由于得到良师的指点，我顺利地度过了动荡的少年期；上海市上海中学的3年高中学习，奠定了我一生成长的基础；特殊的大学生活成为我专业成长的起点。

从小到大，我都渴望当一名品学兼优的好学生，如我的好友、我国台湾教育家高震东先生所说的，去"学生活的知识，学生存的技能，学生命的意义"。然而，是否实现理想，当一名好学生却是由多个因素来决定的。

【小学阶段　苦乐同行】

好多读物都写着"快乐的童年"，我的童年期（即小学阶段）是否幸福呢？它实际上既有快乐又有苦恼！

我的求学之路先得从短暂的幼稚园生活讲起。1946年农历八月十六日，我在干妈家吃过丰盛的中秋午餐后，从干妈家出发，由母亲和干妈（那时干爹已经北上去找八路军了）送我到城隍庙幼稚园。为什么选择农历八月十六呢？过去，我们老家孩子上学要选择一个吉利的日子。可那时我才五周岁，他们送我到哪里上学呢？那就是城隍庙楼上的幼稚园。实际上那边有小学（中华人民共和国成立后合并进石小），但它的幼稚园部是比较有名的。在幼稚园里面学什么呢？不像现在幼儿园里面以游戏为主，孩子从事游戏活动，我上的幼稚园就和上小学没有太多的区别，所学内容无非是"小狗叫小猫跳"的课文或描红写毛笔字。我在幼稚园里待了半年。记得自己第一天上幼稚园是扛着一个木板凳去的，因为我们的幼稚园，要自己带椅子或者凳子。到幼稚园去的第一天是母亲和干妈送我去的，后来就不是了，每天都是自己去，没有人接也没有人送。幼稚园放学的时候要排队回家，排队时小学生和幼稚园小朋友一起按照家庭住址区域画线排队。我家住在北门，我每天就随着北门的队伍回家。每逢农历初一和十五，我不回家吃午饭，而是按照当时的风俗习惯到干妈家里吃午饭。干妈家在后街，我就要排到后街这个队伍回家。我在幼稚园里上了半年后，学到了不少字，在描红的基础上，我能独立地写毛笔字了。

第二年春天，我父亲对母亲建议说，能不能让我转到石浦中心小学去读一年级。但是他们当时不知道这个一年级实际上是一年级下学期，我小学上半年的课程根本没有学过，早知道这样我还不如不上幼稚园，直接上石小（图2-1）。当1947年2月我进入石小去上一年级时，实际上其他同学这时候已经上了半年了。我插班后身体一直不好，老是生病。有一次我咳嗽得非常厉害，大约一两个星期没有去上学。我再去上学的时候，很多同学说我逃学，用我们老家的话说就是"赖学"。我哭了，我觉得受到了很大的委屈。我刚到这个班，是想好好学习的，我因为病了，咳嗽都咳出血来了所以才没有来上学。当时，我是一边哭一边咳嗽，我的班主任谢老师，可以说这是我的启蒙老师，那时她还是个没有结婚的大姑娘，居然把她自己的新手绢从兜里掏出来，帮我擦掉嘴上的血丝，我第一次体会到了老师对学生的慈爱。我想谢老师跟我的妈妈一样地疼爱我，这种师爱让我久久难以忘怀。那年的上半年我一直多病，所以没有好好在那边学下去。直到这一年的下半年，也就是1947年暑假后，我6岁半的时候，才重新上了小学一年级。

图2-1 金山书院——石浦小学（陈有顺摄）

正式上小学以后，我的学习成绩在班里面一直处于领先状态。更有意思的是，一年级下学期有一次演讲比赛，因为平时我挺爱说话也特别勇敢，所以我的班主任让我上台去演讲。这个演讲稿是他们事先给我写好的，题目是"一个诚实的孩子"，可我怎么背也背不下来，我不想讲这个故事。后来在老师的催促下我要求自己讲个故事，这就是我的阿嬷经常给我讲的故事，叫"卖香屁"。人放屁是臭的，但有那么弟兄两个人，哥哥好吃懒做，弟弟勤劳俭朴。但是善良的弟弟总是受到贪婪的哥哥的虐待。有一天弟弟受到了一佛祖的点拨，能够放出一种香屁，使整个家庭的空气充满了温馨，充满了香气。他的香屁成了抢手货，使他赚了一些钱。哥哥对他极端嫉妒，要弟弟传授放香屁的技巧，但贪婪的哥哥又不想刻苦学习，怎么也没有像弟弟那样能够放出香屁，却被当作诈骗犯被官府的人法办了。就这么一个故事，它讲人应勤劳、诚实和奋斗，讲好人好报、恶人恶报的道理。老师同意我上台去讲"卖香屁"。我的演讲把全校老师和同学几百人都逗得捧腹大笑，最后授予我一等奖，奖给我一支铅笔。

我的学习很好，又在演讲比赛获奖，但是我在班里并不是个好学生。因为用现在的话来讲我 小时候是个有"多动症"问题的孩子，我没有几堂课能够注意听讲。如果按照今天国际上的定义，"多动症"是一种注意力的缺陷和障碍，那么我小时候是典型的"注意缺陷多动症"。虽然我没有几堂课认真听过，但我在前4年的学习成绩都名列前茅。我记得三年级一次数学考试，我们全班将近40个同学中几乎有一半成绩不及格。我们家在一个半山坡上，下面稍偏右（南）的"元大亨"酒坊老板的五个儿子都是我父亲这一辈的。那天，他们家的老三、老四、老五遛弯儿时遛到我们教室的外面，正好听到我们老师在宣读成绩。念到他侄子，考了30多分，他的侄子比我还大2岁。越念到后面成绩越好，念最后一名是我，95分，全班第一。所以那天我放学回家的时候，还没有到家阿嬷就在半山坡的院子里面喊我，并兴奋地夸我："听说你数学考试考了全班第一呀！"原来"元大亨"的几位叔叔来报了捷。

在班里，我有两个要好的同学，一个叫陈仁康，他比我大1岁，是某个药店老板的儿子，我和他关系最好，尤其是我俩都喜欢体育，总在一起锻炼，每次体育比赛我俩都会双双获奖。但仁康和我一样也是够闹腾的，我们两个人曾经琢磨着怎么用图钉在自己的课桌里面按上不同长短的牛皮筋，然后弹出不同的声音来——"1 2 3 4 5 6 7 1"。但是老师往往还没有听到，我的同桌张瑶琴却说要管我。瑶琴姐也是我的要好同学，比我大2岁，她管我管得特紧。可是学校里所有的活动，如唱歌、跳秧歌舞或花棒舞等，尤其是上台表演，她都是我的搭档。每当我和坐在后排的陈仁康，正商量着怎么取闹的时候，总是被她制止。

尽管我的成绩很好，但是我五年级上学期，也就是在1951年冬季我留级了。这是谁都没有想到的事情，为什么？因为家里"有事"！当天下午我到学校里参加数学考试。我最喜欢的数学居然考了59分。第二天考历史、考地理，我也没有心思考试，仍然都考了50多分。因为上课不缺课，老师也没有问我这样的一个学习尖子为什么成绩没有考好？学校老师出于好意，认为是我平时不认真听课，又不认真考试所致，于是用留级来整治我一下，以督促我好好学习。就这样，1951年寒假，不经过补考，老师就宣布我蹲班留级。

1952年春天，我留级到比原来低半年的一个班级去学习，这个班级有将近40个同学。因为那时中华人民共和国成立不久，学校里的教育秩序并不健全，上学也并不正规，有人可以上学，有人也可以辍学，所以出现相差半年的班级。我原来上的班应该是五年级下，1952年春天我蹲到五年级上班里了，这个班要到1953年冬至1954年春的寒假后才能毕业。蹲到这么一个班里，我心中非常痛苦。到1952年2月我重新去上学的时候，我父亲和上海母亲已经离开老家去上海了。我到一个新班级里上学，上课时我确实收敛了许多，不太敢像在原来班级那样闹了。我转到新班不久，一天上午，上第二节课，我的二弟（那时他还没有上学，他是那一年的秋天才上的小学一年级）来到我们班级的门口大喊："哥哥你出来，妈妈要生孩子了。"全班顿时哄堂大笑。我的老师说："林崇德，你去处理一下你自己的事情。"我难为情地低着头离开班级到了四舅家，喊四舅和我一起找医生为我母亲接生，出生的就是我的妹妹金菊（崇月）。我当天下午回到了班级，班级一片议论纷纷。本来班级就是"欺生"的，我又是蹲班留级的，于是他们议论说"林某某的父亲已经跑了，跑到上海去了"，"他是一个没有爸的孩子，我们得好好地收拾收拾他"。他们确实经常欺负我，他们偷走了我的墨，偷走了我的橡皮，偷走了我的笔，我总是忍气吞声。有一天我的阿嬷和她的一个熟人说好让我第二天中午到她家拔二三十根茄子秧苗拿到我们家种。她家在山坡上的一块地里有好多茄子的秧苗。于是那天中午，我吃过饭，首先奔这个阿婆家秧苗地里选拔了二三十棵茄苗放到了篮子里。没有想到我们班有几个相当霸道、平时欺负我的同学，刚好吃过午饭后上山闲逛下来，看到我在地里面拔秧苗，就审问我："这是你们家的地吗？"我说不是，并告诉他们这是哪位阿婆家的地。后来我也不顾他们就走了，没有想到这个阿婆家儿子刚好挑着一桶粪水（肥料水）到秧苗旁边的地里来浇水。我的同学们就问他："林崇德拔秧苗得到你们家允许了吗？"因为北门那一带的大人们都叫我的小名"阿看"。于是，他当时就问："林崇德是谁？"好，我的同学一听，看来这位叔叔不认识我，"居然"我在他们家地里拔秧苗，于是他们在班里头宣布我偷人家的秧苗，叫我"小偷"。我受到了很大的委屈，当天晚上回到家和阿嬷说完这件事情，我还哭了起来。阿嬷陪我到阿婆家，后来这个阿婆把他的儿子找来，那个叔叔说："啊，林崇德就是'阿看'呀，我们就是知道'阿看'是我们的好侄子但不知道他的大名。好，明天我就去你们学校，好好跟学校说说。"这件事虽然平息了，但我在班里面受难受气的现象是越来越严重了。

某一天，就是说我偷秧苗的那几个人约好成心让我难堪。我排着队要回家，他们几个人没有排队，截住我要把我打一顿。看到这个情景，我拔腿就跑，跑回自己的班级。我把这件事告诉了班主任陈庭征老师，陈老师听后真的陪我到那个地方时，那帮同学早就跑了。那天晚上我细细地琢磨：我可以吃亏，但不能长时期受欺侮！难道我就这样受气受辱没有一个尽头？"软的怕硬的，硬的怕横的，横的怕愣的，愣的怕不要命的。"是的，我现在"没有"父亲，人家说我是没有爸的孩子，我怎么能够在班里面生存下去呢？我一定要靠自己。于是，我当时有个坏的念头出现了。我要拼出一片天地来！别人不欺压我，我决不去惹事；别人欺凌我，我就得"拼命"了，豁出一条命去斗。谁要是欺负我，就是被打得头破血流，我也要捍卫自己的尊严，跟他们拼到底。三天后，我陪着我家附近曾家一个小名和我一样也叫"阿看"、上小学一二年级的孩子在小溪中玩一条玩具船。刚玩得痛快意犹未尽的时候，忽然，有个比我大两三岁的同学过来，将一块大石头"啪"一下砸在我面前的水里，水面立刻溅起许多水花，溅了我一身，衣服都湿了。紧接着他对我说："好小子，你在这儿呀，真挺悠然自得呵，来玩小船了，林阿三（我爸的乳名）呢？跑了吧！"我当时非常非常生气，不知道哪里来的勇气，我想和他大打一场。当他抓我的时候，我拼着自己平生的力量，一拳向他鼻子打去。把他打得鼻孔流血，哇哇直叫跑回去了。我后来想，我不能够成为一个弱者，我不是一个受气包。没有想到，我们班有位姓蓝的同学，比我大3岁左右，他特别同情我。有一次上完课他把我叫到一边，说："林崇德，和别人争斗，不仅仅要靠自己的勇敢，靠不要命，打架还有个技巧的问题，我来教你吧。"我觉得他说话非常诚恳，于是在班里我和他交为好朋友，他多次教我自卫的技巧。有一天他教我左手怎么挡别人的拳，右手怎么狠狠地攻击别人。正好不久有几个人来找我茬儿，我左手挡住对方的巴掌，右拳狠狠地揍在他的肚子要害处。就这样，慢慢地班里就没有什么人再欺负我了。在这个过程中，我觉得最疼我的还是我的班主任陈庭征老师。

陈庭征老师，绍兴人，比我父亲大几岁，他是个大学毕业生，学英语的。在上海一场反英的学生运动中，因为他是英国人的翻译，所以他的西服被进步学生剪烂了。于是他就回到老家绍兴教书。中华人民共和国成立以后，绍兴教育局又把他派到宁波教育局，宁波教育局又把他分配到我们老家，来教我们语文课。他的语文讲得非常出色，除了高超的语文教学艺术以外，他还擅长讲故事。两周一次的作文课上，我们往往很快写完作文，在两堂写作课里挤出半小时。为什么呢？我们要听陈庭征老师给我们讲《三国演义》。我怎么开始喜欢《三国演义》的呢？就是从陈庭征老师在小学语文课上讲"赤壁之战"开始的。他说,赤壁之战只不过是《三国演义》的一段,如果我们愿意听的话,他可以给我们讲整本的《三国演义》。陈庭征老师的记忆是那么好,他从"桃园三结义"开始讲,慢慢地讲到"赤壁之战"那一段,接着讲"赤壁之战"后的故事,直讲到我们小学毕业,我还没有听完。上中学以后我借的第一本书就是《三国演义》,自己接着看。也怪,可能是受陈老师讲《三国演义》的影响,我愿意听陈老师的话。陈老师经常找我谈心,他坚持正面教育。有一天他对我说起他为什么要学英语专业,目的是要学习先进的东西帮助国家强盛。他鼓励我树立志向,为国家富强而好好学习,不要与身边的同学论短长。一个人如果没有远大的目标,就无进步的信心和勇气。这些话,当时不是完全理解,但磨炼意志、成才、为国家强盛而学习的激情,正是从陈老师那里撷取来的。

到我小学毕业那一年,我们班将近40个同学,每门功课考试都及格的只有12个人。也就是说,按时能够毕业的只有12个同学,其他人都要补考。我考了第3名,但是考虑到我曾经上课随便说话,不专心听讲,还打过架,所以教导处把我的名次从第3名拉到了第12名。尽管我感到有点委屈,但我扪心无愧。就这样,我以小学第12名的名次从石浦中心小学毕业了。

小学毕业以后,再过半年才考中学,我考什么学校呢?陈庭征老师鼓励我考在石浦的立三中学。立三中学的创办者励乃骥先生,是象山东溪人。他在国民政府里当过教育部门的官员,保护并救过革命者,后来当过上海市文史馆馆员。为什么他要办立三中学?因为他提出立德、立功、立言的三立最为重要。也就是说,一个人要立自己的言论,一个人要立下功劳,一个人更要立德,这个德就是气节,即为国家为民族的气节。按陈老师的要求我准备报考的,就是立三中学,但是后来我没有考立三中学。因为我父亲对我特别关心,尽管我父亲离家在上海已经定居,但是他在1954年春节给我写了一封热情洋溢的信,希望我春节后去上海。他在信里面写道,如果我到上海好好备考,半年以后能考上一所公立学校,就让我在上海念中学;如果我考不上公立学校,那我可以在上海找一个地方去当学徒。因为1956年国家公私合营之前,上海公立中学(称市立中学)仅占40%。上私立学校钱太多，父亲也供不起我。

【初中生涯　难忘今生】

父亲让我去上海求学的事，在家里引起一番争议。我母亲不太愿意让我离开老家到上海，原因很简单，我能不能够适应上海母亲这样的新家庭，我未来的生活如何，这些都是茫然未知的，"儿行千里母担忧"啊，所以我母亲不希望我离开她到一个陌生的地方。然而，令我母亲非常矛盾的是，她也意识到让我去上海肯定比在老家有前途，但是我真的要走，她在感情上又舍不得。奇怪的是，我自己不知道为什么非常坚定，我想离开老家，认为上海的中学会比立三中学好。我还十分自信自己能考取公立中学。或许，这是少年时期"初生牛犊不怕虎"的勇气和对外面未知的世界存在强烈的渴望吧。然而，当时谁能够陪我去上海呢？毕竟那时我还是一个不到13岁的少年。

我等呀等呀，过了农历二月初二13岁的生日，我跟着一个姓郭的伯伯同路去上海。他要去西安，先要朝上海方向走，可以带我一段，我就跟着他去。但他和我到达宁波以后，不知道什么原因那两天没有从宁波到上海的客轮。他只好帮我找家旅馆安置好，因为他就要先乘火车去上海转车到西安，不可能再等几天坐轮船陪我到上海，所以我一个人住进一家沿甬江的旅馆，3角钱一个晚上的大通铺。一个人晚上没有事，我居然溜达到一个剧场，1角5分钱买了一张戏票，看越剧《哪吒闹海》，而我把每天饭钱控制在3角钱以内。第二天起床后，旅馆的人告诉我第三天早上我必须起个大早，凌晨三四点钟就要起床排队买去上海的船票。起来以后他们指给我一个方向，顺着沿江方向，一直走到有去上海轮船的码头排队买票，最后花3块3角3分钱买了一张去上海的通铺票。当天下午四五点钟的时候，我乘上了轮船，在大通铺的船舱里，睡在凉席上。船行驶了一个晚上，第二天一大早到了上海。

原先郭伯伯给我说过，他会打公用电话到我父亲住的地方通知他去接我。但是我毕竟第一次到上海，人生地不熟，下船后我就找了辆三轮车并告诉师傅，我要去晏海路（今河南南路）35号。我把门牌号都告诉人家，人家肯定知道我是一个新到上海的外地孩子，于是那个师傅告诉我说4角钱把我送到家里，但是三轮车刚刚要离开招揽客人的地方，我听到外面有个声音在喊我的名字，我听出来是我的父亲。尽管到这时已两年多没有见过我父亲，但我还是听出了这个声音。我告诉三轮车师傅停下，下车一看果然是我父亲。他上了三轮车，一路上不停地嘱咐我来上海后的注意事项，无非是和上海母亲要好好相处之类的话。我从小到大，父亲尽管对我都很严厉，但是他没有动过一个手指打过我。父亲非常疼我，甚至在我想求学上进的时候，又把我带到上海。我当时就想，如果上海母亲不同意我来上海，我估计父亲"做工作"也没有用，这时我第一次对上海母亲产生了好感。到了家里，我按照父亲的要求叫了声"妈妈"，开始了新的生活。

　　一个少年到一个新的家庭去生活，面临的压力是非常巨大的，肯定要有很长的适应期。第二天，父亲让我跟着他，把我带到了他工作的地方。或许他担心我自己在这个新家里不自在，但更主要的是，他想利用工作间歇的时候对我进行一系列的教育，或者是约法几章，告诉我如何适应新家的生活。就这样我开始了在这个新家庭的生活，经历了和上海母亲不断磨合的过程。在慢慢适应新生活的过程中，我也开始寻思着怎么能够考上上海的初中，毕竟过考试关是残酷的。我父亲利用某个礼拜天陪我去在上海徽章厂工作的干妈家，尽管每年都和干妈通五六封信，但毕竟5年没有见面了。从此，我每个月都去看一次干妈，并和赵崇基干弟成为终身莫逆之交。有一天，我在马路上看到一个小广告，说离我们家不太远，紫金路的弄堂里为迎考初中孩子办了一个补习学校，为期3个月，学费为5元钱。对我们当时的家庭来说，5元钱也不是一个小数目，但是我想去试试。我在那个学校里面补习不到两个月，觉得老师讲的内容并不比我原来小学老师讲得深奥多少，与其这样学下去还不如自学。于是，我就提出退学的要求，最终从这个补习学校退了学，当时一个叫周松乔的同学也退学了。退学后，那个学校退回我们每人1元钱，我每天花3分钱买门票到外滩公园里，和周松乔一起自学了一个多月。

1954年7月初，上海第一批公立学校开始招生了。经过一番考虑，我找到了一所我自己觉得比较理想的学校。这所学校，在金陵东路2号，靠外滩的那个地方，是由原来法国领事馆改建的一所学校，这就是上海市浦光中学。但是浦光中学的原址并不在这里（在四川中路，我们初二时原址装修完后，我们搬回原校址），当时，我也不知道那么多，反正就报考了这个学校。报名那天我好像是凌晨三点钟起床，赶到这个学校的门口。这时，学校的门口已经排了一百多号人，后来总共有一两千人报名。这个学校一共招收六个班，大约是六取一的比例。由于浦光中学教室不可能容纳那么多的考生，于是让我到唐业中学去考试，我也不知道唐业中学在哪里，我就在我们院子里面打听。有一位刚考大学的殷家哥哥，他正是唐业中学的毕业生。他非常热情，一大早起来陪我去考试，一路上他问了我好多时事问题，有的我清楚，有的我答不出来。他说考语文，你要懂得一些时事，懂得一些国家大事。我记得他问我："你知道徐建春吗？"我说不知道。他说新的小学六年级语文课本里面有徐建春的事迹，这个人是城里人，小学毕业后到农村去当新农民，成绩出色，成为年轻的劳动模范。我已经从小学毕业了半年，原先的课文里面并没有徐建春的事迹。没有想到他这一点拨，给我考试带来极大的帮助。因为上午考语文，下午考数学，第二天考自然常识。语文的内容百分之五十的分数是一般的语文知识，还有百分之五十就是写作文。作文的题目就是谈对于徐建春事迹的感想。要不是殷家哥哥的指点，我根本不可能了解徐建春的事迹。我在老家时经常给在上海的父亲写信，写信是我的擅长。我的作文就写了一封"给徐建春的信"，在信中赞扬了他的事迹，这些事迹正是那位哥哥告诉我的。在作文中，我提出如果我考不进中学，我就和他一样到农村去插队落户，当个新农民。没有想到这篇作文得了很高的成绩。数学考试对我来说是个长项，我基本上全答对了。而自然常识，石小老师给我们讲得非常透彻，如用热胀冷缩的原理来解释冬天瘪了的皮球为什么在热水里面烫一烫就能够鼓起来，这类问题对我来说都很容易。就这样，我考上了上海市浦光中学。

　　进了浦光中学后，我被编入初一（4）班。我毕竟是一个从小就顽皮的少年，起先，我上课时不太专心听讲，经常搞小动作，和周边的同学说话，思想不集中，但后来不知哪儿来的动力，使我要求上进，不愿再当调皮学生。在家里，我越来越懂事了；在同学中我基本上没有暴露自己的身世；对上海的兄弟姊妹我可爱护呢，不仅感情上很亲近，而且当大弟弟和二弟弟受到周围一些人欺负时，我总是扮演保护神的角色，所以上海弟弟们对我也特别好。由于上海母亲上班紧张，出生才满周岁的上海大妹妹寄托在一位阿婆家，每天由我接送。我的同学和我一样可喜欢我妹妹了，经常和我一起接送她。就这样，我和上海母亲逐渐亲近起来。上海母亲开始疼我，我记得初一暑假某天晚饭后，她悄悄地带着大弟弟和我二人来到一家西瓜摊，买了一个西瓜劈开让我们哥儿俩吃，而她自己却望着我们，眼里透出喜悦而疼爱的感情。

我是个海洋娃，来到大上海，两个地方的生活差异很大，需要一个长久的适应过程，由此我遇到了不少的麻烦。初一的班主任有些看不起我，当着同学面叫我的外号"小宁波"。在上海，什么人才叫"小宁波"呢？马路边摆摊卖面条、卖汤圆的那些小商贩，往往挂牌自称"小宁波"。我的同学觉得挺好玩，把我也叫成"小宁波"，因为我毕竟是来自宁波的乡下。可班主任有时候也叫我"小宁波"，这使我有点不舒服。当我稍微有一点话语不对头的时候，他就说我"假痴假呆"。我上课如果表现差点，就在家访时说我要"多讲多念"。记得初中一年级上学期末，我的语文考试分数很高，好像有90多分，可是老师怀疑我作弊：一个乡下佬能够考出这么高的成绩吗？他对班干部说："林崇德平时坐在后面，为什么复习那天他坐到第一排？说不定他已经偷看了我的卷子，作弊了。"直到各科的成绩都下来，我每科都在班里面名列前茅的时候，他这才消除了疑心。对此，我感觉受到了极大的侮辱。在受到这种歧视的状态下，我能喜欢这位教语文课的班主任吗？从初中一年级下学期开始，我几乎对语文的学习不感兴趣。

初中二年级，也可能是"时来运转"，我们换了个班主任，他是从南京师范学院地理系毕业的上海人，刚被分配到浦光中学教我们地理并担任我们班的班主任（图2-2、图2-3）。他姓张，大名佛吼，这名字多响亮啊！这位老师比我大8岁，他能深入同学，了解我们每个人的情况。他曾经跟我们班里的同学说："我觉得咱班里林崇德同学的成绩不错，但我仔细了解一下，是聪明吗？不一定！是他有着一股难得的刻苦精神。"这位新来的班主任，经常鼓励我的点滴进步，并鼓励我积极靠近团组织。说心里话，我在小学里因为"太闹"而没有加入少先队，初中一年级我们班里中队委把没有入过队的四个同学都拉进了少先队的组织里来。初中二年级，我入队还不到一年，班主任老师就鼓励我写入团申请书，希望我能当一名光荣的新民主主义青年团员。1956年9月我在张老师的关怀下入了团。在入团的仪式上，我举起右手，立下热爱党，热爱毛主席，为祖国而奋斗的誓言。

图2-2　出席母校105周年校庆

图2-3　和张佛吼老师合影（2006年）

到初中三年级，我们面临着毕业去向的问题，基于我的家庭情况我想早点独立。我跟班主任张老师说，我想考中专，考什么专业呢？在初中一年级的时候，我在语文书里读过一篇关于詹天佑的课文，我被这位伟大的富有爱国精神的铁路工程师的事迹深深感动，我想当个铁道战线的技术员，向詹天佑学习，说不定还能当个现代的詹天佑。于是我的志愿确定为上海市铁路中专。但是，1957年我初中毕业期间，赶上了国家"反右"斗争的政治运动。那一年，上海取消了中专和技校的招生计划，我唯一能报的是高中和中等师范学校。面对着新形势，我十分苦恼，为自己的前途担忧。这时我的班主任老师鼓励我说："我已经看出来，你是我们班颇有出息的学生，因为你刻苦、认真。我希望你考上海中学，在那里可以住校，这不比中等专科学校差，因为按照你的家庭情况，说不定能申请人民助学金，能供你吃饭，供你生活，我想这跟中专又没有什么两样。毕业以后，我相信你一定能考上大学，将来能够当一个出色的工程人员。"就是我的班主任张佛吼老师关键时刻的一席话，指引了我人生的道路。现在回想起这位老师，我就想起心理学中的"皮格马利翁效应"（教师期望效应）——在我的班主任张佛吼老师眼里，他认为没有教不好的学生，他相信自己的学生一定能进步，一定能成才。老师的期望和暗示，成了推动学生前进的强大力量。就这样，在班主任老师的指引下，我以优异的成绩，考上了九取一的上海市最著名的中学——上海中学。

　　浦光中学初三原先是6个班，1956年在国家公私合营高潮中和某私立学校合并，此后有了12个班。到初中三年级下学期，学校为适应中考需要，重新调整班级，以几何成绩作为调班的主要依据，原初三（4）班保留了四分之三的同学，四分之一几何不及格的同学进入了原私立学校的某个班级，而又从原私立学校调入我们班四分之一的新同学。1957年中考后，从浦光中学考入上海中学的有4位。后来有一位成为上海市政协主席，还有一位成为国家某个部的副部长，有两人成为学者，我是其中一个。记得20世纪90年代末我有一次到上海，和张佛吼老师约好，说想去看看他，当时我是黄浦区教育局的顾问，恰好局长和书记留着我商谈工作，下午又要回北京，我没有办法抽时间去看张老师，我就给我三弟功梁打了一个电话，我让功梁把我刚从南京路买的一份礼品送到张佛吼老师那里。当时还带去我给张佛吼老师写的一封信，写道："张老师，您还记得一个个儿不算太高、不太聪明，但您却认为最刻苦的学生吗？我是您的学生林崇德。是在您的关怀下，我当年考了上海中学。现在又在您的关怀下成为您所期待的人。今天上午，我走遍了整个南京路，偌大的南京路，都难以挑出一样能够配得上送给您——我的恩师的礼物。后来，我进了卖宜兴陶瓷的商店，我买了一套这个商店里被认为最好的陶瓷杯、陶瓷壶。老师，我为什么要呈上瓷壶瓷杯呢？因为老师您谆谆教导我们这些学生，您这一辈子说的话太多了，老师，您需要多喝水，瓷壶瓷杯就方便您喝水，多喝水有利健康。祝老师长寿！您的弟子崇德顿首！"

上海市浦光中学有着优秀的革命传统，它的前身是上海市基督教青年会中学，因为是一个教会的学校，因此我们党曾经利用这所学校搞地下革命，上海整个中学系统的党支部就设在基督教青年会中学，乔石同志就是上海市中学系统党支部的书记。江泽民同志毕业于上海交通大学，到了1947年，党组织把他派到青年会学校（夜校）教外语，并从事党的地下革命活动。这里我先讲一个1994年的故事，时值第十届教师节，我们党的第三代领导核心江泽民总书记来到北京师范大学，参加第十届教师节活动，在学校里的英东学术会堂和近百名师生代表座谈。江泽民同志说北京师范大学是培养教师的摇篮，特别是中小学教师的摇篮。他谈到当中小学老师的光荣，并举了例子说他自己在1949年前曾经在一所可能我们与会的每一位老师和同学都不知道的，曾叫上海市基督教青年会学校，现在叫浦光中学的地方工作过。当他说到这里的时候，我乐了，对坐在旁边的许嘉璐和吴猛两位副校长说："我就是这个学校1954年到1957年的初中生。"他俩非常惊讶地说，你举手跟总书记说，你是他的学生。我说不，如果我要是说这句话，我就不能在北京师范大学待下去了。听到这里，两位副校长都乐了。座谈会结束的时候，江泽民同志要和我们一起照相，照相之前先和第一排的干部、老师一一握手。当握到我的时候，他还拉着我转了一圈，剩下来的许嘉璐和吴猛两位副校长他都没有来得及握手，就回到他自己的座位上去照相了。事后，他们两位跟我开玩笑："哎，总书记也是有'偏心眼'啊，你看，对你这位学生是那么亲近，可对我们连手都没握就走了。"那次，从江泽民同志在北京师范大学讲话中可以看出浦光中学具有革命传统。在我记忆里浦光中学有许多特点，如党团力量比较强，实践教育开展得非常有力，革命传统教育做得非常好。浦光中学大力宣传马克思和恩格斯的友谊，这对我影响很大，除促使我政治思想上要求进步，健康地度过多事的少年期之外，还促使我把少年期变成一个交友期，我那个阶段交的朋友，可以说是一辈子最多的。例如，我和同年同月同日生的傅安球结为莫逆之交，我和戚世堂成为终生难忘的知己。浦光中学地处黄浦区，意指黄浦江之光。学校的传统教育中很重要的一点就是，要热爱上海，热爱祖国。我记得张佛吼老师经常对我们说，如果不知道热爱家乡的人，怎么能热爱祖国呢？张老师还很风趣地说，上海市市长要比外边的省长大得多，上海市市长是陈毅元帅啊！我从中受到热爱上海、热爱祖国的教育。直至今天在电视里观看体育比赛时，我心里牵挂着上海队，希望上海队能取得好成绩。在热爱上海的过程中，在置身上海发展的情景中，我看到我们祖国日新月异的变化，这使我更加热爱我们的祖国。

【上海中学　受益良多】

　　1957年暑假，我如愿考入上海市上海中学，编入高一（6）班。上海中学是一所1865年建校的老校，它坚持"明、严、实、高"的校风，带动了"严谨、创新"的教风和"严实、奋进"的学风，形成了"精研、勤学、团结、进步"的优良传统和学校精神，深刻影响和激励了一代又一代人成长、奋进，由此也成为今天"全国一流，国际著名，教育高质，管理高效"的示范校。在这种学校精神的作用下，种种的影响机制使上海中学在上海乃至全国特别有名气。上海中学的校园占地450亩，校园之大、校园之美吸引了无数上海的学子（图2-4）。在上海中学3年，我们都是寄读生。我一个月回家一次，由于家里人口众多，地方小，所以有时回市区住在傅安球、戚世堂和干妈家，我和干弟赵崇基、赵小基的友谊越来越深厚。

　　进入上海中学以后，影响我的首先是学校精神，这个学校要求学生确立远大的目标，在思想上灌输一流的意识、时代的意识、国际的意识，使学生具有爱国心、责任心、适应性和创造性，最终成为各行各业的优秀人

图2-4 上海中学

才。正因为如此，上海中学的学生中现在已经有100多位副部级以上的干部、100多位大学校长或副校长、70多位院士、30多位将军，这都要归功于这个学校的精神。

说到这儿，还要说到今天我们的教育培养目标，那就是在德、智、体、美、劳诸方面培养全面发展的人才，可是在我的著作里有时提过德、智、体、美、劳、群。有人说我是不是学我国台湾地区的教育目标，台湾地区学者提倡"五育"，即德、智、群、体、美。其实大家不了解，德、智、群、体、美是20世纪30年代上海中学提出的对学生的基本要求，每位进入上海中学的学生都要根据这个要求来做，这五个目标是谁提出的呢？是20世纪30年代沈校长提出来的，40年代沈校长辞去上海中学的校长职务，到欧洲去讲学，后来他转经好多个国家后到了我国台湾地区，国民党撤离大陆到了台湾以后，沈校长就担任了当时台湾地区的教育部门负责人，所以他把上海中学的这个"五育"的要求带到台湾地区，台湾地区的教育目标就是这样来的。

上海中学在中华人民共和国成立以前对学生的要求是"德、智、群、体、美"，中华人民共和国成立以后，它贯彻的是明（明理）、严（严格）、实（求实）、高（高质）的校风。学生进入这个学校以后，大家都寄宿，严格按照毛泽东主席的要求在德、智、体诸方面努力上进，全面发展。上海中学讲"德"，不仅在政治课上讲，平时我们上海中学的叶克平校长每个星期给我们做时事报告、政治报告时，也注意引导我们要有崇高的理想，有爱国心，遵守社会道德规范。在"智"，也就是学习方面，上海中学抓得非常紧，那里的毕业生考大学，除了当时因为政治原因，如家里出身有问题而"落榜"外，基本上百分之百能够上大学。上海中学没有忘了"群"，强调团队精神和集体意识，所以在上海中学，尽管我也交了像金栋贤、励维玓（前文提到的立三中学创始人励乃骥先生的亲侄子，1966年后改名厉为民）这样终生难忘的挚友，但更重视热爱集体，追求合作，维护群体。我们高三（6）班的同学团结友爱，直到今天还在当年的团支部书记许嘉明和郑琦的带动下成立了一个长期联络的班级群。今天我在心理学界有良好的人缘、人气和人脉，无不与上海中学的"群"的要求相关联。上海中学特别重视"体"，即身体锻炼，它有400米跑道的大操场，北面两个食堂之间还有一个与大操场一样大可以活动的场所，学校还有非常高级的体育馆。我在上海中学念书的时候，在学校的严格要求下，高中一年级已经通过了当时国家为中学生制定的二级劳动卫国标准，就是现在最高一级的体育达标测试标准。我们班有好多同学成为运动员，我自己在田径、举重、划船等项目也取得了一定的成绩，如跑百米，12秒6是三级运动员标准，我则能跑到12秒9；我和宋正良一起练举起重，他获得三级运动员，并鼓励我好好练，而我却差那么一点点，有点遗憾；我自己还是一个田径裁判员，有等级裁判员的证书。当然，在这样的学校里学习，是非常艰苦的。早晨起来先是进行早锻炼，锻炼完以后上早自习，早自习是50分钟，主要学外语，早自习完了以后去吃早饭，吃了早饭以后是四堂课。中午可以休息半小时到一个小时，下午两堂课，两堂课以后我们又要到操场锻炼，锻炼回来以后再做作业，一个小时作业以后，大概6点钟左右吃晚饭，吃完晚饭以后，休息一会儿又有两堂课的晚自习，大概到9点半左右回宿舍睡觉，10点以后一律熄灯，一律睡觉，保证八个小时的睡眠时间。总之，每天非常有规律，最终形成井然有序的教育环境，团结、紧张、严肃、活泼的校风校纪，再加上优美、整洁、文明、礼貌的客观环境，严谨、刻苦、锲而不舍、孜孜不倦的学习风气，这些都对我们学生的成长、进步无疑起到一种促进作用，而这种促进作用是学校各项工作、规章制度无法替代的。此外，我得指出一点，上海中学重视劳动教育，每周有半天现代综合技术教育课：初一学木工，初二学金工，初三学电工，高一学机床，高二学汽车，高三学无线电技术。所以，我们早在20世纪50年代已人人能开汽车，人人能修理汽车了。上海中学有几十个学生课外活动小组，自愿参与，丰富多彩。尽管也有老师指导和讲座，多半由学生"自治"。我在高一、高二参加过数学组、田径队和口琴组，高三参加过文学组和无线电组。参加这些活动小组不是为高考准备什么，而是发展兴趣，陶冶情操，轻松生活，增进个性。我们参加每个活动小组都有收获，感觉学到了某些知识，提高了某些技能，也培养了一定的才干，从来没觉得有什么额外的负担，因为若觉得有负担，也绝对不会去参加这些活动了。上海中学的学校精神就这样成了我们积极向上的力量，对我们这些学子具有巨大的感染力，同时对一些错误的思想，不良的心理和行为，也具有一种无形的抵制作用。说实话，在上海中学3年的高中生活奠定了我的人生观、价值观和世界观的基础。从这里毕业的人，都对学校非常留恋，上海中学校庆每年搞一次小庆，5年或10年搞一次大庆。每次大庆居然有5000~10000名的校友汇聚在学校，真是极不容易的事情。这就是学校的凝聚力，学生们都留恋它（图2-5）。

逢5周年或逢10周年母校的大庆之时，我也会从北京赶回去参加庆典活动。在130周年校庆时，记者问我，为什么有"上海中学情结"？我觉得最主要的是对我们老师的感激，对学校的感情归根结底还是对老师的感情。因为上海中学有好校长（叶克平先生深受我们师生爱戴，担任了17年上海中学校长），有一大批好老师。例如说我的语文老师金崇庆。我刚入学的时候，第一次作文获得了2分，不及格，第二次作文我获得了4分。那个时候是5级分制，金崇庆老师就把我叫到办公室，他问我："你为什么第一个作文没有写好？第二个作文你获得了4分？"老师态度之诚恳，再加上他平

图2-5 几位在京老同学在上海中学首都校友130年校庆庆典上
（从左至右：金栋贤、林崇德、邱鸿飞、励维玓、张道中、陈正秋）

时教学的严谨、教学质量之高使我对他非常敬佩。我对金老师实事求是地说："老师，第一次2分的成绩是我真实的成绩。我从初中一年级下学期开始，因为某种原因，我就讨厌语文，不喜欢语文课，因此作文写不好；第二次得4分，说实话，我是抄您的。"他问："你怎么会是抄我的呢？"我给他做了一番解释："第二次作文是应用文，您举了那么多的例子，书信、借条、假条，我就依葫芦画瓢，抄您的，我按照样例进行学习的，所以获了一个4分。可能您会问我，我考上海中学，我数学确实是考了100分，语文也考得不错，我语文成绩是怎么来的呢？作文为什么会考好呢？中考的作文并不是我真正的成绩，因为在备考的过程中，我背了大量的记叙文、说明文、议论文等各种各样的体裁的范文，因此我看到题目以后，我就想起头脑里那么多的范文，我就穿靴戴帽，模仿写作，因此获得了一个好成绩，我这才进入了上海中学。"老师看我说得非常诚恳，非常坦然，也非常得体，于是频频点头。最后他给我布置了一个任务，他说："从此以后，你就开始用仿写来提高你自己的成绩，别人两个星期一次作文，你，每当我讲完一种课文的体裁，你就学着写一篇文章。我讲了记叙文，你就学写记叙文，我讲了诗歌，你就写诗歌，我讲了小说，你也得写一篇小说，我讲了剧本，你也得给我写剧本。"这个任务非常艰巨，如果一个星期老师讲完三种到四种体裁的语文课，那么我肯定得多写三种到四种的作文，而老师就得多改好多次作文，给他增加了很大的工作量。我想老师都能够做，我怎么能够在这么好的老师面前打退堂鼓呢？我答应了，后来我就根据老师的要求，老师教什么，我基本上就写什么（剧本等体裁没有写），就这样，我们师生坚持了一个学期。后来我考虑到金老师负担，自己练习，不请老师修正了。但不到两年的时间，我的作文成绩提高了。金崇庆老师说："在中学还写不好作文的人，他以后绝对不可能写好文章。"有人说我今天著作等身，这其实与当年金崇庆老师的培养有关。上海中学老师好，上海中学的老师使我后来树立了要当一名像他们那样的好老师的人生目标。

初中毕业时，我想考中等铁道专科学校，想当一个现代的詹天佑。我考入上海中学以后，从高中一年级到三年级，我的理想都是要考上海交通大学或唐山铁道学院，要学习詹天佑的精神，为国家建造更多的像南京长江大桥那样的伟大工程。但是，这种理想后来在悄然发生变化，这其中受到我的班主任也是上海市劳动模范的孙钟道老师的很大影响，特别是孙老师在1960年3月上的一次物理课，给我很大触动。一天上午，班主任孙钟道老师来上物理课，当时上课的典型模式是，老师先提问前一节或前几节课的一些内容或问题，然后让学生回答，回答以后老师给学生打分，再开始上新课，可是我们班有位同学没能很好地回答孙老师的提问，这个时候，年近花甲的孙老师感慨万千："同学们，再过几个月，你们就离开上中了，我希望你们能成为国家的栋梁。若干年以后，当我看到你们每个人都取得了成就，那便是我当教师的人生最大的欣慰和幸福。如果你们中间谁做了一点对不起国家、对不起人民的事情，那就是我最大的不安，最大的惭愧。"忍泪说到这儿，孙老师已经激动得说不下去了，他拿着板擦转身去擦黑板，想掩饰一下他当时激动的心情，可是黑板上没有写过一个字，他又回过头来，眼里含着泪花，艰难地说："人之失落啊！学生出了大问题，当老师的会感到耻辱。"那一刻，我脑海中闪过一幕幕老师教导、关怀我的场景。

　　高中二年级时，我老家的母亲得了重病，我恳求父亲让她到上海治疗，我父亲陪她去看病，尽管把她的病医治好了，但是家境却十分困难。我获悉兰州铁路专科学校来招插班生，两年后获大专文凭。学生的生活待遇是每个月给22元助学金，我想10元钱够吃的了，2元零花，还能够剩下10元钱。当时为了每个月22元的津贴，为了每个月除了饭钱零花以后能剩下10元给我母亲，当个孝子，我居然连这么好的上海中学都不想上了，想去报名上那所专科学校。可是，班主任孙钟道老师知道这个事情以后，不仅给我讲了"忠"与"孝"的关系、小家与国家利益的关系，而且他还替我亲自向学校申请了除甲等人民助学金之外的零花钱。当时助学金分甲等、乙等和丙等，甲等人民助学金是10元零5毛。我考入了上海中学，当年学校根据我的情况给我乙等人民助学金。从高二开始我已经享受甲等人民助学金了，吃饭是绰绰有余了。自从我母亲生病后，学校开始给我2元零花钱，到高中三年级的时候，又增加1元，让我能够买一些高考的参考书。记得高二时孙老师向我指出，他对我有很高的期待，希望我能够完成在上海中学的学业，然后能够考上我自己梦寐以求的上海交大或唐山铁道学院，将来真正能够实现自己的夙愿，当一位像詹天佑一样的人，为国家做出贡献。

　　那次，当听完孙钟道老师的一番感慨，我联想到自己的成长过程，比较了詹天佑这样的桥梁隧道工程师与孙钟道老师那样的人类灵魂工程师对于人类发展的价值。那一刻，在我刚度过19岁生日的心灵深处，留下了永不消失的印记，使我改变了自己的志向，决心要当一位像孙老师那样的老师，当一位杰出的教育家。同年5月，我在上海中学学生会"红五月"征文比赛中，模仿《中国青年》杂志所刊登的华东师范大学中文系创作的《教师之歌》，写了一首《理想之歌》，这里，我摘下主要的诗句：

未来的理想，

　　像滚滚的扬子江那样

　　　　源远流长；

生活的道路，

　　如汹涌澎湃的东海一般

无比宽广；
伟大的祖国啊，
　　天高任鸟飞，
　　　　海阔凭鱼跃。
各行各业都让
　　一个高中毕业生是
　　　　那样地向往；
然而，一个崇高的字眼——
　　"人民教师"
　　　　将落在我的志愿书上！
憧憬未来，
　　我有无限的遐想：
啊，
虽然我当不上铁道专家，
　　可我一样地
　　　　为南京长江大桥去铺垫钢梁；
虽然我不能荷锄下地，
　　可我一样地
　　　　为五彩缤纷的市场去输送
　　　　　　蔬菜和棉粮；
虽然我未能穿上军装，
　　可我一样地
　　　　为保卫祖国边疆去驰马端枪。
我的岗位，
　　将坚守在两尺讲台旁，
可我的足迹，
　　却遍布在祖国的四面八方；
我的两鬓，

会有一天斑白，

像我的班主任

孙钟道老师那样，

可我的青春，

却千百倍

千百倍地延长

延长……

这就是我的理想：

为了国家的栋梁之材，

献出我毕生的热血、

智慧

和力量！

这首诗虽然在形式上模仿了别人的作品，但所表达的理想和抒发的情感，却是发自我心底的，是非常真挚而强烈的。就这样，在当年升学考试的志愿上，我全部填写了"师范"，并且以优异的成绩考取了第一志愿——北京师范大学教育系心理学专业，从此为我自己的教育生涯拉开了序幕。有人问我为什么第一志愿选心理学？其实当时我对心理学并不了解，但我深深地体会到当好老师应该从学生心灵入手，我把心理学理解为心灵科学，意在建起一座从老师到学生之间的心理桥梁。当然，5年大学生活肯定受北京师范大学师范教育的熏陶，使我越来越坚定了自己的专业理想。但是，我一生当中最难忘的仍是能够奠定我的理想、人生价值、人生基础的上海中学，我有上海中学的情怀，我永远忘不了自己的母校——上海中学。

【五秋大学　别有殊奇】

在北京师范大学学习期间，我的人生目标就很明确了，那就是为党的教育事业而学习，要当一名出色的心理学工作者和教师（图2-6）。为此，在我的学习经历中，既重视书本知识学习，也重视社会实践经验的积累。

然而，专业上的出色，恰好成了后来挨批判的原因，我成了所谓的"白专尖子"，带着一身缺点从大学毕业。政治的影响造就了我特殊的大学生活。

1960年8月26日，我离开了上海，我的父亲和我的好友戚世堂到车站相送，我和考上北京大学的励维钧一起乘坐直达的慢车从上海经历了54个小时旅程到达北京。事后，戚世堂来信告诉我，父亲送我上车后，满脸是泪。父亲与我彼此感情十分深厚。没有父亲与上海母亲工作、生活在上海，我不可能到上海，也接受不了上海的教育。2005年9月27日，父亲因病逝世，享年89岁。2008年清明节前夕，我以无限的思念祭奠父亲："明天清明，儿想父亲；闻已扫墓，我泪祭魂。上海六载，奠定硬功；今若有成，难忘感恩。"这当然是后话。当我进入了北京，进入了首都，进入了毛主席所在的城市，我的心情格外激动。北京师范大学教育系高年级的王炳照同学把我从北京火车站接下，上了北师大的专车，到北师大校园后，他又替我背着行李，送我到宿舍。炳照学长长我7岁，后来是我的好朋友。在我们同宿舍里，有7位同学，我排行老七，前面6位对我相当照顾，用东北话亲切地称呼我"老疙瘩"，大学5年我最好的朋友是老大哥季永庆，他长我4岁，生于扬州，长在上海。

北师大给我的第一印象是什么呢？不是正在建设的当时北京最高的八层学校主楼，也不是有将近1000亩的美丽校园，而是一种浓浓的政治气氛和校训校风。那时候《毛泽东选集》第四卷刚刚发行，北京师范大学的同学都抢着读毛主席著作，人可以休息，但毛主席的书不能够休息。我头一天到北师大，晚上起

图2-6 北京师范大学校训

来时就看见隔壁几个宿舍的二、三、四年级的同学宿舍里灯火通明，为什么呢？大家都在学习《毛泽东选集》第四卷。

北师大给我的第二个印象是艰苦朴素。素有"北大富，清华洋，师大穷"之说法，是的，"穷则思变"，要靠艰苦奋斗。读师范不要钱，在一定程度上，在师范大学学习与家庭经济有一定的关系，因为师范生免费。"三年困难时期"，其他学校同学都叫苦，可是北京师范大学的同学很少体验到当时的经济困难，师范不要钱，助学金是12元5角，尽管吃得不算太好，当时也觉得小日子过得相当不错了。

一进入北京师范大学以后，我就投入紧张的学习。当时，学校里的社团到处在招人，于是我想在学习之余参加摩托车队。测试时骑的是自行车，我骑得相当好，可是当考试下来我戴上自己眼镜的时候，他们说："啊，你是戴眼镜的？"我说："是啊。"他们说："对不起，你近视不能参加摩托车队。"我有点不开心。从操场回宿舍的路上，我听到有一间屋里有"咣、咣、咣"的声音，好像是举重的杠铃声，于是我进去看了看。一个人正在练习推举杠铃，当他停下来以后，我过去掂掂分量，我也能把它推举起来。那个人就过来和我讲："同学，你是新来的？"我说："是啊。"他问："哪个系的？"我答："教育系心理学专业。""你练过举重？""练过那么一点点，在上海中学接近三级运动员的水平。"他说："你参加学校举重队吧。"我说："行啊。"后来知道他是举重队队长，就这样，我成为北京师范大学举重队队员。

那时候学生伙食定量，每个同学每月给34斤，由于我是学校运动队队员，另加3斤定量，因此我的定量是37斤。这个定量，我肯定能吃饱肚子，所以不管到哪里去比赛，我都觉得生活相当轻松。当然，这里有两个原因。第一，我是海洋人，从小家境贫寒，生活艰苦，能够吃得了苦，所以艰苦对我来说没什么。何况北京冬天的时候还有暖气，尽管外边天冷，但室内有暖气，我相当知足。第二，在高中二年级，我刚刚过18岁的时候，就提出入党要求，我在政治上有抱负，我希望能成为光荣的中国共产党党员，对那种积极向上的政治环境，我当然能很快适应。

大学一年级的暑假，在坚持政治第一，"为革命而学习"的口号声中，陈毅元帅给1961年的大学毕业生做报告时，希望大学生"又红又专"。陈毅元帅这么说："如果你是学航空的，你不会开飞机或者你开的飞机和敌人的飞机相遇时，被敌人的飞机打下来，你没有专不行。当然你一上飞机，就把飞机开到敌国也不行，你没有政治头脑不行。"因此，他希望大学生"又红又专"，刻苦读书。1961年到1964年，整整3年都是读书的好时光。可能"文化大革命"以前毕业的学生都有一个体会，20世纪60年代初的前4年是读书的最好时光，这个时光被我赶上了。我在学校里，一方面要求入党，尤其是1963年积极响应毛主席"向雷锋同志学习"的号召，踏踏实实地做好事；另一方面拼命读书，希望自己能够成为一个心理学家，同时也希望自己这辈子能成为一个教育家。

那时候的大学生都普遍没有钱，回家都买不起火车票。整整大学5年，我总共回上海三次、回浙江两次，一次是大学二年级的寒假，一次是三年级的暑假，还有一次是四年级的暑假，那次暑假有点特殊，因为我父亲病重而回上海。除了回家，我在寒暑假以及平时的节假日又到哪儿去呢？从大学一年级开始，我在寒暑假的每天都去北京安定医院（北京市精神病医院）实习，先是由生物系老师介绍我去的，后来协助医学心理学老师林宗基先生在那里开展实验研究。我在北京安定医院交了一些朋友，如那些和我年龄相仿的或者比我年龄稍大一些的精神病大夫，当年我的指导老师就是"文化大革命"后当了十几年安定医院院长的张继志教授。我在安定医院，不仅仅了解了精神病人的各种心理与行为的表现，还和医生们一起深入地探讨精神病发病原因、成病机制，我接触过各种各样的病人，到过各种各样的病房。后来两年里，我主要去的是安定医院的锣鼓巷分院，这里是儿童精神病房，因为我喜欢儿童心理学，我在那边，跟着一位儿童精神病大夫做些辅助工作。我对病人相当同情，对儿童精神病患者也非常热爱，这也是我为什么重视心理健康和心理卫生的原因。周末和节假日我到北京师范大学实验小学当义务辅导员。在那里，我接触各类学生，和他们一起参加各种各样的课外活动，我既要熟悉他们，同时又要掌握他们的发展特点，逐步了解教育的机制。从大学一年级开始，我还在我们班里组织了到北师大实验小学去当副班主任的五人小组,包括许金更、杨玉英、郑秋娣、许瑛国和我。我们不仅仅和学生建立了师生关系,而且还跟实验小学的一批老师交了朋友。记得大学一年级的暑假,实验小学的张立国和李铁玲两位老师结婚,我们去参加他们俩的婚礼,直到今天我还是他俩的朋友。

这些实践使我体会到:社会实践和社会经历,不比我在大学里面所学的知识次要,相反它起到一种相辅相成的作用。那时候,我的学习,既有理论,又有实践,它促使我从大学三年级以后,就较坚定地希望自己未来能从事儿童青少年心理学或医学心理学的教学和研究。我从37岁以后大半辈子搞以儿童青少年心理学为中心的发展心理学;也从事学生心理健康的研究,率先提出心理卫生即心理健康教育,今天还在担任教育部学生心理健康教育专家指导委员会主任。所有这些兴趣和能力,肯定与当年的实践有关。

在大学里,由于我坚持理论联系实际,再加上刻苦学习,成绩自始至终地在我们班里保持名列前茅的地位,尤其是我的外语。由于上海中学给我奠定了俄语的基础,我在北京师范大学上的是快班,到大学二年级的时候,我的俄语已经基本上够用了。大学三年级的时候,阿尔巴尼亚代表团来北京师范大学教育系访问,教育系有几位学生陪着代表团参观,我就是其中的一员,给他们做向导,当翻译。班里文艺演出,我扮演一位苏联专家,用俄文演出了苏联专家在中国的故事,这是描写当时政治背景下的反对修正主义的一个话剧。除了口语外,我在大学时就尝试翻译过俄语专业书籍。在大学四年级时,我和史民德和学校教育专业的吴正平三人,翻译苏联心理学家艾里康宁的《儿童心理学》,其中,我翻译了全书三分之一以上,涉及认知等内容,约十几万字。翻译的过程中,教我们医学心理学的林宗基先生给了我很大的帮助,他教我如何翻译艾里康宁书中有关皮亚杰(J.Piaget,1896—1980)理论方面的概念。后来,在下乡搞"四清"的时候,我把十几万字的译稿交给了俄语较出色的一位老师,请其提提批评意见。当我回来征求她对书稿意见的时候,她说:"唉呀,对不起,书稿已经丢了。"

大学5年,我是个比较全面发展的学生,我热爱心理学,热爱教育。一方面,在理论联系实际的过程中,我体会到,未来做一位真正的好老师必须具备三个条件：师德、业务能力和教学基本功。我想我应该在这三方面努力，以便毕业后从事的工作能与自己的德识相一致。另一方面，我是一个搞心理学的教育工作者，将来是心理学老师，那我应该有心理学的功底，应该掌握心理实验的方法、技能和技巧，以便有岗位与能力的匹配度。

当时，北京师范大学教育系集中了许多著名专家、教授。心理学专业15位出色的老师中，有4位对我的影响最大、永远难忘，按教我们的先后顺序分别是彭飞、张厚粲、朱智贤和章志光4位老师，我今天的讲课风格深受他们的潜移默化。我特别感谢张老师和朱先生。张厚粲老师是教我们基础心理学、实验心理学、统计学这三门基础课的老师。为期三个学期的普通心理学，她讲了近两个学期，为期一年的实验心理学她给我们讲了半年，她还讲了一学期的统计学，一位老师能够在心理专业开设三门专业基础课，我看在当时的中国是很少有的。张老师特别关心学生，所以她是我大学里最尊重的老师之一。章志光老师是新中国教育心理学的奠基人之一，晚年从事社会心理学的开创性工作。彭飞教授是一位老革命，但"文化大革命"初期受到迫害，北师大1968届一位同学曾陪解放军战士到我工作的雅宝路中学调查"叛徒彭飞是怎么包庇特务林宗基的"，我说不知道，于是我们学校不允许我回家，把我"软禁"在学校三天回忆反思。但最后他俩还是无功而返，这当然是后话。

朱智贤教授（以下有时称朱老）是我后来的导师，也是我事业的引路人。朱老是整个心理学专业乃至教育系最受尊重的教授之一。教育家顾明远先生说："在北师大，心理学领域能称为'大师'者，只有两人，一位是1921年中国心理学会的创始人张耀翔先生，另一位就是朱智贤先生。"他之所以受人尊重，不外乎有两个原因：一是学术造诣高；二是教育水平高。我上大二的时候，他的《儿童心理学》刚由人民教育出版社出版。当时我们用的心理学教材基本上是从国外，主要是从苏联翻译过来的。1960年中宣部组织名教授编写高校部分教材，其中心理学有三本教材。由人民教育出版社出版，中国科学院心理研究所曹日昌教授主编的《普通心理学》仅是上册（下册到了1980年后才重新组织人编写出版）；而由中国科学院心理所所长潘菽院士主编的《教育心理学》仅仅印制了内部讨论稿。唯有《儿童心理学》（上下册）不仅完整地分别在1962年和1963年正式出版了，而且是由朱老一人独立撰写。在系里,《儿童心理学》人手一册,我们对自己学校教授的著作不仅感到亲切,而且心中油然升起对朱老的深深敬意。正当我们在大二盼望朱老来上课时,他却因大腿骨折住进北京医院。一位讲师用朱老的教材先代了一个学期课。心理专业的同学怀着关心和崇敬的心情前往北京医院探望敬爱的朱教授。由于人多,我们三人一批,轮流进入病房,见到朱老时一个一个报名,当我报出名字时,朱老紧紧盯住我,突然发问道:"你就是林崇德?"我点头答应着。后来获悉,朱老早先听说我的情况,但在北京医院是师生第一次面对面。大二下学期,终于盼来了朱老来上课。第一天,他身穿呢子大衣出现在教室门口,很有大学者的派头。只见他不慌不忙地脱去大衣,助教吴凤岗老师赶紧上前接过大衣,然后,他昂首挺胸,稳步走向讲台,开始讲课。听了朱老半年的课,深受启发:一是他的理论思维强,能自觉自然地坚持辩证唯物主义的哲学观点;二是内容丰富,科学性强,逻辑性强,讲演中适当带些风趣,显示了大学问家创新的风度;三是对事业的创新精神。原杭州大学校长陈立教授曾给朱老写了一封信:"新中国成立后,心理学界就一方面问题成一家之言者,实为少数。老兄苦心深思,用心之勤,卓有硕果,可谓独树一帜。"这"独树一帜"就是创新。

我在北师大读5年本科,朱老是唯一批评过我的老师,而且还批评了三次,每次都十分严厉。其中一次是因为作业中出现错别字。朱老向我严肃地指出:"大学生写错别字还行吗?我在上中师时都出书了!文如其人,字如其容。一篇文章可以看出一个人的德行,一手好字可以展示一个人的颜容。俗话说,见字如见人嘛!"从中我体会到,表扬是一种爱护,批评也是一种爱护。尽管朱老曾这么严厉地批评过我,但在关键时刻又十分爱护我。大四的学年论文是为大五的毕业论文做准备的,提名要求朱老当导师的同学很多,但他仅选我和史莉芳两人。1964年暑假前,我向他提交了名为《小学生社会概念发展特点的研究》的学年论文。他最终的批语是:"此文接近《心理学报》发表的水平。再作适当修改,作为毕业论文。届时我将推荐到《心理学报》发表。"

随着政治形势的改变,到了大学五年级,我们再也没有那种"又红又专"的气氛,相反地,按照当时的社会要求,我们需要进行思想清理。不知道为什么，我的日记被泄露了，我的日记里面有那么一句话："为什么国外有心理学派，唯独中国没有？"这是我学心理学史以后的一种体会，仅仅是一种体会，写在自己的日记里面，我觉得这有什么啊？但是，我的日记不知被谁看了，1964年暑假以后，学生思想清理运动首当其冲的是我，我被确定为教育系的"白专"尖子，从此以后受到了不公正的批判，批判我的"只专不红"思想，批判我成名成家的思想，并上纲上线责问我："为什么要建自己的心理学派？"我成了众矢之的的野心家。

根据中央的指示，文科的学生（心理学尽管按照理科招生，但是它在教育系里，也属于文科）一律下农村，搞社会主义教育运动（"四清"运动）一年。我们是1964年10月16日那一天离开北京的，那一天苏联的赫鲁晓夫下台，我们国家原子弹爆炸成功。我们到河北省衡水市衡水县去搞"四清"。我在"四清"中表现突出，曾受到"四清"总团团部的表彰。因为我们是毕业班，所以我们搞了8个月的"四清"，到1965年5月回到了北京，此后又进行了一个月左右的思想整顿和总结，毕业论文都来不及写，就匆匆地准备毕业。虽然别人都来不及写毕业论文，但我还是在朱智贤教授指导下的四年级学年论文基础上，完成了五年级的毕业论文。朱老看了非常满意，可惜那时《心理学报》已经停办，朱老把里面的几段内容引到他"文化大革命"以后再版的《儿童心理学》里面，这是后话。

毕业之前的最后一项重要内容是毕业鉴定。鉴定前几天，从三年级开始带我们的尊敬的班主任张玉英老师被打成"右倾"，不能够当我们的班主任了。张老师非常正派，为人正直，关爱学生，她居然离开了我们这个班，和她的先生北京政法学院的王老师一起调到新华社工作。她离开我们后，系里临时安排了一位新班主任来主持我们的毕业分配。我的毕业鉴定起先几乎没有什么优点，却有三条严重的缺点：第一，阶级斗争观念薄弱；第二，和资产阶级知识分子（主要是指老师）划不清界线；第三，企图成名成家，资产阶级名利思想严重。对这三条缺点，我并不否认，但是优点太少，感到非常遗憾。我去找我们敬爱的总支书记兼系主任于陆琳老师，她是一位老革命，是在延安长大、在革命的战火中成长的女干部（1965年我们毕业后，她调回国防大学，后晋升为将军）（图2-7）。她是我们教育系的一把手。以前我很少和于老师这样的领导直接说话，这次我却跟于老师说：

"于老师，毛主席教导我们，干什么事情都是一分为二，可是我怎么大学5年没有什么优点，这是一分为二吗？"于老师也感到非常奇怪。按当时的观念，尽管同学们也给我提了很多优点，如学习刻苦、做事认真，但是大前提错了，说我为成名成家而学习，这一错就错到底了。

于老师毕竟是一位好领导，她让同学们帮我找优点，主要的优点是这么来的。1963年暑假，我回上海，那一年天津海河发大水，周总理下命令"炸海河，保天津"。为保住天津，水往南流，河北衡水等地可是汪洋

图2-7 2009年和于陆琳老师合影

一片，京浦路有半个多月没有通车。我在上海，刚好赶上要北上回学校学习，不能回来了，怎么办呢？我在上海一火车票售票处被推为负责人，组织了浙江省的、安徽省的、福建省的、江苏省的和上海的等那些不能够北上的同学，这些同学有北师大的、北大的、清华的、人大的、北航的，等等，一共有500多人。我们很有组织观念，我是总指挥，有人管经济、有人管生活安排，我们跟北师大校领导联系，北师大党委王正之副书记做了安排，给我们往华东师大电汇了500元钱，我们把这些同学安置好，使大部分同学能够坐上火车到山东烟台，由烟台坐轮船到天津，再由天津塘沽坐火车回北京上学。我和另外108名同学，最后包了一节车厢，在第一天能够通车的8月31日乘上火车，于9月3日回到北京。那已经迟到了3天，因为9月1日开学嘛。我做了这么一件好事，后来这件事情经过调查，确实如此，可以由此认定"林崇德有一定的组织能力和助人为乐的思想"。嘿，我有突出的优点了，当然在这个基础上，同学们又给我提了好多优点，我又找了总支书记于陆琳老师，我要求在缺点面前也给我加两个字。于老师就问："你的优点前面有'一定'，是不是缺点前面也想加'一定'啊？"我说不是，能否用"一度"？意指：林崇德"一度"阶级斗争观念薄弱；"一度"和资

产阶级知识分子划不清界线，"一度"有名利思想。我说前面只要加"一度"两个字，就说明三个缺点都是"一度"，以前是这样，现在进步了。这位与我母亲同龄的于老师居然乐着点了点头。啊！否则，那就不是现在的林崇德了。后来，听说在系里指示下，重审毕业生的毕业鉴定，肯定正面为主，鼓励为主。最后当我在毕业鉴定上签字时，除保留"一度阶级斗争观念薄弱"之外，口气确实有很大的变化。我是带着这"一度"问题离开北师大的。人应该懂得感恩，我牢记于陆琳老师的恩情！在分配的志愿表上，我第一志愿填了"坚决服从党的分配"；第二志愿我填了当时最艰苦的地方"贵州"，为什么没有填新疆呢，因为去新疆在我们心理学专业总共只有一个名额，有一个维吾尔族的同学回去，那我当然不能填了，我填了贵州；第三志愿是我愿意去的地方——中国科学院心理研究所。我们新班主任对我说，第二志愿要党员去，贵州要搞犯罪心理学、司法心理学，你不是共产党员，你不适合去贵州；中国科学院，本来是个成名求利的地方，你一个成名成家思想比较严重的人，你怎么能到那边去呢？于是，把我同其他十一个同学一起分到北京基础教育界。因为北京市委书记兼市长彭真同志说过，有些分不出去的学生，留下来在北京搞刘少奇同志倡导的"半工半读"，也就是搞职业教育。我是这样被留在北京的，说心里话，我真的愿意留在北京吗？不，我愿意回上海，哪怕是到我的出生地浙江，但是上海没有名额，浙江也没有名额，我就这样留在了北京，开始新的生活，走上教师的岗位。后来才知道，"四人帮"的姚文元于1964年年底写了一篇批判杭州大学校长陈立教授的文章，辱蔑中国心理学"九分无用一分歪曲"，心理学将遭灾，北师大首届心理学专业毕业生已成为没人要的"处理品"了。

临离开北师大时，我向于陆琳书记兼主任以及几位敬爱的老师一一告别，唯有不敢进朱老家的门。那天晚上，我在他家楼下徘徊多次，也可能是缘分，朱老刚从操场那边散步回家，见了我十分高兴，语重心长地鼓励我："崇德，不要灰心，不要委屈，要相信群众，相信党，还要相信你自己，有信心，总有一天你又会搞学问的。一切真知来自实践，你到中小学实践中去是有意义的，好好干吧！"

这就是我特殊的大学生活。

第三章　基础教育系深情

忠诚党的教育事业

和声

我今天对中国基础教育的一往情深，是与独特的个人经历分不开的。1965年暑假，我留京从事基础教育工作，先到北京郊区密云农村参加社会主义教育运动，即搞过一年时间的"四清"运动。1966年2月，被评为北京市学习毛主席著作积极分子，在西苑宾馆出席表彰大会，受到市委副书记万里、郑天翔等同志的接见，大会上聆听积极分子中的典范李瑞怀、张百发等人的经验介绍。1966年6月回城，经两个星期的培训，就去宣武区当"文化大革命"小学工作队队员，工作一个半月，被批判为"刘少奇、邓小平资产阶级路线执行者"则达半年，经过一段"逍遥"时光（未参加"文化大革命"任何派别组织）。1967年11月，被分配到北京市雅宝路中学任教。干了9年后，又调往十年一贯制的三道街学校当了两年多的干部和老师。其间当班主任、任课、经营校办工厂、做教育管理，还"偷偷"搞心理学研究，可以说是经受了全面的锻炼，也吃了很多苦头。但是，13年基础教育第一线的摔打，使我与基础教育结下了不解之缘，从此也让我深深地爱上了基础教育事业。

【如愿为师　成家立业】

雅宝路位于现在的北京东二环边上，当年朝阳区雅宝路中学位于东护城河外的一个小树林的北面。我是1967年的初冬分配到这个学校的，那时与我一起分配到这所学校的主要是北京市教育局一批待分配的教师，如汪水明、侯山潜、唐云、任若平等（图3-1）。朝阳区教育局当时派中教科科长魏鸿章先生来主持工作，和他同来的还有陈珍珊、解佩珍等区教研室的教研员。整所学校是座简易楼，楼内没有厕所，也没有暖气设备。靠护城河边有一个小操场，操场和楼中间有一座大厕所，男、女厕所的门分朝南北。1967年11月我们到学校一瞧，整个简易楼已被周边学校的"红卫兵"砸得千疮百孔。

这所学校约20亩地，其地理位置和周边环境十分特殊，人际关系也十

图3-1 老友相聚（从左至右为林崇德、侯山潜、汪水明、唐云）

分复杂，那时有人总结了这所中学交织着的四大矛盾。第一，阶级斗争和民族矛盾交织在一起。雅宝路中学要收的学生中间，北边的占多数，这北边的有朝外头条、二条、秀水河和营房等地。北边的学生中少数民族占半数左右，因此如何尊重少数民族的风俗习惯，是个非常重要的问题，这对当老师的来讲也是一种非常严峻的考验。这个问题如果不处理好的话，那就很难工作。第二，来自不同城区的矛盾交织在一起。这个学校前两届招的学生大部分在朝阳门外和建国门外居住，属于朝阳区，但有少数来自东城区，还有个别学生来自崇文区。不同地方来的学生，有时会闹别扭，需要老师处理。第三，劳动人民子弟与知识分子子弟之间的矛盾交织在一起。朝外大街往南的一大片地段属于关厢地带，是北京市最乱的几个地方之一。如果用毛泽东主席的阶级分析观点来说，朝阳门外、德胜门外、天桥等地区，都是劳动人民集中的地方，那些地方的人群颇具特色。但是雅宝路中学周边也有外交部的宿舍、肿瘤医院的宿舍，加上东城区有好多地方都是文化人的居住地，而劳动人民子弟与知识分子子弟，在生活习惯上是有些差别的。第四，一些特殊的环境因素造成的学校管理上的复杂性。如护城河的西边是东城区的最东边，当时有一条铁路，是供北京物资的货车道，火车道旁边住着人家，这些人群的孩子都成了雅宝路中学的学生，这一部分学生有时候会像"铁道游击队"那样干活。所以，住那里的学生，生活用品往往来自货车。有一次，我由西向东过护城河上的小桥，刚好有一辆火车从旁边开过去，就听见一个学生在火车上喊："林老师，接住！"只见上面扔下来一个大西瓜。当时我头一撇，这个西瓜从我旁边飞过，掉入了护城河。从雅宝路中学的正南面一直到建国门外是一大片树林，中间有座大冰窖。别说是晚上，白天也是流氓出没的地方。那时是"文化大革命"期间，每天要"早请示、晚汇报"，"早请示"就是7点钟以后早读，天天读毛主席著作，然后8点钟上班。晚上吃完晚饭以后还要学习毛主席著作，也就是"晚汇报"，晚上8点离开学校时，男老师要把女老师送到建国门那边，中间要穿越小树林。面对"四大矛盾"，再加上"文化大革命"初期，破坏情况又相当严重，因此，校领导就提出新建校"乱三年"的想法。

我们开始招生了。按分片升学的原则，把原来的学校周围近20所小学五年级和六年级的学生分别编成初中一年级和初中二年级。由于自1966年暑假"文化大革命"开始至1967年11月，小学毕业生一直未升过学，因此，我们一次就招了两届。我们重点考察了朝外头条、秀水河、黄庙、建国门外等小学和东城区的东总布胡同、西总布胡同、羊坊等小学，主要了解两头：学生干部和暂时差的学生，然后进行混合编班，初一编成十个班，初二编成十一个班。后来初二又减成九个班。这中间，因为五班班主任怀孕，十一班班主任要担任年级组长，所以又把五班和十一班拆了，重新分配学生。

对新招的学生到底怎么教育呢？经大家讨论决定从干部入手。于是凡是准备要选拔当干部的学生，在开学前首先要集中三天接受教育。当时德育工作的重点是培养学生阶级斗争观念、群众观念、劳动观念和辩证唯物主义观念。那么，对这两个年级近200名学生干部怎样灌输四大观念？讲什么？谁来主讲呢？大家公推我来上第一天的课，都说我是学教育的，口才也不错，让我讲毛主席的故事。那时候流行四个"伟大"：伟大的导师、伟大的领袖、伟大的统帅、伟大的舵手。我就从这四个方面来讲毛主席的故事，以此来对学生干部进行四大观念教育。我记得我整整讲了一天，上午讲了三个钟头，下午讲了三个钟头，讲完以后，又向学生强调怎么向毛主席学习：读毛主席的书，听毛主席的话，按毛主席的指示办事，做毛主席的好学生。然后分班讨论两天，这两天，各班也制订了工作计划。我在制订计划时想得更多的是：教育的目的是从学生的角度进行教育，做到因材施教，我必须要从雅宝路中学的实际开始我的工作。

我当年接的是初二（7）班，这也是我生平第一次当班主任。初二年级11位班主任，组成初二年级组，交叉教授各学科。可喜的是初二年级组教师齐心团结，在工作上协作配合较好。学校成立了由7位委员组成的革命委员会，初二（9）班的班主任汪水明和我班学生纪宝元当选为"革委会"委员；年级里工作由侯山潜负责，我和初二（8）班学生陈君莉（工作后改名为陈力）当他的副手。汪水明和侯山潜至今仍是我的好友，陈力竟在30年后成为我的在职博士生。而汪水明先后担任雅宝路中学副校长、校长，陈经伦中学校长，陈经伦中学分校校长（该校中考升入市、区重点中学的学生占初三毕业生92.8%），直到72岁才退下来。侯山潜先后担任雅宝路中学副校长、校长，朝阳区委教育部部长、组织部部长，崇文区委副书记、人大常委会主任，退休后成为业余摄影家，那是后话。当时，我想得比较多的是怎样按照教育规律办事，真正做到既教书又育人。我在大学时代最喜欢的是儿童青少年心理学。从青少年发展的角度来看，什么叫教育？我暗暗思忖，教育就是发展。作为从事教育工作的教师，把青少年学生教好了，促进人发展了，于是也就推进社会发展了，教师搞的就是好教育、出色的教育、成功的教育，否则就没有搞好教育。我决心按这样的原则来做教育。究竟怎样搞好教育呢？当时，我找不到有关班主任目标或职责的文件，就按自己在大学里学习教育学时的观点，把班主任的主要任务理解为领导班级德育、积极协调各科教学、做好班级的日常管理。在这种认识的基础上，我每学期，甚至每个月都制订班级计划；每个月，尤其是期末做好班级的总结和反思。在整个工作中间，尽管那时心理学已经被打倒，但我还是按照心理学的规律办事。在"文化大革命"期间，班主任的工作十分艰难，特别在雅宝路中学这样的环境中，更是乱糟糟，并且乱得出奇。有的班学生牵着小羊来上课，小羊就"咩咩"地叫。小羊的天性特别听话驯服，吃奶的时候一般都跪下，牵羊的学生吩咐小羊给某位老师跪下，通常都是在女老师面前搞这样的恶作剧。牵羊的学生对老师说："老师，它已经向你拜师了。"然后就把小羊牵到后边说"坐好"。老师一上课，小羊就在后面"咩咩"叫。于是牵羊的学生就对老师说："您看这是多好的学生，它在和您互动呢！"这一带的学生，号称天不怕地不怕，打架不要命。有一次，一名学生带着两尺长的刀子进教室来了，一刀把同学捅了，肠子往外流，持刀者居然扬长而去，后来被公安局拘留三天，还能回来上课。因此，在这样的学校里应该怎样教育？这确实是个严峻的考验。

　　不知为什么，我当时一心想把自己的班级搞好。"文化大革命"中，人人要"天天读"毛主席语录。我按照毛主席的指示行事：领导者的责任，归结起来，主要是出主意，用好干部两件事。刚开学时，我就侧重抓干部，虽然班主任官不大，多少也是一位"主任"嘛，领导着50多位学生哪！所以我就在"出主意，用干部"上下功夫。那时，我特别喜欢班主任的工作，似乎觉得一位中小学教师不做班主任，就不会尝到当老师的真正滋味。我在抓学生工作时注意识别学生干部，使用学生干部，爱护学生干部，轮换学生干部。我接新班前，已去学生原先所在的学校进行了一一调查。于是，我针对小学干部进入中学新集体的各种表现，经过较全面的筛选研究和考察物色后，把班干部候选人纪宝元、王怀、马印章、刘文琴等的名单提交班里选举。我选择班干部的标准是：作风正派、办事公道、以身作则、在学生中有影响、肯为同学服务、一心一意工作、有一定组织能力。在使用班干部时，做到出好主意而不包办代替，注意培养他们的独立工作能力，并充分相信他们，依靠他们，尊重他们对问题的处理意见，让他们放手工作，使他们敢于负责。我对班干部格外地爱护，经常了解他们的困难，及时帮助他们解决来自人际关系的、学习的和自我的等方面各种各样的困难；定期检查他们的工作，帮助他们总结经验，发扬优点，克服缺点。学生干部不能固定不变，需要经常轮换。像纪宝元等有突出表现的，我向学校推荐；表现较好的，做适当留任；表现一般或较差的，特别是缺乏工作能力的，要加以适当调整；对于班级里每一位学生，包括班级里的"个别生"，我都安排机会，让其当一下干部。我这么做的目的是让每个学生都去尝试一下当学生干部的滋味，充分地选择机会让每个学生都得到锻炼。对原先的班干部来说，适当地调整，减轻了他们的工作负担和学习负担，也不会滋长那种干部有"特殊地位"的思想；对广大学生来说，利用人人当干部来达到人人关心班集体的目的。于是我们班的骨干力量特别强，先后有从连昆、王建清、王海常、李惠媛、齐铁英、邓志光、刘崇云、张利民等一批学生干部成长起来。班干部队伍建设好了，班集体就坚强了，班风也自然而然正了。记得1967年年底，我第一次任班主任的班级学生原先有48人，因为我是男老师，所以给了我7个在入学前后进过专政机构或在那里挂过号的学生，但由于我们班干部队伍力量强，班级面貌蒸蒸日上，集体舆论又有威力，所以，并没有因为这些品德不良学生的存在而受到影响。第二年，因拆掉两个学生班，我们班来了10名新伙伴，其中包括"××区司令"在内的3个有名的品德不良学生。由于我及时抓"两头"，特别重视班干部队伍的建设和发挥其作用，加上我对这些后进生的"感情投资"，凡事做到"动之以情"，就这样，使班级仍保持在全年级前茅，我们班级用正风、正气改变了这些品德不良的学生，结果，直至毕业班级里也没有一个掉队者，再没有一个重新进公安局的学生。我对品德不良学生的爱如何表达呢？一是尊重，以提高其自尊自信；二是不揭"老底"，不触伤痛；三是一视同仁，使其融入集体；四是促膝谈心，教会其改变坏习惯的方法。当时我的理念非常明确：年轻人犯错误上天也会原谅他，我不能够放弃任何一个学生，放弃了一时，就等于放弃其一生。

尽管那个时代不提什么师德，但是师德毕竟是教师的第一修养和智慧。所以，我十分重视讲师德，并把动之以情的师爱看作师德的核心，重视爱心教育。恰恰这时，社会上刮起一阵批判"母爱"教育的风。我真不清楚母爱教育错在哪里，我回忆了陈庭征、张佛吼和孙钟道老师对我的关爱，于是也顾不上那么多了。尊重学生、关心学生、热爱学生应该是教师的天职。当时体会不深，30多年后的故事却引起我非常幸福的回忆。2003年2月，我第一次当班主任那个班的28位学生来北京师范大学看我（图3-2），其中有曾表彰为整个东北军垦兵团的"铁姑娘"从连昆，有优秀连队干部纪宝元，还有原东城区副区长、2001年调到新奥集团担任党委书记兼总裁的王建清等。师生聚会上，王建清这位奥运会场馆建设的总指挥，讲了一段往事，这个事情我都已经忘记了。他说他在雅宝路中学上学时特别调皮，有一次我领着学生去农村参加学农劳动，时间是一个月。在所在集体通铺的大厅里，因顽皮他在耍竹竿时闯了"大祸"，不小心把挂在墙上的镶着领袖像的镜框弄碎了。贫下中农委员会把他押到我那边，说他故意把领袖像捅下来，说他是反革命分子。当时我也有点傻了，不知怎么办才好。我悄悄地跟学生干部说了几句，当着贫下中农的面把王建清训了顿并吩咐把他押回学校去，实际上是采取一种保护措施。后来，我们的学生干部把他押到半道，就把他放了，让他在家好好待着，不许出来。跟他说"林老师交代了，等我们学农结束后，你就悄悄上课，什么也别说"。于是学生干部回来了，他就一个人回家了。他在2003年2月看我的时候说，当时他父亲是一个劳改农场的警察，并且是一位干部，已经被揪出来说是走资本主义道路的当权派，挨斗挨批。他妈妈没有工作。如果他被打成反革命分子的话，弟弟妹妹不知道怎么办。他说："林老师冒着危险救我，如果我被打成了反革

图3-2　与当年的初中学生聚会（前排左起四是侯山潜老师，五是作者）

命分子，林老师就是包庇反革命分子的'坏人'；如果我被专政机关关押，林老师的教师职务还能保得住吗？林老师当时保护我，让我终生难忘。"他说得非常激动，我隐隐约约回想起来，不少学生证实确有其事，并说了许多我关爱他们的实际例子。此时此刻，我也十分激动，王建清太重感情了！我的学生也太好了！与此同时，一方面我觉得当年"文化大革命"确实存在着许多不妥的做法，另一方面我体会到一个理念——"没有爱就没有教育"，这是千真万确的真理！为人之师，就得保护和爱护学生，哪怕自己做出很大的牺牲。

教师的爱是一种对学生教育的感情基础，学生一旦领会老师对他们的爱，就会"亲其师"而"信其道"。为什么当时初三（7）班在整个年级里处于领先状态，我认为也许是与师爱有一定的关系。我的班级里，进过公安局和派出所的人有10位"大员"，有的都出了名，外号也很响。后来都能服从我的管理，到初中毕业的时候，基本上没有发生什么劣迹行为。我想主要有两点原因：一是我们的班干部把他们管理起来了，二是老师对他们的爱。我对学生提出任何一个指令，学生基本上能够执行。这就是能很好地对他们进行教育的基础。在做班主任工作的过程中，我也体验到一种幸福，那是当老师的幸福，一种当老师的成就感。除了爱，我还重视具体工作方法的有效性，尤其是对"个别生"的工作，更要讲究方法。我的班级里有个姓王的学生，淘气得出众，可是他却天天来学校做好事，我提名班里选他当上生活委员。有一次，我在教学楼三层给别的班上课，位于四层的我们班有人用绳子放下一个铃铛，每到一层响一次铃，惹得三层、二层、一层教室里一次次发出哄笑声。三层的同学冲我说："林老师，这是您班的玩意儿。"我听后十分恼火，不用查，这个位置准是王某，可是下了课我回班一问，他硬不承认。过不久，街道来贴表扬信，说王某从女厕所背出并救活一老太太，他揭掉表扬信，硬说没有这回事。事后我了解他是不愿听"女厕所"三个字，生怕别人起哄。他可真是软硬不吃。怎样教育他呢？一天我生病了，我捎信给王某，请他起个早为我去他家旁边的关厢医院挂个号，没想到此事改变了他对我的看法，认为我最信任他。从此，他遵守纪律，当好班干部，也不许别人违反纪律。现在，他已是"知天命"年龄的外贸官员了。1969年暑假后我接了一个初一新班，当时有一个姓董的班干部，按我上述的学生干部选择标准，他几乎每条都符合，学习又好，经常帮助任课老师批改作业，就是有一条让我费心：比较脆弱，遇事爱哭鼻子。于是，我想到朱智贤教授《儿童心理学》中有关儿童青少年心理发展的动力问题——新需要与原有水平的矛盾。新需要即具体新的要求的"难度"多大。我每次交给董某某任务时，对其提出的是高于原有水平，经过他努力又能达到的要求，甚至有些要求带有适当"冒险"的内容，让他去碰钉子，但他又肯定能够胜任。就这样，经过近两年的锻炼，他不仅逐步克服了爱哭鼻子的毛病，而且还为班集体做了大量的工作。他在一次单独面对三个闯入学校的小流氓时，勇敢应对，没有使对方得逞，因此，他在全校赢得了较高的威信，当上了学校的学生会干部。以后，他插队、进工厂都是一位好干部，出国留学后，在美国一家公司里担任了经理。他每次来信，都感激我当年对他的培养，当然这是后话。看来，当班主任要讲究工作方法，要利用一切有利的教育机遇进行有的放矢的教育。就当班主任的方法论和方法，我曾谈了八条体会：上梁与下梁、一视同仁、严慈相济、权威与平等、表扬与批评、以发展的观点去看待学生、因材施教与发展特色、集体与个体。我把这些体会还写进了1999年出版的《教育的智慧——写给中小学教师》一书中。当然这是后话。把班带好了就会形成一种班风。其实，班风是班主任人格的扩展。记得在一次麦收劳动中，我的草帽上不知何时插入一根青草，因为忙我也来不及将它取下来，好多男生以为我是故意放上去的，一个个模仿起来。于是我们班所有男生清一色地在草帽上插上一根青草，成为我们班的一种风尚。可以说，我从一开始当中学老师，就热爱上教师这个职业。

在我走上杏坛、初为人师的时期，我也完成了成家立业的人生大事。1968年4月27日周末晚上，在北京市雅宝路中学，我与北京市通县尹各庄中学教师曹承慧举行了婚礼（图3-3）。几乎所有的雅宝路中学的领导和老师下班都没有回家，一起等待参加这个婚礼，以向我与我新婚妻子表示祝贺；

驻校的工人宣传队和解放军宣传队也都出席了这次喜庆的聚会；内兄曹承祺和嫂子申金凤代表岳母来到婚礼的现场。婚礼仪式由我好友、革委会副主任汪水明主持，革委会主任魏鸿章先生担任证婚人并做了热情洋溢的致辞，军宣队的代表为我们新婚夫妻各献一枚毛主席纪念章并为我俩佩戴上。那个时代，婚礼极为简单也较"严肃"，大家喝茶、吃喜糖、唱歌和聊天，尽管热闹非凡，但没有开过分的玩笑或捉弄新人现象的发生。婚礼持续一个多小时，在欢乐气氛中结束。学校借给我们一间5平方米小房子暂住，因为雅宝路中学90%以上是年轻教师，先后有六对青年教师夫妇暂借学校的房子，等待房管部门来逐步帮助解决住房问题。我借住的小房子，是化学

图3-3　结婚照

实验室内的一小间储藏室，因"文化大革命"期间教学不正规，储藏室里也没有东西，我们暂且在这里生活。

我和我妻子同岁，但比她大半年。与我这个渔民后代、小商贩家庭出身的穷书生不同，我妻子曹承慧来自书香门第，可谓名门之后。她祖籍河北省乐亭县，在北京长大。曹家在乐亭是个大户家族，岳父一辈的兄弟姐妹都是大学生，思想进步，有些从年轻时就参加了革命。岳父是学习金融的，当过几个地方银行的行长，中华人民共和国成立后在中国人民银行总行工作，1964年因脑出血逝世。我妻子1965年毕业于北京师范学院（现首都师范大学），她是学历史的，但画一手好画。我俩都属于北京市教育局1965年后备的教师和干部。我与她在"文化大革命"北京市宣武区小学工作队相识，在工作队共同接受批判中相知，在拒绝参加"文化大革命"任

何派别处于逍遥中了解对方的思想倾向、"三观"和能力，并逐渐相爱。1967年10月6日获悉市教育局要把我们这批后备教师和干部重新安排分配时，经有关领导的批准，我与她办理了结婚登记手续。走出登记处，我暗暗发誓：终生相陪，绝不背叛！因为那时那刻，我铭记的是母亲曾经对我说过的一段话："找对象谈恋爱，可以选择。结了婚，要绝对忠诚，如果你这辈子中间抛弃自己的妻子而有两次婚姻的话，我将碰死在你的面前。"母亲没有多少文化，却从她切身婚姻的经历中道出了爱情的真谛。爱情是一种崇高的感情，其基础一是伦理性，二是相互归属性。我在自己的这种爱情观下，才和曹承慧走入结婚登记处。当年11月中旬，我俩各奔新的工作岗位，我被安排在朝阳区雅宝路中学；我妻子的长辈中有走资本主义道路的当权派，所以她被发配到远郊区一所农村中学，即通县尹各庄中学，去接受贫下中农的再教育。半年后，工作稍稳定了，才举行结婚典礼。

　　爱情的基础是爱，彼此的忠诚、体贴、关怀都是爱的表现。我妻子深知我家庭贫穷，用我岳母的话说就是"林崇德兄弟姐妹一大帮，差一个就是一打。作为老大，有多么重的负担"！但我妻子没有半点怨言，从不叫苦，相反地，对我贫困的家里人抱有十分同情并关爱的态度，对我行孝十分支持。我每月给母亲寄生活费，她催着；有兄弟姐妹上山下乡，她立即让我寄去15元，是我46元工资的近1/3。因此我俩从恋爱到结婚，我手头上没有一分钱的积余。她（妈妈）家住市中心东单，她却被安排到离家60里外的农村中学。那时周末才休息一天，从她去尹各庄中学工作那天起，如果她星期六回到城里，我就骑内兄的自行车，在星期日傍晚陪她骑60里回学校，然后自己一人骑车回城；如果她星期六不回城里，我星期日就骑车去陪伴她一天。我感激内兄，他的自行车周末都归我使用，直到1970年我买了自行车。

　　我们几个借住学校房子的青年教师，每天除6~8节课之外，一有空隙就跑到朝阳区朝外大街房管所去"拜见"一位管我们住房片区的管理员，尽管彼此没有通气，但是对那位管理员进行了"车轮大战"，几乎天天有我们的代表与他相见。时间长了他也熟悉我们情况了。他了解我们这些外地人占学校公房也不是个长久之计，于是陆续为我们解决住房问题。1968年秋，分给我一间位于朝阳门外吉市口六条东头的9平方米的小屋。朝外吉市口是个平民区，吉市口六条是条刚铺上柏油不多久的胡同，没有自来水，用水要走六七十米，从吉市口四条东头自来水龙头那里打水；公共厕所离我家50米开外。我的小屋在一小院里，院内住着6户人家。其中挨着我的是北京印染厂的工人，比我年长几岁，我称他大哥；西边住着的那家主人是一位个体拉三轮平板货车的大爷，他家的大妈对我很好，每天给我热水瓶灌上一瓶热水，我逢年过节回报大爷两瓶二锅头（酒）。1969年，北京印染厂给老工人分房子，增补给我隔壁大哥的是两家合住的各14平方米的楼房，但他既不愿意与人合住，又不愿意自家房子分两处。有一个没有资格参加分房、家住崇文门外花市上二条一13平方米房子的工人却想要这间楼房，于是隔壁大哥向我提出能否三家调换。他的提议使我喜出望外，这样不仅房子可扩大4平方米，而且崇外上二条离岳母家很近，只有两三里地。这不是天上掉馅饼嘛！1969年8月，隔壁大哥帮我搬家，我家家具并不多，他拉了两趟平板三轮车就解决问题了。比起吉市六条，我与妻子的住房算稳定了。我俩携1972年出生的儿子，在崇外上二条整整住了13年。

我妻子能力较强，从进尹各庄这所农村中学起，不仅很快胜任班主任和教学工作，而且两年下来，教学十分出色，还传到县教育局那里。那时正赶上北京市实行各区县自编各科教材，1970年通县教育局竟然向尹各庄中学借调我妻子去通县教育局参加统编中学历史教科书工作达半年多时间。1970年寒假前，我妻子完成任务回到尹各庄中学，然而，第二天就接到乡教育组一个通知，说尹各庄中学在我妻子被借调时缺编问题已经填补，又鉴于她曾提出过调动工作的要求，现在把她调到平家坛学校。1969年12月，我俩经历了一场丧子的悲痛（孩子出生才一周就夭折），好不容易才抚平心中的伤痛。1970年我妻子借调到县城工作，是组织的安排，所遭遇的嫉妒、说坏话她忍了，并没有往心里去。在教育局编教材，她没有奢望留在县城；在回尹各庄中学之前，她曾提过工作调动的要求，无非是想调到公路边或离城关近一点的学校工作，便于乘坐长途车去学校，她已不想骑自行车行几十里路了。从一定意义上说，这仅仅是为了保护身体，以便能生一个健康的孩子。但乡教育组认为这是城里人贪图安逸的表现，何况我妻子家社会关系复杂，有走资派的至亲。"你不是要调动工作吗？那好吧，去平家坛吧！"平家坛是通县北部最大的自然村，比尹各庄离县城还远20多里地，即离通县县城有40多里地。平家坛学校是个小学戴帽（带中学）的学校，在村外，可谓前不着村后不着店。该校教师绝大部分是当地人，在村里没有家的少，北京市区来的更是寥寥无几。假日回北京的家，80多里地，骑自行车对我妻子来说是很困难的；乘长途车吧，一天才一班，时间赶不上。后来在当地老乡指引下，她要走上10里地到顺义县张辛火车站坐火车到北京站才可回家。这对有过心理创伤的人来说，岂不是往伤口上撒盐吗？家里遇上这样的困难事，我们真无处去诉说。就这样，我们艰难地熬过了一年。到1971年11月，在走投无路的状态下，我向雅宝路中学驻校工宣队、军宣队和校领导写了一封信，提出我与我妻子对调的请求：我去通县平家坛学校教书，让我妻子来雅宝路中学工作。我强调这么做容易操作，不想给组织上添麻烦。尽管那时也有校领导，但真正的领导是工宣队和军宣队。约一个星期后，工宣队张队长和军宣队苏政委约我谈话。见到张队长，想起两天前学校为他召开了一次欢送会，所以没等他开口，我先向他打招呼："听说您要回厂了，大家有点舍不得您走！"苏政委马上说："张队长应该马上要回厂里，但他有一项任命未完成，走不了。"接着苏政委解释说："按学校的规划，确定以三个年级为主体单位组成大的年级组，可是二年级班却有两个年级组，一合并不是多出一位年级组长了吗？但我们校办厂缺一个得力的厂长，张队长从工厂管理经验看，说你去当校办厂厂长最合适。"我的天，我本想有机会恳求他们同意放人，让我与妻子对调，没想到他们搞出让我去校办厂当厂长的事。我没有表态。苏政委又说："听说你爱人怀孕了，但身体不好，所以放弃工资请了病假，是不是在她母亲家养病？"我仍然没作回答。张队长过来拍拍我肩膀笑着说："你马上去校办厂当厂长，你爱人的事，你应该主动往乡教育组多跑几次，反复声明困难；苏政委更会关心你们的！"苏政委来自3931部队，3931部队司令部在通县，而通县的支左军人也是3931部队的。以苏政委为首的雅宝路中学军宣队和工宣队从关心学校教师出发，要通过组织关系帮助解决我妻子调动工作的大事。于是，我每两三个星期骑车去次徐辛庄乡教育组，一是汇报我妻子的身体状况，二是恳求能调到朝阳区。应该说3931部队的关怀、督促起了根本性的作用，后来果真解决了问题。1972年5月我妻子被调到朝阳区，安排在北京市119中学，很快她就成为该校的骨干教师。

【校办厂长　生死考验】

1971年年底，我到校办厂去当厂长。我是学心理学的，很少接触技术，让我去当厂长，我当时感觉有些蹊跷。但是我马上产生一种想法，既然校办工厂是学校的一个组成部分，作为一名人民教师，应该干一行就懂一行，干一行就学一行，干一行就精通一行。于是我接受了这个任务。当时雅宝路中学校办工厂主要是生产电焊机的，电焊机的技术由北京电焊机厂来传授，并且派了一位年轻的师傅来指导技术。而我们学校就留下了1971年的4个毕业生李战胜、来永利、刘建中、张丽华作为学徒，他们都表现很好，逐渐成为支撑着校办工厂的技术骨干。我去当厂长的主要任务不仅是每个月接收一个班的学生来工厂进行劳动，而且要带好这四位学徒，坚持理论联系实际，使校办厂为学校教育教学服务。雅宝路中学的电焊机厂车间实际上能够容纳半个班的学生劳动，还有半个班的学生主要是搞厂房扩大、搞基建。每月一个班学生来学工时，轮换上车间或搞基建，公平对待。

我当时是怎么认识校办厂的呢？我认为校办工厂是学校社会实践教育的一个组成部分。所谓社会实践教育，是指利用社会实践活动，有意识、有目的、有计划地对学生进行教育的一种方式。通过组织学生参加校办工厂的劳动实践，我们可以进行各种各样的教育训练，以达到培养人、有益于身心发展的目的。我该抓什么？第一，应该抓生产劳动教育，以增强到校办工厂劳动的那些学生的劳动观念，培养他们正确的劳动态度，良好的劳动习惯，并且获得一定的生产劳动的基本知识和技能。在雅宝路中学的电焊机厂，电焊机的知识技能不应该作为某个学生某种专业性的东西，而是要作为适应许多生产部门的基础性的东西。换句话说，我们不能总是让学生钻到电焊机知识技能里面去，而是应在劳动过程中适当上课，能够将这种知识技能与学生课堂所学的学科知识结合起来。总之，通过半校半产，更好地落实当时党的教育方针——教育为无产阶级政治服务，教育与生产劳动相结合。第二，将这种校办工厂的办学形式，作为学校教育的一个有机组成部分；作为增强学生的动手能力、培养学生的品德、增强学生体质的教育；作为发展学生的某一种技能或业余爱好的教育；作为为创造力奠基的教育。第三，要对学生进行艰苦奋斗的教育。例如，工厂只能供一半的学生到电焊机车间里劳动，还有一半学生要搞基建，基建本身是一种建校的教育，是艰苦奋斗的教育。而艰苦奋斗正是中华民族的光荣传统，是传统文化的精髓。艰苦奋斗有利于克服学生的拜金主义和享乐主义，而且有内在的迁移作用。生活上的艰苦奋斗能够迁移为学习上、工作上的踏实勤奋。第四，办校办工厂能够勤工俭学，适当增加学校收入。当时校办工厂生产的电焊机，一台是660元，本钱是多少？我看有一半的价钱就足够了，再加上校办厂在创办的过程中是不交税的，因此，学校的校办工厂有一定的收入，如果把这些收入处理好了，还能为学校增加一些进项。

我在校办厂里不仅仅负责全面工作，还要跑原料，协助代课老师教学。电焊机的主要原料是有一定型号的漆包线，不是普通的铜线。北京电焊机厂很少供应我们这种漆包线，我要到诸如北京重型机械厂等工厂求援，于是经常骑自行车四五十里地去跑原料。同时，因为我原先是教学人员，到雅宝路中学以后，教过政治，代过数学课、物理课。当时初三数学有一个内容是讲识图，识图是制图的基础，这种知识一般数学老师都较生疏。而我在上海中学上学时，每周有一堂生产劳动技术性的综合技术教育课，学过一些制图。在这样的情况下，当初三的数学老师教识图有困难的时候，我就充分利用校办工厂，给他们制作了各种各样的识图教具，同时亲自给他们演示和讲述，还参加数学教研组的备课活动和教研活动。也就在这个过程中，我们的校办厂受到了老师和同学的欢迎。

但有一个问题是很难解决的，这就是经费的问题。校办工厂的经费非常紧张。学校本来想通过校办工厂获得利润，但我的前任辛辛苦苦工作，留给我的却是大量的欠款白条。我们欠北京电焊机厂44000元钱。在1971年，44000元钱是一个大数字，对雅宝路中学来说，不能说是天文数字，但也是一个吓人的数字。当时一位大学毕业生在北京就业的月工资不过46元，这就可以想象"44000元"是多大的数字！可是留给我的44000元钱的条子中间，半数以上是白条。我希望北京电焊机厂开出真正的符合国家税收的发票，但他们迟迟没有开。尽管校办工厂也能够把这些钱逐步支付了，但是我并不想这样支付。当时我说过一句话：我可不是地主、富农、资本家，我没有那么多钱拿出来赔，我也不想在这儿沾上污点。说实话，在校办工厂工作的老师，一个月里，学校容许发给他们一些劳动的基本用品，如一条毛巾、一块肥皂等，而我却没有要过一分钱的东西。只有我的私人自行车因充作公用，按照北京市朝阳区教育局校办厂科的规定，能够拿到2元钱的私车公用补贴。有时候在外面饿着肚子，我也不愿去享受2角钱的误餐补贴。对于44000元钱的巨额债务归还问题，我几次跟学校的领导提出，希望学校能够研究，而学校工宣队新来的队长与原先军人出身的老队长是两种风格的人，他不愿深入调查，却坚持一定让我还钱。据说他在接替老队长之前是接管我们学校的工厂的副厂长、副书记，是一位中专毕业的知识分子。后来获悉，他跟北京电焊机厂的某个大车间的主任关系非同一般，也跟电焊机厂的领导关系比较密切，催着还款还会涉及一层人情关系。说实话，我原先和工宣队的队长及队员都是亲密无间的，而现在迟迟没有还钱，当然会引起一系列的误会。

　　校办工厂没有钱来添置相关的设备，为解决这个问题，我们通过两个途径跟其他的校办工厂进行积极联系：第一，通过朝阳区教育局校办厂科同其他的校办工厂联系。科长是北京市委下放的一个干部，姓朱，后来他回市委工作，到20世纪90年代已是一位局级干部了。当时，他的工作非常出色，给我们留下很深刻的印象。具体跑腿的一位科员是小崔，对我们帮助也很大。第二，加强同其他校办工厂的直接联系。当时，整个北京市校办工厂之间关系非常密切，如雅宝路中学校办工厂，之前曾经生产过日光灯的整流器，我们和生产日光灯的东城区65中校办厂结成了一条龙的关系，在市场里要买他的日光灯就得买我们的整流器。我们把质量稍差一点的、便宜一点的整流器给65中作内部使用，65中则把他们便宜一点的日光灯运到我们学校也作为内部使用。北京西城区有一所44中，那个校办厂的厂长刘老师跟我们关系非常好，他经常帮助我们解决一些产品的生产问题、设计问题，给我们提出积极的建议。同时，我们对他们学校的一些生产部门也给予积极的帮助。我们校办厂有位毕业于北京师范学院物理系的唐老师，是华侨，他非常专业，帮44中的机器改良做了大量工作。刘厂长看我们没有机床，就从一家工厂拉回来一台报废的、特大的机床底座，答应白送给我们。如果花几百块钱将其改造一下，就可以投入生产了。

校办工厂就是这样艰苦奋斗的。例如我们在生产电焊机的过程中，焊接、切割用的气焊机的气瓶，就是用北京市氧气厂一个报废的大氧气瓶改装的，是我没花一分钱向这家工厂求来的。因此，我对改装的问题特别感兴趣。1972年4月的某天，我们拉着学校的大平板车，和学徒李战胜带着十几个学生，一起到44中去拉机床底座。大平板车由两个轱辘加一个大平板组成，车子还没有固定好，底座很沉的机器刚刚装上，大板车就向一个方向斜过来了，此时，有两个学生正在车下，如果压过来，他们百分之百要受伤。就在这一刹那，我用力推开了一个学生，自己扑上去，用双臂挡了一下平板车把，很快那个机床的底座就顺着那一头滑下去了。尽管机器倒下去了，但两个学生没有危险了，我却由于用力过猛，被震晕而倒在地上。他们喊了我半天，才把我喊醒。喊醒以后，44中校办厂的老师用三轮车把我送到人民医院进行全身检查，发现心脏等好几项指标都不正常了。医生就写了几个字：工伤，心脏问题待查。我带着这个证明回到雅宝路中学。直到现在，雅宝路中学当年的领导——侯山潜和汪水明这两位我的好朋友，在聚会的时候还说："当年林崇德为了保护学生受了工伤。"但这是人之常理，不值得去夸大地上纲宣扬。当我从人民医院回到44中时，他们校办厂老师已指挥着把机器装在大平板车上了。我那天是骑自行车去的，他们希望我坐车回来，但是我不放心学生，还是跟着车回来的，自己的自行车则是让李战胜等骑回来的。说到李战胜，他给我留下了深刻的印象。在钻研技术上，他是一个好手；在艰苦创业上，他是一个典范。1980年，我归队后，曾向北师大教育系总支书记祖二春同志推荐过两位心理学实验室的实验员，其中就有李战胜，从中可以看出我对他的好感。当然这是后话。那天，从44中回来，学生对我非常好，他们让我躺在大平板车上。一度我坐上车让他们拉了一段，但是回雅宝路中学有近30里路，我怕学生拉车太累，还是下车坚持随车步行。医院给我开了三天假，我一天都没有休息。事后有人问我："你是不是经受了一段生死考验，当时怎么想的？"我说我什么都没有想，在生与死面前，任何一位有良知的教师，都会选择把生送给学生，把死留给自己（图3-4）。这件事我一直没有告诉家人，因为怕他们担忧。

我经受了各种各样的考验，使雅宝路中学校办厂的产值直线上升。我几乎每天骑着自行车到各大相关的工厂去求原材料，原料有保障，销路更不成问题，当时这种产品实在太畅销了。就这样，不仅很快解决了供产销的问题，而且还能为教学服务，等新厂房盖成就扩大生产线。我觉得自己在学校里表现不错，于是就积极争取入党，以为组织上会解决我的组织问题。然而，在学校里，工宣队掌握我们教师政治上的生死大权，不仅工宣队队长没有同意我入党，而且学校里还居然有人贴出了大字报。个别老师在大字报上责问我为什么要"反工宣队"。是的，我和工宣队新来的队长在还钱问题上存在着分歧，因此，关系肯定会越来越紧张。那时还有军宣队，军宣队的苏政委对我一直很好。虽然有人贴了我的大字报，但是苏政委很关心我，指示不要把问题扩大，而我自己也没有对大字报抱有任何消极的想法，仍然坚持认真地工作着。

1973年5月，我在校办工厂干了一年

图3-4　我的师德观来自我所从事的基础教育

半，此时，朝阳区要求干部或准备提干的人去农村锻炼，5月底我接到教育局人事组织科的一个通知，让我6月份离开校办工厂到东坝人民公社的东坝大队锻炼。在该大队一起锻炼的大约有五个人，带队干部是王笑儒老师，科级干部，长我3岁。20世纪90年代，笑儒老师晋升为北京市委文明办主任。可是我下去锻炼三个月左右时，我岳母就生了大病，被怀疑是肺癌。因此，我妻子要求领导把我调回学校，那时她在北京市119中当班主任，工作非常忙，岳母一病没有人看孩子。在我们十分困难的时候，在我妻子跟学校一次次请求无效的情况下，有人悄悄地告诉她，要让我下去锻炼，一方面，是区里准备提拔我在学校里当干部；另一方面，跟工宣队队长有关，他希望我离开校办工厂，这样校办工厂可以归还电焊机厂的欠款。因此我妻子写了一封信，把我在校办工厂受到的不公正待遇等一些事情向朝阳区人民政府当时分管教育局的黄积云副区长汇报了，要求区审计部门查账。黄区长是一位老干部，是部长夫人，她当机立断，让有关审计部门到我们学校调查校办工厂，结果发现校办工厂持有的北京电焊机厂两万多元的白条中有一万四千元是虚构的，是坑我们的。于是我的问题搞清了，我与工宣队队长之间的矛盾主要不在我。区里做出决定，让我回来一个星期处理家里的事情。本来我要在农村锻炼一年，所以还不能回雅宝路中学，就把我借调到朝阳区委农村工作组（部），继续做农村的工作，但不是在农村劳动，主要是作为跑洼里、将台和大屯三个公社的联络员。这样我几乎每天都要骑自行车从家里出发，接受指令，然后跑三个公社，也非常辛苦。

我在校办厂的问题搞清楚了，这本来是件好事，但没有想到最后却成了坏事。我的入党问题在雅宝路中学没法解决了，因为工宣队队长觉得我们家有意给他出洋相。1973年的冬天，北京市委下指示，学校逐渐由教育行政干部主持工作。于是，区委派来了文清同志，她在"文化大革命"前是朝阳区某中学的校长。革委会魏鸿章主任早在两年前就回区教育局当副局长了，主管中教工作；副主任陈珍珊老师回区教研室不久就退了休。当时学校并不是党支部领导下的校长责任制，而是在工宣队、军宣队指导下的党支部和校行政责任制。1973年年底，两个年级组组长侯山潜和汪水明被提拔为学校的副校长。学校要认真抓教育教学，要配教育教学的干部。于是1974年元旦后，文清、侯山潜、汪水明，特别是军宣队苏俊学政委建议我回来担任教育组长来主持学校的教学教育工作，那个职位"文化大革命"以前叫教导主任。可是工宣队队长希望逐级提干，我只能当副组长，最后上报到区教育局，让我作为主持工作的副组长。这时我人在区委的农村工作组，是半年多前接替一位姓崔的老同志跑三个公社当联络员的。崔老师比我大十几岁，是一个教育局的小教科的老科长，他回去担任朝阳区教育局副局长，主持小教工作。我在农村工作组干了半年多时间，人际关系特别好，真舍不得离开那里，但区教育局下了任命书，我只好回校主持教育组工作，农村工作组也找到人接替了我的工作。本来学校教学教育工作都是工宣队、军宣队来负责的，现在正式由地方上的干部接替，就是由我来负责。就这样，我开始了新的工作。

【"教头"难当　科研更艰】

我从1974年1月开始主持雅宝路中学的教育教学工作，一些同事本来关系就不错，于是友好地赠送我一称号"林教头"。当然，这典故出自《水浒传》梁山好汉林冲，但这里的真正含义是指学校教育教学的头头或负责人。我也比较自然地接受了这个称号。当时学校里配备了一些老师来协助我的工作，来充实组里的力量。我自己点名请两位老师协助抓教学工作，一位是解佩珍大姐，一位是唐云老师。唐云后来是清华大学应用数学系的系主任、教授、博士生导师，已退休。他还是北大六年制的数学系1965年本科毕业生。他跟我还有另一重关系，我们都是上海中学的毕业生，他比我高一级，但是跟我同岁。他不仅数学学得好，还懂两三门外语。解大姐是学中文的，"文化大革命"以前就是朝阳区的语文教研员，对语文教学非常在行。于是，我把这两位请到我的教育组里来帮助抓教学。谁来抓教育工作呢？一位是贾老师，另一位是金老师。贾老师在兵团经历过锻炼，我当年级组长的时候，她来到雅宝路中学，在我们年级组工作。我们配合得不错，她抓学生的思想工作很有一套。那位姓金的老师，原来是小学老师，是被教育局从小学挑选出来调到中学工作的，她抓学生的思想工作是相当细致的。因此我请她们两位老师来到教育组工作。管教育教学工作的还有一位孙老师，是丰台区一所中学教导处的干部，也是一位老教师，比我大十几岁。总之，当时教育组一共有7位老师，还有一位管内勤的老先生。

当我刚接任主持学校教育教学工作时，学校里还很乱。有一次，我刚好在办公室看一张报表，有人跟我说楼下有学生打起来了。我下去一看，有一个学生拿着铁锹像孙悟空耍金箍棒似的转着，谁都不敢上去夺。后来金老师说她认识这个学生，小学的时候曾经教过他。她过去一喊，果然那个学生比较听话，把铁锹放下来了。过两天，学校又发生了学生在校外打架的事情，一群学生把人家打得头破血流。在这种情况下，我觉得一方面要做大量的细致工作，进行正面引导；另一方面，学校必须有规章制度，并且要严格执行。于是，我为了严肃学校纪律，也处分了相当一批学生。当然，一分为二地说，这也说明雅宝路中学的学生很"勇敢"。但是学校只要出现打架行为，就得按学校的规章和纪律，停课开大会宣布处分决定。我在抓德育工作的时候，跟被处分学生的感情颇深，秉持惩前毖后、治病救人的原则，当学生离开雅宝路中学的时候，我从来不让他们带着处分材料毕业。当他们快毕业的时候，只要稍微有些好的表现，我就宣布撤销他们的处分。有个别没有撤销处分的，我也把对他们处分的材料留在学校里了。这些做法后来都受到了这个群体学生的拥护，没有出现记仇的，更没有一个学生来报复的。

1975年，我领着高中二年级四个班的学生到北京远郊某县的一个生产大队劳动。我们的学生显示了"出色"的打架能力，竟把某个区的"流氓头头"打趴在地上。学农劳动时怎么会打架的呢？因为听说一个"镇××区"的青年在这里对我们学生有点"欺生"，我们的学生也不服软，要与他"较量"一下，看看谁更"拔份儿"（强）。"流氓打架"一般是一对一，而且不能求饶。我们有三个高二的学生，一个人挑着水，一个人拿着锄头，一个人空着手。刚好迎面过来的是那个青年，旁边还有两个保镖似的人物。

尽管属于生产队的人，但只要他没有惹出太大的事情，整个大队也不去管他。可巧雅宝路中学的学生就有一点不好，到哪一个地方都要"逞强"。于是，三个学生就迎面走过去，挑水的学生把一担水横过来放在了路的中间。那个青年的一个保镖就喊："为什么要横在中间？"三个学生也不理他。过了一会儿，其中一个保镖动手了。我们的一个学生冷不防地把一桶水扣到那个"镇××区"的青年的脑袋上，那个青年并未防备，脚底一滑就摔倒了，挑水的那个学生用全身的力量压住扣在他头上的水桶，他就一动也不能动了。另一个学生用锄头的另一边捶他的臀部。那两个保镖也要动手，但我们的另一个学生用扁担一个人挡住了两个人。最后，被打的那个"镇××区"青年不仅臀部挨捶，更重要的是头部被水桶扣住难以挣脱，也只好服软。我当时是带队的，后勤组组长（总务主任）是老白，我们一个人唱"红脸"，另一个人唱"白脸"，和村里党总支书记一起去看望了那个被打者，这件事很快就平息了。当然，那种情形只能发生在那个特殊的时代。后来雅宝路中学好打架的名声传开了，学生们蛮自豪地说："我们打遍北京无敌手。"在发生事件的第二天，我代表学校宣布了对打人学生的处分。回到学校后，我并未写成任何对这个学生处分的文字材料。就这样，我们学生的打架风气很快被刹住了。这里我必须提到侯山潜、汪水明、任若平（当时任校团委书记，最后是从朝阳区文化局长的岗位上退休的），是我们几人齐心协力团结全校老师，使得学校的学生思想道德教育工作较有成效。校长文清因此称我们四人为雅宝路中学的"四条汉子"。学校在有了一定秩序保障的情况下，接下来的问题就是如何抓好教学。

学校的主要任务是教学。由于学生80%的时间是在课堂里度过，因此教师应该以课堂教学为主渠道，课堂教学水平是反映其能力高低的根本性指标，而课堂教学的质量也正是学校办学水平高低的直接体现。我准备狠抓学校的教学，但是很难。由于原先的教学基础薄弱，连各科教研组都没有，所以我首先成立了各科教研组。还有一层因素，我们学校所有的教学规章制度都要写上"以阶级斗争为纲"，教学计划也是这样。唐云辛辛苦苦起草的教学计划，被工宣队和军宣队审阅时，不论是教学目的、教学原则，还是教学安排、教学方法，都必须要加上"以阶级斗争为纲"，这就使具体的教学思路和措施不明确了。那时已经开始办高中，有相当一部分学生上了高中，尤其是一些知识分子家庭的子女上了高中后，学校的生源质量还是不错的。但是，整个学校的教学秩序没有按教学规律抓全抓实，这是我在雅宝路中学，尤其是当教育组代理组长的两年多时间中最大的遗憾，可以说是我终生的遗憾，也是我对不起这个学校的地方。1976年5月我调到十年一贯制的三道街学校工作，仍十分重视教学工作，我亲自为学校写了教学计划，明确提出："教学是贯彻党的教育方针，实现社会主义教育目的的基本途径。学校必须以教学为主，不断提高教学质量，这是学校的中心任务。教学包括教学过程、教学原则、教学内容、教学方法、课堂教学、学生成绩的考查与评定……"可是，在讨论这份教学计划时，也加了多处"以阶级斗争为纲"的提法。在当时，作为主管教育教学的负责人，我深感抓教学太难了！所有这一切，使我很苦恼。不少教师特别是青年教师，由于不熟悉教学，笑话连篇，漏洞百出，致使教学无章可循，教学无质量可言。记得有一天，一位家长拿着孩子的考试卷子找我，责问教师给其打"错"的地方错在哪里。我仔细一看，学生的答案是正确的，我找到那位打分的老师，她竟回答："这个学生没有按照我教的方法去做，就是错误的答案。"弄得我与家长哭笑不得。

教育实践是教育科研的基础。我在北京师范大学学了五年心理学，懂得心理学非常重视研究方法。因为心理科学和教育科学的学术水平在一定程度上取决于其研究方法的科学性。所以在大学里，我学习心理学研究方法是十分认真的；在方法的操作上，也是属于上乘的。"文化大革命"中，心理学已被打倒了，但是我对心理学的感情依旧，对心理学的研究"贼心不死"。心理学不能研究了，我可以研究与我朝夕相处的教育啊！何况心理学的研究方法可以作为教育科学研究的方法。于是，一到中学任教，我就想用心理学研究方法来研究教育。我当时想，这种方法运用得当，不仅仅能够提高教育教学的质量，同时也能够提高教师的水平。这就是后来，即1984年我提出"教师参加教育改革方面的科研是提高自身素质的重要途径"

这一思路的缘起（图3-5）。

我对教育问题的科学研究，是从品德不良学生的心理特点开始的。在雅宝路中学，由于生源起点低，品德不良的学生多，于是我在教原初二，后来变为初三的69届学生中，有意识地积累品德不良学生的心理档案材料或研究材料。那时，我班里曾

图3-5 20世纪80年代初的两本拙作，其基础是当年的教育工作

进过公安局的学生有10位，我把他们的材料都一一整理好，记录他们何时开始品德不良，何时开始"违法犯罪"进公安局；在整个品德不良的过程中，有哪些认识方面、情感方面、意志行为方面的问题；思考教师应当采用什么样的教育方法才能够使他们进步等问题。为回答这些问题，我运用"个案法"一一梳理他们的材料，是想利用个案分析的方法研究品德不良学生的心理规律。可是"文化大革命"期间，老师们可不是一般的朝夕相处啊！每天从早晨7点开始就要一起读书，到晚上8点还要把女老师送出小树林，老师们看到我整理品德不良学生的个案，好奇地问我到底是在干什么。我可不能说我在研究，特别是不敢提被定为"伪科学"且已被打倒的心理学，可是我明明在进行个案研究，搞品德不良学生的心理学研究，怎么办呢？我冠冕堂皇地"撒谎"说："我在研究被资产阶级思想腐蚀的一些青少年的基本情况，又琢磨着如何把他们从资产阶级泥坑中拉回来，成为无产阶级事业的接班人。"这些完全是谎话、空话、大话，我真正的目的是研究品德不良学生的心理特点及其变化规律。可是我敢承认自己的研究行为吗？同事们看我那样的认真，于是他们又为我提供各班大量的个案。我在69届学生中就获得了近60份材料，筛选后我把40份材料加以提炼，进行追踪，直到1969年，我送这些学生中间的大部分到东北上山下乡。那时候，

毕业生不是插队落户，就是到军垦农场。1969年暑假，侯山潜和我带队，送近300名学生到黑龙江军垦农场。我嘱咐当地的干部以及和我接触比较多的学生干部，希望他们能帮我进一步跟踪调查这40多人的发展趋向，后来我获取有效追踪资料30份。从1969年到1972年，我又对30多位品德不良学生进行了追踪研究，收集了大量材料。在1972年到1975年期间，我利用教育组长的"职权"，追踪研究了40多位品德不良的学生，因为1973年以后，我"管理"正反两方面学生的档案，要表扬好的，处理差的，进公安局的或被我处分的学生的变化当然也被我追踪到了。就这样，我前前后后总共对100多名品德不良的学生进行了追踪，到1977年，我追踪最长的被试为10年，最少的也有4年。据此我写了一篇题为《品德不良中学生的心理学研究》的文章，这就是我在后文要讲的，由张厚粲教授定题，被徐联仓教授推荐给彭真同志且被彭真同志肯定的文章。

我对智力（认知）及其发展的研究是从1972年开始的。那年我担任校办厂长，而我的前任是我的好友、化学老师王旭明。他发现有些学生在工厂实践后，学习化学知识更快、更好了。我让其教的两个班，一个班去电镀总厂，另一个不参与实践，结果发现，接触过电镀的和没接触过电镀的两个班学生，对化学某些内容的接受程度不一样。当时，我认为王旭明老师进行的是一个教育心理学实验组与对照控制组对比的研究，接触校办厂电镀的班是实验组，相反的那个班是对照控制组。从中我体会到，中小学是老师搞教育科学研究很好的场所。

于是，我在雅宝路中学开始进行教育心理学或智力（认知）培养的实验研究。那个时候，双生子的对比研究突然进入了我的视野。说来也怪，雅宝路中学双生子特别多，这就激发了我的研究兴趣。例如，有一对异卵双生子叫徐1和徐2，父母是外交部的工作人员，后来我查到了他们出生后的医院记载病案，他们长得很像，而且有三种东西特别接近：第一，都是班里面的班干部；第二，学习成绩都非常好，1977年都考上了大学；第三，他们两个人有共同的爱好——打乒乓球，他们都是雅宝路中学校队的队员。可他们只是异卵双生子，为什么他们的智力、品德和兴趣爱好那么接近呢？对此，我进行了深入调查，发现他们两个人从小就形影不离，父母总是一起来教养和教育。我在雅宝路中学收集了十几对同卵双生子或异卵双生子的资料，后来又通过协和医院和东四妇产医院收集了近百对双生子的资料。在北京，只有这两个医院在"文化大革命"期间对出生的儿童有同卵双生和异卵双生的记载。因为在"文化大革命"中，遗传学和心理学同时被打成了"伪科学"。中国科学院有两个研究所最惨，一个是中国科学院心理研究所，已经被砸烂了，副所长丁瓒和曹日昌两位研究员已在"文化大革命"初期被迫害离开人世；另一个是中国科学院遗传与发育生物学研究所，所长童第周院士扫厕所扫了10年。虽然如此，我却总在思考遗传和环境对儿童青少年心理发展发生着什么样的作用。我整整用了3年多时间收集资料和进行测试。1976年党中央粉碎了"四人帮"，尽管心理学还没有从"伪科学"中解放出来，但社会气氛已好得多，我就利用业余时间写了《遗传与环境在儿童智力发展上的作用》和《遗传与环境在儿童性格发展上的作用》两篇文章。

　　在教学的实践中，我在思考着，为什么有的学生成绩好，有的学生成绩差。除了非智力因素以外，思维活动有什么特点呢？于是我非常重视学生的思维结构。我在自己的教学笔记本里，把思维的目的性、思维的过程、思维的材料、思维的规则（特别是反思或反省型的规则），都作为思维结构的一种表现形式。在教学过程中我接触了大量中学生的数据，后来调到三道街学校，不仅有中学部，还有小学部，我又开始接触大量小学生的数据。于是我围绕着中小学生的数学能力，研究起发展与培养的问题。做发展研究容易，因为在横向上可以利用"职权"在不同年级（年龄）测试，还可进行追踪纵向研究，这样，我对中小学生数学能力的发展研究就有数据了。但做培养研究呢？我每天深入这所十年一贯制学校不同年级听课，分析成绩起伏原因，最后我把思维品质确定为培养智力与能力的突破口，并在学校培养教学能力上取得了一定的成绩。在小学生数学能力思维品质敏捷性培养上还有一个有趣的故事。小学部胡泽菊老师带领我校代表队参加建外片的小学数学竞赛，一位姓董的学生，仅用1/3的时间就做完了题，他无事可做，只好趴在桌子上，时间一长竟睡着了，监考老师推醒他，只见他在流口水，那位监考者一气之下把他轰出课堂，但收回卷子却大吃一惊，因为这位参赛者已答完题，公布成绩时获得了二等奖。对此事我十分气愤，想找有关领导理论，我认为这位姓董的学生应该被评为一等奖，他如果有差错，也是因为有人把他轰出课堂，剥夺了他的改正答案的时间。也因为此事，培养"正确而迅速"的敏捷性等思维品质引起了我和不少同事的关注。我在此基础上又写了《小学生运算能力的发展与培养》《中学生运算能力的发展与培养》两篇文章，在文章中，我把运算里思维或智力的具体数据展示出来，这是我的思维或智力结构观的雏形。到1978年归队时，在朱智贤教授的指导下，我先后修改好上述5篇文章，就是我1979年参加中国心理学恢复以后第一次学术年会时提交的文章，并且以《儿童青少年运算能力的发展与培养——兼论思维结构》为题做了大会发言，受到不少与会老心理学家的肯定。

是的，我确实在那时偷偷地搞心理学实验。因为我坚信三点：第一，心理学是科学。我学了5年心理学，对心理学是非常有感情的，我相信它是科学，是指导我们中小学教育教学成功的一门科学。第二，中小学是进行心理学研究的重要基地，这个基地提供了主试和被试，在教育教学中间能够控制一系列的研究因子，为科学的心理学研究尤其是教育心理学和儿童青少年心理学研究提供了实验场所。第三，人民教师在教学教育的同时如果能够投入教育科学的研究，既能够写出一些论文，也能够摸索一些教育的规律，必然能够当教育的骨干，必然能够上升为教育的专家，成为研究型的、专家型的、学者型的人民教师。我就是带着这三点自信、带着几篇文章、带着思维结构的初步构想归队的。

【"四五"波澜　抗震救灾】

我对党有深厚的感情，我总是这样想，没有党，就没有我自己。我是党用人民助学金培养出来的新中国的大学生，在大学里我为什么拼命地学习呢？为什么在被批成"白专尖子"时还坚持认真学习呢？因为我觉得是党送我到大学里学习的，不容易啊！我应该用好的学习成绩来报答党。

我参加工作以后，到农村去工作，干一行就爱一行，既然派我到农村去进行社会主义教育运动，即"四清"运动，我就应该当好一名"四清"工作队队员。为此，1966年2月我被评为北京市学习毛主席著作的积极分子，出席了市委召开的表彰大会。过不久，当组织上动员北京市"四清"工作队员转到内蒙古继续搞"四清"时，我也积极报了名并立志当一个农村基层干部。后来由于"文化大革命"开始了，这个愿望没有实现。

尽管"文化大革命"期间我与其他老师一样受过学生的批判，但我对当教师无怨无悔，憧憬着当一个合格的、出色的人民教师。"文化大革命"期间，我学了很多毛主席语录，有一条让我铭刻在心，融化进我的血液和灵魂，这就是"忠诚党的教育事业"。记得"文化大革命"期间干什么事情都要向毛主席请示，吃饭、进教室、上课、开会、做报告前，都要读一段语录，然后"祝毛主席万寿无疆，祝林副主席身体健康"。我常背的一条语录就是"忠诚党的教育事业"。八个字说完以后，我总是第一个冲进饭堂去吃饭，我总是很快进入教室讲课。为什么？这条语录短。1972年按上级指示，组织中小学教师观看并批判湖南花鼓戏电影——《园丁之歌》，我观后却写了四句话："谁说我不是园丁，每天都在学生心田中耕耘；愿将我满头的白发，去换得祖国的栋梁成荫成林。"尽管被获悉这首小诗的同事批评为"不是思想反动，就是小资产阶级的狂热病"，但他们没有揭发我，却警告我再不能乱说乱动了。而我当时的本意想要表达《园丁之歌》的主题"师爱"是正确的，不能无限上纲加以批判；在一定意义上我也表达了教师与国家的关系。

我忠于党的事业，我热爱党的领导人。所以，在1976年1月，当听到周总理去世消息的时候，我伤心至极，痛苦至极，含着眼泪，忘记了去幼儿园接儿子回家。我从雅宝路中学到东西长安街，应该是先到我儿子的幼儿园，他就在建国门内幼儿园，可是我没有进建国门内幼儿园，我骑着自行车直奔北京医院。满街都是人，等着总理的灵车。我看不见灵车，因为人太多。我把自行车支起来，人站在自行车上，这就是长安街送灵车的情景。就在那一年4月初，快到清明的时候，北京市民悼念周总理，拉开了反对"四人帮"的序幕。因此，那时候兴起了天安门广场写诗歌的高潮。最典型、传抄最广的是一首贴在天安门广场人民英雄纪念碑前的诗："欲悲闻鬼叫，我哭豺狼笑。洒泪祭雄杰，扬眉剑出鞘。"

　　大家都去悼念总理，没有别的目的。在1976年4月3日，我和高中二年级年级组商量好，准备把高中二年级学生带到天安门广场。当时带队的原本不是我，而是学校的一位主要领导。可是不知道为什么，后来还是由我带队，500多名师生浩浩荡荡到了天安门。雄伟的人民纪念碑，映衬周总理的光辉形象，巍然耸立在万花丛中，在"人民英雄永垂不朽"几个闪闪发光的大字下，安放着周总理的巨幅画像，下边巨大横幅上书写着："我们日日夜夜想念敬爱的周总理。"国旗旗杆不远的地方有一块用石头做成的墓碑，上边抄录了邓小平同志代表党中央对周总理的悼词。那天，我们学校500多名师生哭着悼念敬爱的总理，我最感兴趣的是抄下十几首我最喜欢的诗词。没有想到，这件事情成为我政治生命的"污点"。清明节前一天，"四人帮"下死命令，镇压天安门悼念的群众，这就是后来所谓的"四五"事件。我们敬爱的邓小平同志在4月7日被宣布撤职，撤销了他中央副主席、副总理等一切职务，这是小平同志"三落三起"中的第三次落难。当时学校领导根据上级的要求告诉我，让我们去天安门广场的师生交出抄来的诗歌、悼词，还让我们交出在那边照的照片，否则要定为"反革命"。尽管我是带队者，但我不想交。我的好朋友、副校长侯山潜对我说："好汉不吃眼前亏，你不要等着到你家去抄家，你毕竟有妻子和儿子。"最后，我忍痛交出了照片和抄的十多首我非常珍爱的诗词。这让我对当时的国家，特别是"四人帮"，失去了最基本的信任。我还对自己的学校——雅宝路中学失去信心，它不仅不保护正义的师生，而且协同公安部门对我们这些悼念周总理、捍卫邓小平同志路线的人加以追罪。几年后仔细想想，我也不能怪学校领导，他们只是执行上级的命令。知我者，莫过大学同窗5年的老大哥季永庆，他在扬州对其妻说："林崇德肯定要出事。"他妻子问其理由，他说："因为他太讲义气，他热爱党，他敬爱周总理，他不去天安门才是反常哪。"季大哥寄"快信"给我，劝我冷静，千万别去天安门。但为时已晚，我已经去了天安门，而且毫无悔意。"四五"波澜，我带队去天安门是我政治上的一种追求，体现了我把党的事业放在心中，至少在我的心目中知"正义"明"邪恶"。但并不是参加所有政治运动都是政治上的成熟。时隔13年的1989年春夏之交的政治风波中，我表现得比谁都沉着和稳重，除北京师范大学党委两位年轻干部保护着我去了一次天安门寻找一学生之外，我冷静地待在校内做学生的工作，积极陪外宾旅游做好本职的工作。对比1976年"四五"的表现，我似乎显得更成熟，那是后话。但不管是"四五"还是"六四"，我都没有偏离党的正确路线。

我在雅宝路中学呕心沥血干了9年，我对学生怀着一片留恋，这个学校的井然秩序有我的一份功劳。我还曾经在这个学校培养了一大批的学生，为党的教育方针的落实、为教育与生产劳动相结合的问题做了自己的贡献，我在这个学校为了学生的安全，差一点儿牺牲了自己的生命。但那时，仅仅是那时，不知为什么，对这所学校再也没有什么可以留恋的了，我决定走人，要离开雅宝路中学。

我当时通过解佩珍大姐联系了建国门外新建校三道街学校，书记兼校长鲍尔同志欢迎我去当教育组长。当我到朝阳区教育局转关系时，被一位教育局副局长拦住了，他对我说："你的表现、你的能力很出色，尽管你现在还不是共产党员，但我相信你很快会入党。"接着他要给区委教育部王笑儒副部长打电话，鼓励我去一个离家略远一点的地方，如垂杨柳一带担任中学副校长。因为校级干部是由区委教育部（即现在的教工委）任命的，区教育局只管小学校级干部和中学的中层干部。可我当时已经没有这方面的愿望了，何况我已经被三道街学校接收，人应该讲诚信。

离开雅宝路中学时，我对自己做了反思和总结。在自己的心目中，雅宝路中学留给我印象最深的是好友侯山潜。我决心学做侯山潜兄长那样的人，他是我今后学习的榜样。至少学习两条：一是不能忽左忽右，尽量做有主见的人；二是要有傲骨但不能有傲气，尽量做低调的人。我把这两条作为做人做事新的要求，离开雅宝路中学，走向新的岗位。

三道街学校是由建国里小学和新建的建国里中学合并而成，是一所十年一贯制的学校。1976年5月29日，我到三道街学校去上班，受到鲍尔书记、马增福副校长等领导与工、军宣队的欢迎。晚上，鲍书记召开年级组长以上的干部会，宣布我到任工作，那一天，我见谁都是一句话："请多帮助和支持！"三道街学校教育组内还有位何姓的副组长，是原建国里小学的副校长，还有两位重要的干事：九年级年级组长胡老师（1978年我回师大后，从垂杨柳地区一中学调来一教育组长；胡老师任副组长，不久入了党，再后来中小学分校后他任建国里中学副校长、校长）和七年级年级组长黄老师（1979年后任朝阳区一小学学区的书记）。此外，还有两位办公人员。组内较团结，对我也很支持。从5月29日到任，到7月28日京津唐地区大地震之前，刚好两个月，我很快地在三道街学校扎下根。在这里，除了领导和教职员工的支持，除了自己学习鲍书记最早到校、最晚离校外，关键是我做了两项前后似乎衔接的重要工作：一是我到任才十余天，就和工宣队刘队长（首都机场修理厂副厂长）带领八年级十个班学生去东郊一公社参加学农麦收劳动三个星期。我们和十余位老师同心同德，不仅较好地完成了麦收任务，而且协助公安部门打击了一个流氓团伙。这个团伙系我校学生李某的对立面，李某是建外一带有名的品德不良学生，加入了一个流氓团伙任重要职务，在校内学生们都不敢惹他，对立的团伙获悉我们到东郊劳动，李某的身边亲信不多，于是组织了近10名成员来袭击，欲置李某于死地。一天在一个僻静的地方他们正包围李某，亮出凶器并把李某刺成重伤的时候，我和李某的班主任等一些老师赶到了现场。由于我们报案及时，很快来了一个工人纠察队，迅速制服了这个团伙，救下李某。我抬起李某并和李某的班主任一起带其来到堡头医院做了包扎，然后我又抬着李某上了一辆工人纠察队给我们的面包车，送他到朝阳医院。在朝阳医院里，我细心地照顾李某，仗着我当时年轻，我把他从病床上抱上抱下，直到深夜两点钟，李某脱离危险时，我才让学校总务组来辆三轮车拉我和他回三道街学校，并把他送回家里。没想到，此事也感动了这个建国门外有名的"流氓团伙"头目。在我们学农劳动回校不久，7月初临近期末考试时，我校附近的北京市119中学发生了一起恶性事件：高一某班上着课时闯进6个蒙面人，冲一学生拳打脚踢棍棒齐下，把该生打成了昏迷状态，那些坚持正义出来阻止行凶的学生，也挨了几棒。此事不仅震动了119中，也震动了教育局和公安部门，在一个多星期破案无头绪的情况下，某天，我在办公室里，突然有人从门缝塞进一张便条，上面写着行凶者（我校九年级的五个学生和119中一学生）的名字。我当时十分奇怪，后来在抗震救灾中见到李某，虽然他未承认，但我多多少少猜到是他透露给我的消息。当时我很快按纸条上的内容组织人破了这个案子。三道街学校召开中学部大会，新到校接任教育组长的我首次在全校大会亮相，亮相的内容是宣布处分决定，没想到此事让我在学校教师中，尤其是在学生中树起了威信，就这样我在三道街学校稳住了脚。

从1976年7月25日起全市中小学开始放暑假，三道街学校安排在7月23日（星期五）结束工作，24日开大会（或搞活动），并安排暑假活动。学校暑假活动丰富多彩，其中有组织学生7月28日上午9点去东单大华电影院看电影，整个组织工作由我负责。7月27日晚上，我妻子赶着为儿子织毛衣，到下半夜才睡觉，我们刚入睡不久，只觉得山摇地动，一下被惊醒了。"地震！"我妻子挺有经验地说了一句，街坊邻居都跑到院子里，只见我们的房子左右摇摆，紧接着传来别的院子里房屋倒塌的巨响和哭喊声。地震一次接一次，谁也没胆量进屋子。这时，我妻子担心的是我们在幼儿园的儿子的安全，但那时没电话无法联系，好不容易熬到天亮，我骑上自行车先去自己的学校，妻子去儿子的幼儿园。我到了学校，见到驻校的总务组长。好在学校大楼相当坚固，但大楼外的几间平房出现了严重的裂缝。不久，鲍书记等领导也乘头班公共汽车赶到，那时，中央人民广播电台已播报京津唐大地震简讯，震中在唐山，是里氏7.8级的强震。鲍书记吩咐我们先吃点东西，然后分头行动，我的任务是去东单大华电影院做善后工作。这时，我看了看手表，离9点还早，才骑上自行车，怀着忐忑不安的心情，直奔建国门内幼儿园，我妻子早已赶到那里，正等待幼儿园放孩子回家。幼儿园挤满家长，都是来接孩子的。我儿子的卧室外墙已全塌。好在墙往外塌，谢天谢地，没伤着一个孩子！我们接了儿子，把他安置在岳母家。过一会儿我就去了大华影院，影院房子也有损坏，高贴通告："即日起影院停演！"我一一招呼前来陪学生看电影的班主任，做好善后工作。

唐山在震中被夷为平地，伤亡惨重，24万多同胞遇难。京津情况还好，但各有伤亡。京津唐三地抗震救灾工作开始了。从7月28日开始，在一次又一次余震中天降倾盆大雨，雨下得难以停止，北京市所有马路两旁，都搭起了大小不等的"抗震棚"。岳母家没有搭抗震棚，因为她家隔壁有蜂窝煤厂，厂里有一座放蜂窝煤的特大棚子，每家在蜂窝煤堆上放上一块铺板，让孩子们在那里休息。我感到首都人民觉悟异常高，不仅很少出现治安问题，而且互相关心，和衷共济。我和妻子都投入各自学校的抗震救灾工作中去。按照上级的通知，我校的抗震救灾主要是抓五件事：一是调查师生家伤亡情况，好在三道街学校师生没有一个死亡的；二是组织好师生搭建抗震棚，尽量进抗震棚，防止余震中出现不安全问题；三是逐步抢修学校和师生家倒塌或损坏的房屋；四是防范灾后的瘟疫流行性传染问题；五是搞好安全保卫工作。班主任老师和科任老师都有联络学生的任务，我是学校抗震救灾领导小组的成员之一，我和工宣队的刘队长、军宣队的一位解放军同志和马副校长等几位男干部基本都坚守在操场的抗震棚里，在那里办公，在那里值班（睡觉）。在学校的抗震棚边，搭起了一个能容50人学习和休息的大抗震棚，那是八年级一位班主任王建国老师请家长帮助搭建的。他把他们班学生都集中在一起，整整一个暑假，在余震中，在抗震棚里上课、复习（讨论）、活动。王建国比我小十多岁，他多次向我表示认我为老师向我学习，但我却为这位年轻班主任的精神所感动。到8月底，党中央国务院表彰唐津京抗震救灾英雄时，我们把年轻教师王建国推荐为北京市抗震救灾的先进个人，我和建国因此结下了较深的友谊。抗震救灾后，我把珍藏多年的一套《中国文学史》给了这位年轻的语文教师，没想到20世纪90年代，我应北京市教委邀请去评北京市特级教师时，候选人中竟有"建国里中学王建国"，我当然投了他一票，那是后话。地震一个星期后，学校同意我送儿子去上海父母家。在上海期间，在我好友戚世堂和何翠娥夫妇的帮助下，我们找到了永安路幼儿园，园长一听我儿子来自灾区北京，立即接收他日托入园。我儿子林众在上海一年多时间，戚世堂、何翠娥夫妇一直协助我父母照顾。周六晚上都是他们的儿子戚显宏（大我儿子八岁）来背我儿子去他们家度周末的。从此我儿专称他们夫妇为"好爸爸"和"好妈妈"。两家的情谊一直延续到第三代。这当然是后话。我和居住在上海的父母及兄弟姐妹已9年没有见面了，但我在上海仅住了两个晚上，因为我惦记着学校、学生和抗震救灾的事态。据说我儿子第二天一早醒来不见我，嚎啕大哭，喊着"我爸爸真坏"。我老家的三弟（崇国）与我12年没有见面了，他特地从安徽的浙江长兴煤矿赶到上海看我，可惜我已经离开上海。就这样，很快地，我在三道街学校适应了，受到学校校长、书记鲍尔同志的赏识，受到了上级领导的赏识，还受到了这个学校工、军宣队领导的赏识。1977年"文化大革命"后，教育工作走向正规。朝阳区教育系统召开首届表彰先进大会，有先进个人，有更少名额的优秀教师，我是三道街学校报上去被批准的三名优秀教师之一。1977年年底，国家颁布十多年来第一次涨工资的命令，我是三道街学校30%涨一级工资的人员之一。我胜任了这个学校的工作，很想在这个学校工作下去，并做出成绩来。如果不是归队，我绝对不会离开这个学校。归队也是出自无奈，我的老同学来动员，老师也来动员！因为北京师范大学要恢复心理学专业，但严重缺教师。在"文化大革命"的10年中，心理学教师退休的退休，离京的离京，还有受迫害的，于是北师大通过各种途径要调我回母校工作。我特别感激同班留校老同学赵中天，他多次来三道街学校劝我归队。我问这位已经担任党支部书记的老同学："为什么调我回母校？"中天回答："老师们都在说，找回当年最优秀的学生。"这下我掉眼泪了。哦，时代变了，心理学在呼唤我！我只能忍痛离开三道街学校。如果我不离开这个学校，用鲍尔同志的话来说，很快会解决组织问题；也有不少同事估计我能够接鲍尔校长的班，可能担任这个学校的校长。但是，为了心理学的振兴，为了北师大心理学学科的重振雄风，只好离开我怀有感情的、流血流汗、工作了13年的基础教育。但基础教育的13年生涯，为我今天成才，成为心理学家和教育家，奠定了一个良好的实践基础。我永远忘不了这段从事基础教育的经历。

第四章　重与故校相执手

继续教育与教师培训学院

北京师范大学

　　我在从事了十多年的基础教育工作后，重新回到了北京师范大学。从37岁那年开始回母校读研究生，39岁留校任教走上大学讲堂，42岁获得博士学位，45岁破格晋升为教授，我都一直在北京师范大学兢兢业业地工作，直至今日。

【研究新生　满面须髯】

　　在朝阳区回拒北师大两次商调函后，赵中天建议我"曲线救国"，通过考研究生途径回北师大。所以说，我是受老同学赵中天一次次的鼓励，又在我妻子的督促之下，考上了中国科学院心理学研究生的。1978年研究生招生的年龄放宽到40岁，而我那年已经37岁。37岁的人，已过而立之年，还是有十余年中小学教龄的"老"教师，居然重新当上学生，重新去学习，确有颇多难处。我是在中国科学院心理研究所参加研究生考试的，当时报的是发展心理学专业，指导教师是刘范教授。专业考试对我来说比较顺利，这应该归功于北京师范大学的老师们，他们给我打下了坚实的基础。我的基础心理学、发展心理学（儿童心理学）、政治都考得比较满意，但我的俄语只考了37分。那时候是第一年招考，外语作为参考成绩，十几分也能够过线。一个月的考试准备，我复习俄语时，主要是背那些政治单词，如粉碎"四人帮"、中华重新振兴、建设国家等等。但我考的是中国科学院心理研究所的研究生，他们出的题完全是偏科技的内容，尽管那时候我们可以带着字典去考，但多多少少我有一点吃亏。有人说如果当时考北师大的研究生，我依靠准备的那些单词就能够考及格，因为当时北师大的心理学是作为教育学的一个学科，偏文科，当然这个已经不是重要的事情。我们还考了一门实验心理学，仅计参考分，是采用口试方式进行的。口试时，我对实验心理学的理论部分回答得比较好，一般的实验操作也没有问题，但是在考电工知识方面差了点。后来用我八级技工内兄的话来说，如果他去考这道题，肯定能得100分。但不管怎么说，我是作为当时成绩比较好的考生，准备被中国科学院心理研究所录取的。中国科学院心理研究所当时招收不到10位研究生，可是过线的或接近过线的却有十五六位，而浙江大学（当时的杭州大学）向教育部打报告，要招三个心理学研究生，于是向中国科学院心理研究所要了三个名额；北京师范大学也同样给教育部打了报告，于是我的恩师朱智贤教授、彭飞教授、张厚粲老师和章志光老师各在中国科学院心理研究所招了一名研究生（图4-1）。

图4-1　重新回到恩师朱老跟前

严格地讲，我是最幸运的。为什么？因为朱智贤教授是我大学四年级学年论文和五年级毕业论文的指导教师，也是在大学期间唯一批评过我的老师。在班里，我是由朱智贤教授唯一指导毕业论文的学生，我的思维研究是从四年级跟随着朱智贤教授研究思维的概念开始的。能够回北京师范大学当朱智贤教授的研究生，是我一生梦寐以求的事情。当我回校向朱智贤教授报到的时候，朱老问我想干什么，我半开玩笑地对恩师说："听说您要建儿童心理学实验小楼，我想来出力气，来盖小楼，来建实验室。"朱老听了以后皱了皱眉头说："盖小楼是一个长远的计划，但眼下我更多想到的是另一个问题：美国心理学著作给我们展示的所有资料，除了对瑞士皮亚杰的研究以外，基本上都是美国自己的材料；苏联心理学著作给人一种强烈的民族自豪感，似乎他们是世界第一。然而，看看我们自己的研究，我感觉非常惭愧。1949年以前我国心理学学西方，从1949年到'文化大革命'前夕是学苏联，现在又有一种新的趋势，即返回来去学西方。如果按照这种路线走下去，何年何月才能有我们中国特色的心理学，包括儿童青少年发展心理学呢？我们是具有五千年灿烂文化的国家，是有四大科技发明的古国，有大批古代思想家奠定了中国心理学的思想体系，我们为什么不能够很好地建设具有中国特色的心理科学呢？你归队，回来当我的研究生，咱们师生有缘，因为你13年以前就是我选上的好学生，你应该珍惜自己13年从事基础教育的实践经验。你选择一个时间再回去，回到中小学去，从新的角度，而不是从前当老师或当干部的角度，是从一个心理学家的角度去研究儿童青少年，希望你为心理学，特别是为儿童青少年心理学的中国化做出自己的努力！"这段话，我将终生铭记，永不忘却，也开启了我研究心理学中国化的里程。

我的学习任务十分繁重。一方面，查阅了朱智贤教授给我布置的一大堆要阅读的书目，认真学理论，这里边有我熟悉的中文书籍、俄文书籍，还有我刚刚接触的英文参考书；另一方面，我还要认真学外语，也就是学英语，一年内英语必须过关。我有学俄语的底子，没有学过英语，朱老给我布置任务，要我学的外语是英语，而不是重复学俄语。我要从ABCD开始学起。同时，我谨遵恩师的教诲，还要返回第一线去做中小学生的心理研究。我应该感谢我的一个朋友，他叫韩少奇，是第三章提到去东坝人民公社一起锻炼的成员之一，也是批评我写《园丁之歌》观后感小诗的那位。他的妻子叫阎玉荣，她原来是下三条学区的书记，后来调到幸福村学区当书记。我来自三道街学校，但我不能再回到三道街学校去找被试，去找研究者。这不仅仅因为我离开那里，似乎对不起那里的师生，更重要的是角色的转变，我需要以一名研究者或理论工作者的角色去做研究。于是我来到了幸福村学区，通过阎玉荣书记去找我的实验点。后来她给我介绍了他们的学区校长谭瑞。从1978年10月开始，我就去那边抓实验点，谭瑞不仅成了我终生难忘的挚友至交和合作者，而且挑起了领导整个小学课题组研究的担子。因为我在中学和十年一贯制学校工作的时候，在教育实践中已经悄悄地搞自己的心理学研究，所以1978年我归队的时候，能带回母校并献给我恩师5篇论文的初稿。在朱智贤教授的指导下，我又把这5篇论文做了修改完善，分别是《遗传与环境在儿童智力发展上的作用——双生子的心理学研究》《遗传与环境在儿童性格发展上的作用——双生子的心理学研究（续）》《小学生运算能力的发展与培养》《中学生运算能力的发展与培养》；还有一篇追踪了10年、7年和4年的100多位品德不良中学生的研究，张厚粲老师把它定题为《品德不良中学生的心理学研究》。在朱老的指导下，我把这些论文做了修订，使它们规范化，成为标准的心理学论文。

1979年，也就是我入学一年以后，我开始准备硕士论文。说心里话，我有原先的心理学基础，并不担心专业课。朱智贤教授吩咐我，把《小学生运算能力的发展与培养》和《中学生运算能力的发展与培养》这两篇论文合并在一起，就可以变成我的硕士论文。因此，我的硕士论文是现成的。关键问题是英语学习。我的3位研究生同学，有的年龄比我大3岁，有的年龄比我小四五岁。有的是"文化大革命"前毕业的，有的是"文化大革命"中间毕业的。他们中两位小的英文很好，曾经学过将近10年的英语，半年就通过英语考试了。我和比我大3岁的张师兄，被安排在慢班，后来，在第二个学期我斗胆转到了快班去学英语，考试的时候，居然考了74.5分。我没有经过中学、大学的英语学习，别人考了60多分，我却考了74.5分，四舍五入算75分，得了一个良，这对我来说可不是件容易的事情。记得每天"放学"骑车回家，我一手扶车把，一手拿书在念单词。有一天在皇城根一条胡同口，因只顾看单词，没有注意胡同里骑出一个带孩子的妇女，我把她们娘儿俩撞得人仰马翻。她翻身大骂，我一看是雅宝路中学的史老师。她转怒为喜，说："是你啊，林崇德，骑车还要哼'pen''pencil'干什么？"警察过来了，她对警察说："没事，我们闹着玩呢！"时隔10年后，她当着老教育家霍懋征老师的面对其已经上中学的儿子说我："这个叔叔很'坏'，他在10年前想用自行车撞咱们母子。"1979年7月的一天当获悉自己英语考良的时候，我眼睛湿润了，我为自己付出的辛劳而感到幸福；我为妻子支持我刻苦学习英语付出一切而感激；我为自己路上学英语不顾交通规则造成撞人事件而惭愧；我也为自己马上能够进入论文创作阶段而感到喜悦。实际上我的论文已经是现成的了，只一年时间，我就要准备论文答辩了。

也就在我准备论文答辩的时候，1979年11月，中国心理学会在天津市召开了"文化大革命"以后的第一次学术年会，提交大会的论文并不多，没有想到我一个人却能提交5篇学术论文。大会的组委会和学术委员会非常惊奇。他们问我的恩师朱智贤教授："这是你的学生吗？"朱老热情地推荐我围绕着儿童青少年数概念和运算能力的发展问题做大会报告。我不是大会的代表，是临时被召唤去的天津，第二天就要上大会做报告，前一天我非常激动，加上我以前很少住过大宾馆，心中忐忑不安。第二天早晨，我洗了个澡，感觉非常精神。在会上，我报告了自己的研究成果，介绍了儿童青少年数概念和运算能力的发展，揭示了儿童青少年的思维发展规律，更重要的是我提出了自己的思维结构的观点。这个观点正是我在中学教学的过程中，通过有量、有质的分析而形成的结果。那天上午共有三个大会报告，我的是最后一个，报告结束时，刚好赶上吃午饭。吃饭时，有许多心理学的前辈过来向我祝贺，有许多中年的、比我年龄稍微大一点的心理学家向我索求研究资料。德高望重的心理学泰斗陈立老当着朱老的面对我说了一段话："'文化大革命'，我们都在投入斗、批、改。斗走资产阶级道路的当权派，批修正主义路线，改革不合'四人帮'要求的规章制度。可是你，这位年轻人却在斗、批、改的夹缝中间，冒着心理学已经被打成'伪科学'的危险在认真搞研究。你的精神难得！你今天报告的成果受到大家的欢迎，这是必然的了。"我面对着早想拜见的陈老，还有中国心理学会第一号人物潘菽老先生，低下头认真聆听着他们的教诲。我并没有为当天能够上大会做报告而沾沾自喜，相反，我暗暗下决心，要向前辈学习，把

"文化大革命"耽误我的十年时间夺回来，好好搞心理学研究，为中国心理学事业的发展献出自己毕生的精力。也是从那以后，我几乎没有节假日，埋头搞研究。从1979年开始一直到20世纪90年代，十几年的时间我总共看过一场半电影。这一场电影是《爱德华大夫》，那是搞专业需要看的，还有半场电影是1984年我到浙江师范大学去讲学，由年轻教师、后来成为我的博士生的李伟健陪我去看的《原野》。李伟健是一位对人忠诚、工作能力极强的年轻人。一见面，我就很喜欢他，从此结下了深厚的情谊，也可能是命中注定我俩要成为师生的关系，所以他们学校让他陪我去看电影，我就欣然同意了。可惜，我看了一半，不喜欢这样的电影，就和伟健走出了电影院。1979年的大会上，我的5篇论文受到同行的重视，后来都陆陆续续发表了。这里我特别要感谢的是华南师范大学统计学的前辈叶佩华教授，他对我关于双生子研究中的统计学数字如何进一步正确处理的问题提出了中肯的批评。

也是在1979年11月的中国心理学会学术年会上，中国心理学会的秘书长，后来任中国科学院心理研究所所长的徐联仓教授，把我的《品德不良中学生的心理学研究》一文，交给当时的全国人大法制委员会主任，后来的全国人大常委会委员长彭真同志。当时，彭真同志对青少年的违法犯罪问题非常重视，他在一次会上，提到了这个问题，要求进行科学研究。徐联仓教授居然把我的这篇文章交给了彭真同志。彭真同志十分重视，约好于1980年1月的某一天要听取我的汇报。后来因为彭真同志和他夫人张洁清同志临时要去南方视察工作，就委托最高人民法院院长杨秀峰同志到会。汇报会安排在人民大会堂。那天，杨院长还带来了胡绳同志（后来是全国政协副主席）及一系列法学专家，教育部、团中央、全国妇联、北京市委宣传部、北京市教育局等相关领导也都到了会场，我认认真真地向他们汇报了我对品德不良中学生，也就是违法犯罪青少年犯罪过程的心理学研究结果，引起了他们的重视，也受到了报刊的宣传。没有想到，1980年1月的这场报告成为我成名的开始。后来有人评价说，这是一种偶然；可是好多心理学前辈却认为偶然中间有必然。特别是徐联仓教授认为"文化大革命"

中间大家都沉浸在一片悲壮的默默无闻的过程中，可我却在心理学的土地上悄悄耕耘，因此今天的成名是必然的，不是一种偶然现象。在这样的情况下，1980年3月，北京师范大学研究生处同意数学系的陈木法、罗立波和我提前答辩。我记得教育系领导和党总支领导为我邀请了彭飞主任、朱老、张厚粲老师、章志光老师和中国科学院心理研究所两位副研究员来参加我的论文答辩。因为我的论文已经在1979年11月中国心理学会学术年会上做过报告，所以我非常熟悉材料，并且也接受了大会发言以后老师们给我提的中肯的意见，进行了适当的调整，对肯定的内容我就多讲一点，对提出的问题我就特别地给予重视。就这样，两个半小时的答辩顺利结束。当时的党总支书记祖二春同志在大会上代表党总支宣布答辩成功，于是由北京师范大学人事处向教育部打了报告，教育部专门为我发了《关于林崇德留校的通知》，我拿着留校通知的教育部文件的复印件，来到了北京市朝阳区教育局，把我的工资关系转到了北京师范大学。1980年5月，我正式成为北京师范大学一位心理学教师、一位心理学的新兵。

【青青子衿　任教大学】

我留校后首要的任务是当好朱智贤教授的助手，当他的助教，执行朱老的科研任务，协助朱老做好科研工作。同时还要整理朱老有关的学术思想，使他的学术思想能够代代传承。作为大学教师，尽管我已经39岁了，但我没有职务，也没有职称，被定了一个名称，叫教员，这在现在的职称体系里已经没有这么一说了。但不管怎么说，我开始当大学的老师了。于是我在日记里对自己提出了四条要求：以崇尚学术为基础，以培养杰出人才为前提，以疏远名利行为为准则，以创新业绩为目标。

那时候，我在北京师范大学教育系心理学专业工作，系里通知我和钱曼君老师从当年9月开始去教授心理专业二年级和三年级的儿童心理学，时间为一年。钱老师跟我的分工是，她讲第一章和第二章。前前后后大约3周时间，从第四周开始我系统讲儿童青少年心理学，但第六章"幼儿心理发展"由她主讲，第二学期的课程全由我承担，几乎是近一年的工作量。于是从1980年5月开始，我就认真备课，特别是我要用水平不高的英语，去阅读有关的文献，如看了罗杰斯的《儿童思维》，看了穆森编的《儿童心理手册》的内容，特别是皮亚杰的思想，看了《儿童发展》（*Child Development*）这本杂志上有关跨文化的研究论文。备课时，我还结合了自己的一系列研究成果，包括1978年到1980年这两年时间开展的一些新的研究，如幼儿数概念与幼儿运算能力的研究、独生子女的研究等等。我认真备课，于1980年9月末正式走上大学的讲台。为什么二三年级的学生能够坐在一起听我的课呢？因为儿童心理学就是现在发展心理学的课，应该在二年级上，但是二年级的时候缺这门课的教师，朱老年迈，所以这门课暂时搁置下来。现在给我的任务就是上好心理专业儿童心理学这门课。钱老师非常好，给我讲了引论，讲了儿童心理学与发展心理学简史，我从第三章开始讲儿童青少年的心理发展规律，除了幼儿期之外，一直要把儿童心理学讲完，即从乳儿期一直讲到青少年期。

当我第一次登上大学讲台的时候，朱智贤教授坐在后边为我鼓劲。恩师到场对我是个莫大的鼓舞。我毕竟当过十几年的基础教育的老师，对讲课并不发愁，不过当时面对着大学生，又是新老师，我还是心慌。记得上台的时候我差一点儿把有些字读错。当我讲到第一节"儿童青少年心理发展的基本规律——遗传和环境在心理发展中的作用、先天与后天的关系"的时候，我引用了自己双生子研究的材料，提到一个统计学的"相关"概念，突然坐在第一排的一位学生腾一下站起来说："嘿，谁跟谁相关吗？"是的，我刚走上讲台，几个月以前我还是一名研究生，我和这个78级的学生一起入学，他们当本科生，我当研究生。今天我作为一个主讲教师站在他们面前，成为他们的老师，会有好多人观望，会有好多人不服气，当然也有好多人持拥护态度。因为持拥护态度的学生知道我毕竟是当过多年中学老师的，他们也是中学的毕业生，二年级的黄晓丁还是我在三道街学校的学生。对于突然而来的提问，我一下子抓住了提问"谁"这个字眼。"谁跟谁的关系"，是哪个人跟哪个人的关系。可是"相关"是指两个数，哪个数跟哪个数的关系。我很快决定了如何回答，我说："你给我听着，谁跟谁的关系是人与人之间的关系。你刚才提到的问题是哪个数和哪个数的关系，你是否把人与数字混淆了？我现在讲的相关是指在研究中间××数和××数一致性的关系。"一下子，大家都笑了。是的，一位老师，他必须要有尊严。当然，我倡导师爱是师德的灵魂，老师要爱学生，要尊重学生，但是遇到学生对你不尊重的时候，老师有维护自己尊严的权利，师道必须要尊严。我很快解决了这个问题，同学们拥护我，那种气氛的变化我是能看出来的。那个同学也不敢多说了，低下头去。后来这个同学成为我的好朋友。两年以后，他居然成为朱智贤教授和我所招的五位硕士研究生之一。我当时是作为副导师，协助朱老招的。他和他的妻子都在这五位研究生之内。我们关系处得相当好，直到今天。这位同学现在在美国工作，发展得很好，那是后话。第一堂课就这样拿下来了。

我讲课以后，张厚粲老师对我非常关心，问这个班里一个叫周建达的同学："林老师给你们讲课讲得怎么样？"周建达频频称赞，张老师也非常满意。就这样，我一堂课一堂课地讲下去，一个礼拜讲两次课，也就是四节课，此外我还增加了两个晚上的答疑，答疑时间在星期二和星期五晚上。我的答疑课不只是回答学生上课时提出的问题，还有课下遇到的问题，因为我讲课中间用到一些统计学知识，三年级的同学已经学了统计，二年级的同学那时还没有开始学统计，有好多同学对统计学有很多疑问，如什么叫相关，什么叫检验数，什么叫回归，等等。我就用答疑课时间给二年级的同学也就是79级的同学，开了三个晚上的统计学课，给他们学统计铺路。这样我和同学之间的感情和友谊就建立起来了。记得1980年年底海淀区选人民代表，有好多老师和同学投了我的票。说实话，我不是对当区人民代表不感兴趣，而是觉得我是个新教师，去凑什么热闹？但是三年级有30多位同学，二年级有20位同学，加在一起有50多位同学，居然有44票投给了我。投票结果要报给学校，我马上跟系里说别报，但他们说要如实向上级汇报。我只好说："你们跟学校说一下，本人条件太差，不当区人大代表候选人为好。"就在这一年下半年，教育系工会改选，要选三位工会委员，组成系工会委员会，我是全票当选工会委员的。这倒可以，我会为大家做点工作。

可是新的问题又来了，心理学、教育学和四门政治课一样，是作为全校的公共课开设的，因为师范大学学生必须要学心理学和教育学，这是师范教育的特点所要求的。然而1981年上半年的心理学公共课是怎么开的呢？是把全校几个文科系要上这门课的学生集中在一起进行车轮大战。我记得张厚粲老师上第一、第二周，许多老师排在中间，就像走马灯似的，一个人讲两周。我被排在最后两周时间上。总共上一个学期的课，由九位老师共上18周。张老师上完第二周课时，教室里还是满座的，可是轮到我上的时候，我一进教室发现：能容300人的"新二"教室仅围着第一排的一个角落坐着十几个同学。只十几个人，我怎么讲课？面对着空旷的、300个座位的教室我还是讲完了应该讲的内容。但没有想到，自此出勤情况发生了变化，我第二周去讲的时候居然来了100多个同学。

1981年北京师范大学成立了心理学系，换句话说，心理专业变成了心理学系。那年放暑假前，系主任彭飞教授找我商量开课事宜，想安排我下学期给四年级同学开两门选修课。一门课是青少年犯罪心理学，因为听说我有100名品德不良学生的追踪研究，又与政法大学罗大华老师等人合作出版了一本书叫《犯罪心理学》；还有一门课是数学教学心理学，因为听说我对数概念和运算能力有点研究。每周就上一次课，半天连续上，先上哪门都行，如先上数学心理学，再上犯罪心理学，总共就一个学期。除此以外，还让我独立开设心理学公共课。彭主任说："我们这个学期公共课是失败的，越教人越少。因为我们缺少像张厚粲老师那样能出色地讲好公共课的老师。看来开课不能搞'车轮大战'。因此，让你下学期独立去给两个大系开这门心理学公共课。"关于我是怎么给78级同学讲数学教学心理学和犯罪心理学的过程，我在这儿就不讲了。给我印象很深的还是上心理学公共课的过程。当时，我教的对象是数学系和地理系77级和78级的学生，77级的学生到1981年年底面临着毕业。汲取上学期公共课上老师们"车轮大战"讲得最后人都没有了的教训，我为自己树立了一个最低的目标——绝对不让学生走。结果，我一堂课一堂课讲下来，第一堂课新二教室坐得满满的，约300人，最后一堂课还是满满的，约300人。我那时每年都要咳嗽一两次，一咳嗽就两三个月，因为我有严重的气管炎，这是"文化大革命"给我带来的后遗症。有一次上课的时候，我咳嗽不止，第二星期上课时，我发现讲台上放了一个热水瓶还有一个茶缸，这个茶缸是上山下乡用过的那种瓷缸，当时我感慨万千，拿着热水瓶往瓷缸里倒了一杯水，感叹了一声："人民教师真幸福啊！"下边是一片热烈的掌声。第三个星期我去上课的时候，发现有两个热水瓶，两个茶杯。原来的瓷缸已经换了，换成一个很好的新茶杯，另外一个也是个新茶杯。我事后一问，地理系的同学上个星期给我准备了一个热水瓶和一个茶杯，现在地理系仍然给我送热水和茶杯，数学系的同学也给我送热水瓶和茶杯。我的课得到了同学们的肯定。直到现在，77级和78级的数学系和地理系的一部分同学还惦记着我，我也交了一批学生朋友。例如，当年的数学系毕业生、后来任北京师范大学副书记副校长的郑君礼，任北师大附中校长的刘沪，当年的地理系毕业生、在美国工作的宋涛和其他两位司局级干部，他们至今都与我有所联系，称我曾经是受他们欢迎的老师。

一位大学老师，要在大学里站住脚，在学生中间赢得声望，主要靠两点：第一要教好课，第二要搞好科学研究。

讲课是基础。大学老师能够讲好课，讲出水平，讲出风格，讲出自己的特色，这是教学艺术的表现。讲不好课就很难培养出高质量的学生，本科学生的培养质量关系到整个学校的教育质量，每一位教师都要心系教育与教学的质量。

与此同时，科学研究是关键。大学教师赢得竞争的根基是什么呢？是科学研究的成果。科学研究成果的核心问题是一个创造性的问题，也就是说能够创新，特别是出自主创新的成果，这是大学教师学术水平最集中的表现。我自己在教学的同时比较注意科学研究，从留校开始就跟随着恩师朱智贤教授，协助他主持"全国青少年理想、动机、兴趣研究"课题组。我和沈德立老师成为朱老的左膀右臂，从1980年到1981年，我们围绕着全国十个省市在校青少年的个性问题，特别是理想、动机、兴趣问题做了大规模的研究，并且使用了诸如投射法等一些在国内很少应用但取得了非常可观效果的研究方法。此外，我和沈德立老师在朱老的支持和关心下，组织了23个省（自治区、直辖市）的高校教师，对在校青少年开展了思维发展的研究（图4-2）。我们研究了青少年的思维推理过程，包括演绎推理、归纳推理、类比推理、对比推理的发展特点，考察了青

图4-2 与沈德立（右）、李山川（中）合影

少年思维规则的发展特点。我们还在国内第一次研究了辩证思维的发展趋势，并且获得了青少年辩证思维发展的规律，在《心理学报》这样的权威杂志上发表了多篇文章。后来诸如"否定青少年有辩证思维是不对的，但是高估青少年的辩证思维也不一定是科学的；辩证思维到高中二年级最高的水平也刚刚到了成年人水平的半数"，这些结论被国内外同行广泛地引用。

我决心走一条理论联系实际的路子，深入基础教育第一线，探索发展心理学与教育心理学中国化的问题。这可能是我对"心理学研究中国化"概念最初的想法，即要研究中国现实的问题；要在借鉴国外科学心理学理论和方法论的同时，去充分挖掘我国传统的智慧、方法论，逐步追求建立中国自己的心理学理论体系。从1978年秋季起，我开始实验学校的组织与研究工作，这成为我学术研究的一大特点，也实现了我的恩师朱智贤教授最初要求我深入到小学、中学开展实验研究的愿望。我从两个实验班开始，对小学生数学概念和运算能力的问题进行研究。在此基础上，我进一步提出思维品质的培养是发展智力、培养能力的突破口。思维品质原是普通心理学思维一章中的一个论题，但有些教材尤为重视列为一节，有些教材却并不提及。1978年9月我应北京124中学梁校长的邀请做讲座时，第一次提出培养思维品质是发展智力与能力的突破口。接着我在北京朝阳区幸福村学区运用小学生数学运算中的思维品质来培养学生的智力和能力，提高了学生的成绩。1982年暑假后，我把小学的两个实验班扩大到20个实验班。

1980年5月内蒙古赤峰市教科所范有祥所长来移植实验，我耐心地向他介绍研究内容与操作方法，他回赤峰后开展实验研究，研究的对象从小学数学扩大到中学数学。1984年6月，我去赤峰讲学，把实验内容扩大到中小学数学和语文两个科目（图4-3）。如果说在

图4-3　在赤峰蒙古族小学

小学数学研究方面，谭瑞老师等人是我坚强的合作伙伴，那么在中学数学研究方面，我的高中和大学同学孙敦甲先生则是我研究中的知己、可靠的伙伴。同年，我们又将研究内容从数学能力，扩大到中学语文能力的研究，特别是北京五中校长吴昌顺先生陪着他们学校的梁捷老师到我家商议语文教改事宜，令我十分感动，使我这个不太懂语文教学的人投入到语文能力的发展与培养的研究中（图4-4）。我和吴昌顺、张瑞玲、梁捷的友谊也从这里开始了，昌顺兄长从此挑起了领导整个中学课题组研究的担子。与此同时，耿盛义等老师发起了小学生语文能力的发展与培养的研究，张静佘等老师积极投入编写小学数学实验教材，整个实验研究有条不紊。我们在整个研究的过程中，以朱智贤教授提出的儿童青少年心理发展的基本规律为出发点；以思维品质的培养作为发展中小学生智力和能力的突破口；以语文能力和数学能力作为研究的基础；不仅抓智力发展与培养，而且以非智力因素作为发展智力和培养能力的基础和机制，开展对非智力因素的研究。这场研究

图4-4　和吴昌顺（中）、谭瑞（右）二友合影

的对象不只是学生，还包括教师，在研究中融学生的心理发展和教师素质的提高为一体，全面开展中小学的教改实验研究。

这些研究工作是艰苦的，但也给我带来了丰硕的成果。为了确定教改实验研究的指导原理，在我研究的基础上，1983年北京出版社出版了我的《中学生心理学》，这本书发行量相当大，大约是一两年时间就发行了我的30多万册。这本书除了论述一般的中学生心理或者青少年心理发展以外，还提出了心理卫生和心理健康教育的问题。因此，国内同行中我被公认为是中华人民共和国成立后或"文化大革命"以后最早提出心理卫生和心理健康教育的学者。这之前，1982年科学出版社出版了我的《智力发展与数学学习》，这本书第一版就发行4.5万多册，参加了德国法兰克福书展，第二年又重印十几万册。该书直接为中小学生能力培养提供了研究依据。中国数学教育最权威的前辈魏庚人先生，原是北师大的老教授，后来调往陕西师范大学当数学学术带头人，当时他已80多岁的高龄，到北京向我恩师朱老要我的这本书，他说："这本书篇幅并不长，但它是数学教育的重要参考著作。"

我归队后最具代表性的成果之一，就是我的博士论文《小学儿童在运算中思维品质的发展与培养》。1981年11月，我刚刚填完晋升讲师的表格，新成立的心理系主任彭飞教授找我。我到了彭主任的办公室，彭主任说"心理学和教育学、体育学一起构成了教育的大的门类。我们北京师范大学已经成为心理学四个博士点单位之一。这四个心理学博士点分别是中国科学院心理研究所基础心理学博士点，博士研究生导师是潘菽老所长；杭州大学工业心理学博士点，博士研究生导师是陈立老校长；北京师范大学发展心理学博士点，博士研究生导师是朱智贤先生；华东师范大学发展心理学博士点，博士研究生导师是左任侠先生。全国这四位首批博士研究生导师，现在开始招生了。"介绍完这些后，彭主任又对我说："我和你老师朱老商量，决定招你为第一个博士研究生，不知道你有什么想法？"我曾经当过13年基础教育的老师，投入了教育的生涯，可是回来又当了将近两年的学生。学生的日子并不好过，每天提心吊胆地关注自己的未来、命运、生活和学业。今天我好不容易当了大学老师，又填完了讲师的登记表，并且学校考虑到我原先在崇文门外住的是私房，为了落实北京市人民政府的政策，正在给我解决住房问题，现在突然提出让我考博士研究生，我有点迟疑了。当时，我抱着一种诚惶诚恐的心情，抱着作为学生对这位老师、老系主任崇敬的态度问了一个问题："如果我考上朱智贤教授的博士研究生，学校和系里是把我当作学生还是当作教师，还享受教师待遇吗？"彭主任笑了，他对我说："作为在职的博士研究生，第一，你仍然是朱智贤教授的助手，是系里的讲师；第二，该享受教师的方方面面的待遇还是要享受的，我们都知道你住房的困难。但是你同时也是一个在职的学生，因此你要加倍努力，在完成系里给你作为教师的任务的同时，你应当完成自己的学业，争取早日拿到博士学位。"对于心理学前辈、我的恩师们的厚爱，我不能再推辞。这样，我就准备考博士研究生了。

半个月以后，我进了考场。因为在硕士研究生期间，我的英语考了良，研究生处规定，有良以上成绩者免考第一外语，于是我就准备考第二外语。第二外语正是我的强项——俄语。研究生处让我翻译一篇文章，主要看我翻译的能力。我非常快地把那篇文章翻译好了，获得了90分。除了外语考试，朱智贤教授出了两门专业课程的试题：一门是"发展心理学研究方法"，一门是"思维发展心理学"。对于认知发展方向的博士生考生，后来一直作为考试的内容。我顺利通过博士生的入学考试。接着，一方面，我在学校里参加了一个外语提高班，实际上是出国人员的口语班；另一方面，我积极学习朱智贤教授给我布置的国内外的一些文献，为的是有扎实的知识基础。在做博士论文时，我利用自己的科研底子，围绕着小学生数学运算中的思维品质的发展与培养问题做了系统的研究，深入揭示20个实验班和20个控制班学生思维品质的差异，以及实验班和控制班在教学质量上、学习质量上的显著差异，并以之作为我自己论文结果的创新点。在讨论部分我注意了论文的创造性，提出了教育与发展的关系。

按现在博士论文送审要求，博士论文送给校内外的五个评委审阅就足矣，但我的博士论文从1982年年底开始，一直到1984年1月一年多时间，先后送给了三四十位专家审阅。心理学界的一些权威人士几乎都审核了我的论文。每一个人都从不同的角度提出了审查意见，这对我学术思想的进步、学术水平的提高、研究方法的改进是一个难得的机会。最后才获得教育部研究生司批准答辩的申请。

1984年3月3日，北京师范大学举办了我的博士论文答辩会（图4-5）。那天早晨不到8点，100多人的教室已经被挤得水泄不通，约200人赴会，近一半人是站着听完答辩全过程的。校党委书记陈静波同志、常务副校长肖敬若同志、校学位委员会主任白寿彝教授、国务院学位办的领导以及校内几乎所有的心理学老师和高年级学生都到会，校外的好多心理学同行也到会，听取我——心理学乃至整个教育门类的第一个博士研究生的答辩。答辩委员会主席是华南师范大学的前身华南师院的老校长、第二批心理学博士研究生导师阮镜清教授。答辩专家有中国社会科学院哲学研究所博士研

图4-5　在博士论文答辩会上

究生导师、心理学家陈元晖教授；有第二批心理学博士研究生导师、首都师范大学的学术带头人，也是1957年以前北京师范大学的教务长林传鼎教授；有辽宁师范大学学术带头人韩进之教授；还有我们北师大的彭飞主任和我恩师朱智贤教授。一共是6位专家，组成了博士研究生答辩委员会。答辩工作尽管顺利，但是提的问题却十分尖锐。答辩会进行了三个多小时，阮老作为答辩委员会主席宣布答辩工作告一段落，答辩委员会去投票，20分钟以后他们已经形成了决议，并宣布我全票通过了博士论文答辩。近200人的大教室，响起了热烈的掌声。82级一位女同学代表所有的大学生给我献上了一束塑料花（因为当时还未流行鲜花，也买不到鲜花）。我接过花后马上转身献给了我的导师朱智贤教授，并向朱老深深地鞠了一躬。开始总结了，先由答辩委员会主席讲话。阮老说："今天新老心理学家齐聚一堂，台下坐着我们80岁上下的心理学家，台上答辩者是一位中年或年轻的心理学家。我们两代心理学家的心跳在了一起，我们是一样的紧张，一样的兴奋，一样的激动——为了中国心理学的兴旺和发达。"

3月30日，北京师范大学学位委员会，在学校"500座"，即后来的敬文讲堂召开了隆重的授予博士学位的仪式。数学系的陈木法（21世纪初当选为院士）和我作为理科、文科的两个代表，作为我们北师大首批博士研究生，获得了博士学位。数学当然是理科的，心理学尽管是理科招生，但属于教育学门类，因此属于文科。学位委员会主席、著名的历史学家白寿彝先生和学位委员会副主席汪昆仁院士分别授予我和陈木法博士学位。因为我是中国自己培养的教育学门类第一个博士，而且在1984年3月30日之前，中国获得博士学位的人数也不多，所以我记得各大报纸，特别是《人民日报》《光明日报》《中国教育报》《北京日报》等都刊登了我成为中国自己培养的第一个教育学博士的报道。我获得了博士学位，只能说我在科学研究上前进了一步。这是恩师朱智贤教授培养的结果，是他老人家花费心血培育的成果，也标志着我新的教学和科研生涯的开始。

【博士学冠　如此沉重】

第一顶博士帽子并不好戴，分量很重，压力也很大。它为我赢得了赞许，也让我遭到恶意的中伤。然而，我的态度不知为什么相当沉稳，"你说你的，我干我的"，我继续做好教学和研究，坚持并探讨心理学中国化的道路。

我是1984年3月正式拿到博士证书的，北师大学位委员会授予我博士学位，各大报纸都对此做了相关的报道。由于我在小学数学方面做过一些实验工作，对一些老师的成长也起到了作用，1984年6月20日和24日，《北京日报》还刊登了在我的指导和帮助下一位数学教师的成长经历。那一年，因为这一篇文章，再加上对我获得博士学位的一些报道，于是1984年暑假在中共中央党校召开的中国教育学会首届学术年会上，我受到足够高的礼遇。那次大会十分隆重，连国家副主席王震同志都赴会接见与会的代表。教育部部长何东昌同志和中国教育学会的会长、教育部党组书记张承先同志在会上点名表扬了我，并且谈到了大学教师要下到教育实践中去搞实验研究，北师大的成果改变了一些教育的现状，提高了教育质量，并认为这样的研究不亚于获自然科学一等奖。当然这是何东昌同志、张承先同志对我的鼓励。就在这次会上，我被选为中国教育学会的学术委员会委员，并且是最年轻的学术委员。在这次中国教育学会上，我提交了一个将近一小时的录像带，在里面我展示了自己实验点的四位老师分别如何在课堂中培养小学数学运算思维的敏捷性、灵活性、深刻性和创造性。最后我在录像材料中强调两个观点：一是培养思维品质是发展智力、培养能力的突破口；二是教师参加教科研是提高自身素质的重要途径。

我是搞儿童青少年心理学的，从1978年归队到1984年6年时间里，我主要从事儿童青少年思维能力的提高研究。但是为什么提出"教师参加教科研是提高自身素质的重要途径"呢？因为从大批实验班老师们的身上我看到，这些老师实际上做了一项重要的工作，就是参加教育科学研究。当时我们国家提倡的是学历"达标"，通过达标，希望经过10年左右的努力，小学老师必须是中师毕业，初中老师必须有大学专科水平，高中老师必须是大学本科水平。我曾就此质疑如果达标问题解决后，老师素质又怎么提高？我觉得非常现实的一个问题，就是中小学老师要把教育作为科学来对待，很好地参加教育科学研究，开展教育改革的科学研究，这是教师提高素质乃至成为教育专家的根本途径。这个问题我在中国教育学会第一次学术年会上就提出来了。尽管我在那次会上就提出的两个观点，得到了与会者上上下下的支持、肯定和推广，特别是教育部领导何东昌同志和张承先同志，都给予了肯定，然而，其中第二个关于教师参加教科研的观点真正被接受还有个过程。当时响应的并不太多，这个观点真正获得推广是1986年以后的事情。

我提出的教师参加教科研是提高自身素质的重要途径的观点在当时的基础教育界是有争议的。我记得1985年我应海淀区教育局的邀请到中央团校的礼堂为海淀区教育系统的干部，主要是中小学的校长、书记以及搞教改的主任做了一次报告。我报告的题目叫作《教师的素质及其提高的途径》。报告进行了四个小时，从8点钟开始到12点结束，中间有一次休息。中场休息时我进洗手间，听见两位校长在议论（因为当时中央团校礼堂的采光特别差，从上面看下面，是黑乎乎一片，下面看上面也看不到我的形象和"风采"，所以听课的老师不认识我，我也看不清听课的老师）："那小子（他主要是指我），看来挺了解咱们中小学的。""可不，他说他在中小学工作了13年。""是的，他是了解我们，但今天整个报告有点儿那个。""什么呀？""天方夜谭。我们中小学老师能够参加教育科学研究吗？这是提高素质的重要途径吗？那不是天方夜谭嘛！"后来我就知道了什么叫"天方夜谭"，"天方夜谭"的"出处"来自男厕所。是的，当时我提出中小学老师参加教科研是提高自身素质的重要途径，在全国几乎是一片反对声。在海淀区这样教育发达的地区居然还会有人指责这个观点是"天方夜谭"。那么后来是怎么推广的呢？主要是通过我们自己的实验研究，尤其是1986年在吴昌顺校长和张瑞玲老师的帮助下，在通县（现在叫通州区）教科所长（后任县人大常委会副主任）赵荣鲁先生的关切下，我们开辟了通县的实验点。在通县县城里有六所中学，对此当时流传着一首打油诗："一中狂，二中忙，三中打架排成行，四中没法提，五中改（教师）进（修学）校。土六中，门朝北，不是'流氓'就'土匪'。"一中就是潞河中学，有一百二三十年的历史，学校占地面积约450亩，是北京市重点中学，遥遥领先，当然"狂"了。二中原先是富士（教会）女中，有将近一百年的历史，赶一中赶不上，满头大汗，当然忙了。四中到六中的学生差不多都是一、二中挑剩下的。1986年小学毕业升初中，一中招四个班，二中招六个班，六中包下了考试成绩最差的八个班。考试科目是语文和数学，满分为200分。一中当时招的学生最低分是193分；二中最低分是180分；可六中呢？平均成绩121.5分。那年通县教科所联合北京市教科所对通县一中、二中、六中等学校的学生进行智商测验。一中为114.5，二中为104.8，可六中才87.79。因为正常智商或中等智商为90~110，六中新生平均智商"不及格"。后来在沈、王两位校长的领导下，六中老师们积极参加教育科学研究，跟我们一起搞思维品质的培养，搞非智力因素的培养，六中逐步改变了落后的面貌，到1989年中考时，居然在全县46所中学中排第二名，仅次于通县一中，一所拥有智商不及格学生的学校，居然在中考中挤入智商高学校的行列，那是教师们3年来参加教科研的结果。

1986年年底，国家教委（当时教育部已经改成国家教委了）何东昌和柳斌两位主任到我们北师大谈教育改革的时候，学校让我汇报了类似通县六中这样的实验例子，得到了何东昌同志的大力支持，他希望教育科学理论工作者搞教改实验，就应该下到这样的学校。他明确肯定："教师参加教科研是教师教育的一个重要途径。"他又一次强调中国教育科学要发展，关键的问题是要抓好两个学科，第一个是马克思主义，第二个是心理科学。心理科学是教育科学的基础，何东昌同志十分重视并大力提倡教师参加教科研。国家教委党组书记兼中国教育学会会长张承先同志也在极力推广我的教师参加教科研的观点。我记得20世纪80年代末90年代初，中国教育学会开骨干会议，即开各个分会理事长、副理事长、秘书长会议的时候，他就问："林崇德来了没有，林崇德说教师参加教科研最后的结果是什么角色两个改变？那你来说一说。"我是不敢在那个场合出头露面的，我非常感谢比我年长一岁的郭永福同志，他是当时中国教育学会的秘书长、司局级干部，他对我帮助很大，看我不好意思站起来回答，就替我回答了："由教书匠向教育专家转变，由经验型教师向科研型教师转变，达到科研兴校的目的。崇德，你说对吗？"因此，对这个观点的推广国家教委领导起到了决定性的作用。由于领导的关心，由于中国教育学会的大力推广，教师参加教科研的思想在全国得到了逐步推广（图4-6）。在这样的情况下，可以讲，我在北京师范大学心理系中的地位在提高，学术威信在提高，当然也由此招来不少嫉妒和恶意中伤。

图4-6　课题组去云南宣讲教改之道（从左到右：梁捷、樊大荣、曹承慧、林崇德、吴昌顺）

　　有人说我搞的这些研究都是小儿科，这些应用心理学的研究课题是"马尾穿豆腐——提不起来"。有人说，据说林某人在中小学讲课不收酬金，那是用钱（利）买名啊，这可是位野心家！也有人说，我搞的东西是土的，本来就是土博士，搞不出洋名堂。也有人说我的研究水平很低很低，在中小学里面获得成绩主要是靠原中小学老师们的工作，是他们的功劳。这样，在师范大学我遇到了极大的困难。再加上我的恩师跟后来的个别系领导的关系也不是那么融洽，这就形成了一个不能够直接攻击朱老，而要拿我开刀的局面。

　　我的好友傅安球，他有位朋友是浙江省有名的作家，这位作家写过好多报告文学，他应傅安球的邀请到北京来采访我。采访后，他居然写了一篇报告文学叫《博士帽子重重》。说这个博士帽子真难戴，压力那么大。我并不反对对我采访写正面报道的文章，但这篇文章并不利于人际关系的处理，不利于同志间的团结，我出于内心感谢这位作家，但谢绝他发表文章。我谢绝那位作家为我发表报告文学的指导思想是，要团结一切可以团结的力量。一个人在成长过程中，尤其是我要成为一名中国共产党党员，更应该做到不仅要团结意见相同的同志，还要团结意见不同的同志，尤其要团结反对过自己、已经被实践证明是错误的那些同志。我的做法是，你说你的，我干我的。我们最多就是和谐相处，不要搞得你长我短，没有必要尔虞我诈。傅安球后来把我"骂"了一顿："中庸之辈""胆小鬼"！我深知他的好意，也不敢顶还一句。在我心中，多一点忍耐就会减少矛盾的进一步恶化；避免一次冲突就会增多一些解决问题的方法。我不同意发表这篇报告文学，并不是因我胆小怕事。从小学起我就养成一种不怕事的习惯。你怕得越多，欺侮你的人就越多；如果你什么都不怕，反倒没人敢欺侮你。然而，不怕事不等于撂狠话、闹翻脸。这里涉及做人的格局。格局越大的人，就越要有中庸之道。计较个人得失的心太重了，往往会庸人自扰，也给周边的人际关系产生更大的障碍。放弃计较，不去到处解释，可能会给自己处理现实纠纷多几分余地。

　　1984年年底，北京师范大学准备评优秀教师，要评5位特等奖，10位一等奖，20位二等奖。人事处处长陈文博同志对我非常重视，他对我讲："今年我们学校的评奖活动，你是否能评上奖，就意味着你能否入党，解决你的组织问题，意味着你能否晋升副教授。你应该把评奖的问题跟这两项结果联系在一起。"当时，我的恩师朱智贤教授也找过陈文博处长，认为我当时搞教学科研产生了积极的社会影响，为师范大学立了功，应该评特等奖。但是，陈文博同志在底下告诉我："你能够评个二等奖就'阿弥陀佛'了。特等奖只不过加一级工资，一等奖和二等奖都是反映我们的先进性，如果评上二等奖，就说明你站住脚了。"在他的关怀下，经全校老师代表的投票，凭全校老师对我的支持，我那年获得了二等奖。这是我在北师大自当学生以来第一次获奖，它是一个良好的开头。后续获学校奖励不断，直到2022年9月8日北师大120周年校庆上，我从校党委书记和校长手里接过"终身成就奖"奖牌，这当然是后话。从此以后我对陈文博同志倍加尊重。后来他调到教育部人事司，从处长到司长，又回到北京师范大学当党委书记，我们两个人友谊日渐加深。我永远忘不了他对我的关怀和帮助！记得1994年，我获得了首届高校优秀教师"宝钢奖"特等奖，当时的奖金是一万元——那可是1994年的一万元啊！教育部的领导、上海市的领导都去参加颁奖仪式，因为当时首届特等奖号称"94高校十杰"。按得票数我排第五，应该站在较中间领导的后边。但是在领导席上，人事司长陈文博同志坐在最靠边。我就跟他讲："我绝对不会往中间走，我就站在你的后面，体现咱俩的友谊，我感谢你10年以前对我的帮助，我拿到了奖，意味着我在北京师范大学今天的表现获得了认可。"

北京师范大学78级与79级两级最早招进的研究生中，相当一部分是"文化大革命"期间自己学校的毕业生。说来也怪，这部分研究生中，绝大部分又是"造反派"的对立面。不知为什么，我与他们感情上十分融洽，来往颇多。到1982年和1983年，他们中间相当一部分留校工作，大家聚在一起，发誓"为了北师大，心往一处想，劲往一处使，同心同德绝不尔虞我诈"。于是大家决定成立"北师大交叉学科研究会"，我是他们相当重视的一位成员，并成为理事会七位理事之一。会长是党委书记方福康教授的研究生姜璐（物理系），副会长是李德芳（中文系）和王德胜（哲学系，本科学化学的，研究生攻读自然辩证法），有王彬、沈复兴、何大澄、李和、陈绂、魏群、刘象愚、陈银科、于天池、郭小凌等40多位成员。研究会邀请数学家王梓坤校长和物理学家方福康书记当顾问，副校长许嘉璐先生是研究会的实际顾问。在研究会，我是"文革"前的毕业生，大家称我为"老大哥"。在师大，"老大哥"称呼就是这么来的。我恩师朱老曾问过我："在师大的各系教师中，你都与谁往来？"我说："'文革'中师大'造反派'的对立面。"朱老特别赞同，因为他欣赏这批人当年勇敢地和"造反派"斗争和可信的人品。交叉学科研究会不是一层组织，但它经常把不同学科的我们这个年龄段的教师聚在一起，探讨学科共同发展的规律和探索师大发展的方向，颇得领导和教师群体的赏识，交叉学科研究会的成员逐渐地成为北师大各系所乃至学校的行政或业务骨干，我们彼此成为好朋友，共同的目标是把北师大建设好；交叉学科研究会也成为我在北师大的重要社会关系与社会支持，并共同编写了后文会提到的在社会上颇具影响的《中国少年儿童百科全书》。

随着科学研究的需要，1985年学校批准成立了一个系一级的北京师范大学儿童心理研究所，简称儿心所，以便为朱智贤教授的科研事业更好地松绑，在师大获得更好的发展。3年以后，这个所在闻名全国心理学界的情况下，按国际惯例改名为发展心理研究所。当年，学校任命朱智贤教授为所长，吴凤岗老师和我两个人为副所长。研究所的人员并不多，有老教师钱曼君教授，还有3位78级和79级分别留校的本科生邹泓、王耘和肖晓莹。她们3人在业务上都是尖子，学术上有积极的追求，邹泓和王耘现在都是教授和博士研究生导师。邹泓为人正派，有山东人那种耿直的特点，光明磊落，从不隐瞒自己的观点；她办事踏实、认真、细心，交给她任何任务，你不用去催促，她都能够出色地完成；她留校两年后，先当钱老师的在职硕士研究生，20世纪90年代初又当了我的在职博士研究生。王耘和肖晓莹相对来说比较年轻，她俩都是可造之材。王耘后来是朱老和我的在职硕士研究生，90年代，她和她的同学李虹同时考上我的在职博士研究生，现在她已成了国家重点实验室的副主任和党委书记。肖晓莹曾是钱老师的在职硕士研究生，1990年，我按她的意愿，把她送到美国去攻读博士学位，后来在美国发展得很好。这当然是后话。此外，办公室是一个单位的门面，北京师范大学发展心理研究所后来之所以驰名海内外，与办公室工作人员的辛勤劳动也有关系，先后担任办公室负责人的张国燕、郭德山和张叶功不可没。而1985年，有了这个基地，有了这个展示自己才能的场所，我想这不仅仅为了更好地做那些"你说你的，我干我的"的工作，而且要有做人的更高的修养，于是我提出了"广交友、不树敌"的自我行动理念。从此，在北京师范大学，在整个心理学界与教育界，这六个字就成为我以后几十年的行动纲领。

我工作的重点就是科学研究，在这一过程中着力探索心理学中国化的道路，并做了理论阐述。经过努力，我们创办了《心理发展与教育》杂志。这里先来个插曲：创办杂志是朱老的心愿，从1983年年底起朱老就命我跑新闻出版部门做申报这件事。我骑自行车一次又一次地去，去的次数多了也感动了办事的公务员，经过八九个月的努力总算获批了。朱老把这本杂志定名为《心理发展与教育》，意指成为我国发展心理学与教育心理学的专刊，启功先生为其写了杂志名。经与北京师范大学出版社商量，实行主编责任制；创始人朱老是当然的主编，他任命我与吴凤岗老师担任副主编。由于校内有人为这份杂志名称、内容以及出版权利提出抗议并告到校部，学校还是决定按朱老的意图办事，但这样造成《心理发展与教育》杂志的出版拖了几个月，1985年4月才出版第1期（第一年少出版了一期）。总算风平浪静！创刊号上发表了我的一篇题为《试论我国儿童心理学前进的道路》的文章。在那篇拙作里，我首次提出了儿童心理学研究乃至心理学中国化的问题。此后，我在1989年、1996年、2007年等不同时间多次撰文或在国内外举办的学术大会上阐述了我对心理学中国化问题的看法。从20世纪80年代以来，我国台湾大学的杨国枢教授等人也力主心理学研究的本土化。由此，两岸学者彼此尊重，相互呼应。可以这样讲，中国化是心理学发展的历史必然趋势。我国心理学是20世纪初由西方引入的，至今已有百年历史。20世纪50年代前后，我国心理学的研究和建设基本照搬国外。在1958年对心理学的批判中，我国对心理学采取了全盘否定的态度，这是不足取的。60年代中期，心理学发展又走向低谷，以致"文化大革命"时被彻底砸烂。70年代末，心理学被拨乱反正后，我国心理学工作者在批判地吸收西方心理学的研究成果的过程中，看到了差距和希望。在最近40年里，我国心理学有了长足发展，不过当前也存在着诸多不足，最主要地表现在心理学还不能很好地适应社会主义现代化建设的需要，不能有效满足我国人民日益增长的物质生活和精神生活的需要，在学习与创新、理论体系建设与适应国情、研究与应用等方面与国外尚有较大差距。

循着中国心理学的发展轨迹，可以看到中国心理学的发展虽然步履艰难，但已有了一个良好的开端，如何在此基础上更上一层楼，就需要通过心理学研究的中国化，形成中国自己的心理学的指导思想、学术体系、研究方法、话语体系。这已经成为我当时最迫切的志向。而心理学研究的中国化既不是单纯地钻牛角尖专门研究中国人特有而别人没有的社会行为，包括中国古代的心理学思想，也不是闭关自守，排斥所有的外国概念和理论，而是具有独特内涵和研究内容。何况心理学是"人"学，而中国人口占世界的五分之一。这具体包括：以辩证唯物主义为指导思想，以中国古代心理学思想为历史背景，以中华民族文化的影响为潜在变量，以中国人的心理与行为为主要研究对象，以揭示人类心理发展规律为基本任务，以社会现实为主要服务方向。心理学研究的中国化要求我们，选择中国人熟悉的概念，寻找适合中国人的心理工具，发展解释中国人心理与行为的模式理论，以此来建构具有中国特色的心理学知识体系。因此，心理学研究的中国化，既不是一个政治口号，也不是想当然，而是中国心理学发展的必然历史选择。

对于心理学研究的中国化问题，我不想纸上谈兵，而是遵循在科学研究中坚持、贯彻的基本思路。从我的恩师朱智贤教授开始，就坚决主张心理学研究的中国化。朱老主持的国家重点科研项目"中国儿童青少年心理发展特点与教育"就是这方面的典范。当时，世界各国特别是发达国家都把儿童青少年心理发展作为战略问题来研究，而我们没有中国儿童青少年心理发展特点的文献资料。"六五"和"七五"期间，朱老组织全国心理学界上百位专家学者，有计划地开展了关于中国儿童青少年的研究，经过七八年的艰苦努力，在理论探索和实验研究方面取得了可喜的成果。我当时也亲身经历并参与组织了这一大规模的深入研究。例如，我协助朱老完成了国内10省（自治区、直辖市）青少年理想、动机、兴趣特点的研究，主持了23省（自治区、直辖市）青少年思维发展的研究，15省（自治区、直辖市）儿童情感和意志发展的研究，29省（自治区、直辖市）离异家庭子女心理特点的研究。到了21世纪初期，董奇与我又开展了"中国6~15岁儿童青少年心理发育特征调查"科技部重大基础专项课题全国性的研究等。这种大规模的协作攻关，为获得中国儿童青少年发展的基本状况资料，为建构我们国家自己的心理学知识体系，奠定了扎实基础。

【破格晋升　荣衔教授】

我的博士论文被拆成5篇研究报告，在《心理学报》、《北京师范大学学报（社会科学版）》、《心理科学通讯》（就是现在的《心理科学》）等杂志上陆续发表了，在社会上也引起了一些反响。于是我在自己论文的基础上按照朱智贤教授的教诲，根据他的思维发展的心理学思想开始写作《思惟发展心理学》[①]。从1983年到1985年，我整整写了两年。朱老在这部书稿上几乎是逐节逐条地修改，1986年5月，这部50多万字的著作以朱智贤、林崇德的名义由北京师范大学出版社正式出版。我不敢对《思惟发展心理学》妄作自我评价，但它确实是我国学术界第一部思维（或认知和智力）的专著。这部专著从理论上论述了思维的特性、分类和结构，评价了思维发展的研

[①]　原书名写作《思惟发展心理学》，而不是《思维发展心理学》，下同——编者注。

究史，提出了思维研究的哲学思想；从方法上不仅有一般的心理学方法论与研究方法，而且阐述了统计、数理逻辑和模糊数学的应用；从实验上阐述了活动与思维、表征与思维、言语与思维以及不同年龄段儿童青少年思维发展特征的量化研究或数据资料。它是否有创新的价值，是否有严谨治学的态度和是否有推广价值，只有看社会评价了。这部学术著作，居然出版第一年就发行了5万多册，中国心理学界、中国教育界，特别是搞学科教育的专家都非常重视书中的观点，我们在报章杂志上，见到了数十篇评论文章，对我们无不是一种鼓励。20世纪90年代，我曾经遇到浙江省教育厅的原副厅长李志强同志，他是学学科教育的，他对杭州市萧山区教育局局长和教育界的同仁们说，他是读我们的书长大的。当然，这是一种谦虚的表达，但也确实说明在当时因缺乏智力、认知方面的著作，搞学科教育的教师指定这本书为学生必读的资料，这对很多学生产生了影响也是必然的。所以他们写硕士论文、博士论文时就要参考这本书。这就是后来心理学界、教育界好多同行、好多同事都说读过我们的这本书的原因。这本书出版的第三年，获得了首届（1990年）教育部教育科学优秀成果一等奖，受政府奖励。

在《思惟发展心理学》出版的前后，我获得全国教育科学"七五"规划教育部重点课题"中小学生心理能力发展与培养"。20世纪80年代，教育部重点项目凤毛麟角，一个五年计划中心理学才七项，所以能获准主持部一级重点项目，我感到十分幸运。我自己的中小学教改的实验点在逐步扩大，扩大到全国26省（自治区、直辖市）。从黑龙江到海南，从东南沿海各省到新疆，几乎全国各地一片红。都说上海不太愿意接受外来的研究课题，可是上海有三个区参与了我的课题研究。这不仅是因为我是在上海长大的，上海有我的老同学，如上海市教科所所长李洪曾，更重要的是我交了不少教育界的朋友，特别是上海三弟功梁给我介绍的黄浦区数学特级教师、后成为区教育学院院长的徐崇文先生，从此"崇文"与"崇德"两位同龄人成为莫逆之交，由他介绍我认识了上海市教委副主任张民生教授并长期彼此兄弟相称，他们因喜欢我的课题也积极推广了我的研究。于是，我一次次到上海讲自己课题的指导思想、操作方法，并被聘任为黄浦区教育局的学术顾问和上海市教育科学研究所的顾问专家。除了《思惟发展心理学》的出版，除了实验点的扩大，我在学术研究上的进展，还要感谢我的家乡——宁波市，感谢市教委副主任夏明华老师的关心。由宁波市教育科学研究所所长庄允吉老师主持的67个乡镇农村小学的教改实验，纳入我的实验范围，并且聘我当他们的实验指导老师和学术顾问。我在第一章曾口述20世纪80年代《宁波日报》报道我《林崇德的"三不"》[不住宾馆（只住一般招待所）、不收讲课费、不搞旅游]一文。在"三不"的宣传下，宁波中小学教师欢迎我，全国中小学教师欢迎我，因此我的实验点在全国迅速地扩大。

在国家"七五"（1986年起）规划之前，我国教育部很少评业务奖项。1985年暑假，中国教育学会按部党组的指令在武汉评中国教育科学优秀成果奖，这也是为四年后全国教育科学规划领导小组主持评定"优秀教育科学成果奖"奠定基础。北京师范大学社会科学处送到中国教育学会一批学术成果，我的《教育与儿童心理发展——小学生运算思惟品质培养的实验总结》一文（《北京师范大学学报（社会科学版）》1984年第1期）荣获一等奖（全国共10篇）。1984年年底，北京师范大学评职称，我申报了副教授，因为我是刚被评为学校二等奖的优秀教师，所以1985年1月，顺利地被学校教育科学学科评议组通过副教授的职称，但突然接到教育部一个紧急通知，全国暂停职称评定，因此，我的副教授申报也被冻结。1986年5月，北京师范大学人事处接到教育部的指令，不仅开始重新评高级职称，而且还给45岁以内的能够从讲师直接晋升教授的三个破格指标，给46~50岁能够从讲师直接晋升教授的三个破格指标，于是北师大有从讲师直接晋升教授的六个破格指标。当时六个指标主要集中在理科。申报45岁以内破格的有数学系一位讲师、物理系一位讲师，还有一位中文系的讲师。数学系是陈木法博士，物理系是胡岗博士。如前所述，陈木法是北师大首批自己培养的博士，胡岗则是从比利时自由大学拿的耗散结构博士学位，师从诺贝尔奖获得者I.Prigogine教授，他们很快被所在的数学与物理两个学科评议组通过。但没有想到中文系那位博士在评定时半数以上评委不同意其破格，而破格晋升教授必须2/3以上票数通过，于是学校想在文科中间再寻找一位破格晋升教授者。学校有关部门的领导就重点跟朱老商量我能不能破格晋升教授，朱老十分赞成，但我从申请破格资格时就一直持稳重的态度，我觉得职称晋升一步一个脚印更好一些。当时学校已给了一个破格机会，我推辞了。文科中和我情况相似者尤其是交叉学科研究会的兄弟们都来做我的工作，我只好被迫从众了。更有幸的是，教育界与心理学界的同仁们纷纷表态支持我，说我有一批高质量的学术成果，有《思惟发展心理学》这本专著（图4-7），有很难竞争到的教育部部一级的课题，有部里组织评出的奖项。于是，学校把我的论著送给中国心理学第一号权威潘菽先生和另一位心理学前辈韩进之教授去评审，结果获得较高的评价，就这样，我申报教授的材料送到了我校教育学、心理学学科评议

图4-7 与朱老合作的两本书

组，除了一票反对以外，其他八位老先生都投了赞成票。在学校这一级的评委会里，据说27位评委投给我24票。后来报教育部审批获准，就这样，我晋升为教授。同年，也就是在1986年4月29日，我光荣地加入了中国共产党，实现了我多年的夙愿。当校党委组织部何部长找我进行组织谈话的时候，我向她表态，我忠于党，把一切献给党；为了党的教育和科学事业，我将献出我的一切，包括我的生命。

晋升教授是我学术生涯的新起点，我没有把教授职称看作是一种抬高自己的"本钱"，相反，我把它看成一种职责，尤其是一种责任，它促使我利用教授的职称，在教学与科研上更扎实地向前迈进。当了教授以后，我做了五件事情。

第一是关心北京师范大学的学科建设，而学科建设的关键是人才队伍的建设。我当时的理念是，我先提教授应多为同龄者出力。一花独放不是春，万紫千红才能春满园。所以我经常与同龄段已提教授、副教授的各个系的同事，尤其是交叉学科研究会的朋友们，讨论我校人才队伍建设方案，并向学校领导提出建议。就这样，不仅取得了王梓坤校长、方福康书记（1989年后任校长）、许嘉璐和吴猛二位副校长的支持，与他们建立了良好的关系，使他们对我产生一种信任感，而且也为我这年龄段的中年骨干教师的提升和促进学校更年轻教师的成长出了力。到20世纪80年代末90年

代初，1982年与1983年毕业的研究生近百人，几乎都晋升了职称，这对北师大教师队伍建设无形地起了一个推动作用，而这个年龄段的同事自然地也与我建立了友谊，并密切了我在北师大的群众关系。

第二是积极地参与中国心理学会学术年会活动，协助朱老组建中国教育学会及其儿童心理学与教育心理学分会。中国教育学会儿童心理学与教育心理学分会1985年年底成立，成立大会在远望楼宾馆隆重举行。当时在中国心理学界几乎70%的心理学工作者是从事儿童心理学和教育心理学的，因为除了北大、杭大（今回归浙大）和中国科学院心理所，其他心理学工作者都在各类各级师范院校，所以把儿童心理学和教育心理学作为重点。这个分会由我的恩师、中国教育学会副会长朱智贤教授主持，我当了他的秘书长，我不仅协助朱老做好高校的发展心理学与教育心理学的学科建设工作，而且积极地支持分会中大专和中专心理学的队伍建设和学科建设。我一次一次地出差，出席大专心理学专业委员会和中专心理学专业委员会的活动，编出了全国统一使用的大专院校心理学和中专院校心理学的教材，承担了相关的科研课题，使大专和中专的心理学走上正轨。自1986年开始我们分会和我自己在中国教育学会每次评优中都分别被评为先进集体与先进个人。1990年朱老因年事高而退出中国教育学会，我被选为中国教育学会的常务理事并担任分会理事长。因一个单位不能同时产生两位中国教育学会的副会长，北师大已有著名教育家顾明远先生担任副会长，所以从1995年后我担任了中国教育学会学术委员会副主任兼常务理事，后来，我的学生方晓义则接了分会的理事长。我与中国教育学会关系一直较为密切，直到2014年因年龄原因才退出中国教育学会。

第三是开始出国交流与讲学。本着立足中国、借鉴国外的原则，自1987年起，我先后接到挪威心理学同行、美国心理学同行、苏联心理学同行和日本心理学同行，以及我国香港地区、台湾地区心理学同行的邀请，多次出国出境访学和讲学（图4-8、图4-9）。出国出境访学和讲学，开阔了我的眼界，加强了我与国际心理学界的学术联系，让国际同行了解到我及中国心理学界所开展的研究，也让我更迫切地感觉到开展心理学研究中国化的必要性和紧迫性。出国访问和讲学不仅与国外同行建立友谊，而且在

图4-8　与最好的美国朋友凯文（《国际学校心理学》杂志主编）合影

图4-9　访问日本

国外有关场合还能发展与港台同胞的关系。我还记得1987年8月发生在美国的一个故事。当时在美国盐湖城召开的第七届世界天才儿童（青少年）与天才教育会议上，代表中国大陆出席的只有我和董奇，外加在美国留学的一名研究生，我国台湾地区由台湾师大教育系主任吴武典教授带队去了19个学者。吴武典教授的下属们有点瞧不起我们大陆来的学者，说了一些风凉话，我针锋相对地讲了一个故事：从前有兄弟二人，弟弟富，哥哥因孩子多而暂时贫穷，可后来孩子一长大，就远远超过了弟弟的家境。接着我严肃地说："我们都是中华儿女，有必要在国外尔虞我诈吗？"对方几人就不敢吭声了。第二天他们听完我跟董奇的专题报告后，吴武典教授要请我俩吃饭，我俩因赶路去杨伯翰大学而没有接受邀请。可是从此我和同龄的吴武典教授成为好友，以后他几乎年年来大陆，成为交流两岸心理健康教育的一位使者。我正式访问我国宝岛台湾的心理学界是从1995年开始的，1998年又组团去进行一次学术交流。从1995年开始，我国内地和港台心理学同行举行了多次华人心理学家大会。

第四是老老实实做好本职工作，多教课，教好课，多承担科研项目，带好年轻教师，并努力多出科研成果。我每年发表的研究报告和学术论文数量在我们学校的心理学同行中都能保持第一，除努力发表研究报告和论文外，我还积极地著书立说。1987—1988年经学校的推荐，我和哲学系周桂钿教授分别承担美国王安汉学研究院资助课题，我报的课题是品德发展心理学的研究，1989年我在上海教育出版社出版了《品德发展心理学》（图4-10），我是做智力和思维研究的，为什么要去做品德研究呢？主要是基于当时我对儿童青少年品德问题深入且系统的研究，13年的中学教师经历也告诉我，培养一个人的品

图4-10　《品德发展心理学》的两个文本

德，比发展智力和思维更为重要。于是《品德发展心理学》的封面设计者在封面上呈现了两条醒目的标语："如果说在人生的大舞台上，人人都戴着个性的面具，那么品德就是面具上的主色调。""人要像鹰那样高飞，就需借助坚强的翅膀，这翅膀就是智慧与美德。"这里还得声明一点，课题资助者美籍华人王安博士是上海中学1936年的毕业生，真是无巧不成书。而我则满怀热情地捧起新书，真挚地献给我的母校——上海中学。1991年5月，我应我国台湾师范大学著名心理学家张春兴先生的邀请，为他主编的"世纪心理学丛书"写作了60多万字的《发展心理学》。张先生年长我14岁，但对我非常关爱，十分信任（图4-11）。我俩难忘的友谊也是从1992年开始的。

第五是扎扎实实当好恩师朱老的助手，我把这视为自己的主要职责。我永远记住朱老的恩情，永远当朱老的助手。提教授后，我仍每天去他家两次，不仅汇报儿心所的工作和研究生的情况，更重要的是协助他完成《儿童心理学史》的写作，经过两年的努力，该书终于在1988年由北京师范大学出版社出版；我与他商讨并完成他的"实践反映论"思想，朱老在《北京师范大学学报（社会科学版）》1989年第1期上以《反映论与心理学》

为题将之发表。不幸的是1991年3月
5日我的恩师朱老不幸逝世，当时的
悲痛心情难以用文字来表达。我写
了一副挽联：

　　师如父胜于父传道终生精心栽
培沐春雨

　　恩似山高于山流芳千古遗志继
承慰英灵

　　这副挽联体现了恩师与我的关
系，表达了我对恩师的深情和继承
学术思想的愿望。朱老逝世后，我
与我妻子曹承慧每个周末晚上都去
陪师母杨敏老师聊天，直到1998年师
母离世。1992年年底《儿童心理学史》
被教育部评为高校优秀教材特等奖，
1993年春季学校转交给我教育部奖金
8000元，当晚我们夫妇二人把奖金送

图4-11　与朱祖祥先生（右一）一起接
待我国台湾心理学家张春兴先生夫妇

给师母，师母坚持不收并说："你老师生前说过多次，这本书主要是你执笔的，
奖金应该给你，也作为长辈对你的一个鼓励吧。""不，这是朱老的思想。您
千万别客气！"到最后师母坚持一家一半，不拿走4000元不让我们走。我妻子
无奈地拿了2000元，恭恭敬敬把6000元放到师母手里。师母对我妻子说："我
们把崇德当儿子，儿子孝不为奇，儿媳妇孝才是真正的孝。"记得朱老逝世后，
我还代表儿心所写过一副挽联：

　　　　学识贯古今斗室耕耘著作等身传不朽
　　　　师谊如父母教坛授业恩深似海艺煦风

　　为了"传不朽""艺煦风"，使恩师的学术思想永远留在人间，我经过
10年的努力，于2002年出版了《朱智贤全集》，其中包括《思惟发展心理
学》和《儿童心理学史》两本书。

▶ 与妻子一起在美国
犹他州盐湖城

在美国犹他州讲学 ◀

▶ 在美国俄亥俄州（右一为董奇，其
他为肯特州立大学院长和教授）

在日本岚山周恩来
总理诗碑前 ◀

20世纪80年代在美国、日本访问讲学留影

第五章　恪守尊职为人师

　　我已经当了四十多年的研究生导师，培养了很多学生，甚至可以说培养了很多有影响的学生。回顾自己的导师生涯，从最初作为副导师协助朱智贤教授指导硕士生和博士生，到独立指导，我逐渐摸索了一些当导师、带研究生的体会。我觉得，做导师要以"师德为先"，对待学生要"严慈相济"，要培养出创造性的人才，培养出超越自己的学生，这就是我最高的教育目标，也是我人生中最大的幸福。

【蹒跚步履　初入师涯】

　　在研究生培养方面，我是从做朱老的助手——当副导师开始的，我从朱老身上学会了如何指导研究生，这个经历大有裨益。我曾经跟我的学生说过："朱老怎么指导我，我就怎样去指导你们。"后来我当了硕士研究生导师、博士研究生导师，独立指导硕士生和博士生。1985年，我协助朱老指导了一位博士研究生，他是董奇；1987年，我开始独立招收硕士研究生，他是方晓义；1990年，我独立招收博士研究生，他是金盛华。

　　"文化大革命"后中国学位制度的改革是从1978年开始的，我自己就是受益者。然而大批地招收研究生却始于1982年，因为"文化大革命"后前两届大学本科生分别于1982年1月和7月毕业，为1982年研究生招生提供了有质有量的生源。1982年暑假，我协助朱老招收硕士生，这一届一共招了5位研究生，有董奇、张晓东、陈英和、朱建军和赵红，其中最后两位是一对夫妻。从此，我以副导师身份开始了"导师"的生涯。我和这些研究生的关系都很融洽，作为导师我一视同仁地对待每一位学生，何况这5位学生都来自我主讲近一年的儿童心理学，又开了"数学学习心理学"和"青少年犯罪心理学"两门选修课的"78级"心理系本科毕业生中，可谓是知根知底。董奇、张晓东是班里仅有的两名"全优生"，朱建军的研究生考试成绩为第一名。1985年这五位都以优秀成绩和出色的论文获得了硕士学位，朱建军和赵红夫妇与张晓东都去了美国深造，攻读博士学位，目前在美国发展得很好；董奇与陈英和于当年留校工作，董奇一边工作，一边读在职博士研究生（图5-1）。

董奇没有出国攻读博士学位，与他看到我当时工作任务繁重，想为我分挑负担有直接联系。这蕴含了深深的师生情结。我在教他们班儿童心理学时，他就跟着我搞科研。当时，我家住崇文门外，那是一间13平方米的小平房，董奇和他们班长李德伟来看我，因为报考朱老与我的考生太多，我把李德伟推荐给北京

图5-1　与董奇、庞丽娟夫妇在美国

师范学院林传鼎先生。我赏识董奇，不单纯是因其对我的尊重和信任，还因为他给我留下的印象太深。第一，他为人忠实坦白，有话讲在当面，可谓光明正大。他能够直接向作为老师的我提出意见，而从不私下议论或搞小动作。第二，他生活异常艰苦，但学习特别努力。他出生在四川华蓥山一个矿工家庭，上有哥哥、姐姐，他排行老三，出生在1961年，赶上了我国"三年困难时期"，所以从小生活艰苦。但生活的艰苦磨炼了他的意志，他一直保持着艰苦奋斗的精神，并迁移到异常刻苦的学习上。第三，他热爱祖国，即使夫妇都可一起在国外发展，但还是想着回国效力。他凡事从大局出发，行为举止总是与廉洁奉公、钻研学问和认真工作联系在一起。第四，他十分爱动脑子，思维敏捷逻辑性强，所以他的主意特别多。可以讲，他是一天一个idea（想法），一天一个计划，这是聪明睿智！第五，他事业心强，在大学求学阶段就想当国内一流、国际有影响的学者，所以他在事业上的投入绝对下本儿，可以用"玩命"来描述他的拼搏精神。今天跟随他的人也和他一样累。我曾经当着教育部原部长袁贵仁教授的面说到他："谁跟着董奇谁'倒霉'，你看，某某晚上工作到两点半；某某不到40

岁有些头发都变白了。"这当然是发生在当今的故事，但事实上董奇从来就是这么卖命地工作，为了事业，他比谁都吃苦。这就是我欣赏的第一个大弟子。我想，带这样的弟子必须坚持"响鼓用重槌"，别的研究生不能完成的事，应该让他去完成；别的研究生做不到的事，应该促使他做到。在政治上，为他创造加入党组织的条件；学术上，交给这位研究生一所实验学校；他在创造性心理学上有研究，我就支持当时还是研究生的他到各地去讲学；他有信心与国际心理学界接轨，就送他到美国联合培养。他在美国深造的时候（1986—1988年），几乎一个月给我写两封信，直到现在这些信都保留在我家里。他在信里明确地写道："林老师，我们师生两个人的情谊之深是一般人或常人难以理解的。"每个导师都希望培养出高层次创新人才，董奇是好样的，我必须带出一批像他那样的优秀人才，对国家有贡献的人才。董奇是我协助朱老带的第一批硕士研究生中的一位，又是我协助朱老指导的第一个博士研究生。我肯定他会超越我，使从朱老到我、从我到他的事业代代相传。而他非常讲良心，重感情，多次在自己的论著里感谢导师朱老，感谢另一个导师——我。他当了北京师范大学副校长后，有一次见我忙，不愿到校外大医院去看病，竟提出要为我去校外医院挂号和取药；直到他担任校长期间，只要我生病，他与他妻子庞丽娟总是非常关心，甚至于其中一位还陪着我上医院看病！

我的另一个学生陈英和也非常有特点，她是高级知识分子的女儿，聪慧、开朗、活泼、可爱，外语出色，在研究生期间能用熟练的英语与来访的外宾开玩笑。后来，她表现出多种能力，不仅仅学习能力强，而且行政能力也较出色。20世纪90年代中期，为迎接香港回归，她竟把独生女儿交给年迈的公婆，与丈夫一道被国家派往英国工作了5年，受到国家的嘉奖。2021年她成为国家"万人计划"教学名师。

就这样我开始当导师了。我一届又一届地招收自己的研究生，并开始琢磨如何指导学生，怎样当一名较为出色的导师。1983年，我协助朱老招收李虹为硕士研究生，李虹待人诚恳，不计恩怨，做到"始终如一"；她学习刻苦，在学术上颇有创见。她学成留校，原可成为北京师范大学发展与教育心理学的一位学术带头人，但后来调往清华大学发展（清华大学心理系常务副主任、长聘教授）。她既是我的在职博士生，又拿到香港大学的博士学位，且于2009年被评为香港大学的杰出校友。1985年我协助朱老招收程跃（金色摇篮教育集团董事长）、洪建中（芬兰赫尔辛基大学教授）为硕士研究生（图5-2、图5-3）。1986年，我协助朱老招收申继亮、陈学锋（中国儿童中心副主任兼联合国儿童基金会官员）、陶德清（华南师范大学教授）和杨滨（后去美国攻读博士学位并留美国发展）为硕士研究生。1987年，我协助朱老招收程跃为直接攻博研究生。程跃于1990年拿到博士学位后，先是在教育部和北京师范大学工作过，最终成为一个走入教育实践的杰出学者，"发展潜能心理学"的提出者，在幼儿心理发展与教育领域的名望几乎响遍全国。1988年，我协助朱老招收陈英和庞丽娟（美国的硕士，全国人大常委会委员，北京市人大常委会副主任，我校校务委员会副主任，教育学部教授）为在职博士生。1988年年底，申继亮取得硕士学位留校工作，到1989年暑假我协助朱老招收他为在职博士生。研究生多了，尽管我是副导师，但朱老年事已高，对我又十分放心。如何带？为了对朱老负责，对学生负责，我认真负起导师的职责。古人说"因材施教"，虽然研究生有统一的教学要求，我却十分强调"学有特色"，我从他们各自的兴趣和原有基础出发，分别指导，形成他们各自硕士论文和博士论文的特色。

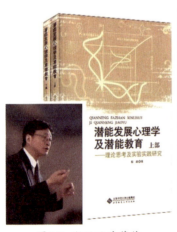

图5-2　程跃及其著作

图5-3　与洪建中一起陪外国朋友游长城

在和研究生相处的过程中，申继亮引起了我的重视，因为他有与众不同的哲学基础和理论思维，每次发言都显示出扎实的理论功底。他办事认真，为人憨厚。1986年，他和陈学锋二人一入学就跟着我下教育实践第一线投入教改实验，表现得十分积极，且有成效。继亮是农民的儿子，陈学锋曾对我说过："继亮是位大孝子，他的处世格言是'老老实实做人，老老实实做事'。"我对农民子弟情有独钟，同时也对这位老实人更加严格地

要求。在申继亮不断进步的过程中，我与陈学锋一起介绍他加入中国共产党。申继亮在我校发展得很好，是北师大首批的二级教授。2008年，因在四川汶川特大地震后的抗震救灾表现突出被教育部提为基础教育司副司长，十年后又晋升为正司局干部（图5-4）。

图5-4　申继亮的答辩会

当我独立担任硕士生导师时，所招收的第一个硕士研究生是方晓义（图5-5）。他于1987年从北师大心理系毕业，入学时看上去和本科生更为相像，实际上像他这样从学校门到学校门的（也就是从小学到中学，到大学，到研究生中间没有工作过的）学生很多都如此，方晓义就代表了这样一些学生的特点——从不成熟走向成熟。他是我自己独立招收的第一个研究生，我把他当自己的孩子似的，什么活都让他干。有一次，我给天津师范大学的沈德立教授写了一封信，我说："晓义，你给我把信寄走。"他转了一大圈回来说："林老师，你再写一封信。"我问："给谁写信？"他说："给沈老师呀。"我有些奇怪地问他："刚才不是让你给他去寄信了吗？"他回答说："风太大，信被大风吹跑了。"有一次我让他去买一样什么东西，给他五毛钱，他回来跟我讲："林老师，我把找回来的钱买冰棍吃了。"我听了特别高兴，为什么呢？他把我当自己的亲人，当自己的长辈，把他自己看成是我的孩子。就是他，后来在研究上所追求的是高质量的成果，所做的

图5-5 与金盛华（左一）、方晓义（右一）
在美国朋友家

是与国际接轨的研究。现在，他每年都能在国外SCI或SSCI收录的刊物上发表几篇高质量的论文，至2010年出版我的口述史第一版时，他光在国外就发表了近50篇学术论文或研究报告。2009年方晓义被教育部评为长江学者特聘教授，当时北京师范大学的长江学者为数并不多。这当然是后话了。与方晓义一起报考硕士生的是其同班同学蔡永红，不知为什么考试时不见了人影，直到数年后又回母校上研究生，1999年考上我的博士生，2003年被评为"全国（百篇）优秀博士学位论文获得者"，2007年晋升为我校教育学部教授并担任博导。那又是后话了。

1989年，经国务院学位委员会学科评议组批准，我成为国家第四批的博士研究生导师。我们国家所谓"国家批"的导师一共是五批，我是第四批，1990年春季正式公布后开始独立招收博士研究生。

基于以上指导研究生的感受，又面对着新趋势、新挑战，我思考起如何追求博士生质量的问题，一个"综合素质"在自己头脑中产生了。我追求什么样的综合素质呢？

一是确立目标定位，这是培养高质量博士生的一个核心问题。为什么？因为研究生不同于本科生，区别在于研究生的学习内容、学习方法、培养要求都要体现出研究的味道；博士生又不同于硕士生，不同点在于从事研究的科学性和创新能力方面。国务院学位委员会办公室提出博士生两个最基本的要求：其一，博士论文研究要体现出博士生可独立地从事自己所在领域的研究能力；其二，博士论文要有创造性。于是我在培养高质量的博士生过程中，主要是在创新的问题上下功夫。创新精神、创造性能力、适应性能力和实践能力是追求高质量人才的关键标准。人才层次不同，评判标准也要区分层次。对高质量的博士生就要制定高质量创造性的评判标准。

二是重视价值观的教育，这是培养高质量博士生的一个关键问题。为什么？因为博士生是未来科技、教育、文化、经济、政治的精英，艺高者必重德。价值观就是德，就是精神。我国历代学者都提倡振奋人的精神的重要性，强调崇德、修德，强调砥砺人品、讲求良知，强调志向、立德树人的苦修、情操的陶冶、意志的锻炼等。要培养高质量的博士生就要制定思想道德的评判标准。

为了贯彻这两条标准，我隆重地推出自己的教育理念：培养出超越自己，值得自己崇拜的学生。我要实现自己在高中毕业写的《理想之歌》中提出的，开拓"青出于蓝而胜于蓝"的格局，展示"长江后浪推前浪，一浪更比一浪高"的志向。

1990年开始我独立招生。这一年我招收的博士研究生金盛华，原先拟由朱老和我两个人合带，但是朱老说："你已经成为正式的博士研究生导师，可以接班了，你应该独立地指导金盛华。"就这样，金盛华成为我独立指导的第一个博士研究生。金盛华很聪明，也很有胆识。他是硕士研究生毕业以后留在心理系的，他知识面宽且有深度，不仅仅在教学工作中表现出色，而且在科研内容选择上也有胆量，且有适当的冒险精神，这充分体现在他选择中美大学生自杀干预问题作为他的博士论文选题上。后来，他的研究方向改为社会心理学，曾先后担任中国社会心理学会副会长、中国心理学会副理事长。第二年我招的是方晓义、白学军和张日昇。张日昇是位讲情讲义的典型山东汉子，曾在西藏大学工作，后来相当长一段时间在日本发展，回国后成为心理健康研究的教授，特别是箱庭疗法的专家。白学军来自西北宁夏，特别淳朴、实在、踏实，他学习用功、刻苦、认真，为人忠厚，待人诚恳，他不仅是天津师范大学委培博士研究生，而且是沈德立老师和我合带的硕士生和博士研究生，所以他毕业后去天津师范大学工作，现在是天津师范大学心理学学术带头人、长江学者、副校长，2015年被选为中国心理学会的理事长。从1992年后，我招的较早的一批博士生有邹泓、赵为华、俞国良、李红、韦小满、周宗奎、沃建中、雷雳、张文新、辛涛、陈学锋、魏运华、王耘、唐日新、张守臣、肖丽萍、孙汉银、张令振、芦咏莉（和董奇合带）和王益文等，现在绝大多数是中国心理学界和教育界的著名学者。有的被教育部评为长江学者、被人事部评为国家"百千万人才工程"的人才、被中组部评为"万人计划"的社会科学领军人物；有的走上领导岗位，担任了大学校长、副校长或司厅级的干部；有的成为全国妇联常委、执委，三八红旗手，全国十大英模之一；有的转向世界银行或联合国儿童基金会等国际机构工作。

在后来的硕博士招生中，我不仅招汉族学生，而且招收了几位少数民族的学生；不仅招收国内（含港澳台）弟子，而且也招收了国外的弟子，如指导日本的山本登志哉为1994—1998年的博士生；不仅招收心理学的人员，而且也关心尚未有博士点的外专业的人员。20世纪90年代中期，原副校长兼研究生院院长顾明远教授找我商议："我们北京师范大学是师范院校的排头兵，师范院校不少从事学科教育的优秀教师无法取得博士学位，咱们俩是否做点努力？"作为导师，应该把国家的学科建设和人才培养视为己任，所以，我满口答应了。于是，我从学生学科能力发展角度招收数、理、化和语文四科学科教育的博士生；顾先生从比较教育角度招收了几个学科教育的博士生。我先后指导了10余位学科能力发展方向的博士生，例如，数学学科的章建跃（人民教育出版社数学室主任、编审）、朱文芳（北师大数学系教授）、赵继源（广西师范学院数学系主任、教授）、连四清（首都师范大学数学系教授）和康武（深圳大学教授）；物理学科的李春密（北师大物理系党总支书记、教授）、衷克定（北师大信息技术研究院副院长、教授）、曹宝龙（杭州市教研室主任、教授、特级教师）、胡卫平（陕西师范大学教育部重点实验室主任、教授，全国人大代表）和邢红军（首都师范大学物理系教授，所发的中学物理教学论文在2021年影响因子全国第一）；化学学科的王安琳（北师大出版社分社社长、编审）和王祖浩（华东师范大学化学学院教授、全国中学化学教学首席专家）；中文学科的孙素英（首都师范大学中文系教授）；等等。2000年，根据教育部的要求，北京师范大学开始招收高级教育管理方向博士研究生，我先后带了王传旭（安徽淮南师范学院校长、安徽开放大学书记）、王开忠（中宣部宣教局副局长）、李维青（新疆人民出版社书记兼总编）、文桢中（河南平顶山学院校长）、陈力（中国教育电视台总编）、孙宏伟（山东潍坊医学院副校长）、罗小兰（山西忻州师范学院副校长）、李伟健（在前章曾提及，浙江师范大学副校长）、丛中笑（中国儿童中心党委书记）和张延凯（人民教育出版社副总编）等弟子，除王开忠是公务员，其他的现在都是教授或研究员。对少数民族学生、国外或境外的弟子、非心理专业人员的研究生质量要求，我绝不会有丝毫降低。李庆安是哈尼族的学生，这位放牛娃出身的博士生，从入学、毕业到评上教授，我是下了功夫的。1996年他考上我的博士生，入学第一天，他希望用一件小小的哈尼族特产表达对老师的敬意与感激。但我笑着说："记住，只要做我的学生，就别再送我任何礼物！"他只得收回了那件小礼物。然而我却说了一段他认为深深铭刻在心中的话："你是125万哈尼族人民中屈指可数的几位博士生之一，为国家培养少数民族高级人才，既是我的心愿，也是北师大的职责。如果你非要送礼，就送我一个礼物吧——3年后，拿出一篇漂亮的博士论文来！"我在专业上对他从严要求，特别是在心理学研究方法和统计学这些薄弱的环节上，加强了重点指导。1997年第一次论文开题，在和两位评议教授发生意见分歧时，他竟大发雷霆，对此，我却十分冷静。一方面，我从严要求，没有通过他的论文开题；另一方面，又耐心帮助他分析问题所在。他认真做了反思，并向那两位教授赔礼道歉，经过半年的努力，第二次论文开题使评议教授十分满意。1999年，他毕业留校，成为第二位哈尼族博士。在北师大工作的每一个节日，他都会收到学校统战部送给少数民族教职工的贺卡。在他取得博士学位和留校工作期间，我曾告诉他：在北京师范大学这样一个高层次的学术单位，获得学位和评定职称以及各种考核，都没有对少数民族学者的倾斜与优惠政策。"你要牢记一点，其他都可以照顾，但学术标准不可以照顾，北师大决不会为了任何特殊原因而降低学术标准！"那么，如何体现对少数民族学者的特殊照顾呢？我肯定地说："但是，北师大可以为你创造许多条件。也就是说，我们在事前多增加研究条件方面的关怀，而不是在事后降低学术标准。"这让李庆安知道，我的话体现了北师大培养人才的一贯精神和策略。北师大要培养的，不是在"照顾"之下渐失尊严与进取之心的少数民族学者，而是真正合格的、不带水分的少数民族专家。几年间，他得到了一流的研究条件和学术氛围，获得了多项研究经费，使他能够前往许多国家，参加国际会议，进行学术交流，开阔眼界与视野。他花四年时间撰写的《破解快速记忆之谜——记忆与智力研究新概念》（上、下两册，共计72.9万字）于2006年3月出版，登上中国图书网哲学类畅销书排行榜。2008年7月，李庆安晋升为北师大心理学教授。同年年底，北师大学位委员会通过其为博士生导师，使他成为哈尼族的第一位博导。这样，我指导了一批又一批博士生、硕士生，把他们送到了国家建设需要的地方（图5-6、图5-7）。

图5-6 我主编由弟子撰写的"儿童青少年心理学丛书"

【唯才是辅 唯德是先】

研究生导师，也是教师队伍中的一分子，要当好导师的关键仍是坚持"师德为先"。什么叫"师德"？如前所述，所谓师德就是教师的职业道德，是教师在从事教育教学活动中应遵循的道德规范。从基础教育一线到当大

图5-7　我主编由弟子撰写的"当代智力心理学丛书"

学教师，又当了博士研究生导师，我深知不管是中小学还是大学，加强或提高师德修养都有其重要性和迫切性。不仅如此，我决心要做一个高尚师德的实践者，体现深厚的知识修养和文化品位。育人的根本在于立德，我要当一名师德高尚的研究生导师，只有这样，才能带出一批德才兼备的人才。

师德究竟涵盖哪些内容呢？我想无论是高校教师，还是基础教育的教师，师德要求的基本内容无非是"敬业爱岗、严谨治学、热爱学生、为人师表"这十六个字。我原来在中学当老师的过程中，主要是实践如何当好一个师德高尚的教师，做到忠诚党的教育事业；而当了研究生导师以后，我开始自觉地思考、琢磨"什么是师德的真正要求"这类问题，最后，我才将师德概括为上面这十六个字。我特别欣赏"敬业爱岗"这四个字，因为哪里都有这四个字，如一上公共汽车，贴在车厢里提醒司（机）售（票员）人员的就是这四个字。不过，每个行业的"敬业爱岗"是有区别的。涉及教师，涉及教育界，"敬业爱岗"有极深的内涵。敬业就是忠诚党的教育事业、忠诚人民的教育事业之信念；爱岗就是爱自己的学校、自己的岗位，实现孟子所述的"得天下英才而教育之，三乐也"之理想（图5-8）。

不管在三尺讲台上，还是在课外、校外的工作，都应该有敬业的意识、乐业的意识、勤业的意识和教师的职业规范意识。教书育人，这是敬业爱岗的核心。怎么去教书育人，就要求我们教师严谨治学，有扎实的学识，有良好的学风，有良好的教风，构建良好的校风，形成优良的学校精神。我把热爱学生看成是师德的核心。因为没有爱就没有教育，对学生无私的"爱"就是师德的灵魂。所以，我曾在多次题词时，把"师魂""热爱学生是师魂""师爱是师德的核心"等赠送给诸多的学校和诸多的同行。当

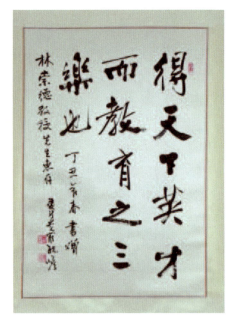

图5-8　中国最后一位恭亲王爱新觉罗·毓嶦先生赠字

老师的必须要有为人师表的表现，我们北京师范大学的校训是"学为人师，行为世范"，这就是要求我们为人师表。"师者，所以传道受业解惑也"，在传道授业的过程中，教师是学生的榜样，学生往往把老师当作楷模，模仿其态度、情趣、品德，乃至行为举止、表情动作、板书笔迹等。早在任中学教师时我就说过："在一定程度上，一个班级的班风是班主任人格的放大；一个学校的学风，是其校长人格的扩展。"

　　然而，作为高校的教师，作为硕士研究生、博士研究生的导师，和基础教育的老师在师德表现方式上完全一样吗？我的体会是有一定的差异的。在大学里，教育的对象大多数是18岁以上的成年人，硕士研究生都是20多岁，博士研究生有的已是拖家带口，教育的内容更多要涉及学术问题，因此，对高校的老师来说，既要有高尚的道德情操，又要有扎扎实实的学术功底，这样才能够成为一个合格的大学教师，承担起国家赋予我们的历史使命。在担任研究生导师的过程中，我体会到高校教师师德的特殊性。2004年10月，我和老教育家霍懋征等五位老师被中共中央宣传部和教育部

党组表彰为"师德模范教师"，参加师德报告团，在人民大会堂和全国各地巡回报告，因为我是这5位教师中唯一的高校教师，我在对高校教师师德的特殊性理解上，是从如下四个方面来回答记者提问的。

第一，高校教师的师德应以崇尚学术为基础。学术是指有系统的专门的学问。高校教师的职责是钻研学术、教授学生。特别是研究生导师，尤其要从事学术活动，因此，学术是高校教师的生命。崇尚学术、艰苦奋斗、一专多能并积极地追求更高的学术水平是高校教师师德修养的重要表现。没有学术知识、没有学术思想、没有学术业绩，就会像邓小平同志批评的那样，"还谈什么高峰，中峰也不行，低峰还有问题"。第二，高校教师师德以培养杰出人才为标志。能否为国家培养出有用的高级人才，这是衡量教师师德的最根本的标志。研究生是未来社会的高素质创造性的人才，是国家的栋梁之材，所以高校教师必须要以为国家培养栋梁之材、培养杰出人才为己任。第三，高校教师师德要以不谋名利为行为准则。说心里话，名利对高校教师来说，特别是对研究生导师来说，太有吸引力了，所以高校的教师，特别是导师要坚持诚实守信、为人师表、淡泊名利的师德标准。这绝不是说我们不要当一流的专家，淡泊名利和当一流的专家并不矛盾。在我们师范教育界有句名言是"学高为师，身正为范"，一名大学教师不仅要身正有德，还要在不断提高自己学术水平的同时，远离名利、不谋名利或淡泊名利。第四，高校教师讲究师德，要以教育创新为前提。高校教师，特别是研究生导师，要在自己科研和教学中有创新的意识。教育创新的目的在于应对教育内外环境的快速变化，理性、系统与全面地改革或者变革教育观念、教育制度、教育模式、教育关系和教育评价机制，以更好地提升学生的创造素质、创新素质，造就各行各业有理想、有道德、有文化、有纪律的一代创新人才。创新意识是显示高校老师，特别是研究生导师学术道德伦理性和科学研究精神的关键。

每次接受媒体采访，采访者都要打开我的书柜，因为里边有近百个聘书和奖状。从20世纪80年代开始，我先后接到来自高校的聘书：兼职教授、客座教授、学术委员、学术顾问等（图5-9、图5-10）。到本世纪初，我已收到32所大学的聘书，绝大多数与指导研究生和学科建设有关，从省市的师范大学到教育部直属师范大学，从一般大学到近十所"985"著名大学。记得2005年某一天，一弟子匆匆来找我，直言不讳地传达他们领导的意图："林老师能否调动一下？"如果去他们学校，会得到200万元科研经费，一套140平方米住房，20万元年薪，另外加50万元安家费。我听了哈哈大笑，加以谢绝。不久，好友黄希庭教授来找我，问我是否要调往××大学，他蛮有风趣地说："那所学校的声望可比师大高啊！"接着，从2005年到2007年，3所学校都以所在地方的办学经费分别是6万、10万元和30万元聘我去兼职当"讲座教授""特聘教授"和"长聘教授"。尤其是推荐我去北京那所大学的是心理学界泰斗级的中国科学院荆其诚先生和北大著名学者朱滢教授。针对这一切，我似乎内心有一股憋着多时的灼烫的泥浆像火山爆发般往外涌。于是在2007年中国心理学会常务理事会香山会议上，除了出自衷心地向荆其诚先生与朱滢教授致以谢意外，我抒发了内心的一种情怀："生为北京师范大学的人，死为北京师范大学的鬼。"当时我已过花甲之年，我要把自己的主要精力留给培养我并促进我增长才干的北京师范大学。我会一如既往地去给我发聘书的大学做义务兼职，但我更热爱自己的学校、

图5-9 32所大学兼职教授聘书

图5-10 28个社会兼职聘书

自己的岗位，我要在北京师范大学当好心理学学术带头人、当好导师，将自己全部力量投入到学科建设中，特别是在校内队伍建设中，带出一支有团结精神、有团队力量并且和谐的导师队伍——从朱老到我，再到董奇，再到申继亮、邹泓、陈英和、庞丽娟、方晓义、王耘、韦小满、辛涛、寇彧、李庆安、胡清芬、辛自强、罗良、黄四林和朱䓤等形成的北师大的心理学团队。我们梯队建设有序，成绩也较卓著：1996年，我领衔的北师大发展心理学夺得第三个心理学国家二级重点学科，之前有北京大学的生理心理学和浙江大学的工业心理学两个国家二级重点学科；1999年，我们又成为教育部首批人文社会科学基地；2001年，董奇获准建成教育部首个心理学自然科学重点实验室；2005年，董奇又在教育部实验室的基础上创建了我国第一个心理学国家重点实验室；2007年，我们发展心理学以全国最高的成绩卫冕国家二级重点学科冠军，并以此为基础使北京师范大学心理学获批全国唯一的心理学国家一级重点学科，就这样我成为北京师范大学心理学科的学术带头人。我深深地体会到，自己靠的是师德，而我们的导师队伍是靠人际的和谐，靠教师内部的团结，靠学术梯队的整齐，靠集体的力量。一句话，我以师德所倡导的团队精神形成了我们学科发展的教风、学风。

1986年，我送董奇到美国学习。董奇夫妇二人都在国外，他们能否准时回来，并不单纯考验着博士研究生董奇，这对当导师的我本身也是一种考验。董奇的妻子庞丽娟是先出国的，并在国外拿到硕士学位。1988年5月，他们夫妇俩按时回国了。后来庞丽娟还考了博士研究生，朱老是她的导师，我为副导师。接着，从1987年起，我先后送博士研究生程跃、申继亮、李虹、陈英和、金盛华、方晓义、邹泓和俞国良等出国联合培养。从20世纪80年代中期到90年代初，仅我送到美国的博士研究生就有16位。我送学生到发达国家去进行联合培养，这有利于他们学术水平的提高，有利于他们更快地成为高素质创造性人才。送出去的这16位博士生，15位学生按时回国。当时，教育部有关的司、处的领导都觉得非常奇怪，在当时2/3以上的留学生都不能按时回国的情况下，林某人学生的返回率为什么那么高？我记得《中国教育报》还委托中国教育学会的一个处级干部，到北师大开了个座谈会，董奇、申继亮、陈英和等人参加。她问："你们为什么放弃国外优厚的条件？换句话说，不管是学术上，还是生活上，你们放弃了这些优厚的条件，你们回来了，为什么？"他们几位居然说是冲着我，冲着导师而回来的。他们说："你可以问问我们的林老师。"当时这个干部非常奇怪，来问我，一看我其貌不扬，也没有什么魅力，她问："你怎么会让学生冲你而回来？"我回答："哎呀，这个问题，我也说不清。"深层的东西，我只能够做这样的表达："'人心换人心，八两换半斤'，我对学生仅仅是做了一点'感情投资'罢了。"对于"感情投资"，我自己的体会就是老师对学生的师爱。这就是《中国教育报》的《他像一块磁铁》一文的来历。我认为，不管领导部门对师德或教师行为规范的提法做怎样的修改，但核心还是锁定在"爱"和"责任"上。这是师德关键，所以我才会把自己的整个身心都扑在培养学生的工作上。可以说，我投入在学生身上的精力胜过投入在自己孩子身上的精力，致使我的独生子曾在其著作的"后记"中写下了这样一段话："从当今的社会价值观念来看，父亲实在太不值得。他总是强调他的事业心，也就是作为一名教师，他把热爱学生看作是他事业的核心。他一直倡导对其学生'感情投资'，他的大部分精力都被牵扯进去，以至于母亲笑他说：'你应该把家搬到单位里去，为你的学生当牛做马。'从一开始，我就不想也不应该去要求分享这份神圣的感情，事实上他也不可能在我身上花太多的功夫。但作为他的儿子，我是十分理解的。"如今我已进入耄耋之年，重温这段话，似乎有点伤感。我不是一个合格的父亲，但我敢说，我是一个合格的人民教师。我和所有的优秀教师一样，同感没有爱就没有教育；失去了对学生的爱，教师也就失去了人生的乐趣。教师的爱是一种强大的力量，它不仅提高眼前的教育质量，也会促进学生的成人和成才，即会影响到学生身心的发展、人格（个性）的形成、职业的选择、人生道路的转变，甚至会影响其毕生。因此，我倡导教师应把整个心灵奉献给学生，将神圣的师爱均匀地撒向每一个学生，以感染他们，改变他们，教育他们，造就他们。

在教书育人的环境中，我努力实施着"爱"的教育：爱祖国、爱党、爱人民、爱教育、爱学生。爱的教育集中体现在师爱上，师爱是教师对学生的爱，是师德的核心，但是师爱不同于父爱、母爱、情爱。这种爱来自教师的职责，在性质上，它是一种只讲付出不讲回报的、无私的、广泛的爱；在原则上，它是一种严慈相济、一视同仁的爱。这种爱是教师教育学生的感情基础。我在前面曾经提到过，学生一旦体会到这种感情，就会"亲其师"，从而"信其道"。无论是中小学教育，还是大学教育、研究生教育，师爱都会有这种效果，正是在这种感情投入过程中，教育实现了它培养人的根本功能。当然，高校老师的师爱不同于中小学老师的师爱。同样的师爱对成年学生涉及的内容和表达方式就与基础教育中的情况有很大的差异。在十年一贯制学校，我主持学校里的教育教学工作，我到小学低年级去摸摸学生的头，学生会感到"啊，我们学校领导对我们是多么的爱"。这种做法并不适合于成年学生。大学生和研究生的经历在人的一生中具有重要的意义，是他们走向社会之前或成为杰出人才之前对今后发展具有举足轻重作用的一段历程。因此，高校教师，特别是导师，要处处关心学生走向人生成熟的问题，鼓励他们自主学习，指导他们如何热爱专业、迈向社会，以及怎样去准备为国家建功立业。

不管是大学生，还是研究生，在他们思想上、学习中和生活里，有不少的困难和挫折，我们要去关注他们，从他们的年龄特点出发加以关注。我对他们说："论年龄我是你们的父辈，我在内心把你们当成我的孩子，有什么困难，一定要告诉我。"对学生各种各样的问题，我都考虑到。常人说"五子登科"，我对学生的关心绝不仅仅是"五子"吧。我不但在他们求学期间给予关心，即使毕业以后仍然全面关注他们的成长。我关心他们的"帽子"，为他们获得学位而努力创造条件；我关心他们的"位子"，为他们职务的升迁和晋升职称介绍情况，积极推荐；我关心他们的"房子"，为解决留校学生的住房而四处奔波，也惦记着在各地学生的住房情况；我关心他们的"票子"，重视他们的经济情况和趋势；我关心他们的"外子"（丈夫）和"内子"（妻子），为他们配偶的调动而奔走，也为有些学生的恋爱、婚姻而劳心费神；我关心他们的"孩子"，为解决他们子女午餐问题去求助小学校长；我还关心他们的"台子"，也就是为他们学科发展的平台，为他们所在单位的学科建设，特别是学科队伍建设出谋划策甚至于出力。于是心理学界评论我说："林老师不仅关心在校的学生，而且也关心已经走上社会多年的学生。"这就是导师对学生的感情投资。申继亮第一次出国并于1992年回国后曾经深情地对电视台说："林老师不是我父亲，但胜似父亲。"曾在日本工作的张日昇也对媒体说："我每年要回国七八次，因为我的根在中国，恩师是哺育这种根的土壤。"但我觉得我仅仅做了一点教师应该做的事情，离崇高的师德标准还差得很远。高校老师，特别是导师对学生的师爱，更要提倡多一分民主，少一点"师道尊严"，尽管教师需要有一些"师道尊严"。所以我对弟子们有足够的尊重，给予每个学生必要的知情权、参与权和表达权。尽管我的学生对我都非常尊重，但是我必须重视他们的自尊、自信、自立和自强品质的发展。

在当今的时代里，廉洁从教显得特别重要。可以这样说，我们导师的一举一动、一言一行学生都看在眼里，记在心里。要么这会决定老师的威信；要么会决定你的学生是否会长期地和你保持密切联系；要么是你能不能成为学生心目中的表率和偶像。在廉洁从教方面，我坚持两条：一是"君子爱财，取之有道"；二是甘为人梯，提携后人。我从不收在读研究生的任何礼物，如果有人要给我寄来一点土特产，我要么生气，要么折成钱加以寄还。虽然这样看起来不太懂人情，但十分必要。作为高校教师，除了工资收入以外，外边还可以去兼职，如讲学酬金。我从1995年开始自觉地交个人所得税，并且退还按当地标准多给我的报酬。20世纪90年代中期开始我当了10年国务院学位委员会学科评议组成员，但拒绝收受任何单位的礼物。还有一些中小学，请我指导他们的教育教学，我也基本不收什么钱和礼物。我跟他们说，我是来自基础教育界的，我曾经在中学工作了13年，我热爱并理解中小学教师的工作。我的行为影响了我自己的学生，也影响了我的家人。记得2004年国庆长假，我们全家五口在我父亲病危的时候回上海看望，父亲看到曾孙子的到来，由他牵头，太爷爷、太奶奶、叔爷爷、姑奶奶等给我孙子红包，才3周岁半的孙子竟劈里啪啦把红包扔在地上，生气地说："谁要你们这些东西，我们家从来不收这些红包！"在上海人口研究所工作的我的小妹妹美菊说："别人都说我大哥廉洁，从小孙子这个举动中，我看大哥的廉洁是真的，不满4岁的孩子是不会说假话的。"

越有声望的学者就越应该甘当人梯。高校的发展需要加大力度培养和选拔年轻的干部或学科带头人，健全创新人才的选拔体制和使用机制，为此，老教师更要激发年轻教师的创造力和创造精神，创设有利于年轻学者出精品、出效益，有利于他们成长的环境，开创人才辈出，一代更比一代强的局面。1994年春，佐治亚大学一位教授邀请我偕夫人去美国讲学。虽然讲学的机会很多，但是佐治亚大学这位教授提供的条件是相当优厚的，不仅仅是往返的机票，还有一笔相当可观的酬金。我当时表示感谢，但同时希望把这一笔经费用来资助我的博士生俞国良出国深造。那位教授临别之前说了几句肺腑之言："有孔夫子思想的中国老师这样对待学生使我深为感动，我回国以后必须把此事办成，若办不成也对不起这样的中国老师。"俞国良是浙江大学的本科生和研究生，1993年考上我的博士生时已有超过百万字数量的论著。他为人纯朴，几乎每部著作的"后记"里都呈现其身世——农民的儿子。他学习异常刻苦，有非常人能及的勤奋。我与他认真商议，一年级下学期一开始就进行博士论文的开题报告，接着就投入实验研究，收集研究数据。1994年暑假，我送他到美国佐治亚大学去联合培养。这一年，他一边深造提高，这对其十分有益；一边完成博士论文初稿并与美国导师进行讨论。1995年暑假回国，他在我指导下与我一起利用半年时间推敲其博士论文，终于在1995年12月通过博士论文答辩提前半年毕业。两年后，他晋升了副教授，又过3年，破格晋升教授，调中央教科所任心理室主任，现在是中国人民大学心理研究所所长，该校心理学的学术带头人，已是全国著名的心理学家了（图5-11）。

从1988年起，我先后推荐董奇和申继亮这两位不到30岁的弟子担任副所长；1999年我58岁时，坚决辞去了刚刚获得的首批全国人文社会科学重点研究基地的主任职务，而力荐一位优秀的、年轻的学者，我的学生——申继亮担任主任。当时，在上海的经验交流大会上，100多位校长、副校长参加，按大会议程作为首批15个基地的主任有10个上台介绍经验，我上台介绍的经验非常简单，先说了一段话，然后总结道："基地拿到之日，就是我退居二线之时。"我记得当时与我熟悉的上海的两位大学副校长对我说："林某人，你好悲壮啊！基地刚拿到，就退居二线，连基地主任的酬金都不要了？"我却在想，年龄大了就要交班，尤其是交给合适的接班人，包括交给自己的学生，早交比晚交强，因为早交班

图5-11 张厚粲教授主持俞国良（右）与赵为华（左）博士论文答辩会

可以看一看、带一带、帮一帮，这样才有利于梯队的建设，有利于梯队的成熟，形成一种"长江后浪推前浪，一浪更比一浪高"的局面，否则，有了接班人却把着位子不下来，绝不是廉政的学术带头人。我想这可能是我对"师德为先"精神的一些体会吧。

　　在导师建设梯队中要当人梯，花心血，而花心血后必然会有收获，这里不妨举一实例。2008年第4期《重庆大学学报（社会科学版）》刊登了一篇南京大学两位教授写的文章，题目为《中国心理学研究概况分析——基于CSSCI分析》，文章利用2005—2006年CSSCI有关数据，对中国心理学领域的研究状况进行了多角度、全面的分析。其中分析了重要学术著作，指出中国心理学论著被引用较多的为92种，按引用多少排名，第2名是我著的《发展心理学》（图5-12）；第5名是我的博士生，时任山东师范大学心理学院院长，后任副校长、副书记，泰山学者张文新教授的专著《儿童社会性发展》（2021年评议时，《儿童社会性发展》影响指数为第2名，而《发展心理学》降为第4名）。文章中有这样一段评论："国内发展心理学（或儿童心理学）的研究重地一直在北京师范大学……张文新教授作为林崇德教授的弟子，侧重于儿童青少年社会性的发展研究，在发展心理学领域进行了积极的探索。这也可以看出中国发展心理学研究学术梯队建设的延续性。"这篇文章展示了文新的成就，确实为我争光了，谈到这一点，我不得不谈几句这位山东汉子的特点（图5-13）。1996年元月中旬，我高血压突然住院，

图5-12　两个版本的《发展心理学》

图5-13　与张文新合影

当时是博士研究生的文新已经寒假离校，但不知道从哪儿得知了我住院的消息，居然立即赶回北京，来到我病床前，一直伺候到我出院。山东人那种重情重义的品质在他身上体现得淋漓尽致。当然，在他身上我也倾注了心血，他本人也相当努力，这才使他成为发展心理学学术梯队建设延续性的一例。

【呵护桃李　春色满园】

攻读博士学位是学生学习生涯的最高阶段了，这些博士生即将成为国家最需要的创造性人才。怎样才能培养好博士研究生呢？我一直坚持的原则是教书育人中要"严慈相济"，做到吾好友郭嘉忠对我所"概括"的"严在当严处，爱在细微中"，因为爱必须严，"严师出高徒"，严是爱的另一种表达。

对学生首先是做人上严格要求。一流人才的基础是要砥砺一流品行，因此在培养博士研究生、硕士研究生的过程中，首要强调的是理想信念，是艰苦奋斗，是厚德载物的传统美德。教师要注重学生道德思想品质和思想政治教育，既教书又育人，全面地关心学生的进步。作为导师，我曾经亲自介绍了11名研究生入党，而且鼓励每个学生都要在思想政治上追求进步。在遵守学术道德和科研精神方面，我要求学生不能随便更改任何数据，更不能抄袭别人的成果，要从具体的小事做起，把做事做人与学业发展结合起来。每年研究生入学后的迎新会上，我坚持讲一个话题，即弘扬中华传统美德，要求学生讲诚实，讲良心，讲气节；我鼓励研究生积极承担社会工作，树立为人民服务的思想观念，成为德才兼备的人才。

在具体的教育方法上，我不讲大道理，而是坚持以人为本，倡导人性化的教育方式和教育方法。衣新发是我的一名硕博连读的研究生，他家在外地，2004年暑假结婚，结婚后不到一个星期就回北京了，我问他为什么这么快回来，他说："要参加中国心理学举办的第28届国际心理学大会。"

其实离心理学大会召开还有一个多星期，对此我严厉地批评了他："作为一个新婚的丈夫，结婚才七天，不该把妻子丢在老家，自己早早地回来。"事后他对别人说："我原来认为自己结婚不到一个星期就马上回北京为会议做准备能受到林老师的表扬，没有想到林老师却劈头盖脸地批评我。"后来他妻子在电话里对我表示感谢，说老师这样教育她丈夫，相信他们两个一定能恩恩爱爱、白头偕老。2006年春，衣新发又在我鼓励和帮助下，携妻带儿去德国深造，成为联合培养博士生，并在德国取得博士学位，回国后我介绍他去清华大学做博士后，接着去陕西师范大学教育部重点实验室当了教授，并成为胡卫平教授的副手。

综上所述，从中我有个体会，高校教师，特别是研究生导师，要积极全面地贯彻党的教育方针，坚持以人为本，德育为先。尤其是研究生导师，既是学业的指导者，又是思想教育的辅导员，在教育学生做事做人的同时，又要教育他们立志成才，因为大学应该培养杰出的人才。在强调提高高等教育质量的今天，我们高校教师，特别是研究生导师要在学生业务上下功夫，所以对待学生的学问问题，我们在培养上应该采用一系列的方法。国务院学位委员会办公室曾两次组织全国心理学界的博士生导师交流当好导师的经验，两次会上都请我做重点发言；还请我到浙江大学"求是导师学校"做了《博士生的质量与导师的素质》的演讲。下面结合会议发言和浙大演讲的内容，我再进一步谈谈博士研究生培养的问题。

一是落实定位，把培养创新人才作为质量的根本。什么叫质量？英文是quality，现在我们叫素质，提高学术研究素养、培养创造性人才，就是研究生质量的核心问题。我把学生创造性的品质看得高于一切。这是时代的需要，这是党和国家的要求。2005年，罗良报考我的博士生前我就了解他，就像朱老当年还未教我们就知道我了那样。我知道他是一名党员，"三观"正确；他是学习尖子，已在国内外杂志发表了不少论文，在同年级研究生中小有名气。他想把博士研究方向定为认知神经科学，想把《视空间工作记忆分离机制的行为与脑事件相关电位研究》作为未来博士论文的研究内容，刚好我们的团队正投入这个崭新领域的研究，所以他的选题具有创新性。他在面试时，研究思路清晰，也显得新颖独特。我初步断定他应是位可重点培养的苗子，决定录取后在他身上下点功夫，锤炼他的创新精神和创造能力。我不仅安排他出国联合培养一年，而且在他写论文的关键期，把他的论文初稿交给北京大学周晓林教授审查。晓林可是心理学界公认审查论文最严的学者。果然不出我所料，晓林否定了罗良的研究论文。我抓住这个机会对罗良提出更严的要求，让他从文献到研究、从方法到内容除了保存研究数据之外几乎是推翻重来，以突出创新性。他没有气馁，利用国外图书馆的最新资料，也与我和国外的导师多次讨论了如何驾驭大量研究数据的问题，重新思考研究论文的写作。这中间的艰难性不多说了。当他把论文重新发给我的时候，我深感其重修论文突出了一个"新"字；我再转发给晓林审查，晓林把罗良的论文竟然劈成四块，让他在国外发表了4篇有创新性的研究报告。我在罗良给我的正式的论文上批了四个字："可造之材"。2008年罗良通过了博士论文答辩，他的博士论文成为那一届北师大理科的10篇最优秀论文之一，获得北师大博士生最高的励耘奖（这10位获奖者，还有两位在我们的团队里：一位是董奇的博士生；一位是我的另一博士生张丽，现在是中央财经大学心理学的学术带头人）。罗良毕业获取博士学位后，我把他交给了董奇教授，让他在董奇创建的"认知神经科学与学习国家重点实验室"工作，接受董奇的进一步培养。他与董奇相差近20岁，应该作为我们学术团队的新一代学术带头人来磨炼。与此同时，我也解决了其妻子工作问题，临时安排了他们的住宿。经过13年的锻炼，罗良成熟了，显示出是一位优秀的创新人才。2022年元旦刚过不久，经公示北师大党委组织部宣布罗良为心理学部的部长。

2008年初夏的某一天，我校物理系刘大禾教授找到我，说他父亲给我推荐了一位博士生。我曾听说大禾的父亲在军界工作，是一位航空医学的名家。那天大禾对我说："我父亲有一位硕士生叫黄伟芬，是1984年北京航空航天大学学工科的毕业生，毕业后到中国航天员中心工作，并跟我父亲学习航天医学。现在是负责航天员选拔和培养的干部，很优秀。今年又考上军内在职博士生。我父亲年近90，认为黄伟芬所从事的工作应该懂得心理学，因此我父亲让她来当你的博士生，调剂到北师大，请你录取她。"我对大禾说："我是搞心理学的，尽管为民航局主持过游旭群教授对航空心理学研究成果的鉴定，但我对航天心理学一窍不通，更没接触过航天员的领域，这怎么指导？"但禁不住刘大禾教授诚挚的动员，何况他已经和北师大研究生院谈妥了。中国还没有航天心理学，帮助黄伟芬来创建这个领域也应该是一名心理学家的职责。于是我不再拒绝了。当我第一次与黄伟芬见面时，发现她对心理学知识相当熟悉并已经把心理素质作为她选拔航天员的重要指标。后来几次交流，显示出她对建设崭新的中国航天心理学的强烈愿望，她希望把其博士论文研究与航天员的工作结合起来，从研究航天员的元认知与交会对接试验入手。她每个学期都认真交"作业"，实际上是她在汇报工作，例如她主持的国际航天员的海上演习，充满着新意，影响了国际的同行业界。然而，载人神舟飞船不断地上天，都得花费她的心血，她实在没法坐下来完成开题报告的撰写，于是一拖就是6年。研究生院必须照章办事，要取消她的学籍。这遭到我与心理学院学位委员会主席陈英和的强烈反对：这么一位创造性人才，她正在谱写中国航天心理学的篇章；她是中国航天事业的功臣，多次受到中央军委的嘉奖，几乎所有航天员都把她视为老师。取消她的学籍多令人心疼惋惜，但是办学又是有规矩的。经反复商量，研究生院允许她重新办理入学手续，保证3年内必须完成博士论文答辩。这对黄伟芬，也对导师都是一个考验。2017年年底黄伟芬终于开题了，接着一年她经受的磨砺，我无法表达。经过2018年年底预答辩，2019年开春，她的博士论文以密件方式送交军内院士与清华、北航相关专家审查，最后她以全优的评价通过博士论文答辩。与黄伟芬相处十余年，我从来没有问过她是什么军衔或什么职务。我要培养的是航天心理学的开创者，至于她担任什么职务与我没有关系。直到2020年3月，黄伟芬第一次主动向我报告已晋升为中国航天员科研训练中心航天员系统总设计师。我也第一次向她咨询："军级？""是，军内技术三级。"这使我想起了上海中学的师兄钱七虎，也是从军内技术三级开始成为著名军中大家。伟芬终有退居二线的那天，我坚信那时中国航天心理学将会在她手上诞生。

二是把好两个关口。质量是研究生培养的生命，怎么培养高质量的博士生？我看有几个问题要处理好。我在培养博士研究生的时候，首先注意生源质量，重视把好生源关。前面提到的这么多研究生的名字，实际上都是基础很好的，即招生时生源不错。在博士生招生方面，我提出过"五不招"原则，十几年来，我深感当时提出的这些原则没有错：第一，考前没有任何成果的人暂时不招；第二，面试时没有发现创造性思维的不招；第三，录取前深入调查，发现没有拼搏精神的或不勤奋的不招；第四，看不出有成就动机的，或者不想成名成家的不招；第五，有才无德者更不招。我记得在第一次授予"全国优秀博士学位论文获得者"称号的大会上，我和中国人民大学校长李文海教授代表优秀博士学位论文获得者的导师在会上发言，当我在发言中谈到这"五不招"原则的时候，时任教育部部长陈至立同志对我频频地点头。

当然，生源质量非常重要，但这也不是绝对的。研究生，特别是硕士研究生的质量关键还在于导师的培养。我从20世纪90年代初，尽量把好的硕士研究生生源让给本单位其他导师，而我自己带的研究生往往是他们招剩下来的。有一次面试结束（我没有参加那次面试），一些年轻导师对我说："我们这里有位'大姑娘'，年龄太大了，跟我们年龄差不多，不想带，给您吧。"什么"大姑娘"，我把那个学生找来才知道是一个大小伙子。就是不爱说话，你问他十句，他给你回答三句就不错了，后来我带他，发现他有许多长处。他就是不爱说话，肚子里都有，说不出来罢了。针对他的情况，我加以培养，毕业以后他找了一份很好的工作，工作两年以后，他又以出色的成绩考上我的好朋友、西南大学黄希庭教授的博士研究生。我还有些女学生，她们入学时面试成绩不是太好。最后，我还是把她们带出来了，硕士研究生毕业的时候获得了好成绩，后来有的还考上我的或者其他教授的博士研究生，成为颇为优秀的人才。由此我获得另一个结论，导师不要过多挑剔自己的学生，带谁都一样，关键看如何带。那些不被看好的硕士研究生，若经过导师的精心调理，往往会扬长避短，取得不俗的发展。所以生源很重要，但也不是绝对的。真正"不可造之材"是极个别的。因此，从"一分为二"的辩证法出发，博士研究生的生源是选拔学生时的一个重要因素，但无论如何，对已招来的博士生，导师必须在质量上下大力气（图5-14）。

图5-14　和弟子们在一起（2000年）

接着是引导研究生过实践关。不同专业有相应的、不同的实践内容和方式。像过去的清华大学等，是以工科为主的学校，工科的学生必须要去实习，实习的地点在哪里？在工厂、企业。我是搞发展心理学的，搞教育心理学的，发展与教育心理学专业的学生应该投入到大中小学校去实践。我为我的博士生、硕士生下学校实践提出要完成六个任务：第一，熟悉学校，熟悉研究通常的被试——学生；第二，了解发展心理学和教育心理学在教育改革中的地位和内容；第三，结合理论，在实践中对毕业论文进行选题；第四，适当地参加教学和学校行政领导工作；第五，充分利用实验点的资源，以利于以后深入地进行研究；第六，为提高所在实验点的教育质量而献计献策，成为一个教育改革的指导者。我的弟子中，像董奇、申继亮、辛涛、芦咏莉、蔡永红等，都是在基础教育实践中经受锻炼，摸爬滚打后成长起来的，他们经常或长期在中小学校听课、

图5-15　与申继亮、陈学锋陪外宾到郭嘉忠任校长的怀柔庙城中学实验点

评课、搞调研，参与学校行政工作，这有力地提高了他们的研究能力和实践能力（图5-15）。

参与教育、教学实践是培养研究生的有效渠道，从上面几个博士生的成长经历中，尤其能体现出实践的作用。具体说，有如下几个方面：第一，发展心理学博士论文的撰写通常要求"以基础研究为主，以应用研究为辅"，要贯彻这样的精神，必须了解基础教育实践。第二，为他们行政能力的提高、阅历的深化、横向课题的增加创造条件。时过十余年，我们有些研究生仍然兼任实验点学校的科研副校长或校长。比如蔡永红，就兼任北京育才学校科研副校长；芦咏莉，先兼任北京光明小学和第二实验小学科研副校长，后来被正式调往北京第二实验小学任校长，由于成绩斐然先后成为党的二十大代表和全国妇联十三届常委；孙汉银先兼任北京亚太学校的首任校长，后又兼任昌平区山区三个中心校20多所小学组成的联合学校的校长，他的业绩在昌平区教育界传为佳话。。

2008年二级教授申继亮被教育部任命为基础教育二司副司长，主持全国中小学教材、课程的建设及其改革的工作。我曾遇到不少中小学校长和研究基础教育方面的专家以及北京、上海等地教委领导，他们都夸继亮是"内行"，其实他并没专门学过"教材"和"课程"问题，而是从1986年当

研究生开始，一直在基础教育的实践中与教材、课程改革打交道。我的博士生中不少人在研究生期间就有一笔相当可观的横向课题经费，非常有利于科研工作的开展。

三是重视三个环节，即重视知识结构、科学研究和学位论文三个环节。在培养中，要注意引导博士生形成合理的知识结构。博士研究生实际上都要解决博与专的问题，怎样能够在"博"的前提下成为一个"专家"，为培养博士生创新精神或创造能力奠定一个很好的基础呢？在博士研究生培养过程中，我采取了一系列的措施：第一，博士研究生入学的第一个学期，我准备了八个专题讲座，为他们讲述自己的学术观点，围绕着我自己所研究的智能或者思维发展领域进行学术讨论，让学生了解有关领域的新进展。第二，第一个学期末确定论文的方向，按这个方向来选择、确定读书的目录，在引导博士研究生系统、广博掌握专业知识的同时，要求阅读近五年国内外新书和新的杂志。第三，每年都邀请中国科学院心理研究所和北京大学等兄弟院校的名家到我们单位来为博士研究生讲述各自的观点，使研究生了解国内外新方向、新成果、新方法。每次讲座，研究生们都会积极与这些著名的专家们讨教问题，这不仅使研究生水平提高了，而且他们与这些学校的专家们的关系也搞得非常好。第四，每周有研究生的例会，每季度举行一次研究生学术沙龙，让他们畅谈新方向、新成果、新方法，突出自己的新见解。这一点从我带研究生开始就这样做，现在我们这个团队里面，我原来的学生当博导后也都这样做，做得比我还好。第五，创造条件参加国内外会议，创造条件送在读的博士研究生出国门，进行合作培养或访问研究，以掌握国外最新的研究动态。国际心理学第27届（2000，瑞典斯德哥尔摩）、28届（2004，北京）和29届（2008，德国柏林）会议，我的博士生不仅几乎都出席了，而且他们的论文摘要都被选上，不是在小会上发了言，就是张贴了论文的主要观点与国际同行进行探讨。

研究生培养的核心是提高科研能力。研究生是干什么的？研究生就是搞研究的。为此，研究生特别是博士研究生入学开始，就要投入导师主持的各种各样的课题工作中，按他们的兴趣，协助导师或独立地承担相应的研究任务。在研究中，博士生、硕士生应与课题组成员一起讨论研究方案，并获得导师的指点。的确我们有不少的博士研究生，在入学第二年就能够独立地、积极地申请课题，组织起大小不等的研究项目。在我申请新课题的过程中，也请他们参与课题申请书的撰写工作。例如辛涛和辛自强，当博士研究生的时候就参与我课题申请书的写作，后来的博士研究生像王益文、胡清芬、罗良、张丽、邢淑芬、黄四林、朱莉、李玉华、陈桃等也都是这样。他们真正投入到有关课题研究的操作过程中去，研究的结果可以作为博士论文的研究组成部分，也可以单独整理发表。导师必须重视并且严格要求博士研究生要有高质量研究的论文发表，因此，我们培养的博士研究生都有论文发表，在他们博士论文答辩以前，已经有不少论文在国外SCI、SSCI或国内权威杂志上发表。

研究生质量要体现在毕业论文上。应该重视硕士研究生和博士研究生的毕业论文质量，这是导师声望所在，也是研究生毕业后长远发展的基础。对此，我采取了一些促进措施。第一，注意选题的个性化。博士研究生第一个学期末就要开题。选题依据是什么？有人说导师做什么他们就做什么，可是我呢？首要的是考虑博士研究生原有的研究和工作基础，必须从他们的需要出发。例如，我的博士研究生李维青，她原来是新疆大学党委副书记、副校长。她来当我的博士研究生时，起先我想让她结合自己的学校工作，如学校的德育情况选择自己的题目，后来她调动工作了，调到新疆人民出版社去当书记兼总编，我就跟她讲，她不能够再选择学校里的工作作为选题的出发点了，结果她选择了一个新疆不同民族地区书籍阅读的心理学研究课题。她对这个题目做得非常出色，不仅受到答辩委员会的赞赏，而且受到了新疆维吾尔自治区党政领导的肯定。获得博士学位后，她主持了新疆不少重要的课题。其实，选题的时候可以考虑与导师观点或研究思路相匹配，但是我认为不能都从导师的课题出发或从导师的观点出发。我怎么会考虑到这个问题的呢？有一次，我参加并主持某个博士研究生的论文答辩，有位老先生对这个博士研究生给出的操作定义很不满意，连同里边涉及的重要观点他都提出质疑。于是，这个学生着急了，他说："我们老师就这么说的。"后来，答辩的博士研究生和答辩委员会委员的分歧，竟成了那位答辩委员老先生和导师之间的争论。从中我注意到，学生选题可以考虑到和导师观点相匹配，但是这不能作为选题的根本出发点，因为离开研究生自己的兴趣、需求和原有研究基础来选题，肯定激发不了他们的积极性，所以，研究生选题的个性与特色要大于共性，不能够千篇一律。第二，博士研究生撰写开题报告时，文献部分必须吸收国内外同行近年来的成果。为什么？因为他们只有掌握最新的文献，才能把握住研究动态，确定合适的研究问题和方法。第三，鼓励研究生采用新的研究技术和手段。心理学的毕业论文，光写一篇理论评述是不行的，要做实验，为完成这个实验部分，要引导博士研究生操作和使用心理学的新设备、新手段。研究生掌握了新的研究工具，提高了素质，他们在毕业以后就能与国内外一流的心理学家打交道，凭借着他们崭新的知识结构申报并获取各种科学研究项目。例如王益文，他大学是学计算机的，后来是山东师范大学我的学生张文新教授的硕士研究生，因为成绩很优秀，张文新教授就推荐他当我的博士研究生。他来了以后，对新设备、新手段，如事件相关电位（ERP）、核磁共振（fMRI）等感兴趣。当时，我们学校这种仪器使用的人多，他主动去中国科学院心理研究所，找到了拥有这方面仪器的天津师范大学等去从事他自己论文的研究工作。毕业以后，他把自己博士研究生的研究成果在有些国际SCI收录的杂志和国内《中国科学》等权威杂志上发表了，也申请到了国家自然科学基金项目，毕业才半年就晋升为副教授。现在王益文已是颇有影响的教授、国家"百千万人才工程"的人才、中宣部批准的社会科学领军人物。2019年他在拿下国家社会科学重大攻关课题的同时，与清华和北大教授各获得国家自然科学基金的重点项目，认真地研究人工智能、脑科学和心理学的结合，开拓性地探讨神经经济学。第四，对论文要反复推敲，特别是要加强论文的讨论部分。我发现，很多毕业论文的薄弱环节是讨论部分，为此，我要求他们写讨论部分时应该做到三点：要对结果分析进行完整、深入的再分析；要对文献中涉及的各种各样的流派、观点做出自己的评价；要渗透自己的创新观点。我提醒他们对结果的再分析要和文献综述前后呼应，不能文献归文献，结果是结果，前后两张皮不行，还要注意渗透自己的创新思想。为此，我对博士研究生一遍又一遍地指导，有一位学生的论文我给他提了21次意见，他也修改了21遍。后来他对我说："老师，我是你最笨的学生。"我跟他说："你是我最刻苦的学生。"这是为什么？就是让学生知道什么是严谨，什么是规范。后来，这个学生不仅把毕业论文整理成一篇篇论文发表在高质量的杂志上，而且还出版了一本相关的专著。第五，通过高质量的博士、硕士论文和其他成果，提高研究生的知名度和影响力。一篇论文就是一本很好的专著，一篇博士论文拆开来至少可以在国内、国外杂志上发表4篇、5篇、6篇论文或者研究报告。论文发表多了，他们也有了学术影响力，能自己独立开展研究，独当一面了。

以上就是我对培养博士研究生的一些看法和做法。

【育英之道　折服人师】

学生敬佩、崇拜导师应该算是正常的事情。但是，我认为作为导师，其成功不应该看学生多么崇拜老师，而是要看前文多次提到的我们是否培养出了值得自己崇拜的学生，这就是我的教育目标。

在培养博士生的基础上，我还先后带了十几位博士后：张卫（华南师范大学教授、研究生院院长）、李晓东（深圳大学教授）、吴安春（中央教科所研究员）、彭运石（湖南师范大学教育学院院长、教授）、王沛（华东师范大学教授）、刘复兴（中国人民大学教育学院院长、教授）、聂衍刚（广州大学教务长、教授）、何先友（华南师范大学心理学院院长、教授）、庞维国（华东师范大学教授、上海市心理学会理事长）、刘文（辽宁师范大学心理学院副院长、教授）、金花（她曾是我协助莫雷教授培养的博士生，又是博士后，现为天津师范大学渤海学者特聘教授）、姚本先（合肥师范学院副校长、教授）、陈旭（西南大学心理学部副部长、教授）、姜媛（北京体育大学教授）等。

这里，我想回答媒体多次提到的一个问题："您的教育理念是培养出超越自己，值得自己崇拜的学生，实现了吗？"实现了！我的学生们有很多突出的特点，是我所不及的。尤其有四个方面更让我敬佩：

第一，有道德。除了送到美国联合培养的16位博士生有15位按时回国的例子外，我还要提一下辛涛。1999年，我支持辛涛去美国哥伦比亚大学攻读第二博士学位，2002年，在他妻子怀孕近9个月的时候，辛涛居然让她回国生孩子。当时引起不少人的震惊："为什么不要众人追求的美国籍孩子？"但是我很开心。这只能说明我的弟子们热爱祖国，有理想信念，有敬业守信的道德品质，没有别的解释方法。

第二，业务上过硬。有的成为特聘教授，有6名成为教育部的长江学者，还有一批地方的泰山学者、渤海学者、东方学者等，省市一级以上师范院校心理学学术带头人近半数是我的学生。2004年以后，连续数年都有我的学生入选为国家"百千万人才工程"的专家，特别是2004年入选的西南大学的教授。他曾是那个学校唯一从外校获得博士学位的心理学教师，其他教师都是他们自己学校留校的，只有李红是北京师范大学我的博士生。他1993年入学，因身体不太好，1997年才获得博士学位。在校期间，我尽一名导师的职责，给予他诸多的关心，没想到2004年在中宣部和教育部党组派来记者征询我的事迹时，他竟痛哭着表达了对导师的感情。与会记者无不为之感动，而当时我没有在现场。现已是心理学界首位长江学者（2007年）的李红，曾当过辽宁师范大学副校长、深圳大学师范学院院长，2021年他任中国心理学会理事长时，主持了中国心理学会百年华诞，兼任中-加（加拿大）联合国儿童研究中心中方主任。他每年都在国外SCI或SSCI发表5篇左右文章，有的影响指数很高；此外，每年还在《中国科学》《科学通报》和《心理学报》等国内权威杂志上发表文章。中国科学院李朝义、陈霖和裴钢三位院士在一次鉴定中对李红做了这样的评价："他是我国著名的青年一代心理学家，在人类推理活动的机制、情绪感受性及其个体差异、执行功能等方面做出了杰出贡献；他建立了以脑和扣带前回侧部额叶皮质和内侧颞叶为核心的类别归纳的神经机制模型，引起国内外同行的广泛关注。"华中师范大学研究生院院长周宗奎和李红同一年获得博士学位，他给人的最深印象是坦诚，在华中师大，他从教育学院的副院长到心理学院的院长，以超乎常人的努力取得了别人短期很难取得的学科建设的成效。他所领导的二级学科博士点两年就实现向一级学科博士点的跳跃，为此他2008年被选为湖北省人大常委会委员，2021年当选为中国心理学会副理事长。2020年年初武汉遭遇新冠感染疫情，教育部抗疫领导小组办公室就以周宗奎为主任的教育部重点实验室为中心，开展了抗疫教育的工作，这中间的酸甜苦辣，所付出的艰辛只有他自己才清楚。2020年年底他领导的集体受到省部级表彰；而他和陕西师范大学游旭群校长二人被评为长江学者特岗教授。他的谦虚、礼让和合作精神也赢得华中师大乃至学术界的拥戴。朱莉是我恩师朱老的孙女。2004年考上我的硕士生，后不仅硕博连读，而且送往美国进行联合培养，于2010年获博士学位。由于她的努力，现在是北京师范大学"认知神经科学与学习国家重点实验室"教授，国家"万人计划"青年拔尖人才。目前研究领域为人类学习和记忆发展的脑机制。作为第一作者或通讯作者发表在*Nature Communications*、PNAS等国际知名学术期刊上的实验研究论文达20余篇，主持国家自然科学基金项目3项。更可贵的是她修订了她爷爷朱老于人教社出版的《儿童心理学》第6版教材，不仅使朱老开创的事业后继有人，而且也成为北师大发展心理学梯队的重要一员。

前面多次提到的董奇（图5-16），这里还可讲他一个故事：在国内掀起"开发右脑"的热潮时，有关右脑开发的书籍"洛阳纸贵"。在时任中共中央政治局常委、国务院副总理李岚清召开的座谈会上，作为专业学者，董奇没有人云亦云，他秉承研究者的科学精神，力排一边倒的众议，用充分的科学论据重申全脑开发的重要性，他的观点得到了李岚清等领导同志的肯定。他既坚持了科学工作者的道德良知，澄清了民众对于大脑开发的认识，也为社会做出了贡献。

第三，具有综合素质。大部分学生既能够当专家，又有较强的行政管理能力。有多少学生当系主任以上的业务骨干？应该占我博士生中的一半以上吧。有多少学生已经成为高校校级或是司局（厅）级干部的呢？目前已超过20位。我的学生也不是全在教育系统工作：王开忠是中宣部宣教局

图5-16　我和董奇与苏联心理学家谈合作研究

的副局长；张令振在中央电视台，先是总编室的一名处长，后来提升为央视国际移动传媒有限公司总经理；丛中笑是全国妇联常委；邹泓是全国妇联执委；等等。这些使我感叹不已，又使我无比兴奋。

第四，做出了学术和非学术领域的突出业绩。他们有的具有创造财富的能力，成为拥有相当财富的企业家；有的投身基础教育，成为中小学的特级教师或优秀中小学教材的卓越编写者；有的在行业上攀登高峰，成为劳动模范；有的具备多种知识，把心理学与人工智能、经济管理、航空航天等多个领域结合起来，成为交叉学科的开拓者；有的为教育部制定了高校、普教、职教学生心理健康教育三种教育部"指导纲要"；有的成为互联网心理研究的探新者，在国际上发表的文章影响指数为全球的前1%；等等。

董奇曾在一次录像时说："我们学生都是林老师的成果。"而我强调的成果应该是：培养了一大批超越自己，值得自己崇拜的学生。

我经常被媒体记者问这样的三个问题：第一，你是怎么选择当老师的？第二，什么是你最大的幸福？第三，怎么当老师？这里我不需再做回答了。《人民教育》杂志2008年第17期为纪念教师节发表了一篇对我的专访，题目为《林崇德教授的职业幸福感》，表达了我的学生超越我自己，成为我崇拜的学生，这是我最大的幸福的思想。本书也对此多有涉及，这个理念是什么时候开始有的呢？是我确定要当老师的时候。本书前面提到写那首《教师之歌》的时候，我已经有这样的想法。为什么？因为我想过去的状元都是秀才培养的，可是秀才本身并没有成为状元，秀才创造出超越他们自己，值得他们自己崇拜的状元，没有秀才就没有状元，而秀才绝对不能培养不如自己的秀才。后来，这个想法又得到了复旦大学老校长——著名的数学家苏步青教授的印证和启迪。1985年9月，我看到对苏步青教授的一个报道，他说："不是名师出高徒，而是徒高捧师名。因为我培养了像谷超豪这样的弟子，所以我的名被捧出来了。"这当然是苏步青教授谦虚的表述，但苏老的话对我启发很大。那年，我刚好开始担任博士生副导师，我就想到，不想自己的学生超过自己的不是好老师，不想超过老师的学生不是好学生。"长江后浪推前浪，一浪更比一浪高"，否则只能够落个"黄鼠狼下崽，一代不如一代"的结局。我们民族的兴旺、国家的发展还有什么指望！

最近我听到了一个顺口溜，叫作"长江后浪推前浪，前浪死在沙滩上"，这确实让一些研究生导师伤感，但是，我们不必去伤感，关键的问题是以什么心态对待超越你的学生。我把学生超越我自己、学生取得的成就都看作是值得自己崇拜的，觉得是一种幸福。1996年，我的日本博士研究生山本登志哉面临着博士论文答辩（图5-17）。当时我提出："你到你们日本驻华大使馆去邀请一位主要官员来参加你的博士论文答辩。"他为难了，这可没有先例，可是我坚持要这样做，并且对我们学校外事处说："如果日本驻华使馆的官员不来，我就推迟这个学生的博士论文答辩。"后来由于我的弟子、长期在日本工作的张日昇教授的工作，日本大使馆派出一个非常高级的官员，这就是日本驻北京的总领事松本先生。他是个中国通，松本来到北师大参加山本登志哉的博士论文答辩，整个答辩过程非常顺利，答辩委员会建议授予山本登志哉博士学位。松本先生非常感动地用中文致辞，向北京师范大学和作为导师的我表示感谢。事后，在松本先生肯定我的"爱国心"时，我说了下面的一段话："请你们来，不仅表示一位中国爱国书生的风范，也就是说，不要让人觉得只有日本培养中国的高级人才，中

图5-17　与山本、张日昇在日本

国的博士生导师一样在培养日本的高素质创造性的人才，而且我还要表达一种观点，我的学生是最好的，不论是中国人还是外国人，他们都能超越我，会在国际心理学界发出时代的最强声。"山本登志哉原是奈良女子大学的一位讲师，在中国取得博士学位以后，他回到日本，到一所比奈良女子大学名气稍微小一点的大学，即新桥国际大学当了副教授，后来晋升为教授。2007年，他击败了26位竞争者顺利成为著名的大学——早稻田大学的教授，成为该校心理学学术带头人。当他到早稻田大学上班的时候，给我写了一封热情洋溢的信，信里写道："没有您的栽培，没有北京师范大学的培养，就没有我山本登志哉的今天。"看过信后，我不仅仅感动得流泪，而且发自内心地感到幸福，学生成才，学生超越老师，学生成为老师崇拜的对象，那是最大的幸福（图5-18）。

2008年12月18日，为了纪念改革开放30周年，《光明日报》在"辉煌30年纪念特刊：纪念改革开放30周年——中国成长报告（教育篇）"中，邀请了美籍华人、诺贝尔物理学奖获得者、清华大学教授杨振宁，中国教育学会会长顾明远，中国人民大学校长纪宝成，北京大学教授温儒敏和我做了"名人寄语"。我的寄语是："我是改革开放30年的受益者，也是改革开

图5-18　主持伍新春博士论文答辩会（左一是其导师冯忠良教授）

放30年的建设者；我是我国学位制度改革的受益者，也是学位制度改革的实践者。我是我国新学位制度确立后的第一个教育学·心理学的博士，也是依靠指导博士研究生而获得'全国劳动模范'和'全国师德标兵'称号的一个导师。我深切地感受到，在学位制度的推动下，我国的研究生教育30年来取得了长足的进步，我国也由此成为研究生教育的大国。今天，我更期盼着我国早日实现从研究生教育大国到研究生教育强国的转变。这个转变关键在于质量。为了质量，我倡导培养出超越自己，值得自己崇拜的学生。"因为我是中共中央组织部的高级联系专家，2009年我为中组部写的"专家意见建议"，题目就是"培养出超越自己，值得自己崇拜的学生"。

如果每位老师、每位导师都培养一大批超越自己，值得自己崇拜的学生，那么，我想"前浪"绝对不会"死在沙滩上"，"后浪"绝对能够推崇这种教师的精神，从而把我国人才培养，尤其是高素质创造性人才教育推向一个新的高潮。我对研究生的培养工作，也获得了国家的认可。20世纪90年代后，我三次获得"国家级优秀教学成果奖"，并荣获国家级有突出贡献中青年专家（1994）、全国劳模（2000）、全国十佳师德标兵（2001）、全国优秀教师（2006，后来把每年表彰的十位优秀教师称为教书育人楷模）、全国优秀科技工作者（2012）、全国杰出科技人才（2014）、北京市人民教师（2017）、当代教育家（2017）和全国教材建设先进个人（2021）等称号（图5-19）。党和国家给我的荣誉太多了，而我仅仅做了一点点自己应该做的工作，现在却受到多方面的重视。这一切，除了给我莫大的鼓舞之外，我没有什么其他的想法了。

图 5-19　党和国家给我的部分荣誉

"共和国的脊梁"邮票集

第六章　构建思维心理说

　　我曾读过下边两个故事：牛顿受苹果落地的启发发现了万有引力定律；瓦特受水开顶起水壶盖的启发而发明了蒸汽机。当然，他们发明创造的是科学技术，人文社会科学的发现创新有这类偶然性吗？应该是有的。我对思维理论的建构有时也以这种偶然的实践为基础。当然，所有这些基础，仅仅是一个启示或启发，真正的创建，不论是自然科学还是社会科学的创造，都需要深入的探索和艰苦的努力。真正的学者，必须有自己的学术观点，特别是要凸显原创性。

　　我的重要学术领域之一是思维心理学。思维是宇宙中物质"运动的基本形式"之一，恩格斯称思维着的精神为"地球上的最美的花朵"（《自然辩证法》）。心理学讲的思维，是人脑对客观事物的本质和事物内在的规律性关系的概括与间接认知。五十多年来，我一直进行着思维心理学的研究，并试图探索基于思维心理学的智力理论。2003年我和我的学生李庆安在国际权威心理学杂志《理论心理学》（*Theory & Psychology*）第6期上发表了我的思维–智力结构观。2006年年底至今，英国著名学术出版集团SAGE Publications 的网站发布数据表明，我们发表的那篇文章一直跻身该杂志自创刊17年以来所有600余篇论文"被阅读次数最多的50篇文章"排行榜，最好的排名是第5位。在此排行榜中，这是唯一由中国心理学家撰写的论文，它反映了我的学术观点不仅在国内，而且在国际上产生的影响。

　　我的思维观，集中反映在2005年商务印书馆出版的著作《我的心理学观》（后收入《林崇德文集》时改名为《我的智力观》）中，其副标题叫"聚焦思维结构的智力理论"，无非是在阐述：我主要是研究思维心理学的。对我这部拙作的出版，《心理科学》等心理学杂志、《光明日报》等报纸、《博览众书》等书评刊物纷纷发表了肯定式的评论。一个学者最大的荣光无非是自己建树的理论观点被学术界所承认。

【聚焦思维　发展有序】

我在自己的心理学观点中，强调"思维核心说"。国外心理学界尽管没有直接提思维是智力的核心成分，但多数心理学家不会否定思维与智力的关系，皮亚杰视思维、认知、智力为同义语。"思维是智力的核心"是我的恩师朱智贤教授多次论述、我所接受和继承的心理学思想。恩师和我写《思惟发展心理学》的时候，我们谈到思维是多种学科研究的对象，哲学要研究它，逻辑学要研究它，语言学要研究它，神经科学要研究它，控制论和信息论要把它作为研究对象，教育学也要研究它。在这种种的研究学科中，心理学也是其中一科。心理学也要研究思维，这就是思维心理学。如果说哲学是研究思维和存在的关系，逻辑学是研究思维的逻辑性，语言学要研究思维的基础——语言这个工具，神经科学要揭示思维的生理基础和脑的机制，控制论和信息论把思维作为研究对象来探索信息的过程和转化，教育学要研究如何去培养学生的思维，那么，心理学要研究什么呢？朱老和我提出心理学应该从四个角度来研究并理解思维：一从心理现象的角度；二从智力的角度；三从个体的角度；四从教育与发展关系的角度。这里，我们试图科学地阐述智力与思维的关系。

在《我的智力观》一书中，我又加了一章"继承弘扬中华传统文化的智能观"，分三节来阐述中国古代的思维心理学思想：智能的实质及其关系、智能的形成与发展、智能高结构与成分。这章无非要表达我的思维观，在相当程度上受中华传统文化的影响。

智力一直是心理学极其重要的一个研究领域。在国际上，它的定义有一百四五十种之多；在国内对智力的认识也极不一致。我把智力归为个性的范畴。为什么？这既来自自己的实践，也来源于中国圣人先哲的思想。我在基础教育界教了13年的书，接触了无数学生，看到学生智力与能力的差异事实，比牛顿看到苹果落地要生动得多。通过学习，我学到从两千五百多年前的孔夫子到现代的毛泽东，都提倡"因材施教"，原因是"一个人的能力有大小""天才无非就是聪明一点"，这些伟人的思想均在强调智能是一种个体的差异。我在研究中，主要从四个方面坚持了人才及其智能存在的个体差异：其一，从智力发展水平来看，可以表现在超常的、正常的和低常的差别，即孔子的"上智—中人—下愚"的思想，这就是要承认智能或智力水平有高低之分。其二，从智力发展方式来看，有认知方式的区别，特别表现在认知方式的独立性和依赖性，也就是孔子的"狂—中行—狷"的理念，于是有人善于独立思考，有人常常优柔寡断，有人则事事依赖别人等。其三，从智力组成类型来看，可以表现出各种心理能力组合和使用的区别。根据我多年教书的经验分析，一个班级同样考80分的学生，其心理能力基础都有很大的区别。其四，从智力表现的范围来看，可以表现为学习领域与非学习领域、表演领域与非表演领域、学术领域与非学术领域的区别。

我们的结论来自一系列的科学实证研究，在学校教育中的例子也不胜枚举。今天学习好的学生将来肯定比学习差的学生"更"有"出息"吗？未必。宁波鄞县（今为鄞州区）有一所中学，有位因学习差被学校劝退的学生，后来成为了企业家。2010年，他给原所在的1992级同学每人发了一个苹果5手机做礼物，当年老师安慰他说："幸亏当年学校对你的劝退！"他大大方方地回答："感谢学校当年的英明决策！"且不说这件事本身对当今教育的讽刺意义，但人在包括思维在内的智能表现上的差异在学习与非学习领域里是个事实。至于音、体、美的表演才华差别更大了，这里我们不能否认其后天的努力，但我们更能看到天赋的作用。至于我带出那么多的硕士博士，有的适合做学问搞学术，有的则适合搞行政、搞宣传、搞企业、搞军事、搞科普作品等非学术领域，这种现象在社会上就更普遍了。所以我们应肯定智力是一种个性特征。与此同时，智力还有两大特点：一个是成功地解决问题或完成任务；另一个是强调良好的适应性。于是我将智力定义为：成功地解决某种问题所表现出的良好适应性的个性心理特征。其实，定义的措辞代表的仅仅是对智力实质的理解罢了。再从成分上看，智力是由思维、感知、记忆、想象、语言和操作技能等组成，按结构成分，可制成图6-1。那么，这些智力成分是处于同等重要的地位，还是有主、次之分呢？我在上边已经提到十分赞同我恩师的观点——思维是智力的核心成分，这就是所谓的"思维的核心说"。图6-1中的成分，在中华传统文化的文献中也能找到，当然，在中国古代，不一定都用现代心理学的概念，但有类似的提法。例如早在3000年前《尚书·洪范》篇中就有"五事"貌、言、视、听、思一说。于是智能或知和虑，即感知与思维就成了人的认识过程或认知过程的感性认识与理性认识两个阶段。在中国古代思想家、教育家的著作中，凡论述知虑即智能，必然涉及"思"或思维问题，且都是以重墨相叙，可见都把思排在首要的或核心的位置。今天教育界反复强调培养学生的智力与能力、实践能力与创新能力，从何入手？应该从思维入手，换句话说，发展思维就是培养智能。这正是"思维核心说"对当今社会、对我国教育的意义。因此，我不知在多少个领域、多少场学术报告或科普讲座中讲了上述的观点。

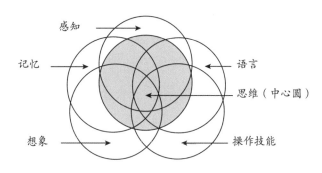

图6-1 智力结构成分模型

　　智力作为个性心理特征是分层次的。那么，如何去确定智力特别是前述的智力四个方面的差异呢？这在心理学界又出现了分歧。我提出智力呈现个体差异，思维是智力的核心，思维品质决定人与人之间智力个体差异的观点。思维品质的成分及其表现形式很多，主要集中地表现在前面提到的深刻性（或逻辑性）、灵活性、批判性、独创性、敏捷性五个方面的特征上。确定一个人智力是正常的、超常的还是低常的，主要指标正是表现在思维品质的这些方面。思维品质显示了思维是智力的核心，所以心理学界把思维品质称作思维的智力品质。由此可见，支撑着智力的"思维核心说"

的基石是思维品质。

　　思维乃至智力是怎样发展的？一般的观点，包括20世纪最伟大的心理学家之一的皮亚杰的认知（智力）发展理论，都认为是单维发展途径：从直观行动思维（感知运动思维）智力阶段到具体形象思维（或前运算思维）再到抽象逻辑思维。当然，抽象逻辑思维又可以包括初步抽象逻辑思维（或具体运算思维）、经验型抽象逻辑思维和理论型抽象逻辑思维（后两种叫作形式运算思维）。这种途径主要的特点是替代式的，即新的代替旧的，低级的变成较高一级的，如图6-2所示。当然，这样分析有一定道理。但是，它也有一个难解之处，就是如何揭示这些思维之间的关系和联系。

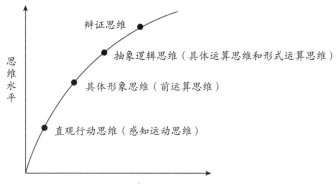

图6-2　替代式的思维发展模式

　　初中阶段我和父亲朝夕相处，父亲从事信托工作——收购旧货。他用手托起一件毛衣，马上喊出重量，而不差二钱；他烧一根毛线，用鼻子一闻马上说出这毛线的羊毛含量；他把一块旧手表摇晃几下放在耳边听听，马上能给这块手表定价，而很少打开表壳。从父亲的能力，我联想到全国劳模、北京百货大楼的张秉贵，他卖糖块时可以不用称，一抓一个准，不差分毫。对此，我又重新学习当年苏联的劳动心理学，认真研究起当今的实践思维，我把其称之为动作逻辑思维。进而我又学起文艺心理学，认真研究起形象思维或形象逻辑思维。于是我就在多年研究的基础上，提出了思维发展的一个新途径，如图6-3所示。下面会对这个发展示意图做详细的分析。

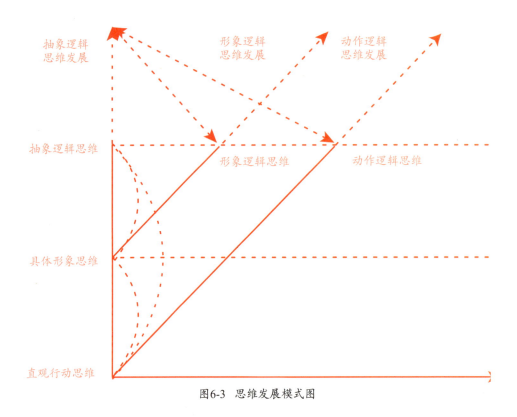

图6-3　思维发展模式图

　　我研究了从直观行动思维到动作逻辑思维的发展过程。直观行动思维是指直接与物质活动（感知和行动）相联系的思维，所以皮亚杰叫它为感知运动（动作）思维。在个体发展的进程中，最初的思维是这种直观行动思维。也就是说，这种思维主要是协调感知动作，在直接接触外界事物时产生直观行动的初步概括，如果感知和动作中断，思维也就终止了。直观行动思维，在个体发展中向两个方向转化，一是它的直观性在思维中的成分逐渐减少，让位于具体形象思维；二是向高水平的动作逻辑思维（又叫操作思维或实践思维）发展。动作逻辑思维是以动作或行动为思维的重要材料，借助于与动作相联系的语言作物质外壳，在认识中有形象逻辑思维和抽象逻辑思维成分参加，有过去的知识经验作中介，有明确的目的和自我意识（思维的监控）的作用，在思维的过程中有一定形式、方法，是按照一定逻辑或规则进行着。这种思维，在人类实践活动中也有重要意义。

例如，运动员的技能和技巧的掌握，某种工程操作性工作的技能及其熟练性，就需要发达的动作逻辑思维作为认识基础。

我研究了从具体形象思维到形象逻辑思维的发展过程。具体形象思维是以具体形象为材料的思维，它是一般形象思维的初级形态。在个体思维的发展中，必须经过具体形象思维的阶段。这时候在主体身上虽然也保持着思维与实际动作的联系，但这种联系并不像以前那样密切，那样直接了。个体思维发展到这个阶段，儿童可以脱离面前的直接刺激和动作，借助于表象进行思考。具体形象思维是抽象逻辑思维的直接基础，通过表象概括，发挥言语的作用，逐渐发展为抽象逻辑思维。具体形象思维又是一般的形象思维或言语形象思维的基础，通过抽象思维成分的渗透和个体言语的发展，形象思维本身也在发展着，并产生着新的质。所以，形象思维又叫形象逻辑思维。形象逻辑思维，即形象思维，是以形象或表象为思维的重要材料，借助鲜明、生动的语言作为物质外壳，在认识中带有强烈的情绪色彩的一种特殊的思维活动。一方面是具体的、活生生的、有血有肉的、个性鲜明的形象；另一方面又有着高度的概括性，能够使人通过个别认识一般，通过事物外在特征的生动、具体、富有感性来认识表现事物的内在本质和规律。形象逻辑思维具备思维的各种特点，它的主要心理成分有联想、表象、想象和情感。作家、艺术家创作时的思维是形象逻辑思维的典型，也是形象逻辑思维所达到的高级水平。

我研究了抽象逻辑思维。在活动或实践和感性经验的基础上，以抽象概念为形式的思维就是抽象逻辑思维。这是一切正常人的思维，是人类思维的核心形态。抽象逻辑思维尽管也依靠于实际动作和表象，但它主要是以概念、判断和推理的形式表现出来，是一种假设的、形式的、反省的思维。抽象逻辑思维，就其形式来说，有形式逻辑思维和辩证逻辑思维。前者是初等逻辑，后者是高等逻辑。两者既有区别，又有联系，它们是相辅相成的。

通过研究，我们用图6-3展示出各种思维形式之间的关系，这些关系并不是简单的替代关系，而是替代与共存辩证统一的关系，这就构成思维乃至智力发展的模式。在理论建构上，我虽在国内出了书，但更希望社会上对三种逻辑学思维形式都加以重视，以便各类高素质创造性人才的成长；而且我在国外发表了文章，也希望国际学术界，尤其心理学界重视我的观点。在教学实践中，我提出教师应在传授知识的同时，灵活地发展学生的各种逻辑思维。这就是说，在教学实践中，既要发展学生的抽象逻辑思维，又要培养他们的形象逻辑思维和动作逻辑思维，做好"因材施教"。所谓逻辑思维就包括这三种形式的逻辑思维，任何一种逻辑思维能力都不可偏废。由此可见，支撑发展心理学对思维乃至智力发展正确理解的是科学有序的思维发展模式。

【三棱结构　凸显原创】

　　从1965年到1978年，我在基础教育界工作，当我去听物理课时，物理老师经常讲物理结构；当我去听化学课时，总要和化学教师讨论有关化学物质的结构，我当时想："物有结构，难道心就没有结构？"自然科学的结构观，引起我对思维或智力结构的浓厚研究兴趣，于是我就逐步地提出了这个结构模型。如第五章提到，1979年11月在"文化大革命"后的中国心理学会第一次学术年会上，经恩师朱老的推荐，我向大会做了《儿童青少年数概念与运算能力的发展》的报告，初步展示了这个思维结构模型。后来，我协助朱老指导首批5位硕士研究生，在和他们讨论中，我又逐步完善了这个模型。1982年，我参加了"文化大革命"以后最早恢复的中国心理学会发展与教育心理学专业委员会的活动。那一次学术年会是在云南昆明开的，我利用开会的机会做了问卷调查，因为之前就做过开放式问卷。后来我干脆把开放式问卷中比较集中的10项抽出来让大家来"画钩"。我在100多位与会代表中，找了50多位心理学家给"画钩"，选取50份有效问卷来分析。后来我又到学校做其他问卷调查的时候，选取25位有声望的中学老师给我画钩，又选了25位有声望的小学老师给我画钩。就这样我做了从开放到封闭的两次问卷调查。结果表明，有六种因素在被试中赞同的比率超过或者接近第三个四分点，就是在75%上下。这个设想我最早发表在我的《中学生心理学》《智力发展与数学学习》两本书中。1981年我还将其发表在《心理学报》上。后来经过完善，我就把它写入朱智贤教授和我共同撰写的那本《思惟发展心理学》（1986）中。1990年后，我就把这六种因素按其在思维乃至智力中的地位和功能，制作了三棱结构模式图，先后列入《学习与发展》《教育与发展》等书中，接着又在国外发表。我国心理学界不少评论文章称这个结构为"三棱结构"。这些评论里最有权威性的一位是黄希庭教授。他在北京大学出版社2005年出版的那本《心理学十五讲》里就用很重要的一个小节来介绍我的思维的三棱结构。2009年，他又在《心理科学》撰文谈心理学的30年，提出中国科学院生物物理研究所陈霖院士的"拓扑性质知觉理论"和我的"三棱结构"为我国心理学界近30年的两项原创性成果。我所说思维结构中的六种因素，是思维的目的、思维的过程、思维的材料、思维的品质、思维的监控和思维的非认知因素，我下面做一些介绍（图6-4）。

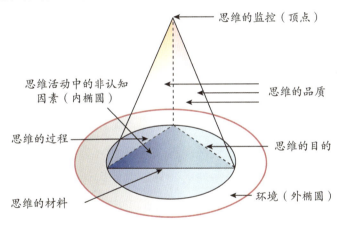

图6-4　思维结构

一、思维的目的

思维的目的性是怎样提出来的呢？早在大学一年级下学期，彭飞教授来给我们上"普通心理学"，上完第三章"人类心理的特征"后的一次讨论课上，我就坚持："人类心理和动物心理的根本区别是人类心理的目的性，它来自人类的意识性，出自于思维，也就是我们平时所讲的问题提出。"当时主持讨论的严定湘同学说我论证很精辟，有创见。他这一"表扬"，倒使我有点忘乎所以，加强了对自己观点的自信。这里对我启迪较大的还是马恩著作里的一段话，就是人类在思维以前他一定在头脑里头有种预期的构想。马恩著作中用蜜蜂与建筑师的区别来论述人类思维的目的性和预见性，对我启发颇大，使我体会到人类思维活动的根本目的就是为了适应和认识环境。这种目的性在中国传统文化中就是"志"，它是知虑的出发点，"心之所之""心之所向""心之所发"。今天我们讲问题提出和问题解决是最主要的高级智力活动之一，这起点就出自人类活动的目的性，而这种目的性是建立在主体的思维结构基础上的，其中图式和策略尤为显著。其不断的发展与完善对保证思维活动的方向性、针对性、目的性、专门化有着重要的意义。1978年归队以后，经过反复研究我发现，思维目的的发展变化或完善表现在定向、适应、决策、图式、预见五个指标上。

我这种想法对吗？20世纪90年代后我有意识地把这个任务交给我的一些研究生去开展研究。我的博士研究生辛自强、康武等先后围绕着思维目的的问题在他们博士论文中通过实证研究的方法，探讨了与思维目的有关的问题。辛自强的博士论文题目叫《儿童在数学问题解决中图式与策略的获得》（2002），康武的博士论文题目为《中学生数学问题提出能力——类型、发展及影响因素》（2003）。这两篇论文指出：人类只有建立更加完善和复杂的认知结构才能更好地认知和适应环境，使主体在感性认识的基础上产生一种理性认识。这种理性认识以自觉地定向、能动地预见未来、做出计划、有意识地改造自然、变革社会、调节自己为前提。有一种内隐的复杂的认知加工过程：须对数学情境或问题解决进行积极主动的计划、假设、检验、调控和反思。所以目的性是智力的根本特点之一，反映了人类智力的自觉性、能动性、方向性和有意性，而智力活动的目的性受主体的图式即结构制约。问题类型结构可以引导智力操作沿着正确的方向进行，提高了解题的正确率。这两项研究最后获得三方面结论：一是思维乃至智力目的性发展变化的趋势；二是思维乃至智力目的性成为衡量不同被试水平高低的指标；三是人类思维乃至智力活动的根本目的是适应和认识环境。

二、思维的过程

思维是有过程的，记得在大学学习思维心理学的时候，我非常重视苏联的思维心理学，特别是鲁宾斯坦学说。鲁宾斯坦一个很重要的观点是认为思维是种分析和综合的活动，它的过程主要也是一种分析和综合，以及其形态的抽象、概括、比较、系统化和具体化的过程。当时我觉得这种过程与中国古代的知虑观十分相似，如王夫之在《周易外传·说卦传三》说"象合以听分，数分以听合也"（分析、综合过程），在《尚书引义·说命中》说"虚以生其明，思以穷其隐"（推理、比较过程）。我认为这样的归纳有待完善，但我当时又提不出更复杂的看法来。20世纪80年代初，我接触了认知心理学。安德森的《认知心理学》提出："认知心理学研究什么？是研究人智力的性质，研究人是怎么思维的。"认知心理学强调认知是为了一定的目的，在一定的结构中进行信息加工的一种过程，而信息加工的过程又包括串行的、平行的和混合加工的过程。我就觉得这个认知实际上就是思维或智力。我们也可以把思维或智力活动看成是为了一定目的在一定心理结构上进行信息加工的一种过程；我又认为它同样表现为串行的、平行的和混合加工的过程。于是，我把苏联的和西方的两种理论结合在一起形成了我自己的观点，认为有思维就有过程，思维的过程是思维结构中的一个重要方面。于是，我把思维的过程这一种活动的框架确定为：确定目标→接受信息→加工编码→抽象概括→操作运用→获得成功。

我的这种想法对吗？我把自己的观点交给我的博士研究生张奇来研究。他的博士论文（2002）成功地对小学生等量关系运算和几何图形预见表象等认知过程进行了信息加工过程和思维过程的分析。张奇在博士论文中指出：①思维过程是智力（认知）的主要过程，不论是等量关系的认知过程，还是几何图形的预见表象过程，都可看到这一点。②思维过程的发展促使智力过程的完善，这种完善化过程既有思维具体过程的完善化，还包括整个思维活动过程的协调统一的完善化。③思维过程的发展表现为认知过程完善化的两种趋势，一是整体认知过程中各个具体认知的分析综合过程的发展；二是整个认知过程中各个认知环节的协调、统一和完善是在思维活动的目的、任务（接受信息、加工编码）和过程（串行的、平行的或混合的）要求下实现的。因此，思维过程的发展或完善决定着整个认知过程的操作应用和成功。④智力过程的发展表现为思维抽象概括过程的完善化。

三、思维的材料

中国古语有"巧妇难为无米之炊"，说的就是思维材料或内容的重要性。如果说思维的基本过程是信息加工的过程，那么思维的材料，也就是思维的内容信息，即外部事物或外部事物属性的内部表征。外部信息内在的表征有多种类型或形式，但归根结底可以分为两类：一类是感性的材料，包括感觉、知觉、表象；另一类是理性的材料，主要是概念，即运用语言对事物各种形态、各种组合、各种特征的概括。能展示出智力内容的发展变化或完善的具体指标，应该是感性认识（认知）材料的全面性和选择性，理性认识（认知）材料的深刻性和概括性，感性材料向理性材料转化过程中的准确性和灵活性。

早在20世纪90年代初，陈英和的博士论文《关于儿童青少年获得几何概念认知操作的发展研究》（1991）就涉及思维的材料。她在研究中发现儿童青少年的平面几何概念的发展共经历了四个水平：第一，具体水平。儿童青少年能够在一定的时间间隔后，将某个先前感知过的图形从若干图形中辨认出来。第二，同一性水平。儿童青少年能够在不同的视觉角度下，将先前感知过的图形认作同一图形。第三，分类水平。儿童青少年能够将某一几何概念（图形）的两个或多个不同的例证视为同一类事物，而达到这一水平的核心能力是抽象。第四，形式水平。儿童青少年可以从本质上对概念的内涵进行加工。在这个过程中，反映出儿童青少年对客体的认识从感性向理性发展的特点，同时也反映出儿童青少年思维能力的发展并非完全呈直线状态而是呈现螺旋式上升趋势。陈英和指出：①思维或智力材料（内容）的发展是由具体形象向逻辑抽象方向转化。②儿童青少年智力材料（内容）的不断抽象化，或认知表征的不断概括化是他们思维或认知能力发展的重要特征之一，它标志着，儿童青少年思维过程简约化或概括化水平的提高，也就是抽象思维或理性认识的发展。③当代认知心理学无疑注意到了事物表征和概括表征，理性认知或抽象思维应该是认知心理学研究的重点。④理性认知或抽象逻辑思维的材料（内容）主要有三种：语言（语义、概念和命题等）、数（标识符、运算符、代码符）和形（几何图形、设计图、草图、曲线、示意图等）。思维的内容不同，思维的过程也不同。所以，在思维心理学中，语言能力、数及数的运算能力、图形的表征能力是三个基本的智力部分。

四、思维的品质

我对思维品质的探讨，是我建构思维结构的契机。如前所述，中国古代的学者，把"虑"（思维）看作个体差异，这就会有思维品质的成分。在思维结构中，有一个品质好与坏、水平高与低的问题。我不仅仅把思维的品质看成是思维的个性特征，而且又把它看成是思维结果的评定依据。而深刻性、灵活性、独创性、批判性和敏捷性这五类的思维品质，应当看成是智力和能力"质"的发展的主要指标。而这种思维的品质或水平有哪些内在的关系？这就是我的博士研究生李春密的论文所建构的数据内容。

李春密的博士论文《高中生物理实验操作能力的发展研究》（2002）涉及中学生思维品质的变化和完善过程。他把其研究结果制成表6-1、表6-2的模式，主要表现为如下两个方面：第一，各品质之间的比较研究。学生的深刻性思维品质得分最高，反映了深刻性是诸品质的基础，这是逻辑抽象思维发展的必然趋势；学生的创造性的得分最低，这说明创造性的思维品质的发展，较其他品质发展要迟、要慢，难度最大。第二，思维品质之间的关系。敏捷性品质与其他品质的相关系数最高，说明敏捷性主要由各品质所派生或决定；灵活性、批判性与创造性是高相关性，证明了发散思维是创造思维的前提或表现，创造程度与批判程度具有密切关系；深刻性与创造性的相关系数最低，说明抽象逻辑思维未必都能产生创造性思维，同样地说明创造性思维也未必都来自抽象逻辑思维，因为创造性思维也来自形象逻辑思维。李春密指出：①智力品质的完善首先表现在思维的智力品质的全方位发展和成熟上。②智力既然作为个性心理特征，当然是有层次的，它要集中地体现出个体差异来。智力的超常、正常和低常的层次，主要体现在思维水平，即思维品质上。③智力发展变化或完善也表现在各思维品质的作用上。各思维品质在智力活动中的地位与作用、发展变化的时间与次序、彼此之间的影响与功能，这些因素的完善，就意味着思维品质的完善，且表现为智力发展变化的一个重要指标。

表 6-1 高中生物理实验操作能力中各品质所占的比重

深刻性	灵活性	批判性	敏捷性	创造性
23.4％	19.3％	19.4％	21％	16.9％

表 6-2 思维品质之间的相关性

	深刻性	灵活性	批判性	敏捷性	创造性
深刻性	1	0.508	0.447	0.519	0.371
灵活性	0.508	1	0.716	0.616	0.660
批判性	0.447	0.716	1	0.673	0.654
敏捷性	0.514	0.646	0.673	1	0.640
创造性	0.371	0.660	0.654	0.640	1

五、思维的监控

思维的监控，又叫思维的自我监控，我更多地称它为反思和反省。我最早提出这个问题是在大学上本科的时候。那时我对反思、反省非常感兴趣，认为智力和人品水平受反思、反省控制，所以曾子会提出"吾日三省吾身"。真正形成观点是受"文化大革命"的启示。为什么呢？因为"文化大革命"的时候，学习较多的毛主席语录是"要斗私批修"。每天晚上都进行，每天晚上回家都要反思白天的言行。人做什么都要"过电影"，就是一天结束要做最后总结、反思。那么思维的监控呢？我认为它就是一种自我意识，它是自我意识在思维里的表现，叫作思维的自我监控、反思。这种想法我在20世纪70年代前后就提出来。同时期美国心理学家弗拉维尔提出了元认知，它在一定意义上就是思维的自我监控，也是对思维的个体差异的批判性。可惜"文化大革命"期间，我们在"搞斗批改"，人家却在搞科学研究；人家在那时候提出来了"metacognition"（元认知），而我们呢？只能每天晚上回家"斗私批修"，这就是差异吧！1978年归队时，我不愿把这种成分叫"监控"，因为这个概念已被弗拉维尔用了，当时我称其为思维规则，注解为"由于思维的反思或自我意识在思维中的作用，使思维过程遵循一定法则而进行"。因为我读董仲舒《春秋繁露·必仁且智》时，看到"何谓之智，先言而后当"，以"规"为前提，智者的行为是一种有规律的行为，所以智者按照规律办事能远卜祸福，早知利害，掌握变化，预见结果，所以我重视规则。在1979年心理学会的大会报告时我也是这么说的。后来，恩师朱老建议我还是用"思维的监控"为好。再后来，我们和自己的研究生们一起讨论其指标，逐渐形成思维的反思或者自我监控的发展变化和完善的指标有计划、检验、调节、管理和评价五个方面。我有两个学生，一个是辛涛，他专门做教师的自我监控研究；另一个是章建跃，专门做学生数学学习自我监控的研究。

辛涛的博士论文题目为《教师教学监控能力——结构、影响因素及其与学生发展的关系》（1996）。他认为教学监控能力可以分为三大方面：一是教师对自己教学活动的事先计划和安排；二是对自己实际教学活动进行有意识的监察、评价和反馈；三是对自己的教学活动进行调节、校正和有意识的控制。辛涛采用将相关性研究和干预性研究相结合的方法，从三个方面探讨了教师教学监控能力的结构、影响因素及其对教师行为、学生发展的影响。章建跃的博士论文题目为《中学生数学学科自我监控能力——结构、发展及影响因素》（1999），从这篇论文中，看到学生思维的反思或自我监控是如何发展变化的。在正常的学校教育条件下，中学生数学学科自我监控能力的发展有其年龄阶段性。但是发展的趋势除小学毕业到初中阶段比较明显外，其他年龄段均较平缓，而且检验在整个中学阶段的发展没有显著性差异，在调节、检验及管理上，从初中毕业到高中有着不同的变化。这两篇论文指出自我监控的五种功能：①确定思维的目的；②管理和控制非智力的因素；③搜集和选择恰当的思维材料及恰当的思维的策略；④实施并监督思维的过程；⑤评价思维的结果。正因为它的这些功能，所以我把思维的监控或反思确定为思维结构中的顶点或者最高形式。

六、思维的非认知因素

我原先的思维结构观中没有"思维的非认知因素"，1982年秋季在朱老和我组织研究生讨论时，较多的意见是加上非认知或非智力因素，同年年底在问卷的调查中，多数被试在"非智力（非认知）因素"上画了钩，于是我确信无疑地接受了这个成分。从1982年起，我把它叫作智力中非智力因素（非认知因素），并作为自己研究中的又一个重点。什么是非智力或非认知因素呢？它是指不直接参与智力过程，但对智力过程起直接作用的心理因素。思维的非智力因素主要包括与智力活动有关的理想、动机、兴趣、情感、意志、气质和性格等。诸如古人的"知之者不如好之者（兴趣），好之者不如乐之者（情感）"；"有弗行，行之弗笃，弗措也"（意志）；"不得中行而与之，必也狂狷乎"（性格）。非智力因素的性质往往取决于思维材料或思维结果与个体目的之间的关系。前边提过通县第六中学教育质量变化的结果，说明了非智力因素在思维乃至智力的发展中起到了一种动力、定型和补偿作用。

这种想法对吗？早在1986年，申继亮就跟我一起在中小学生心理能力发展与培养的课题组，他不仅深入通县六中这样的基础较薄弱的学校，而且在1988年到北京五中，在梁捷老师的帮助下，研究高中学生的非智力因素、智力与学业成绩的相互关系。获得的结论是：在学生智力形成和发展过程中，非智力因素的影响是非常显著的；良好学业成绩的取得，不仅与智力品质有关，而且与非智力因素有关。为此，申继亮指出，智力不能和非智力因素割裂开来，两者相辅相成构成一体；应该探索非智力因素在智力发展变化或完善中的具体作用；对于人的一切智力活动，智力与非智力因素一起在起作用，孰多孰少不是实质的问题。

我为什么要在国际上发表自己的思维结构的论文呢？因为中国的教育界对加德纳（H.Gardner）在《智能的结构》（*Frames of Mind*）中提出的多元智力认识宣扬得有点过头。连幼儿读物都开辟专刊叫作"多元智力"。美国的心理学家对我们说："对多元智力的宣传，你们中国比我们美国力度要大，你们对加德纳吹捧得太多了！"英国的心理学家菲利普说："加德纳多元智力论是垃圾，值得这么宣扬吗？"这些话对我触动很大。加德纳的"多元智力说"认为一个人的智力是由独立的七种因素组成，这就是语言智力、空间智力、数学逻辑智力、音乐智力、运动智力和人格智力，人格智力又分为对内自我监控的自知智力和对外处理人际关系的知人智力。这是加德纳1983年提出来的。到了1993年的时候，他完善自己实验的同时又增加了自然主义智力，像工人、牧民等擅长的智力。1997年，加德纳又提出了"存在主义智力"，主要是指一种信仰的智力。当时加德纳的智力观引起了我的关注，尤其是1987年在盐湖城"第七届世界天才儿童与天才教育会"上经人介绍，我和董奇认识了加德纳，并且给我留下了深刻的印象：右手提着包、左手提着风衣，雄赳赳气昂昂地往前走，从不看两边。这就是加德纳，太有派了！一直到2000年，在斯德哥尔摩第27届国际心理学大会上，我对李庆安等几个学生说："前面那位就是加德纳。"他们说："是吗？你怎么认识的？"我说："他那个样子我永远忘不了。"

1987年从盐湖城回来的时候我仔细琢磨了加德纳的观点，突然想起来加德纳的观点我似曾相识，在哪儿见过呢？在我们老祖宗的思想里见过，那就是从西周3500年之前的官学到2500年之前孔夫子的私学里边提到六种课程，这就是"六艺"。于是，我和李庆安的文章里边明确地提出加德纳的观点和我们古代的"六艺"有着相似之处。我们的"六艺"就是七种智力。有人说："'六艺'没有自知智力吧？"我说："'六艺'里头明确提出'礼'，这就是人际的关系。但是'克己复礼'，'自知者明，知人者智'，这难道不是自知智力或自我控制智力吗？"我们"六艺"所讲的七种智力和加德纳所讲的七种智力是有相似性的。但是，与加德纳的观点又不完全一样。倒并不是由于时代不同；一个是现代，一个是古代，不完全是。我也不强调我们比他早两三千年，而主要强调两点区别。第一，加德纳认为，这七种智力是独立的、毫无关系的，我们的"六艺"则强调是以"礼"为核心的相互联系性：内外是有联系的，你中有我，我中有你；包含或者相关、相融的关系，或者交叉的关系等各种各样的关系。第二，加德纳现在搞的"未来学校"还处于实验阶段，而我们老祖宗两三千年前就已经把六艺列为课程了。因此，我们不能够忘记自己的祖宗，更不能够崇洋媚外。这就是我在2003年的文章中的第一部分"谈'六艺'和加德纳的关系"的内容。第二部分提出了我上述自己关于思维或智力结构的观点。第三部分提出了思维结构成分无穷性观点。我仔细分析了加德纳的n种智力，也分析了他后来颇欣赏的美国另一个心理学家提出来的道德智力。但是，智力到底是多少种？我认为是难以穷尽的。这让我想起了吉尔福特（J.P.Guiford，1897—1987）。吉尔福特认为智力类似于三维结构：长×宽×高，它是由智力的内容（四种）、智力的过程（五种）和智力的结果（六种）构成的120种智力结构。吉尔福特去世以后，他的弟子又将智力结构进一步细分说成"180种""240种"。但实质不是在于120种、180种或240种，而是在于智力难以穷尽。为什么难以穷尽呢？我提出了"先天与后天""认知与社会认知""内容与形式""表层与深层"四个原因。我当时还提出加德纳的所谓智力结构不是结构，仅仅是一种对智能种类的分析，即使讲种类也不完整："加德纳强调了数学逻辑能力，强调了语言的能力，为什么没有科学的能力？提到了音乐能力、运动能力，同样表演能力中间为什么没有美术能力？"我关注并批评加德纳并不是说加德纳不好。加德纳了不起的地方就是强调了智力的个体差异，"多元智力"理论绝对不是菲利普说的"垃圾"。他提出多元智力观无非是要强调类似于我们老祖宗提出的"因材施教"。但是，他有欠缺，在这个基础上，我们从中华文化的角度出发，提出了智力的三棱结构，展示了思维乃至智力结构的多元性，说明了智力主要是人们在特定的物质环境和社会历史的文化环境中，在自我意识的监控和指导下，在非智力因素的作用下，为了达到某种目的，识别问题、分析问题和解决问题所需要的思维能力。由此可见，真正的思维心理学的理论基石是思维的结构观。

【走出困惑　揭秘"创新"】

我对创新或创造性[①]课题感兴趣不完全在于我来自创造性之乡——石浦镇，更缘起于自己的困惑与思考。

困惑一，为什么中国人甚至于华人得过诺贝尔奖的这么少？现在国际上公认的创造性的主要指标就是诺贝尔奖。我曾经看过美国的有关资料说世界上智商最高的民族是犹太人与华人。可是，犹太人诺贝尔奖获得者人数是我们华人的28倍! 这就构成我的第一个困惑，结论是"高智商并不等于高创造"。

困惑二，为什么我们的学生考试成绩很好却缺乏创造力？有大量事实证明，我们的中小学生在"国际奥林匹克竞赛"中获得的大奖也不少，有人说，我们小学的教育质量比欧美国家强，中学的教育质量也比欧美国家强，可是我们的大学教育水平就跟人家打个平手；到研究生教育以后，欧美国家的学生在创造性方面有后劲，而我们的学生却往往缺乏后劲。这就构成我的第二个困惑，结论是"高知识并不等于高创造"。

困惑三，如何解决"李约瑟悖论"？英国李约瑟是研究东方文化，特别是东方科技的一位重要专家。他在评价中国人时，说了许多好话，但是他也谈到了"东方科技的没落"。他说："中国人发明了火药、指南针、造纸术、印刷术，但是，现在的科学，像量子理论、相对论、信息理论、集成电路、多媒体、电脑等哪个是你中国人发明的呢？"这种悖论如何解决？这就构成我的第三个困惑。

为此，我做了三点思考：思考一，我们自主创新能力不强，缺乏创造性人才是关键问题所在。因此，必须培养一批又一批的创新人才，要有一批又一批的创新人才脱颖而出。思考二，检讨一下我们的教育，确实存在

---

① 创新（innovation）与创造性和创造力（creativity）可被视为同义语。

不少问题，也可以用"失衡"两个字来表示。改变这种教育失衡是解决问题的突破口。因此，从教育创新入手，注重创新人才培养，这是解决问题的关键。思考三，营造创新环境，实行创新教育或教育创新，培养创造性人才，这是解决问题的根本，这将关系到我们民族的命运。因此，在目标上培养各行各业的创新人才或创造性人才，在途径上可以学习后创新，即"温故而知新"，可以协同创新，可以原创新，这是国家发展战略的核心，也是提高综合国力的关键。

中华大地是创新的故乡，中华文化创造了文学、艺术、教育、科技四大丰碑和社会的文明，我从中吸收了营养。自我1978年开始研究学生思维品质的发展与培养，就面临思维品质中的独创性或创造性问题。这使我对创造性有了一系列的研究。与此同时，董奇作为我们这个团队的杰出代表，结合他自己的硕士论文、博士论文，在我研究的基础上，更进一步研究了创造性问题。后来在我主编八本浙江教育出版社出版的"儿童青少年心理学丛书"的时候，他写的一本书《儿童创造力发展心理》，获北京市哲学社会科学优秀成果一等奖。20世纪八九十年代，他围绕创造性问题发表了许多文章。在这个基础上，2003年我领衔自己的研究团队承担教育部哲学社会科学的重大攻关课题"创新人才与教育创新研究"，2011年又一次主持教育部哲学社会科学的重大攻关项目"拔尖创新人才成才规律与培养模式研究"。在此基础上，2018年我出版了专著《创造性心理学》，不仅于2020年后获得省部级优秀成果一等奖，而且也成为高校心理学的一门教材。四十多年来，我对创造性主要做了如下几个方面的探索。

一、探索创造性的实质

20世纪70年代一直到21世纪初，国外学者对创造性有三种定义，一是强调过程；二是强调产品；三是强调个性。哪一种定义对呢？有人问我，我说这三种定义全对，只不过他们从不同的角度论述问题罢了。因此，我综合这些观点，于1982年把创造性定义为：根据一定目的，运用一切已知的信息，产生出某种新颖、独特、有社会意义或个人价值的产品的智力品质。这个定义被写进了自己的博士论文之中，写入了朱老和我的《思惟发展心理学》。它既指创造或创新的过程，又指创造或创新的产品，也指创造或创新的个性特征。定义的前半部分"根据一定目的，应用一切已知的信息，产生出"什么来当然是创造性思维的过程。产生出什么来呢？产生出"新颖、独特、有社会意义或个人价值的产品"来，但我并没有把种属关系定在产品上，而把种属关系落到"智力品质"上，界定创造性是一种个性差异或人格差异。所以，我重视过程、产品与个性这三个问题。1988年美国心理学家西蒙顿（Simonton）提出了6P创造性要素：Person（个人或个性）、Place（地点或环境）、Process（过程）、Product（产品）、Persuasion（目的或信念）、Press（压力）。这些在我的定义和论述中早已经提出了。

今天中国心理学界或有人在谈到创造性定义的时候，不少人采用了我的这个定义。有人加了注解，说我们这样说的。可有人却说"心理学一般认为"。于是，我的有些学生就对我说："林老师，您20世纪80年代初提出的定义人家只加'一般认为'，那还有著作权吗？"我听了以后反而很高兴，因为我自己的定义或自己的观点，被心理学界乃至学术界所接受，已作为"一般性"的观点，这对我来讲是一种荣幸。

创造性的实质是什么呢？经过多年量化的研究，我提出是"主体对知识经验或者对思维材料的高度概括，而后被集中而系统地迁移，通过进行新颖的组合分析，找出新颖的层次和交接点"。与此同时，它呈现了因果关系：概括性越高，则创造性越突出；知识系统性越强，则创造性越突出；减缩性越大，则创造性越突出；迁移性越灵活，则创造性越突出；注意性（灵感的基础）越集中，创造性越突出。这种因果关系的揭示为实施创造性教育提供了科学依据。

二、创造性心理的研究简史

我十分重视历史的研究。要研究任何一门学问，必须要了解其研究史。创造性研究从萌芽、发生到发展经历了一个历史过程，这个过程也是人类文明史的发展过程。简单地说，围绕创造性研究，国际心理学界走过了五个阶段：

第一个阶段（约1869—1907）：1869年，英国心理学家、进化论提出者达尔文（C.Darwin，1809—1882）的表弟高尔顿（F.Galton，1822—1911）出版了《遗传与天才》一书，公布了他所研究的977名天才人物的思维特征，这是国际上最早对"创造性"进行研究的系统文献。《遗传与天才》主要阐述关于天才或创造性人才的三个观点：天才的分类、杰出人物与家庭的关系，智能发展与种族的关系。高尔顿的书不仅是遗传决定论的最初心理学著作，而且也是创造性心理学的奠基著作。他的书出版后，引起了心理学界的兴趣，此后，陆续发表了不少理论文章。在这一阶段，出版或发表的文献，大都是从理论上进行探讨，并对"创造性"的"先天"与"后天"的关系问题展开了辩论，但这一阶段没有实验研究。

第二阶段（约1908—1930）：心理学家把创造性心理学划入"人格心理学"中，对创造性进行个性心理的分析。1908年，奥地利精神分析心理学家弗洛伊德（S.Freud，1856—1939）出版了《诗人与白日梦》一书，介绍了他及助手对富有创造力的诗人、作家、艺术家等的研究，把想象性作品比作白日梦。与此同时，一些心理学家开始研究创造性思维，如美国心理学家华莱士（J.Wallas）1926年出版了《思想的艺术》，他在该书里提出了创造性思维的四个阶段：准备、酝酿、启发（明朗）、检验的有名理论，至今仍为大家采用。中国学者王国维运用三句古诗提出做学问的"三重境界"，揭示了类似华莱士的创造性思维的"阶段"观："昨夜西风凋碧树，独上高楼，望尽天涯路（做学问的准备阶段）；衣带渐宽终不悔，为伊消得人憔悴（做学问的酝酿阶段）；众里寻他千百度，那人却在灯火阑珊处（做学问的明朗阶段）。"此外，早在1912年美国经济学家熊彼特（J.A.Schumpeter）在《经济发展理论》一书里提出经济领域，特别是企业家创造性的特点。这个阶段的主要特点是采用传记、哲学思辨和实践经验的方法研究各种领域和问题解决中的创造性。

第三阶段（约1931—1950）：哲学家和心理学家们开始研究创造性的认识结构和思维方法。这个阶段的代表作有1931年美国心理学家克劳福德

（J.P.Clauforde）出版的《创造性思维方法》和1945年德国格式塔学派心理学家韦特海默（M.Wertheimer）出版的《创造性思维》等，特别是韦特海默从结构的角度研究创造性、从思维的角度研究创造性、从传记逸事的角度研究创造性、从教学实践的角度研究创造性，他的著作来源于其社会调查和大量的实验研究，可以讲达到"顶天立地"的程度，"顶天"者，他研究诺贝尔奖获得者的思维特征，"立地"者，他联系中小学教学，提出诸如"6根火柴棍，怎样搭成4个三角形"的问题。

第四阶段（约1950—1970），以吉尔福特1950年在美国心理学会年会的讲演为起点，他把创造性心理学引向鼎盛时期。他演讲的题目是"创造性"。他指出了以前美国对创造力研究太少，号召必须加强创造力的研究。吉尔福特以智力三维结构而著名，在创造性心理学领域，提出创造性是社会发展的动力；从智力三维结构引出创造性的指标；揭示创造性思维的心理机制；改进创造性研究方法；大力培养创造性人才。吉尔福特重视创造性的根本原因在于综合国力竞争，尤其是1957年苏联人造卫星的上天，成为刺激美国加强创造性研究的一个动力。于此，美国人意识到其科技和军事优势受到威胁，应急起直追，改变美国的科技状态。其途径就是大力开展对创造性问题的研究，培养创造性的人才。从此，研究工作积极地开展，论文、专著也不断增加，吉尔福特等人还设计了一些创造性思维的量表，影响很大。

第五阶段（20世纪70年代以后）：创造性的研究越来越受到各国心理学界和教育界的重视，研究方法也越来越多，创造性人才的培养也提到各国的教育议程上来了。创造性教育（Creative Education）和创造性学习（Creative Learning）都是70年代后的产物，至80年代后完善的。具有代表性的成果是1986年成立的全美科学教育理事会于1989年发表了题为《美国应有的科学素养》（中文译本名为《普及科学——美国2061计划》）的报告，这个报告是为基础教育改革"2061计划"服务的。2061年是1989年后重见哈雷彗星的年份，该报告的主要内容是着眼国民素质，实行全面改革，其目的是提高国家的技术创新能力和竞争能力。这是一份美国培养和造就高创造性人才的宣言，它对培养我国儿童青少年学生的创造性能力不无借鉴意义。近几十年来，创造性、创造力、创新已经成为各国政府重视的大事，创造性心理学也随之获得蓬勃的发展。

三、创造性人才的心理因素和环境因素

创造性人才的发展有内部因素和外部因素，外因通过内因起作用。内因是创造性人才构成的心理因素，外因则是创造环境。

内因阐述了什么叫创造性人才。20世纪80年代初，我提出：创造性人才=创造性思维+创造性人格。着重强调培养创造性人才不仅要重视培养创造性思维，而且要关注创造性人格的训练；不能够简单地讲创造性思维天赋，重要的是要看后天培养结果；不要把创造性仅仅局限于智育，而是贯穿于整个教育的整体。

关于创造性思维，我在研究中提出有五个特点：新颖、独特且有意义的思维活动基础；思维加想象的内容；有"灵感"表现；分析思维与直觉思维相统一；发散思维与辐合思维相结合。这里涉及一个发散思维的问题。美国心理学家吉尔福特和他的学生认为，发散思维就是创造性思维，它包括流畅性、变通性、独特性。而我认为这不够，所以加了前面四点。除此以外，我对发散思维和辐合思维的关系也不同意吉尔福特的观点。他把发散思维捧上天，认为在教育改革中辐合思维一钱不值。我则认为发散思维和辐合思维是辩证的统一。辐合思维的实质是一题求一解，而发散思维呢，它的实质是一题求多解。一题求一解是一题求多解的基础，一题求多解是一题求一解的发展。当一个人有了多解以后还要去求最佳解，又回到辐合，两者结合才是创造性的思维。

关于创造性的人格是什么呢？我认为它是一种创造性的非智力因素。吉尔福特提出八条，斯腾伯格（R.J.Sternrg）提出七条。而我则非常认可斯腾伯格其人。我读过斯腾伯格《成功智力》的前言。小学阶段、中学阶段的斯腾伯格的智商都不及格。不知道哪位快嘴在高中的时候暴露了斯腾伯

格智商偏低的事实，结果被同学开玩笑式地传播，斯腾伯格因此非常气愤，但也是这种压力增加了他学习好、将来定有出息的动力。这就是一种创造性人格的体现。他问他的老师说："哪门学问研究智商？"老师告诉他："心理学。"斯腾伯格就发誓要学好心理学，他说这辈子如果成功了，他就把自己将来的有关智力的理论命名为"成功智力"。高中毕业时，他以优异成绩考上耶鲁大学。"耶鲁太美了！"他想："如果能在耶鲁工作该多好！"可惜，美国的学制不提倡近亲繁殖，提倡的是插花式的发展，任何一个学校的博士研究生都很难留校，除非你提了正教授再回来，或者你成为美国出名的专家再回来。别看斯腾伯格的智商不及格，在未来工作问题上他挺能动脑子，他问他的老师："在美国，心理学排名第一的是哪个学校？""斯坦福。"于是，斯腾伯格决心考斯坦福大学的研究生。果然他考上了斯坦福的研究生，师从元认知的提出者弗拉维尔。在斯坦福大学，他硕博连读，只用3年的时间就拿下了至少5年才能获得的博士学位。斯腾伯格拿到博士学位后，回到了耶鲁。因为他获知耶鲁当时缺认知心理学的教师。他在应聘的过程中击败了竞争者成为耶鲁大学心理学教师。一般从博士学位获得者到助理教授到副教授再到教授要经过3×5=15年，可是斯腾伯格仅仅用7年时间就成为正教授。现在，他每年拥有数千万美元的课题费用，发表了几百篇文章，成为世界著名的心理学家，也是当代美国认知或智力心理学的权威人物，他真的把自己的智力理论称为"成功智力"。他用自己的事实说明了创造性人格的重要性，我非常敬佩他这一点。中国民间有两句话，一句为"勤奋即天才"；另一句是"笨鸟先飞"，很有道理。它讲的是创造性人格的作用。参考吉尔福特和斯腾伯格的内容，更根据我自己对创造性人格的研究，我认为创造性人格应该包括五个特点：①健康的情感，包括情感的程度、性质及其理智感。②坚强的意志，即意志的目的性、坚持性（毅力）、果断性和自制力。③积极的个性意识倾向性，特别是兴趣、动机和理想等需要的表现形态。④刚毅的性格，特别是性格的态度特征，如勤奋、合作、自信以及动力特征。⑤良好的习惯。当然这里我要向大家推荐的是海洋人的"豁达"和"勤奋"两种品质，它是人生发展和创造性人才成长的两个风火轮。

外因是环境。我多次在不同场合演讲创造性教育，其实是在强调创造性的一项外因。我们团队通过调查，提出创造性或创新的环境的外延。它包括文化环境（如文化传统、时代特点等），教育环境（包括家庭、学校、教师和导师等），社会环境（如政府环境、行政支持或社会支持、社会条件），所在单位的环境（包括单位性质、职务、人际关系、合作或协作状况等），资源环境（如投入、硬件条件，也包括自然环境等）。我认为环境是客观存在的，如何营造鼓励创造性或创新环境，促使全社会创新智慧竞相迸发，以便创造性人才大量涌现，达到外因通过内因起作用，这应该是要引起我们重视的一个课题。我还认为，如何使上述的环境因素对创造性人才起到作用，关键是形成人的和谐和社会的和谐的格局，如协调、合作、包容、绿色、开放、共享。和谐凝聚力量，和谐成就伟业。

四、深入系统研究创造性人才

2003年，我主持了教育部哲学社会科学研究重大课题攻关项目"创新人才与教育创新研究"。我和我的团队从八个方面对创新人才进行了心理学研究：创造性的理论研究（石中英、郑金洲）、创新拔尖人才效标群体的研究（金盛华、张景焕、王静）、创造性量表的研制（沃建中、韦小满、蔡永红）、青少年创造力的跨文化研究（申继亮、胡卫平）、创造性学生培养的研究（陈英和）、创造性与心理健康（俞国良、罗晓路）、信息技术与创造性的培养（何克抗、余胜泉）、创造性的脑机制研究（邹泓、金花）。2011年又主持重大攻关项目"拔尖创新人才成长规律与培养模式研究"，除了上述一部分团队成员，增加了李虹、孙汉银和当时的博士生贾绪计、刘春晖等一批新成员。

在讨论方案的时候，金盛华颇有创造性地对我说："我们应该投入一个拔尖创新人才效标群体的研究，就像国外有些人研究诺贝尔奖金获得者一样。我们可以研究两种拔尖创新人才，理工科的和文科的。理工科的是不是可以研究院士？因为在咱们国家，院士代表了理工科的拔尖创新人才。而文科也有拔尖创新人才，特别是在文学、艺术和经济学领域。"我采纳了他的观点，请他领衔拔尖创新人才效标研究分课题，研究拔尖创新人才群体的创造性思维和创造性人格。果然，他带领其团队，历经艰辛，深入文理拔尖创新人才中间，做深度访谈，获得了拔尖创新人才创造性思维和创造性人格的特点及其成长的因素。后来贾绪计也采用这种方法研究了民营企业家的创造性，为拔尖创新人才的特点增加了新的成果。我们对拔尖创新人才的研究，获得四个方面颇有价值的结论：一是拔尖创新人才的成长要经过自我探索期、专业定向与才华展露期、集中训练期、创造期和创造后期；二是拔尖创新人才的心理特征主要表现在问题导向的知识构架、自主牵引性格、内部驱动的动机、开放深刻的思维与研究风格、强基础智力；三是自然科学家、社会科学家和民营企业家的思维、人格和关注度既有共性更有差异性；四是教师、导师或引路人起到特殊的作用。

申继亮、胡卫平等对多国青少年创造性特点做了跨文化的研究，他把研究成果在第29届国际心理学学术大会（柏林）上做了分组报告。报告中，他比较了中、英、日、德四个国家的青少年在创造性人格方面既存在着共同性又存在着个体差异，并指出：①好奇心和冒险性是四国青少年创造性人格较为突出的方面。②坚持性是中、英、日三个国家青少年比较薄弱的方面，而坚持性强的是德国。③除了好奇心和冒险性，开放性是中国青少年创造性人格中突出的特点；自我接纳是英国青少年较为突出的特点；怀疑性是日本青少年的突出特点；而德国青少年另一个突出特点就是坚持性和独立性。④中国青少年和日本青少年在自信心方面存在着较大的个体差异。英国青少年在自我接纳方面存在较大差异。德国青少年主要在怀疑性和自信心方面存在着较大差异。申继亮、胡卫平的报告，使与会者产生了强烈的兴趣，因为创造性方面的跨文化研究在国际上并不多见。

陈英和、俞国良和罗晓路等研究了学校教育与创造性发展的关系。他们在大量实证研究的基础上提出了创造性教育和创造性学习的观点。培养创造性人才离不开创造性教育，离不开创造性学习。特别指出，创造性教育是指创造性学校中由创造性的教师通过创造性的教育教学方法而培养学生的创造性素质的过程。创造性教育是学校的三种群体产生出五种教育效能的一种教育。三种群体是校长为首的管理队伍、教师队伍和学生队伍。这里的学生既指大学生，也指基础教育的学生。产生的五种效能是：①创造型校长创造出创造型的管理；②由创造型管理创造出学校的创造型环境；③在校长的带动下建设一支创造型的教师队伍；④由创造型的教师队伍进行创造型的教育教学；⑤由这种教育教学工作培养出创造型的学生。在这种含义的基础上，我们又研究了从幼儿园、小学、中学到大学学生创造性的发展。结论是：人人都有创造性，创造教育要面向全体学生。创造性教育问题的关键是要改变教育观念。

为揭示教育与创造性培养的关系，我提出要融东西方教育模式于一体，培养"T"型人才。1995年在北京召开的"中国与亚太地区早期教育研讨会"和在美国"苹果"公司召开的学术会议上提出了："T"这一"横"代表知识面的宽度，这一"竖"代表知识面的深度。1999年山东师范大学召开中英国际教育研讨会，命我做大会发言，我进一步把"T"这一"横"解释为代表西方的教育的观念、教育的方法、教育的模式，把这一"竖"解释为代表东方的教育的观念、教育的方法、教育的模式，从而突出要学贯东西，培养创造性人才。

西方教育的出发点就是要培养适应性人才，把创造力像一条红线或主线似的贯穿到教育之中，它强调的是知识面的宽度，强调的是学生的独立性，强调的是实践能力；而东方的教育模式以培养逻辑思维为出发点，强调的是知识的深度，它采用的方式是重视读书，统一的规范和集体主义（图6-5）。哪个模式更好一点呢？我指出这两种模式都好，它们各有各的特点。有人批评我们东方的教育模式，可是我们东方人到美国、到欧洲去留学的过程中，逻辑思维强的学科，像数学、计算机都被我们的学生占领了。之所以在北京成功举办了两次奥运会上，在上海成功举办了世博会，等等，靠的正是我们的统一规范、集体主义。不承认东方教育模式的优越性是绝对不行的！当然，东方教育模式也有弱点，"坐好了，把手背到背后去！"

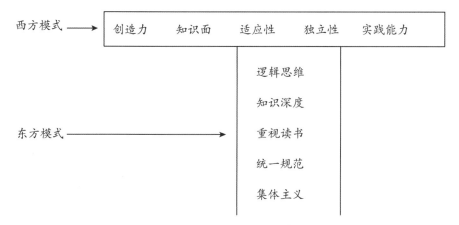

图6-5　修订后的"T"型人才模式

这太强调规范了。除了提高肺活量，还有什么好处呢？在我们的学校，实践能力培养不够，对学生的独立性培养不够，影响了学生的创造力的发展。然而，西方的教育同样有缺点。因此，我提倡应该扬长避短，互相吸收，融东西方教育模式于一体，培养"T"型人才。这是我倡导的一个教育目标，也是创造性人才培养、创新教育、创造性学习的重要的途径。我在中英国际会议上还提出这么一个问题："今天我们东方人老老实实学习西方的教育模式，请问你们西方人又认识我们东方的教育模式多少？又学到我们东方的哪些好的教育理念、方法、模式？"所有这些，引起了一些与会者的共鸣。

　　我主持的"创新人才与教育创新研究"这项教育部哲学社会科学研究重大课题的攻关项目，最后鉴定会上被评为"优等"。当首批重大攻关项目结题出版的时候，教育部社会科学司于2009年秋季召开了一个较为隆重的研讨会，因为和出版问题联系在一起，因此就叫它"出版座谈会"。教育部、新闻出版总署和财政部（因为这批重大攻关项目是由财政部来出钱的）的3位党组领导（教育部的副部长、新闻出版总署的副署长和财政部的副部长）都出席了大会。在这个大会上，有北大国学大师汤一介老先生，有中国人民大学哲学权威陈先达老先生，有华中科技大学的老校长杨叔子院士（当然他也承担了教育部哲学社会科学重大课题的攻关项目）和我4人发了言。应该说，我能和这3位前辈一起在大会上发言，也表明我的研究获得了领导层和学术界的首肯。

我的学生都认为他们自己最了解我的思维心理说，这一点我是确信无疑的。能步我后尘在全国中小学开展思维教育实验的，我特别要提胡卫平。卫平是创新素质培养实验的典范，他依据其聚焦思维的智力理论，提出了创造性思维型教学的理念，构建了教师专业能力结构模型和实训模式，开发了能够促进学生创新素质发展的"学思维"活动课程，建构了基础质量教育综合评级体系（图6-6）。该成果已经应用于我国20多个省（自治区、直辖市）的3000余所学校，以及国家义务教育科学课程改革及其质量监测、教育部"国培计划"、国务院教育体制改革项目等，受益学生近500万，大幅提升了学生发展的核心素养、教师的专业素质、学校的办学水平，以及区域的教育质量。更可喜的是该成果还应用到境外乃至国外，如我国的港澳地区乃至美国、俄罗斯等，产生了更广泛的影响。

图6-6　与胡卫平合影

【紧跟前沿　探索机制】

　　心理是脑的机能，思维心理学必须要重视对大脑和神经系统机制的研究。

　　思维脑神经机制的研究有一个过程。20世纪60年初期我在北师大心理专业学习，主要使用的是苏联教材，其对脑机能的研究，强调的是要探索思维的生理机制，代表性的主张是巴甫洛夫的反射学说。从反射学说来看，作为人脑机能的思维活动就是在反射活动的终末，大脑进行分析和综合的过程。反射活动分为无条件反射和条件反射。前者是一种本能的活动；后者是一种信号活动。信号活动是大脑两半球的最基本活动。外部现实的信号是多得不可计数的。根据它们本质的不同，又可分为第一信号系统和第二信号系统。这两种信号系统协同活动所实现的脑的复杂的分析和综合活动，成了思维活动的生理机制。20世纪60—70年代，苏联心理学家鲁利亚在两种信号系统的基础上进行了系统分析，获得了关于思维机制进一步的结论。他主要提出了三个观点：①实现思维活动的脑的三个子系统是保持清醒状态的系统、受纳加工活动的系统和额叶运动的系统。②在定位不同脑损伤时，对解决任务受到破坏的性质有着不同的差异，大脑两半球有不同的分工。③大脑左半球在思维过程中起着一侧优势的作用，语言中枢以大脑左半球为主，而当大脑额叶损伤的时候，会出现智力活动的障碍。1978年归队时，我认为思维的生理机制的研究才刚刚开始，要使思维的脑机制得到充分揭露，还有大量的工作要做。

　　1978年后我接触到20世纪60年代以后出现的西方认知心理学。我在前文已经提及认知心理学，在认知心理学看来，任何智力活动都离不开三个要素，一个是物理结构，另一个是信息系统，还有一个是思维活动。智力活动就是以物理结构为机制，处理和加工信息的思维活动。认知心理学出现以后，传到中国，全国一片赞同声。80年代初，有人说认知心理学是心理学的未来，认知心理学是中国心理学的研究方向。当时，朱智贤教授和我认为认知心理学是一个新的学派，认为它是心理学的未来未必合适。于是朱老与我写了一篇关于评论认知心理学的文章。我们在充分肯定认知心理学的基础上，提出了认知心理学的四个缺点。其中一个缺点就是认知心理学不探索人脑与神经系统。我们认为，人脑和神经系统是一种天然的物质结构系统，而认知心理学认为的计算机硬件仅仅是一种人造的、物理的结构系统。这种人造的物理结构被称作"神经网络"，并认为它是像人的神经系统那样具有思维和智力功能的信息加工机制。我们认为这是不对的，最科学的神经网络也比不上我们大脑真正的机制，计算机模拟绝对代替不了对思维脑机制的解释。尽管当时我们这篇文章说了认知心理学那么多好话，但当时在80年代，我们却遭到一片反对声。有人还通过朱老的好朋友、杭州大学名誉校长陈立老先生给朱老写信劝朱老和我，不要在这个问题上头跟大家拧着，不要和最新的心理学的科学成就——认知心理学唱反调。事实又怎么样呢？随着认知科学的发展，以"认知或智能可以计算"为核心假设的"第一代认知科学"（认知心理学是第一代认知科学的核心）显露出越来越多的问题。而具有诸多新特点的第二代认知科学则逐渐兴起和成熟。第二代认知科学抛弃了"认知即计算"的认知主义纲领，回归到"脑—身体—环境"相互作用的统一体。这一种新的研究的范式得到了国内外学术界的积极倡导，如美国的莱考夫（G.Lakoff）、约翰逊（M.Johnson），中国的我们团队和李其维等。

另外，传统的思维和智力理论主要来自行为观测和心理测量学，在诸多问题上也存在着分歧，对智力的生理基础涉及得并不多。认知科学的发展趋势和智力理论本身存在的问题对思维和智力的研究提出了新的要求。也就是需要从多角度、多层次对思维和智力进行研究和理解。在这种情况下，认知神经科学需要使用的工具逐步产生，如脑电、核磁共振、正电子发射断层扫描（PET）和事件相关电位等心理物理学及其脑成像的技术对认知过程的研究。所以在这个情况下，我和我的团队想通过这些技术揭示我们认知过程的大脑机制，验证、修改和发展已有的理论和模型，提出新的理论和模型，这会是对思维心理学的一个重要的贡献。

我们这方面的研究和我国的认知神经科学研究同步，大约起始于20世纪90年代。说心里话，我自己的研究是我的学生推动的结果。首先是董奇。

董奇在心理学的研究上思维十分敏捷。他之前尽管跟着朱老和我学发展心理学,他的博士论文和我原来从事的领域十分相近;但当他拿到博士学位以后,他觉得不管从理论基础还是从研究的场地都应该扩展。利用与国际交往的关系,董奇、庞丽娟夫妇一起先后成为斯坦福大学的访问教授、兼职教授,并且在这个基础上研究了儿童早期的发展,研究了心理健康问题这些国际前沿的课题。在这个研究基础上,他涉及了认知神经科学。于是,他和他的弟子们一起一点一点地筹备仪器,投入认知神经科学,开辟了认知神经科学这种新领域的研究,逐步使它从一个普通的研究单位变成教育部自然科学的重点实验室;又在教育部自然科学重点实验室的基础上经过艰苦奋斗、经过大量创新研究,运用他自己所获得的一系列认知神经科学发表的成果,终于申请到国家重点实验室——"认知神经科学与学习国家重点实验室"。为什么实验室名字中要加上"学习"呢?他主要是想突出我们北师大的师范性。董奇拿到了一个完整的国家重点实验室,也是我们中国心理学界唯一的一个国家重点实验室。因为中国科学院心理研究所和中国科学院生物物理研究所是合着有一个认知神经科学的国家重点实验室的。出于对老师的尊重,我被聘为这个国家重点实验室的顾问和学术委员会委员。我参与了他们一系列重大发展规划的讨论,也把自己的一些研究成果纳入他们的重点实验室里面去。

除了建立国家重点实验室之外,在脑认知科学领域,我和我的团队以"聚焦思维结构"的智力理论为基础,从五个方面对思维和智力的脑机制进行了研究,我们要用自己的成果表明支撑并揭示思维本体实质的是研究思维的认知神经机制。

一是对任务的计划和认知活动的调节就是思维执行加工(thinking executive control)研究,它对于人类生活的正常进行至关重要。那么这种高级认知活动背后的脑机制是什么呢?我和我的团队利用ERP技术进行了研究。最早进行这方面研究的人是王益文。当时北师大还没有仪器,他就到中国科学院心理研究所和从事ERP技术研究的人一起商量、合作,在国内外杂志上发了20多篇研究报告。这个领域的研究特别要提到的是回到西南大学工作的李红，他在那边从无到有，购买了ERP等设备，开展这方面的研究，并且许多研究方案都跟我商量。他也在国外杂志发表了20多篇文章。以上二人发表的文章，一些杂志的SCI影响指数达6.8~10，我则成了多篇文章的通讯作者。我和我的团队发现，思维的执行加工不是单一的认知模块，它可能包括多个子系统；不同思维执行加工水平的被试在大脑机制上存在着差异。这是我们开展的第一方面的思维和智力脑机制研究。

二是针对思考和解决问题的速度的脑机制研究。人的工作效率与大脑活动有什么关系，这个问题引起了我和我们团队的兴趣，尤其是这种加工速度的快慢与思维敏捷性关系密切，因此，我和我的团队计划对信息加工速度进行研究。而当时在北京师范大学还没有这方面的仪器。中国航空航天研究院有位梅磊教授，他研究航空航天飞行员的脑功能，他发明了一个仪器叫"脑ET"。这里要归功于沃建中！他知道了这件事后，就主动找到了梅磊教授，希望能够把他的脑ET用到关于中小学生脑波超慢涨落功率等的研究上。就这样，我们利用脑ET对儿童青少年进行了研究。研究表明，脑波的超慢涨落功率的分布和发展特点与计算速度有着根本的联系。我们还和20世纪60年代刘世熠先生的研究做了比较，发现现在6岁的小学生 α 波的平均频率达到了那一时期10岁小学生的发展水平；7~10岁小学生的平均频率介于60年代12~13岁儿童的发展水平，表现出大脑发育的超前趋势。这说明脑发育和心理发展一样有着时代性。也就是说时代不同了，脑发育也有很大的差异。这一点是以前没有人发现的，也没有人公布过的。为此我与建中申请奖项，获得教育部科技进步二等奖和中国科协优秀论文奖，但奖状上只有我一个人的名字是不正确的，应该写我与建中二人的名字才对。这是我们开展的第二个方面的思维和智力脑机制研究。

三是工作记忆脑功能研究。由于记忆，尤其是工作记忆与思维过程中相关信息的表征有直接联系，并对思维的深刻性和灵活性产生影响，我和我的团队一直对记忆，尤其是工作记忆的大脑机制很关注。这个领域研究的开展要感谢天津师范大学沈德立教授的帮助。当时我们的仪器很紧张，国家重点实验室的仪器大家都排着队用，实验无法正常按时做。沈德立教授让我们使用他们开放的实验室ERP。罗良他们到了天津师大，为了节约研究经费，没有住在学校的宾馆或者招待所里，而是去住学生宿舍，非常节约地对待每一分科研开支。罗良对不同类型的信息在大脑中进行编码和复述时，大脑动态活动模式的差异进行了探索，分析了不同大脑区域在工作记忆各加工成分中的作用，并着重从脑机制的角度对工作记忆和长时记忆之间的关系进行了揭示。与此同时，王益文与中国科学院心理所魏景汉教授合作，在以汉字为刺激材料的实验中，获得了短时存贮与复述动态分离的ERP证据。我们的研究成果发表时，他们二位让我当了通讯作者。这是我们开展的第三个方面的思维和智力脑机制研究。

四是对思维监控脑机制的研究。监控是思维结构的顶点或者最高的形式。我把它看得很重，为揭示其脑机制，2006年专门申请了一个国家自然科学基金项目《思维过程中的执行加工与自我监控：事件相关电位研究》。胡清芬、罗良、张丽、邢淑芬、黄四林和陈桄积极投入这项研究工作。我们通过比较精巧的实验设计，以人作为被试，研究了之前经常在动物身上才能研究的不确定监控，发现人类在完成需要自我监控参与的任务的时候，不同脑区的活动可能也存在层级的差异。也就是说，进行自我监控加工所激活的脑区可能对负责完成具体认知加工任务的脑区存在着某种"调节"机制，不同脑区之间的调节机制可能正是自我监控对认知加工的调节作用在大脑活动中的反映。我和我的团队围绕监控领域前后在国内外相关杂志上发表了20余篇论文或研究报告，尽管离真正揭示思维的本质的因果关系还有一定距离，但是前人的研究和我们的探索加深了人们对思维和智力与大脑之间关系的认识。这是我们开展的第四个方面的思维和智力脑机制研究。

五是创造性的神经科学研究。我在《创造性心理学》的前言中说："没有金花的研究，就不会有本书的第六章（创造性的生物学基础）。"基于目前创造性生物学研究材料的缺失，金花课题组为我们团队针对创造性问题从概念扩展的脑机制及其与特质创造性的关系、创造性想象的脑机制及其与特质创造性的关系这两个方面开展了研究。金花课题组以高生态效度的近红外光学成像技术考察了创造性思维的神经基础。结果发现，不同载体诱发的不同的创造性认知过程的神经活动有着不同的空间特征；而且，不同脑功能区在创造性思维过程中表现出不同的功能变化，有的表现出激活加强，有的则表现出激活减弱。但是，无论是以文字为创造性任务载体的扩展过程还是以图形为创造性任务载体的想象过程，均诱发了右半球更多脑区的功能变化。结果更倾向于支持右半球在创造性思维中有更重要作用的假设。这是我们开展的第五个方面的思维和智力脑机制的研究。

大力发展认知神经科学是好事，可是，现在国内又出现了另一种倾向，哪个学校都想去买与实验相关的电位、核磁共振等仪器。于是，我又提出基于投资效益，希望有条件就上，没有条件也不必要勉强去创造条件进行这方面研究的观点。每个学校应该按自己的基础，突出特色来研究心理学。我提倡科学研究要实事求是，这叫科学态度，要谨慎待之。有一个方向性的问题，它需要像我这样的学者去澄清。因此，2005年10月，在拥有2000多个代表的"中国心理学会第十届学会"大会上，我做了《中国心理学研究的十大关系》的特邀报告。第一个问题就是"自然面和社会面的关系"。我指出：从心理学来看，研究自然面主要从脑定位（在脑的什么部位"唤醒"什么样的意识状态）、关键期（年龄特征）和可塑性（环境与脑机制的发展变化）三方面入手；强调的是心理本体，也就是说，既维护心理学有不同于神经科学的研究对象，又突出心理是脑的机能，有其相应的神经活动，还揭示了心理的内容及其脑机制发展趋势受社会环境的制约。在今天，我们不探索自然面是一种落后的表现，然而，忽视社会面也是一种不科学的表现。因为在心理研究的性质上有三个特征：一是社会性，二是个性性，三是多样性；在心理学研究方法上也有三个层面：一是传统的行为研究，二是20世纪八九十年代广泛应用脑电图、事件相关电位和核磁共振等的研究，三是近年来进入信息传递的分子细胞的研究，如脑磁图仪进入心理实验室。我们应该允许从不同层面去分析与研究心理现象，既可以从认知神经科学角度或分子细胞上，即微观水平上展开研究，又可以从宏观水平上加以研究甚至于进行一些理论的探讨，也可以更多地从行为科学角度对心理学进行研究。我提出这个问题并不是要我们否定认知神经科学的研究，而是想要坚持实事求是，正确对待。

我用自己的研究结果强调，认知神经科学体现了第二代认知科学的特色，给心理学提供了研究的新方法，它打破了"心理学是黑箱"的局限，给心理学研究带来了一种更加"自由"、更加科学的方式。但是，正像重视社会面的研究一样，重视自然面的研究要为心理学服务，而不能坚持全盘自然科学取向，不能取代社会面研究。心理学是介于自然面和社会面之间的科学。

我建议：认知神经科学研究者与传统心理学研究者要彼此对对方的工作表达充分的尊重；要了解对方，学习对方，从而进行合作。传统的心理学工作者要想与认知神经科学研究者对话，必须要熟悉他们的工作，否则怎么能与他们对话呢？认知神经科学研究者也最好能够深入地了解传统心理学的工作，提出有针对性的心理机制层面的理论构造的建议。我深情呼吁："认知神经科学"不能丢掉"认知"（认知=心理）的主题，否则就变成了纯神经科学的研究，这正是心理学界有人产生的"心理学正在迷失自我"等观点的由来。今天，心理学家首先要自己看得起自己，看得起自己的事业。心理学毕竟更多地属于行为科学，所以，既要加强对认知神经科学的研究，更要做好自身工作——心理学的研究。

我的演讲博得2000多位在场听众的热烈掌声，与会代表纷纷围住我讨论"科学的研究，不能从一个极端走向另一个极端"这个话题；有代表说："您的报告，启迪我们全面地、科学地对待当今认知神经科学的研究。"我的见解得到了大家的认同。

北京师范大学认知神经科学与学习国家重点实验室

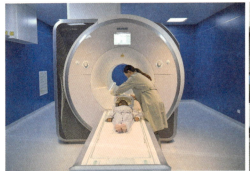

第七章　我的基础教育观

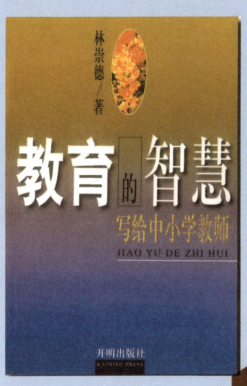

林崇德 / 著

教育的智慧

写给中小学教师

JIAO YU DE ZHI HUI

开明出版社
KAIMING PRESS

听林崇德老师讲基础教育

听林崇德老师讲
基础教育

JINGXIN CHONGDE LAOSHI JIANG
JICHU JIAOYU

林崇德 主讲

北京师范大学出版集团

15 DVD

1987年6月我应美国肯特州立大学（Kent State University）教育学院院长魏德默（D.Widrner）博士的邀请去讲学，因为讲学中间涉及我对基础教育的认识，所以他们约来了《肯特信使报》（*Record-Courier-Kent*）的记者对我进行采访。我围绕着中国的基础教育，特别是独生子女的教育，谈了自己的观点。《肯特信使报》（1987年7月8日）的编辑认为我的观点和美国著名的教育家斯波克（Benjamin Spock）的观点十分相近。因为斯波克是一位在美国享有盛名的教育家，他曾经竞选过总统，但是他又因为提出一些反对美国的政治观点，也曾经坐过牢，他的专著《儿童教育》出版量在美国仅次于《圣经》，因此，他的名声是非常大的。当时《肯特信使报》把我和他相媲美，称我是一个中国基础教育的改革家。1996年，我国核心期刊《中小学管理》杂志特邀记者肖杨对我就基础教育改革的理论体系加以采访，写了一篇文章刊登在该杂志那年第12期，题目为《中国基础教育的播火者》。

应该抛开那些溢美之词！如前所述，我真是对基础教育感情颇深，我的学术研究的重要内容中，包括上一章所建构的思维心理说，有一半涉及基础教育的理论体系。所以本章，我要讲述我为什么要选择把基础教育作为自己确立理论体系并著书立说的缘由，讲述我这方面的基本观点及其影响，所有这一切，都反映在《教育的智慧——写给中小学老师》一书和2019年由北京师范大学音像出版社出版的15讲（约30个小时）的出版物《听林崇德老师讲基础教育》中。

【怀揣理想　努力实践】

高中毕业的时候，我立志要当好老师报考师范，北京师范大学录取通知发放的那一天，我的同学纷纷在我日记本里临别留言以资鼓励："祝你能当一位教育家"，"立志成为当代的孔子"，等等。那时我还不知道教育家的真正含义，但却为我树立起朦朦胧胧的一种梦想。13年的基础教育生涯，没有想过成为什么教育家，仅想把教育工作做好，当一名优秀教师。

2008年春季，北京师范大学出版社成立了一个"教育家研究中心"，重点研究基础教育界的教育家，并出版他们的著作，我是这个中心的学术委员会的成员之一。在我国，当谈到基础教育界的教育家时，无非是指三种人，第一种人是为基础教育做出贡献的那些名师，像斯霞老师、霍懋征老师、于漪老师、李吉林老师等。前两位曾被尊称为"南斯北霍"；于老师获评国家称号的"人民教育家"；人民教育出版社举行的"李吉林教育出版发行仪式"我出席了，并在《教育研究》这本权威杂志上写过对李老师的评论。第二种人是从事基础教育的学校校长或者教育局局长，他们既有教育的实践经验，又有比较高深的理论体系。现在，在国内受推崇的第二种人比较多。2017年被几家教育机构评的90位"当代教育名家"近半数是第二种人。第三种是搞理论的教育家，他们不仅懂教育理论，而且深入基础教育第一线从事基础教育的改革，取得较为显著的成绩。

到底对教育家有什么样的要求？没有统一的规定。我认为教育家至少具备三个条件：第一，教育家应懂得中外教育史，了解一些教育流派的主要观点，要明确当前教育改革的需要和着重点。第二，教育家必须有教育的实践。任何一个教育家都有办学或从事教改实验的经验，古今中外概莫能外。在我国，从孔子到现代教育家，像大学校长蔡元培、搞基础教育的陶行知等，他们都是有着丰富的教育经验或办学经历。在国外从裴斯泰洛齐、赫尔巴特到蒙台梭利，他们也都有教育的实践、办学的生涯，或者从事教育改革或指导教育改革的经历。第三，教育家要有自己的教育理论体系，有教育理论观点，并且在国内或国外的教育界产生了较大的影响。严格讲，这三条缺一不可。

我"接受"社会上把我评为教育家的说法。我是学教育科学和心理科学的，我毕生热衷教育。我的教育理念来自北京师范大学教育系，在教育系接受教育的5年时间，我接受了各种各样教育的理论、教育的观点、教育流派的思想。后来经历了13年基础教育的考验，在教育实践中我认真学习我们国家的教育方针和教育改革的文件，了解到中国基础教育改革应该向何处去。1978年后四十多年基础教育的改革的实践，使我对我国基础教育，能提出一些自己的建议。尤其是第十章要谈的我主持制定的《中国学生发展核心素养》，其中心思想已被写入党中央国务院印发的文件《中国教育现代化：2035》。

在国民教育中，中小学教育是教育的基础，其中，小学是基础的基础，中学是教育的关键，基础教育处于"重中之重"的地位。因为基础教育是开发一个国家人力资源的基础，是发展高等教育的奠基工程，是关系到社会文明程度的源头，所以，我把基础教育理解为教育学生学习做人的基础，学会学习的基础，学习走向社会的基础。重视基础教育的建设就是加强对基础教育的文化建设。对于中国的基础教育，究竟是沿着一种什么思路在走，是传承文化培养人才的思路，还是仅仅急功近利只顾眼前的思路？对此，我于2002年在拙著《教育与发展——创新人才的心理学整合研究》（图7-1）一书中提出了八个问题：①我不否认目前基础教育存在着一定的问题，但是，我更肯定我国的基础教育有优势、有成绩。我们应该弘扬其优良传统，使其持续发展，发挥其在国民教育中的作用。②加大对基础教育的资金投入，在提倡办学，尤其是高中办学灵活性的同时，坚持公平、均衡和特色发展，不仅促使各地各级各类小学和中等学校能正常工作，而且逐步缩小同类学校间的差距。③保持中小学的教育体制、目标、课堂的相对稳定性，教育决策的执行和改革以调查研究或相对成功的5~10年的实验研究为基础。④尽早分步实施真正意义上的全额免费教育。⑤既要增强中小学教师的师德师风，又要提高他们的社会地位与待遇，调动广大教师的积极性。没有教师的师德修养和积极性，未来的基础教育就无发展可言。⑥提高警惕，打击社会上一切危及中小学生发展的邪恶风气和势力，并坚持德育工作的针对性和有效性。⑦为儿童青少年营造良好的育人环境，为校园安全建设立法，以保

图7-1　2002年向百年校庆献礼

障学生德智体美劳的全面健康发展。⑧坚持基础教育要协调发展，提高教育教学质量，质量是办好基础教育的根本；抓好课堂教学，在教授知识的同时，着重发展学生的社会责任以及智力与能力，特别是社会实践能力，培养他们的思维品质，尤其是创造性的思维品质。

我从基础教育第一线归队，却又重新投入到基础教育，进行教育改革的实验，有三个原因：一是恩师的教诲。为了创建具有中国特色的心理学的体系，朱智贤教授希望我能够在重视自己13年的教育经验的基础上，继续投入到中小学去搞实验研究。二是我忘不了在基础教育第一线自己的教育生涯，更觉得这13年的教育经历、教育实践、教育经验并不比我在大学系统学习的教育理论、心理学理论差，相反地我觉得其更有价值。如果在理论的指导下，重回基础教育第一线，那么肯定能使教育实践有所升华，在基础教育的理论上形成自己的体系。三是对自己研究生培养的需要。如前所述，我在指导发展与教育心理学专业的研究生时，强调他们的入门必须过两关，一个是生源关，另一个是实践关。我分析了我的发展与教育心理学专业学生的实践基础、实验基础，希望相当一部分的研究生跟自己一起进行基础教育实践，把这个作为我对他们培养的一种方法、一种手段、一种途径。基于上面三个原因，1978年我重回基础教育第一线后，就开始搞以培养思维品质为基础的教改实验。如上所述，我的实验学校迅速增加，并取得了成效。在1996年第12期《中小学管理》杂志上特邀记者肖杨写道："实验班在不断扩大，100个，500个，1000个……1个省，5个省，10个省，直至扩大到26个省（自治区、直辖市），3000多个中小学实验点。从黑龙江五常市到广东遂溪县，从上海市黄浦区到新疆天山脚下，从内地河南偃师市到沿海浙江瑞安市频频地传来喜报，几乎每一个实验班的教学质量都提高了，学生过重负担减轻了，出现全面发展、学有特色的景象。"全国人大常委会副委员长许嘉璐于1998年7月肯定了我在实验点的数量、质量、规模（中小学一起抓，并进行多门课程的改革）和影响等诸方面的成效，并指出这样的研究在国内也是唯一的。

我对基础教育改革的实验研究主要依靠课题。截至2010年，我已主持了20余项研究项目，其中将近一半是与基础教育有关的国家级或省部级的研究项目：有全国教育科学"七五"规划教育部重点课题"中小学生心理能力发展与培养"；有"八五"规划国家社科基金重点项目"教师素质提高与学生心理发展关系的研究"；有"十五"规划国家社科基金重点项目"教育与发展——创新人才的心理学整合研究"；有国家自然科学基金资助重点项目"儿童认知能力的发展与促进的研究（1997—2001）"和面上课题"青少年思维发展研究（1994—1997）"；有教育部人文社科基金重点项目"儿童青少年智力发展与教育（1988—1992）"；有教育部人文社科重点研究基地重大项目"中小学生认知能力的发展特点（2000—2003）"；等等。上述的研究项目，都是围绕基础教育与心理发展的关系来开展的。这些项目的顺利完成，不仅使我巩固了上述的大批实验点，而且也使我积累了大量能升华为理论的研究材料。

在整个实验研究过程中，我不仅仅重视在第一线的学生智能和品德的提高，不仅仅关注教师素质的提升，不仅仅重视教育质量的提高，而且我在积极地汇总数据，总结调查研究结果，撰写研究报告和学术论文，并出版相关的专著，为建构基础教育的理论体系，在做自己的努力。为什么这样做，是否出自自己当年的理想，当一名心理学家和"兼职"教育家？这已说不清了。何谓理想？它是一种奋斗目标的需要。理想是动力，它使人长久为之奋进、为之努力、为之追求。过去的数十年的工作，无所谓"家"不"家"。今天中国需要现代的教育家，中国心理学界需要涌现教育家，中国教育理论界，尤其是北京师范大学需要产生教育家。建构基础教育的理论体系来自这种理想。我用自己的工作去实践教育家的要求，用自己的理论去实现自己的梦想。我感谢媒体和网络这些年来对教育家事迹的重视。2008年冬，中国教育电视台联合一些网络媒体，评出全国改革开放30年来30位"教育时代人物"和30位"教育风云人物"，我被列为其中之一；新浪网评出30年来10位教育科学研究杰出人物，我也被列为其中之一；2017年教育部直属四家教育机构评出的90位"当代教育家"有我；2018年我又以唯一的心理学家获评全国改革开放40年40位"教育杰出人物"；2020年国家侨联与香港凤凰电视台把我评为第三届八位"中国教育家"中的一员。网上的评语，使我感动。我不能把它作为炫耀和装饰自己的东西。能真正代表我的，并践行自己理想的是自己所关注的基础教育理论体系及其产生的成效。

【立足科研　创建理论】

前述的《中国基础教育的播火者》一文是这样开头的："在我国基础教育界，'发展学生的智力与能力，应该从培养思维品质入手''教师参加教科研，是提高自身素质的重要途径''家庭教育的重点必须放在孩子非智力因素的培养上'，几乎成为无可争议的共识。这些脍炙人口启人心智的感悟，大多最早出自著名心理学家、教育家林崇德教授之口。"这个评价似乎高了一些。尽管以上的话是出自我之口，然而，是否"脍炙人口"，能否"启人心智"？这就不好说了。这段话，仅仅表达了我在积极地建构自己的基础教育理论体系罢了。建构自己的基础教育理论体系的基础是什么？一是从事基础教育的实践，尤其是有13年从事基础教育的经历；二是投入基础教育的实验，从1978年至今，我一直没有离开这种实验的领域；三是对基础教育的理论总结，也就是说，五十多年来，我一直从事与基础教育相关的心理科学和教育科学的研究工作，涉及教育本质、办学理念、智力发展、创造性、道德教育、学科能力、教师教育、心理健康等众多领域。在上述每一个领域里，我都做了探索。而每一种探索，都有一种指导思想，都有一些科学的依据和出发点，这就是教育部老部长何东昌先生说的：一个是马克思主义，特别是辩证唯物主义和历史唯物主义的哲学观；另一个是心理学——我毕生热衷并为之奋斗的学问。可以讲，我是在这两种科学依据的基础上从事基础教育和基础教育的实践和实验，并收获种种成果的。如果从事基础教育实践或者基础教育实验是一种播种，那么在基础教育这个土壤中，我的教育思想能够生根、开花、结果，自己的理论、众多的著作和学术论文，正是把这种收获加以概括的结果。

在我为基础教育改革而建构的理论中，我选了六种。中国人重视

"六六顺"，我这里也讨一个"顺"吧！这"六"种理论可以体现自己与众不同的或是较为独特的基础教育的理念与实践。

一、探索教育的实质及其功能

早在自己刚参加教育工作当中学教师的时候，我不管以前对教育如何下定义，就大胆地把对教育的认识和自己从事的工作联系起来，认为教育就是发展。1978年我重新归队成为心理科学与教育科学的理论工作者后，我还是坚持探索教育的实质，在基础教育改革的实验研究中，坚持理论联系实际，认真地深入地揭示教育的本质及其功能。我发自内心在歌颂，在人类滚滚不息的历史长河中，教育是一首永远写不完的诗篇。只要有人类，就会有教育；人类办教育，为的是促进自身更好地发展。教育赋予人类以智慧与美德，教育赋予社会以进步的力量；教育是人类永恒的乐章。尽管教育的定义很多，但我还是把它概括为：教育是一种以促进人的发展、社会的发展为目的，以传授知识、经验和文化为手段的培养人的社会活动。教育的实质到底是什么呢？我是搞发展心理学的，从自己的专业出发，我进一步强调，教育就是发展。作为从事教育工作的教师，促进人发展了，推进社会发展了，搞的就是好教育、出色的教育、成功的教育，否则就是没有搞好教育。正因为如此，应该把提高学校的教育质量看成学校发展的第一要义。正因为如此，我在全国26个省（自治区、直辖市）的3000多个中小学实验点，经过多年努力，频频传来喜报，几乎每一个实验班的教学质量都提高了，学生过重的负担减轻了，出现了全面发展、学有特色的景象。因为我把教育质量看成办学的根本。这里，我还得回答一位记者的提问："学生要不要有负担？"毫无疑问，学生必须要有负担。从上学开始就有了负担，但我们要减轻过重的负担，所谓过重的负担，是指学生的过重的学业负担、过重的心理负担、过重的经济（校内外学习费用）负担。减轻学生过重的负担，提高教学质量，正是我提倡的教学改革实验的基本要求，也是我所领衔教改实验的特色。

教育是干什么的？这就是教育的功能。在有关教育辞（词）典中，对教育功能是什么，并没有权威性论述，而我斗胆把教育功能列了文化、政治、经济、社会和个体发展五项内容。在基础教育领域，我不仅对五种功能的内涵及表现做了论述，而且每种功能都突出了可操作性。在教育的文化功能论述中，我强调了"要以课堂教学为主渠道""全面抓好各级各类学校的建设"的观念及其相应的措施；在教育的政治功能论述中，我强调了以德育为灵魂，本书中下文还有具体措施；在教育的经济功能论述中，我强调了"坚持多级教育分流"的理念并有相应的实验基础；在教育的社会功能论述中，我不仅强调了"社会实践教育"，尤其强调艰苦奋斗教育并提出相关措施的实验，而且重视并探讨青少年社会化和终身社会化的内涵。基础教育阶段，教育过程是中小学生，即儿童青少年社会化的过程，社会化是个体掌握和积极再现社会经验、社会联系进而获得社会必需的品质、价值、信念以及社会所赞许的行为方式的过程。这个过程的基础是接受教育，到青少年时期初步完成，教育的社会功能也从中获得体现；在教育的个体发展功能论述中，我强调了"坚持全面发展、学有特色""因材施教、发展个性"和"以创新精神为核心"的素质（素养）教育实施办法，我们课题组按这些具体措施开展实验。

二、教师素质的构成及其提高的途径

办学的关键是教师，一个人为什么会怀念母校，实质上是在怀念其老师。所以，学校的建设重点是教师的建设。目前，各类各级师范院校都在投入"教师教育研究"，这个研究最早是从北京师范大学开始，由我领导自己的学生来完成的。从20世纪80年代以来在教改实验中，我们可以发现学生成长和发展的关键在于教师，也就是说，教师素质的高低是决定教育质量的关键，今天提倡的素质教育，归根结底是教师素质的问题。教师的素质主要包括师德与业务能力。业务能力涉及三个方面：一是专业要求；二是学科知识；三是教育教学的技术或基本功。我对教师素质及其提高途径的问题进行了一系列的研究。1984年，我提出了"教师参加教科研是提高自身素质的重要途径"的观点。几经周折，终于被全国基础教育界所认同。1999年，在全国教师继续教育、领导干部继续培训的大会上，我和申继亮、辛涛递交了一篇较全面反映我的教师教育理论的论文，题为《关于教师教育的思考和展望》。该文不仅重温了对教师素质的理论思考，还提出认识教师的素质应从以下六点出发：①体现教师这一职业的特殊性；②必须有一定的理论背景；③教学活动是教师工作的中心任务；④教师素质是一个系统的结构；⑤发展性、动态性是其精髓；⑥具有可操作性。所以我们把教师素质理解为，教师在教育教学活动中表现出来的、决定其教育教学效果、对学生身心发展有直接而显著影响的思想和心理品质的总和。教师素质是怎样构成的？

一是教师的职业理想或道德行为规范，即师德与师魂。它是教师素质的核心，由敬业爱岗、热爱学生、严谨治学、为人师表等因素构成。说到师德问题，现在社会上有一种片面的倾向，似乎认为我们中小学教师的师德问题很多，其实不然，应该看到绝大多数中小学教师师德高尚，有问题的只是极个别的，但这个别问题也可能会造成"一粒鼠屎害了一锅汤"的局面，影响极为严重。而社会上这种片面的倾向往往来自教育的社会问题，它增大了教师所承受的压力，使教师不敢正视教育管理学生，或产生"教师职业倦怠"。因此，提高教师的职业理想信念太重要了，这是教师献身于教育工作的根本动力。

二是教师的知识结构。我们通过研究，把教师的知识分为教师的本体性知识、文化知识、实践性知识和条件性知识。教师扎实的学识和知识水平是其从事教育工作的前提条件。

三是教师的教育观念。这里主要是指教育功效感。我们倡导"我一定能教好学生""我的学生们一定会进步、会成才"的期望，往往产生教育的皮克马利翁效应。教师的教育功效感是教育的信心和观念。教师的教育观念是其从事教育工作的心理背景。

四是教师的自我监控能力。教育的成功，来自教学活动和反思，表现为教师在教育教学活动中的那种"知其然，且知其所以然"的品质。教师的自我监控能力指教师每天对自己教育教学活动"过过电影"的反省和总结，优秀教师称这个过程为备"课后"。教师的监控能力是其从事教育教学活动的关键要素。

五是教师的外部行为表现。它既是一种技术，更是一种艺术。教师的教学行为是其素质的外化形式。我们不仅提出了课堂教学效果的八条标准，即：①教学目标；②动机激发；③课堂组织；④知识呈现；⑤提问设计；⑥练习设计；⑦评估调控；⑧艺术水平。同时我也融北京市西城区朱丹和东城区吴昌顺两位校长等人的经验，结合自己教改实验的收获，把教师这种外部行为视为教师的课堂教学基本功，如图7-2所示。

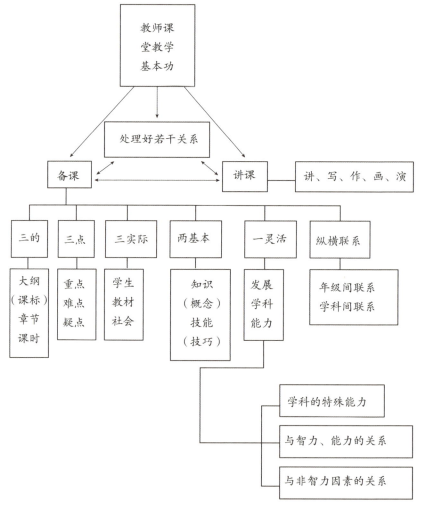

图7-2 教师课堂教学基本功

我们在《关于教师教育的思考和展望》中指出，教师教育水平应该如何提高？在20世纪90年代之前主要是"达标"，即教师学历达到要求。现在是"达标后又怎么办"？我们的课题组提议在师德为前提下的三个要求：一是以"自我监控能力"为发展目标；二是以教师教育教学效能感为出发点；三是教师参加教育改革的教育科学研究。我们1999年送交的那篇《关于教师教育的思考和展望》报告，在大会上获得了教育部部长陈至立同志的表扬。这种教师教育理论，后由申继亮加以发展。他提出了教师教育及专业化发展趋势理论：培训目标的职业化（专业化）；培训体系的多元化；培训内容的现代化；培训方式的个体化。我们希望这种构想成为师范院校和教师进修等的参照体系。我的学生吴安春是中央教科院教师研究室主任，她积极推进对教师的素质做深入的研究。她是多家书院的骨干或创始人，始终把教师工作作为决定的因素。

三、如何培养智力

办教育为的是传授文化，传承文明。要实现这一目标主要以课堂教学为主渠道。在上一章我介绍了自己的思维观和智力观。现在又为什么要提"智力培养"的问题？这出自"课堂教学为主渠道"的需要。课堂教学是学校的基本组织形式，学生在校的80%以上时间是在课堂中度过的，教师传播文化和文明，主要是通过课堂教学的形式来实现。什么是课堂教学的目标？在传授科学文化知识的同时，提高学生的必备品格、发展学生的关键智能，以此为基础促进学生全面发展。如何发展关键的智能？应该回到上一章的内容。什么叫智力？什么叫能力？在心理学界，乃至在社会上对此是处于一种"各持己见，众说纷纭"的状况。中国历史上有位大人物叫吕不韦，他在《吕氏春秋》里面，提到了"智"和"能"的关系，主张"智能"是一体。这一体的特点是什么？个体差异。伟人们与心理学界都持这样的观点。毛泽东主席曾经说过："一个人的能力有大小。"我想：这不是在说你能力大，我能力小，构成你我之间的能力差异吗？我们抓住了这一点：能力就是个性心理特征！那么智力呢？我记得毛泽东主席1971年曾说："天才者，无非就是聪明一点。"言外之意是智力的实质就是讲聪明与不聪明的问题，你聪明，我愚笨，构成你我之间智力的个体差异，因此，智力也是一种个性心理特征。因此，因材施教太重要了。孔子持"有教无类"教育公平的观念，所以教了弟子3000名，但贤人只有72位，占2.4%，不是孔夫子对3000弟子不下功夫，而是因材施教的结果。

在我的多本著作中，强调学校教学是一个"智育"的过程，而不是"知育"的过程。教学的目的在于传授知识的同时，灵活发展学生的智力，培养学生的能力。智力和能力是可以培养的，如果过多地强调"天赋"，那还要教育干什么？在基础教育中怎样去发展智力与培养能力呢？如果说智力是一种个性心理特征，强调的是个体差异，思维又是智力的核心的话，那么，应该从思维的个体差异方面去考虑培养，这又回到孔子所讲的"因材施教"了，于是我就认定了在自己的思维的结构中间有一个思维品质，我就把思维品质看作发展智力、培养能力的突破口。基础教育各科怎么改革，我想就应该从思维品质入手。前文已经提到1978年9月，新学期刚开学不久，我应北京124中梁校长的邀请，到他们学校去讲"中学生心理发展的基本规律"的时候，我曾经谈到，心理从量的发展到质的发展，其中很重要的一点是在各科教学中如何突出思维品质，特别是思维品质的敏捷性、灵活性、深刻性、批判性和独创性五个方面的重要性。我在基础教育改革实验中，就是从这五种思维品质的培养开始的。从两个实验班后来减到一个实验班，从一个实验班扩大到20个实验班，从小学到中学，从数学到语文，从北京扩大到全国在26个省（自治区、直辖市）铺设实验点，前文已有许多论述，还有许多数据，恕不赘述。我自己在改革中间，对参与实验的1万多位教师表示感激，为30多万名学生智能的发展而兴奋，为参与实验的广大学校教育质量的提高而自豪。这种发展和提高背后的实质是什么呢？是思维品质的提高。思维品质是人的思维的个性特征，又是思维结果的评价依据。我们坚信我和我的团队从深刻性、灵活性、独创性、批判性和敏捷性五个方面入手，深入开展整个思维的智力品质的研究，并把思维品质的发展作为代表着思维的发展，乃至智力与能力发展的主要水平，这是正确培养智力并开展课堂教学的途径。所以从20世纪80年代开始，直到现在，我和我的团队在基础教育领域的"教改实验"就是围绕着思维品质培养的实验。三十多年的研究形成我们的基本看法：思维的五大品质既是评价思维结果的主要依据，又是培养智能的突破口。于是，国内学术界和教育界，把我主持的教改实验称之为"培养思维品质的实验"。

四、如何认识中小学的学科能力

中小学教学是分科或分学科的教学。我结合中小学教育改革，探索学生学科能力的构成。从1978年以后，我一直在我自己的思维结构等方面的理论体系下进行应用研究。我和实验点的老师反复讨论后，基于思维品质这个突破口，提出了培养中小学的智力与能力的重点在于培养学生学科能力。什么叫学科能力，基础教育界以前很少有论述，我认为学科能力是学科教学与学生智力发展有机结合的产物，我从三个方面对学科能力进行界定：一是学生掌握学科的特殊能力；二是学生学习某种学科的智力活动及其有关的智力与能力的成分；三是学生学习某学科的学习能力、学习策略和学习方法。一种学科能力首先表现出特殊能力，如语文和外语学科的特殊能力，就是听说读写；数学学科的特殊能力，涉及运算能力、空间想象能力和数学的逻辑思维能力；科学学科的能力，即学习理、化、生诸科的能力，涉及实验能力；政治学科，要涉及采择观点能力和是非判断能力，这些都是特殊能力。任何一个学科能力，不仅体现在学生有某学科的一定的特殊能力，而且有着学科能力的结构；而这种结构，不仅有着常见的某学科能力的表层表现，而且有着与非智力因素相联系的深层因素。所以，我把语文能力看作以语文概括能力为基础，将听说读写四种能力与前边提到的五种思维品质组成20个交接点的开放的系统。把数学能力看作一种以数学概括能力为基础，将三种数学特殊能力与五种思维品质构成的15个交接点的开放动态系统。我把思维品质的训练作为培养智能的突破口，在整个教育实验过程中，结合中小学的各科教学，制定了一套培养学生各种思维品质的具体措施。在我的实验点，我的老同学孙敦甲，首先用数学语言构建了中学生数学能力的结构模式；杭州的李汉和北京的谭瑞两位老师在此基础上用数学语言构建了小学生数学能力的结构模式（图7-3）；北京五中的吴昌顺老师用语文语言构建了中学生语文能力的结构模式；北

图7-3 和李汉合影

京的耿盛义和樊大荣两位校长也用语文语言构建了小学生语文能力的结构模式。这四个详尽地展示数学和语文学科能力的结构模式，可以提高这两科教师培养相关学科能力的可操作性。在实验中看到，各科教学质量的提高，一方面，要依学科知识为转移；另一方面，学科教学不能单纯地授课，授予学生以学科知识，应该让学生通过对学科知识的内化、概括化或类化等智力活动形成比较稳固的心理特征，这就是学科能力的培养。换句话说，学科能力既源起于学科教学促使学生掌握学科知识，又依赖于学生智力与能力本身的发展。从这种关系出发，呈现学科能力以学科知识为中介、以结构为形式、以操作性为前提、以稳定性为特征的四个特点。我们根据学科的要求，全面发展和培养学生的学科能力，而且我还从思维的发展角度强调，既要发展学生抽象逻辑思维，还要发展他们的形象逻辑思维和动作逻辑思维；也从认知类型的角度出发，既要发展学生认知能力，又要发展他们社会认知能力，特别是学生的社会责任心。总之，提高学生学科能力的水平促进了广大实验点教学教育质量的普遍提高。今天中小学的学科能力是基于某种学科的核心素养来确定的，但其基础仍是思维理论，所以说

我们当年对学科能力的构建，正是今天基于核心素养的学科能力之雏形。

在学科能力的培养中，课题组出现不少新颖的事例。内蒙古赤峰市有较多的实验点，这批中小学普遍都开展了学科能力培养的实验。刚恢复中考、高考的时候，小学毕业考初中20多分就能够进去，后来随着教育的正规化，要求提高教学教育质量，分数也提高了。在参与我们的教改实验中，赤峰学生的学科能力迅速发展。根据学科能力的要求，范有祥老师在数学教学中有机渗透"三算"教学。在一次"三算"表演过程中，学生创造性地利用心算、口算和笔算三者结合，使运算的速度能够和一般的计算器来比赛，结果小学生胜利了，计算器"输"了。我去听北京五中梁捷老师的课，梁老师是我们课题组语文学科能力结构提出者之一，她突出学科能力的培养。整个高一的说明文有四课：《南州六月荔枝丹》《记一次泥石流》《科学史上一次演变》和《蝉》，按要求要在两个星期内教完，由于梁老师突出语文的学科能力结构的教学，结果，只用四堂课就给拿下来了。在学生口述说明文的时候，有个学生谈到了广东人喝茶，口述了三段：第一段对广东人喝茶的小茶壶、小茶杯做了一番描述；第二段讲泡茶习惯；第三段讲品茶风格，强调每位客人只喝两杯茶。这是一篇很好的口头作文。刚好那年，听了梁捷老师的课后，我和吴昌顺校长到了广东，我的老同学叶忠根夫妇给我俩每人沏了一杯茶，我说："请你拿出广东人的茶具，不要拿这么大的杯子。"他说："神经病，你看看这个茶杯底下写的由哪儿制造的？"我一看："啊，怎么是广东制造的？"喝了两杯茶，天太热了，我们还渴。他问："还想喝吗？"我说："不了，你们广东人喝茶的习惯不是只喝两杯吗？"他又说："神经病！"后来他的夫人发现后说："林崇德说得没有错，你怎么知道广东人喝茶的方式？"我告诉她是受一个学生口头作文的影响，我讲了那篇口头说明文。"哎呀，那可是一篇有创意的作文。"他夫人给我们解释："这篇作文写得好，它讲的是潮州那一带喝的功夫茶。"这篇有创意的口头作文，来自梁老师突出语文能力结构的创造性的教学，正是这篇有创新的口头作文，蒙住了学校校长和一个听课的教授。为此，我在《北京师范大学学报（社会科学版）》1997年第1期发表了一篇论述学科能力的学术论文，并被教育界广泛地引用。

教育部及其下属部门，多次邀请我讲"学科能力"，教育部刘利民副部长邀请我研究学科能力，后来教育部党组于2013年干脆下达让我主持学科能力的基础或深层的研究，这就是"中国学生发展核心素养"研究的由来。

五、研究中小学德育的问题

我从小热爱祖国热爱中国共产党。我当了近60年的教师，深深地体会到"德"的重要。在自己的教育生涯中，我把提高学生对家与国、爱与恨、群与己、善与恶、义与利、得与失、成与败、廉与耻、诚与伪、勤与懒这十大方面的认识、体验、行动，作为毕生发展的任务。对中小学的德育，我坚持：

首先，办教育首要的内容是使受教育者明白生命的意义，学会做人。只有这样才能体现教育的价值。荀子曰："国将兴，必贵师而重傅；贵师而重傅，则法度存。国将衰，必贱师而轻傅；贱师而轻傅，则人有快；人有快则法度坏。"20世纪80年代我承担了有关品德研究的课题，于1989年出版了《品德发展心理学》。在前文我曾提及，我是搞智力的，为什么要写品德心理的书呢？这是因为出自德育的需要，不管现在社会上关于学生品德发展是"爬坡论"还是"滑坡论"，我都认为德育是一切教育的根本，是教育内容的生命所在；德育工作是整个教育工作的基础。我也同意我的朋友、我国台湾教育家高震东先生的观点：诸育只有以德育为首，才能应运而生，才会有其价值。德是米粒中的胚芽、果核中的仁，也就是生机。我这一生崇德重德，坚持"办教育首先要搞灵魂建设"和"不抓德育是不道德的"的理念。在基础教育中，如何抓德育呢？尤其是在当前的社会背景下抓德育教育更要讲针对性和实效性。我在《品德发展心理学》一书中提出：一是要抓品德结构。中小学老师应该从品德的表层和深层结构的系统来分析学生品德面貌，应该把品德看成是一种道德行为方式和动机系统的统一体，要很好地抓道德信念和道德理想这样道德动机的深层结构。与此同时，从品德的心理过程和行为活动的关系看，德育应该是多开端的，道德的认识（知）、情感（情）、意志（意）、行为（行），从哪个因素入手，具体问题应做具体分析。二是要把中小学生品德发展的年龄特征，作为德育教育的突破口。看看今天中小学思想政治课的编排，小学前3年是"品德与生活"，后3年是"品德与社会"；初中是"道德与法制"；高中是"思想政治（含社会、经济、政治、哲学等）"，十分明显地按年龄特征来安排教材内容。在德育方法方式上还要考虑到：协调性是小学生品德的主要年龄特征；动荡性是初中生品德的主要年龄特征；逐步走向成熟是高中生品德的主要年龄特征。我在基础教育第一线当班主任或教育组长时，成功的经验之一就是把学生年龄特征作为德育工作的出发点。三是要抓学生品德的"质"的提高，在品德形成的过程中，我反复强调的是两个因素：一是道德信念；二是通过养成教育，培养良好的道德习惯。前者强调信仰，信仰是灵魂和命脉，人民有信仰，民族有希望，国家有力量！后者强调风气，是内化于心外化于行的基础，因为良好的道德行为习惯能使品德从内心出发，不走弯路而达到高境界；不良的道德习惯，会给纠正不良品德工作带来困难。我从来认为应该坚持德育，不能一天换一个样，五讲四美三热爱必须天天讲月月讲年年讲且形成我们中国人的风气。在中小学德育中，我提出具体措施，意在把道德信念动机系统的培养和养成教育的习惯形成作为德育中的两个不可忽视的内容。在这方面，我的弟子寇彧和李玉华做得很出色，寇彧是我的《品德发展心理学》一次又一次的修订者，没有她就没有现在的《品德发展心理学》；李玉华在首都师范大学基础教育学院担任德育心理学教师，她的教学给了未来的中小学教师一个完整的德育观。

其次，把培养学生的非智力因素看作德育的一个重要途径。前文曾提到类似孔子的"知之者不如好之者，好之者不如乐之者"的思想，讲的就是智力因素与非智力因素的统一，是知、情、意融于一体的体现。非智力因素的核心是品格。我非常重视个体的非智力因素的培养，曾多次提出通过非智力因素来培养智力，并把对非智力因素的培养作为德育的一种重要手段和方法。北京通县六中就是一个典型例子，前面提到的通县一中、二中和六中例子，已用1986年的数据说明问题，这里仅重复一下智商测定的数据。人的正常智商为90~110，3年实验前，通县一中、二中和六中的初一新生，平均智商分别为114.5、104.8和87.79。但在六中校长的领导下，几乎所有的实验班的老师都在抓非智力因素培养，整个学校在3年中改变的是道德面貌或学生的精神面貌。在此基础上，3年后通县六中学生的精神面貌大变样，并如前所述到1989年中考，通县总共46所中学，通县六中居然名列第二，仅次于潞河中学（通县一中）。智商不及格的学生居然跻身到智商超过110的学校中间去，靠什么？靠非智力因素的培养，靠的是"好好学习，天天向上"的精神。可见一个学生成才，不仅要依赖智力因素，还要依靠非智力因素，靠德育的力量。情商大于智商！因为非智力因素对整个学校生活有着动力作用、定型作用和补偿作用，勤能补拙嘛。因此，教育改革中，我们在课题组里具体规定了在"发展兴趣，顾及气质，锻炼品格，养成习惯"四个方面培养非智力因素的措施并下了功夫，以提高学生"说话""做事""做人"的情商，且在实践中取得良好的结果。

最后，把学校精神看作是一种学校良好德育的标志。我不会忘记毛泽东主席的一句名言："人是要有一点精神的。"我在拙著《教育与发展》中有一节叫"学校精神是学生德性发展的基础"。中央教科所所长朱小蔓教授在评论拙著时说："看来教科所也要有一种'教科所精神'。"由此可见，无论是个人还是集体，干成一件事情都需要有点精神。因为从生活境界来说，精神集中德性的精华，是最高的思想境界，体现出一个人或一个群体的道德观、价值观、幸福观、苦乐观、荣誉观、是非观，甚至生死观。这就可以回答为什么不同的人有不同待事态度、有不同处世方式、有不同活法、取得不同成败结局、获得不同社会评价。从心理学的角度上分析，精神是一种心理现象，西方心理学把它看作是一个人成功的动力。我认为它更多属于非智力因素，是人生观、价值观和世界观"三观"形成的机制或关键。从心理学的视野出发，所谓精神，它是指个体或群体在长期的实践中积淀起来的，并在心理和行为中体现出来的心理定势和心理特征，其核心内容和具体表现形式是个体或群体的内在风气、风尚或作风。良好的精神是一种潜在的心理力量，是某个个体或群体在社会上普遍认可、接受和推崇的风格、习惯、准则。我国历代学者都提倡振奋人精神的重要性，强调将志向的苦修、情操的陶冶、意志的锻炼、品行的砥砺等精神力量作为取得成就的条件。对我最有影响的是孟子，他那段"天将降大任于是人也，必先苦其心志，劳其筋骨，饿其体肤，空乏其身，行拂乱其所为，所以动心忍性，曾益其所不能（《孟子·告子下》）"使我永远铭记在心。可见不论是个体还是群体，是否有成就，除去客观条件之外，主要决定于精神修炼。如果说，这种成就来自非智力对智力因素、非认知对认知因素的作用的话，那么，增进这种作用效能的正是其精神力量。因此，我把精神力量视为更深层次的因素和主观能动因素，把诸如校训、校风的学校精神作为学校德育的无形力量。第二章里我曾提到母校上海中学的"明、严、实、高"学校精神，我在上海中学学校精神中受益终身，也以上海中学的学校精神为基础，在实验点加以试验，然后向基础教育界推广，以此说明个体与群体的精神力量都能增进道德、思想、政治的效能，推动"三观"的升华。不过在其形成的心理机制上，个体和群体是有区别的。个体精神力量的心理机制不能排除客观条件的影响，但主要是通过自我修养，以形成良好的风尚和习惯；而群体精神力量的形成却是通过感染、模仿、暗示、从众、认同等心理机制，使群体成员在不知不觉中接受影响，引起个人心理和行为的变化，以求与群体精神趋于一致，达到个人心理风格与群体心理定势的融合。

六、开展心理健康教育

在国内还很少有人讨论心理健康问题的时候，1983年，我在《中学生心理学》一书里提出了学校需要增进心理健康和讲究心理卫生的设想。我认为心理健康不仅是一个心理上讲卫生、追求精神健康的问题，而且是学生德性的一个重要组成因素，重视德育就应该重视心理健康教育。20世纪80年代末期和90年代，我进行了这方面的大量研究，提出了有关的设想，就这样，1997年，我当选为"教育部中小学心理健康教育专家咨询委员会"

的主任。到了2007年，这个委员会改名为"教育部中小学心理健康教育专家指导委员会"（以下简称心指委），我仍然当主任。2005年我还担任教育部高等学校心理健康教育专家指导委员会副主任，2014年至今是心指委主任。我于2017年曾辞去中小学心指委主任职务，但教育部仍让我担任名誉主任。在媒体热炒学生心理问题的时候，我找到了教育部的领导，希望刹住这股炒作风，我开玩笑地对他们说："既然心理问题这么多，不妨把大中小学统统改为精神病医院。"就这样，我于2001年在《中国教育报》头版头条位置发表了《心理健康教育路一定要走正》的文章。从2001年起，我和弟子俞国良教授一起为教育部起草《中小学心理健康教育指导纲要》，历时一年，在反复讨论、修改、审定之后，于2002年8月由教育部党组作为重要文件印发，对我国中小学心理健康的指导思想、原则、内容、途径、方法、组织、管理等做了纲要性的规定，对我国中小学心理教育提出了实施方案。2012年又与国良一起修订了这个纲要。我坚持学生心理健康是主流，坚持学校心理健康教育的模式是教育的模式，并把心理健康教育与德育紧密地联系在一起，一切是为了学生至上、健康第一的目标。

2008年5月12日，四川汶川发生大地震。从震后第二天开始，我就与其他心理学家赶到人民教育出版社与人教社的同仁一起，夜以继日地投入工作，确定心理救助的方针、编写中小学生和教师家长心理援助的宣传手册，第三天就由中小学心指委秘书长申继亮随同时任教育部副部长（后来的部长）袁贵仁同志带资料去四川相关印刷厂赶印，第四天就往下散发。接着我围绕着震后的心理疏导问题在各种媒体上多次发表自己的观点，并担任组长，组织了国家级培训班，辅导灾区中小学的教师。再接着，经教育部同意，我把自己主持刚获批的教育部社科重大项目"中小学生心理健康研究"改为"灾后中小学生心理疏导研究"。在伍新春的协助下，我们课题组冒着余震、暴雨、塌方、断路等危险去灾区中心的汶川县开展心理援助和研究。这项研究历时3年，具体细节也不必详述，我们课题组由伍新春领头创造性地提出了"专家—教练—教师"相整合的创伤干预模式，并基于大量实证研究提出了创伤后心理反应的"辩证–整合"理念，指导临床工作。

这项工作使汶川中小学生克服了严重的心理危机，受到中央电视台三次的报道；这项研究发表了近百篇的文章，尤其是在国外杂志发表了近40篇有影响的研究报告。结题时被评议专家打了96分。这也使伍新春团队成为目前国际创伤心理学领域的重要研究团队之一。这3年的研究，涌现出一批优秀研究人才，我把西南民族大学陈秋燕教授收为在职博士研究生。

【收获颇丰　影响远播】

随着教育改革实验的积极开展，有些媒体舆论对我进行了多种多样的鼓励，过奖地说"我的名字在中小学兴起了一股旋风"。这么讲当然有一些夸张，但是多多少少也能够说明中小学教育界对我工作的肯定。1987年9月6日，杭州《浙江日报》报道了临海市浙商小学教师王金兰在多年的教改实验中，根据学生心理特点创造了"快乐教学法"，使学生提高了兴趣，教育质量得到了提高。"他们整个实验得到了林崇德教授的理论指导与支持。"1993年在北京《中国小学教育百科全书》新闻发布会上，北京市第一实验小学田校长说："《中国小学教育百科全书》主编林崇德教授是北京市小学教育界家喻户晓的人物。"1996年在北京通县举行的第十二届教师节庆贺会上，北京市教委基础教育处方中雄处长（后为北京教科院院长）说："北京市有17所中学特色校，因林崇德教授教改实验而得到他的学术思想而获此殊荣的有4所。"这都从侧面反映出我的教育理论在中小学的影响力。全国优秀教育工作者、全国政协委员、特级教师、北京五中吴昌顺先生说："林崇德是我们中小学教师的老朋友，是我们最欢迎的名教授之一。"《中国教育报》打破了常规，分别用7期和12期两度介绍了"林崇德学习与发展观"和"林崇德有关智力发展的理论"。《光明日报》3次追踪报道了我的教改实验、我的基础教育的教改理论的体系及其成果。我的教改实验还得到了电视媒体的关注。早在1993年，中央电视台播出了《东方之子》，宣传各条战线做出杰出贡献的那些学者、专家、劳模，我是最早一批播出的"人物"之一。播出我的原因是因为我坚持在中小学搞实验，并形成了有关基础教育的理论体系。我记得《东方之子》拍摄的地点是在琉璃厂小学，播出以后收到了全国各地中小学实验点的老师对我的鼓励、支持，他们纷纷来信、来电表示祝贺。1996年2月我出席了由国家科学委员会和全国科技协会共同举办的"中国优秀科普工作者会议"，我成为"中国优秀科普工作者"。这次被表彰者中，教育部系统文科的有两位，一位是搞经济的，还有一位就是我。主要表彰我在基础教育改革中自己的理论从科普这个角度产生了影响力，改变了中国基础教育的一些面貌。这次会上我们受到了当时第三代国家领导人江泽民同志等人的接见。

我的基础教育理论不仅在国内传播，也通过各种渠道传播到海外。20世纪80年代中期到90年代初，我曾经到欧洲、美国、苏联、日本，还有我们国家的台湾和香港地区讲学。我讲学的内容中较多的是四个方面：一是讲我对独生子女心理特点的研究，因为国际学术界都在关心中国的独生子女政策，而我反复阐述中国独生子女的阳光面；二是讲我教育改革的一些心理学研究，实际上讲我的基础教育理论体系，着重介绍了自己的实验研究的过程、指导理论和研究成果；三是讲我对儿童青少年思维与品德的研究，不仅展示研究成绩的数据，而且以中华美德强调了中华文明；四是讲教育与心理发展观，即发展心理学与教育的中国化研究等。我讲学的内容，基本上是基于自己教改实验对基础教育的理论与实践的思考，所以，我在美国的肯特州立大学、丹佛大学（Denver University）、杨伯翰大学（Brigham Young University）、温尼州立大学（Wayne State University）和加州大学伯克利分校（Univeirsity of Califomia Berkeley）等多所学校里，主要围绕自己的实验研究开展讲学，所讲观点不仅受到了好评，而且有不少听众纷纷表示要移植我的实验（图7-4）。对品德心理学的有些观点，早在1987年，我参加挪威的一次"国际儿童青少年大会"时就讲过。后来，我还写了关于品德发展的文章，发表在1988年《国际学校心理学》杂志上。我在日本讲学，不仅仅介绍中国儿童青少年心理学，还联系自己基础教育研究而演讲（图7-5、图7-6）。此外，我还讲过两次中小学心理健康的专题：一次是离婚家庭子女心理发展的研究，这是在1993年参加日本"发展心理学大会"时讲的，当时受日本发展心理学会的东洋先生邀请去讲这个题目（图7-7）。还有一次是2000年在日本召开的亚洲太平洋地区健康心理学大会上，我讲了一些对心理健康教育的认识，谈了自己一些研究和理论。在那次会上，自己的讲座不仅受到了重视，还被推举担任新成立的"亚洲太平洋地区健康心理学会"的第一副主席。这个大会的发起人——日本80多岁的老教授本明宽先生，他是当过早稻田大学校长

图7-4　与伯克利的著名发展心理学家凯波斯在一起

的老前辈，他当了主席；我对当选健康心理学会第一副主席还是满意的，因为日本本明宽教授不仅是发起人，而且是前辈。我为自己建构基础教育的一些理论，在国内外产生的影响而深受鼓舞，鞭策我今后利用余生更好地修订自己对基础教育的理论体系。

我想，我之所以在基础教育界产生这些影响，蕴含着教育部领导的关怀，凝聚着基础教育界同行支持的力量，反映着各级各类媒体的宣传，而

图7-5　与日本发展心理学会东洋理事长（中）合影

图7-6　与日本发展心理学会田中敏隆理事长合影

我自己却是一个真正的受益者和感恩者。为什么我对基础教育方面所构建的理论能够起作用呢？主要是理论具有实践价值，通过教改实验这种价值也逐步在显现，这里不得不提及一个故事：美国圣约翰大学教授周正博士，使用其智力（认知）发展量

图7-7 在日本学术会上做报告

表，在我们坚持训练学生思维品质实验的实验点——天津静海一所偏僻的农村小学测了学生的智力发展水平，然后与北京一所名校的学生相比较，发现农村小学生的成绩略高于城市的被试，但智力上无显著差异；最后又测得美国城市小学生被试的成绩，发现天津静海农村小学被试成绩不仅高于美国被试，而且智力上有显著差异。周正认可我们的研究："思维品质训练的确是发展学生智力的突破口，且训练时间越长，效果越明显。"她把我们俩的研究报告发表在美国的《认知发展》杂志上，引起美国心理学界与教育学界的重视。美国权威教科书《教育心理学》（Anita E.Woolfolk主编，2013年第10版）引了这个研究数据。因该教材还引用了中国的另一项研究，即华南师范大学副校长莫雷教授的研究，所以莫雷教授组织人员把这部《教育心理学》译成中文，由中国轻工业出版社出版了，从中可见自己理论的一些影响作用。我到了一些实验点，不管是到教育比较发达的地区，如广东湛江市，也不管是到教育比较薄弱的地区，如内蒙古通化市，看到不少学校每个教研室里面都贴着我的有关理论，这使我深受感动。

　　造成我的基础教育理论的影响的原因除所构建的理论质量本身是关键之外，还有三股力量起到重要的基础作用："一项教育科研成功，是依靠有权之士、有志之士和有识之士三者相结合的结果。"这句话，许多人，包括一些领导人都认为是我提出来的。其实不是，它出自北京市人大常委会副主任、老教育家陶西平先生之口，当然，他是在总结我的经验时用了这句

话，后来社会上误传为我的观点。我在基础教育界搞实验研究，确实是依靠这三股力量。一是领导层，每当我到一个实验点所在的省（自治区、直辖市），总要找教育系统的相关领导加以汇报，取得有权之士的支持（图7-8）。我的实验之所以在全国推广，与"七五""八五"课题结束后，参加全国教育科学规划领导小组召开的推广成果会议，获得国家教委王明达副主任等人的肯定、推荐有直接的关系。二是有志投入教科研的中小学的校长和教师。他们是教育科学的"敢死队"，而这支"敢死队"的队长是上文已经

图7-8　许嘉璐副委员长出席我的教改经验会议

提到的谭瑞、吴昌顺、孙敦甲、耿盛义等老师。没有这支队伍，不可能进行任何教育科学的研究。因此，我衷心感谢参与我教改实验的一万多名中小学教师。三是理论工作者，包括我自己。他们既是有权之士的智囊、指导者，又是整个实验研究的操作者。作为"有识之士"，我十分重视自己在整个教科研过程中的每一个决策与每一个实验，使那些基础好的学校锦上添花，使那些基础薄弱的学校奋起直追。

　　对浙江省的临海小学、北京市的康乐里小学、北京五中和江苏省扬州中学等学校来说，基础教育改革的实验都是"锦上添花"。扬州中学有一批年轻的特级教师，其中包括历史教师王雄、语文教师陈国林和外语教师叶宁庆等，他们参加过我的研究生课程班，受我教育思想的影响，都成为教授级的特级教师。他们学校的校长沈怡文先生把学校里面的一些教改用我的理论串起来，在海峡两岸的一次教育改革的经验交流会（台南市）上宣讲后大受好评。

　　我的理论更多是被教改实验基础薄弱的学校所运用，由此一批又一批学生在教育改革中提升了素质。北京市宣武区（今属西城区）有一所原来基础薄弱的学校——琉璃厂小学。这个学校周边环境复杂，有些老百姓有

点欺负人，把这个学校的前门占了，盖了很多小房子。琉璃厂小学师生进出都是在后门（南门）。南门处于一个小胡同里面，如果购买桌椅板凳或者什么仪器，运送的卡车进不来，老师和学生还要一起动手去搬。在这个情况下，学校的办学比较困难，学校内部也不十分景气。学校两任校长齐国贤、谢美意引进了我们的一些实验措施，应用了我们基础教育的一些理论，特别是我的老朋友、老课题组骨干刘宝才和卜希翠两位老师分别在数学和语文两科进行了指导，使这个学校3年时间打了个翻身仗，一改以往的面貌。与此同时，区人民政府勒令相关市民拆除在学校大门（前门）前的违建。学校的前门被修缮一新，我请我们学校著名的书法家、中国书法协会主席启功老先生为其题词"琉璃厂小学"。琉璃厂小学斜对门的荣宝斋，为其做了一个大匾。金光闪闪的"琉璃厂小学"牌匾挂在学校大门口。就这样这个学校成为北京市一个教改的先进校，一个宣武区提高质量的示范校，也成为北京市一所接待外地同行的观摩学校。1993年暑假，由琉璃厂小学当会议承办者，我们中小学课题组近千人在师大一附中召开教改研究经验交流会，教育部何东昌老部长光临我们的大会。他在讲话中表彰我们课题组为理论与实际、普及与提高、专家与群众、基础研究与应用研究相结合的典型。这对我鼓舞极大。

我第一次去海南是1996年，从海口下飞机，当时海口市第二十七小学的傅映柏校长来接我。我觉得也怪，我明明是省教育厅请的，但海南省教育厅却让第二十七小学的傅校长来机场接我，并到他们学校先参观一下。听说那所学校之前是一所基础薄弱校，学校校舍是竹子盖的房子，后来，在优秀校长傅映柏的带领下，进行了教育改革，学校的面貌焕然一新。所以，我想好好看看这所原先的基础薄弱校。当我从机场到了第二十七小学，我简直不敢相信自己的眼睛，眼前是一座花园式的学校，这哪儿是竹子盖的平房，与我的想象完全相反。这个学校的改变，主要是傅映柏校长的功劳，是她领导着教师们进行改革，从改革中要质量。可是她却谦虚地向我介绍，这所学校原来确实是薄弱校，他们后来就投入我主持的"七五"教育部的重点课题，进行教育改革实验。跟他们联系的是我们小学课题组总负责人谭瑞老师——朝阳区教科所所长，他带了一批实验点的老师到那边传经，数学由琉璃厂小学主持教改工作的刘宝才老师进行指导，语文由在琉璃厂小学进行教改的卜希翠老师指导，这个学校的教育质量迅速提高。这个学校狠抓了德育，傅校长是"全国德育教育的模范教师"，可她还是客气地强调了学校应用过我的《品德发展心理学》的一些观点，从而成为全国的一所德育先进校。就在我去的前一年，1995年，在小学升初中的过程中，整个海口市语文的平均成绩是66分，她的学校考了88分，数学全市的平均成绩考得比较好，是79分，她的学校考了98分，因此，凭着这种优异的成绩，赢得了当地老百姓的赞誉。因为学校位于海口近郊，有相当一批先富起来的农民没有把自己孩子往城里送，而是成为当地教育的投资者，把这所学校原来的竹板房拆了以后盖成现在的花园学校。听完傅校长的一番话，我深深地被感动了，如果说我们广大的实验点取得了一些成绩，那么这些成绩正是像傅映柏校长一样的领路人带领一线教师踏踏实实、兢兢业业、不懈努力的结果。

我在基础教育界的影响，还与自己领衔主编的《中国少年儿童百科全书》有关系。《中国少年儿童百科全书》分《自然·环境》《科学·技术》《人类·社会》和《文化·艺术》4卷，涉及60多个学科门类，共5000多条目，近5000幅插图，计400万字，是我国第一部大型少年儿童百科全书。北京师范大学交叉学科研究会委托我主持编写工作，会长姜璐、副会长王德胜，还有何本方和李春生4位教授分别担任4个分卷的主编和全书的副主编。该书由浙江教育出版社于1991年出版并第一次印刷，到了20世纪90年代中期已经发行了120多万套，成为新闻出版署1988年到2000年全国辞书编写出版计划中的唯一的一部少年儿童百科全书。1992年该书获得"第六届中国图书奖"一等奖（政府奖），而且还被1992年成都的"第五届全国书市"和1994年的武汉"第六届全国书市"评为"十大畅销书"之一（图7-9）。每当六一儿童节或春节，《中国少年儿童百科全书》就成为走亲访友时必备的礼物，因为从幼儿到小学生和初中生以及家长们，甚至老师们都喜欢它。

国家新闻出版署的一位司长曾说：全国少年儿童读物很多，在20世纪有三套书最受欢迎：《十万个为什么》（中国少年儿童出版社）、《中国少年儿童百科全书》（浙江教育出版社）和《中国少年百科全书》（辽宁教育出版社）。2015年《中国少年儿童百科全书》再版，编委会做适当调整，浙江教育出版社与我商定，请我再次出山当主编。为此我出自内心感谢北京师范大学交叉学科研究会的好友们，没有他们的努力，哪儿有什么《中国少年儿童百科全书》这样较大型作品的问世？哪儿能产生那么大的发行效应及其影响力？

图7-9　1991年出版的此套丛书曾获评国内"十大畅销书"之一

【启智求真　绽放智慧】

　　1998年，我主持的全国教改课题组在北京开会，参与会者近千人。课题组事先发过一个通知，会议期间要评选送到大会上的论文，评出一二三等奖。评议工作由小学课题组组长谭瑞和中学课题组组长吴昌顺两位老师负责。大会前，我希望拜读9篇被评为一等奖的文章，以便我的讲话有的放矢。他们送给我10篇文章，看后我直皱眉头，因为文章的引文，除引我的《学习与发展》之外，几乎每篇文章，都引了苏联的苏霍姆林斯基的"语录"，而没有别人的观点。仔细想想也不奇怪，我国的教育科学出版物，学术性太强，不适合中小学教师阅读。各省市地方的教育杂志倒提供了一种写作的范例，引文中用了和中小学教师关系密切的苏霍姆林斯基的观点，这就是我们课题组教师们撰写论文时引文为什么千篇一律的原因。我曾经读过教育方面一些重要的通俗实务书，主要也是外国的，如洛克的《教育漫话》、赞科夫的《和教师的谈话》、苏霍姆林斯基的《给教师的建议》。这些书，前两本是教育理论家写的，而苏霍姆林斯基却是一位教育实践工作者，他们都很有才，书中的语言适合中小学教育实际，有较大的启发性。可是，内容是否适合中国的读者，这就很难说了。我觉得也有些自己的理论，自己的教育改革的经验也颇有特色，于是，我想把这些资料整理出来和中小学老师共同探讨一下教育教学的规律，探索一下我们的教育对象学生以及我们教师自己，使老师们更加忠诚教育事业，成为"专家型"的教师。于是我想写一本通俗的书，这本书就是《教育的智慧——写给中小学教师》。但是写作开始时，不少心理学家建议"题目"用"心灵"一类概念，结果被挚友吴昌顺推翻，他说："'心灵鸡汤'一类词太多了，搞心理学的人就一定要与'心灵'挂钩吗？"在他的建议下，我与开明出版社责任编辑吕志敏商议，采用"教育的智慧"为题。

　　《教育的智慧》加了一小标题"写给中小学教师"。这本小册子是我用心写就的，所以有人建议我用"心灵"，我也不反对。我真正的愿望是将它献给广大的中小学老师。为什么呢？因为我和中小学老师从事同一个职业——教育学生；我们热爱同一个事业——塑造灵魂；我们拥有同一个心愿——当好老师。更主要的是我和中小学教师曾是"同一战壕"的战友，我们拥有同一个名字——老师，我们热爱同一个事业——教育。于是我就开始思考与写作《教育的智慧》。听说我要写这本书，不少出版社上门以"高版税"要求出这本书。而我为什么要交给开明出版社出，因为开明出版社是老教育家叶圣陶先生创办的，他的创社宗旨是"开来而既往，明道不计功。"尽管出版社停办了数十年后重新启动，但其公子叶至善先生多次强调这十个字，表达了其办社的指导思想，令人敬佩。我交给开明出版社的另一重要原因是社长焦向英先生的为人，与他接触中，他的坦诚、认真和对基础教育的热爱深深地感动了我，至今我们还是朋友。交给焦社长的出版社出版，我可以放心。最后，他以装订大方朴素的通俗读物形式高质量低价格地出版了这本书。《教育的智慧》出版后，我的学生、新疆人民出版社书记兼总编李维青读后非常兴奋，她不仅为我写了书评，而且请维吾尔族的编辑组织人译为维文在新疆人民出版社出版（图7-10）。

我把这本书献给中小学老师。作为教师，我曾听过太多赞美的颂歌："春蚕赞""红烛颂""咏人梯精神""启智求真曲""世纪的榜样""永远的诉说""终生的感激""洒下一片真情""传承文明的诗篇""生命因你而蓬勃"……在世界上，还有哪个职业，有这么多的赞歌？！作为教师，我们

图7-10 《教育的智慧》的不同版本

也在每时每刻接受赞美、接到鲜花的同时，思索着自己从事的职业乃至事业的内涵。教师是进行教育、实现教育功能、传承文化、启迪文明、培养人才的专业人员。然而，实现教师的这些作用，既不能靠社会的赞颂，也不完全靠自己的自信、自尊和努力，还取决于教师的社会地位。教师的社会地位决定着教师的威信，也是教师能否发挥作用的前提。但事情总是相辅相成的，为了使教师获得应有的社会地位，我们更要赞颂教师。我对自己的职业与事业——教师，更多的是用"园丁之歌"来赞美。恰如苗圃里的园丁，每天面对着心爱的棵棵小树，小树成长有其自身的规律，长得有粗有细、有直有歪，有的可以成为参天大树，有的却过早枯萎。小树成长更需要园丁的修枝、除草、扶正、灌溉……因此，我特别喜欢"园丁"这个概念，并时时将教师比喻为"园丁"。我曾在第三章提到我观看湖南花鼓戏的电影《园丁之歌》后写过那四句话：谁说我不是园丁，每天都在学生心田中耕耘。愿将我满头的白发，去换得国家的栋梁成荫成林。我一直坚持自己的观点，并把这四句话一次又一次地献给那些愿意让学生主动地、生动活泼地成长为国家栋梁之材的同行们。《教育的智慧》一书，不仅赞颂教师，而且更要阐述如何像园丁那样"修枝、除草、扶正、灌溉……"的道理、方法。

怎样去修枝、除草、扶正、灌溉呢？我是结合自己中小学教育改革的实验和实践，根据自己的基础教育理论，特别是心理学与教育学的一些原

理，为中小学老师一点一点地道出内心的感受来的。这本书首先有一个引子——"接过老师手中的教鞭"，谈我是怎么走向教育岗位的，然后，全书正文一共有12章。第一章，谈职业的价值，兼谈怎么正确地去认识素质教育。素质教育是20世纪90年代中期后我国教育界提出的一个教育概念，但一开始用得较为混乱。就在1998年全国教改课程组千人大会上，我们请到教育部教育发展中心老主任郝克明教授和基础教育司李连宁司长赴会。连宁司长在大会报到时提到一件事：他不久前去一个地级市视察素质教育。接待他的是教育局局长，他到达该市时间是上午，想下学校考察，可是局长却劝他上午好好休息。他问"为什么？"回答是"上午学校在上课，不搞素质教育。下午才搞素质教育！"这是一位处级局长对素质教育的理解啊，把李司长弄得哭笑不得。我闻听这个故事后也十分惊讶！看看社会上当时对素质教育的反映，似乎"素质教育是个筐，什么都往里面装！"跳橡皮筋、跳跳绳是素质教育，打球跑步运动是素质教育，劳动更是素质教育……唯有占80%时间的课堂教育却不是素质教育。此时此刻正值我撰写《教育的智慧》，我奋笔疾书，认真地从本章第一节提到的教育的五个功能去科学地论述素质教育：以创新精神为核心，以德育为灵魂，以课堂教学为主渠道，以提高教育质量为出发点，全面落实党的教育方针。我一章一章地往下写，写出了自己心灵中对基础教育的认识，写出了提高基础教育质量的措施。第二章，强调的是"认识自己，教师应该是怎么样一个人"。谈教师的素质，我着重指出，素质教育的关键是教师的素质。第三章，谈教师的教育基本功是教育成败的关键，特别是阐明了教师的课堂教育基本功。第四章，突出了解学生是教育学生的前提，一切要从学生的实际出发，讲的是学生的特点。第五章，突出的是教学的主要目的。教师在传播知识的同时，要灵活地发展学生的智力，培养学生的能力。怎样培养智能呢？我阐述了我自己的智力和能力观，阐述了智育和智能培养的具体措施。第六章，讲的是各学科教学是否有成效，关键在于能否形成学生的各种各样的学科能力，题目为"建构各种学科能力"。第七章，讲的是德育为一切教育的资本，是教育内容的生命所在，题目为"探索德育中品德形成的机制"。第八章，讲的是一个中小学老师不当班主任就不会尝到当老师的真正滋味，我叙述了"班主任的职责"，谈到了班主任的任务、当班主任的计划和方法。第九章，讲的是一个学生成才，不仅要依靠智力因素，即智商；而且要依靠非智力因素，即情商，重点突出"非智力因素的激发"。第十章，讲的是教师要当好学生的心理保健医生，以促进学生身心健康成长，重点是"做学生的心理保健医"。第十一章，讲的是倡导全面发展，学有特色，以提高学生的全面素质，并分析了素质教育与"应试教育"的关系。第十二章，讲的是教师参加教育科学研究是提高自身素质的重要途径。我希望中小学教师投入到教育科学研究中去。

1999年1月，开明出版社出版了我这本书。经过出版者与我几年的努力，这本书重印了9次，总共发行了18万册。好多地区，如我老家浙江宁波市，把这本书作为中小学老师必读的著作，北京有一些名牌学校、一些重点学校，每位老师人手一册。到了2002年，这本书被引用了246次（按照CSS检索）。这样，北京师范大学为我向教育部报了"第三届人文社会科学优秀成果奖"。经过半年的评审，这本书居然获得了一等奖。一本通俗的或者科普的著作和那些大部头的著作相比，它居然能被评为一等奖。评委会里的成员都是中国一流的专家，事后我知道北京大学的王甦教授还提出一个问题，林崇德教授著作不少，为什么唯独上报《教育的智慧》这本通俗的读物？最后还是给了我一等奖。后来，王甦教授对别人说："一本好的通俗读物，它的每句话都应该是有依据的，这是我们把林崇德的《教育的智慧》评为一等奖的主要理由。"事后我听到这句评论深受鼓舞，尽管我做得还不够，但我写作时确实十分重视每一句话的依据，而我的依据正是建构基础教育的心理学、教育学理论。而好的通俗读物，它的影响力也是大的，所以它获奖。这本书后来应自己学校需要，到2007年，在已经过原先签约

8年的情况下，北京师范大学出版社自己要出版。后来浙江教育出版社又在北京师范大学出版社出版的基础上继续出版这本书。中国轻工业出版社万千公司（它是出版中国教育学和心理学图书最多的机构，同时也是翻译并出版国外心理学、教育学图书最多的一家出版机构）总裁石铁先生，居然在出版国外著作的同时，跟国外出版社提出条件希望能够出版《教育的智慧》（图7-11）。当时，我自己还有一本万千公司出版的书叫《智力发展与数学学习》要翻译为英文，由德国斯普林格出版社出版，所以放弃翻译《教育的智慧》。

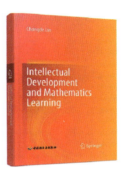

图 7-11　《智力发展与数学学习》的中文版和英文版；英文版的主译是我的弟子洪建中教授

　　《教育的智慧》出版后，书评不少，对我是一种鼓励吧！在书评中有一篇是自己的弟子胡卫平教授写的。这位全国人大代表对我的思维"三棱结构"理解颇为深入，他的书评提及《教育的智慧》中有关思维的"三棱结构"，着重评论"思维的'三棱结构'模型对学校教育，尤其是课堂教学的指导"。尽管我承认自己的弟子有恭维老师的话语，但他着重谈"三棱结构"对基础教育的作用，正好把我的第六章"构建思维心理说"与第七章"我的基础教育观"联系成一体，所以我将其评述和我的《教育的智慧》一起在这儿呈现。他指出，课堂教学是教师的教和学生的学构成的一个有机整体，是教师有计划、有目的地创设教学情境，促进学生发展的过程。在这个过程中，教师和学生的核心活动是思维。因此，促进学生和教师积极主动的思维，是提高课堂教学质量的关键和课堂教学改革的方向。他认为思维的"三棱结构"模型，不仅使我们加深了对智力本质和思维心理结构的认识，而且为基础教育各种教学理论提供了心理学依据，并能有效解决现行课堂教学中存在的问题。他从八个方面具体地做了评论：第一，思维的目的为目标教学理论提供了心理学依据。思维是课堂教学中教师和学生的主要活动，必须有明确的教学目标，"三棱结构"的目的为诸如布鲁姆的目标教学理论提供心理学依据。应在教师创设的教学情境中产生问题，引起学生认知冲突，从而使学生明确教学活动目标，并激发学生积极主动的思维。第二，思维的过程为教学中注重过程和方法提供了心理学依据。新课程改革中突出了过程和方法的教学目标。"三棱结构"模型为教学中突出知识形成过程，特别是认知过程，以及加强方法教育提供了心理学的依据。第三，思维的材料及思维结构的动态性，体现了认知建构思想和"范例教学"的理论。"三棱结构"的动态性和思维材料的思想，应用到课堂教学中，一方面，体现了认知建构的基本思想，尤其突出学习是一个积极主动的建构过程，知识是个体经验的合理化；另一方面，反映了德国瓦根舍因"范例教学"的理论。"范例教学"中的"范例"，实际上就是思维材料。第四，思维中的非智力因素为愉快教学法和情感教学模式等提供了心理学依据。近几年来，在教学实践中产生了愉快教学法和情感教学模式。"三棱结构"中关于非智力因素的思想不仅为愉快教学法和情感教学模式等提供了心理学依据，而且强调创设愉快的教学情境，不能仅仅停留在愉快层面，而是要激发学生积极主动的思维。第五，思维的监控与杜威反省思维的思想相一致，为反思性教学理论提供了心理学依据。"三棱结构"的思想，不仅强调了教师在教学过程中的反思和学生在学习过程中的反思，为反思教学理论提供了心理学依据，而且强调计划、检查、评价和控制等，从而更全面反映了教学的基本要求。第六，思维的环境为情境教学理论提供了心理学依据。依据"三棱结构"模型，积极思维的前提条件是具有良好的思维环境，这一点为情境教学理论提供了心理学依据，并且使教师进一步明确，课堂教学中创设情境的目的是激发学生积极主动的思维和学习。第七，思维的多元性为分层教学、课程改革和教育教学评价等提供了心理学依据。相对于加德纳的多元智力理论和斯腾伯格的成功智力理论，"三棱结构"的观点及其学科能力理论，不仅反映了多元智力的思想，指导教育教学改革、教育教学评价和课程改革等，而且可以更好地应用于学科教学，发展学生的学科能力。第八，教师和学生"双主体"思想为解决课堂教学中忽视学生或者忽视教师的问题提供了心理学依据。"三棱结构"观提出了教师和学生的双主体思想，突出课堂教学中教师和学生积极思维这个核心，同时强调了教师和学生的作为，对于调动教师和学生的积极性，改变重视教师忽视学生和重视学生忽视教师的两种错误倾向具有重要的指导意义。

2019年我出版的音像制品《听林崇德老师讲基础教育》，正是《教育的智慧》的形象化和具体化。这套音像制品的策划人是我的老学生、中国教育电视台的总编陈力（当年的陈君莉）研究员，她按《教育的智慧》内容拟了60讲的音像讲座，交人民教育（音像）出版社出版，人教社对此非常欢迎。但因我儿子是人教社的中层干部，为了避嫌，我最后打了退堂鼓。2017年经我的学生、北师大教务处副处长李艳玲和我们心理学部党委书记乔志宏的推荐，北京师范大学音像社社长邱恋和总编赵晓媛来约稿，经商量，定了15讲（每讲2小时）课程目录。2019年《听林崇德老师讲基础教育》出版后在全国发行。2020年赶上新冠感染疫情暴发，不少地区线下教师培训只能停下来，改为使用我的音像作品作为线上培训教材。感激上海、北京、杭州、深圳等城市以及西部几个省同仁的重视，感谢上海教师培训中心周增为主任等领导把这套音像制品作为上海市中小学教师线上培训重点教材，感激中共中央宣传部"学习强国"把这套音像制品的多讲内容选上播出。2023年，《听林崇德老师讲基础教育》竟被评为第八届中华优秀出版物奖。

在本章即将结束的时候，我感慨良深。我确实为基础教育改革和建构基础教育的理论尽心尽力。而让我感到幸福的是自己的努力能得到教育界甚至于教育部领导的肯定。我永远忘不了教育部老部长何东昌先生对我的鼓励："林崇德的教育研究实验和观点是理论与实际、普及与提高、专家与群众、基础研究与应用研究相结合的典范。"如果说我和我的观点在基础教育界有一定影响，首先是像何东昌部长那样的领导激励和推广的结果，是因为我实验点教师的辛勤工作和努力耕耘，是因为各位心理学界、教育界同仁对我的爱护。其次才是我的科研成果。我还要继续搭好理论与实践的桥梁，使我的基础教育观能对我国的教育实践有所帮助。

第八章　学术带头人之路

2008年，我参加了许多重要活动，有三次活动记忆犹新：清华大学复建心理系，系主任与书记请我当首席顾问。复系庆典上，我的座位居然安排在校长与老校长中间，并在大会上发了言。北京大学心理系建系30年庆典，我被邀请为"贵宾"，系主任致辞还感谢我对他们系的"贡献"。浙江大学建立了一所包括院士在内的"求是导师学校"，国务院学位委员会办公室竟邀请我去"求是导师学校"讲述导师之道。在高校的排名榜上，清华、北大和浙大可是名列前茅的学校，他们把我看作尊重学术的学者，对我如此信任。这对我来说既是鼓舞，又是鞭策。

"学术"指较为专门且有系统的学问，我视为生命的就是"学术"两个字。有人称我为"中国心理学界的学术带头人"，我实在不敢当。"学术带头人"是何意？没有什么辞典做过解释。我只能做一个比喻，即"领头羊"。它是羊群里的引领者，不怕风险、不畏艰难、随群而不显露、风雨无阻地走在羊群的最前边。我心中的学术带头人，就像羊群里的领头羊。我是不是中国心理学界的学术带头人，这并不重要，只要能当好一头领头羊，我已颇知足。至于走过的道路，实在太艰辛了。

【捍卫恩师　逆境成长】

任何一位领军人物的成长都不可能一帆风顺。他们往往都有挫折，都要经历各种"风波"，说不定还被扣上一个"争议人物"的帽子。学术带头人当然也不例外。

20世纪80年代初，由于自己当时在学术研究与教学工作上已取得了点滴的进展，特别是发表了一批论文，使我在中国心理学界稍有名气。尽管1985年以前我还没有晋升高级职称，但是心理学界一些重大的会议，一般情况都少不了我。这有两个原因：第一个原因是作为朱老的代表。因为心理学泰斗朱智贤教授年事已高，有许多会议他不便于出面解决问题，或者出来讲话，这时往往让我作为他的代表，替他参加一些会议。第二个原因是我在教学、科研上确实做了一些工作。因此，不管是学术年会，还是有重大决策的研讨会都邀请我，并把我放到较重要的位置上。

中国心理学会的发展与教育心理学专业委员会，规模比较大，涵盖了中国70%以上的心理学家，1984年这个专业委员会一分为二，分成了独立的发展心理学专业委员会和教育心理学专业委员会。1985年年底，发展心理学学术年会要在长沙召开，我应邀发言20~25分钟。与此同时，我应湖南师范大学心理系郑和钧教授邀请，准备事先在他们所办的讲习班上做两次学术报告。另外，广西教育学会教育心理学分会也邀请我去那里，我答应在发展心理学专业委员会（以下简称专委会）会议发言后就离开长沙去南宁做报告。按这个日程，我提前两天去了长沙。中国心理学界从恢复工作一直到20世纪80年代末，在某种程度上存在观点分歧状态，一些学者之间矛盾重重。发展与教育心理学界原先的负责人是朱智贤教授，他是一位马克思主义者，在20世纪60年代初他按马克思主义的观点，提出的"新需要与原有水平的矛盾"是人类发展和社会发展的内因或动力，与新世纪党的十六大和十九大的报告中诸如"人民日益增长的美好生活需要和不平衡不充分的发展之间的矛盾"的提法十分接近。在中国心理学的建设中，他倡导坚持辩证唯物主义和历史唯物主义的指导思想，洋为中用、古为今用的治学原则，理论联系实际的研究途径。但他的这三个方面观点在心理学界是有不同看法的。

我到了长沙，在湖南师大做完两场演讲就去设在湖南师大宾馆的发展心理学专委会会议报到处报到，报到处通知我第二天上午是开幕式，下午是大会报告，大会主题是讨论马克思主义与发展心理学的关系，我被安排在第六个发言。在1989年之前几年里，社会上有一种否定马克思主义的倾向，我想专委会是否利用这次专委会会议来统一一下正确的认识。然而，会议的发言却走调了，这可能与专委会事先没有审稿有关。那时召开心理学学术会议不像现在那样需要成立组委会和学术委员会，先要寄发言稿让学术委员会审查。长沙会事先早已定好发言人，会前报到时通知发言次序，到时就上台。结果第一位发言人一上台竟然在大会上全盘否定马克思主义对发展心理学的指导地位，并且不点名地批评或者批判我的恩师朱智贤教授坚持马克思主义为指导所提出的儿童青少年心理学的基本规律。这个开头很不好。第二位发言的是后来调到我们单位的陈会昌教授，他主要谈了苏联发展心理学的近况，这个内容并不涉及大会主题。第三位、第四位发言的人，竟然有一位是专委会的副主任，不知为什么，他俩无论是出于自愿，还是迫于社会压力或是受第一位的影响，多多少少地都对坚持马克思主义的言行进行攻击，并且认为马克思主义作为一种指导思想对中国当前的发展心理学学科建设已经过时了，尽管没有像第一位发言者那样对马克思主义完全持对立的态度，但影响也是不好的。第五位发言人讲的是从儿童心理学到发展心理学的演变，看得出这位专家有点左右为难，做出类同上边3位的发言也来批评几句坚持马克思主义的观点，可能没有多大勇气；如果不批评吧，又怕不能从众。尽管每个人预定的发言时间是20~25分钟，可是他用了12分钟就匆匆忙忙走下台去。实际上，他讲的是自己翻译的那本《发展心理学》，挺有意义的，只是发言结束得仓促了一点。

　　我是第六位，即最后一位发言者。面对当时的局面，面对将近200位的听众，我能说什么呢？尤其对第一、三、四位的发言，我说句不好听的，发言者是否在"否定马克思主义的指导思想"？是否在批判坚持马克思主义观点建设中国的发展心理学的朱智贤教授？我想，我必须捍卫马克思主义的指导思想，同时捍卫我的恩师朱智贤教授的学术声望。我非常平静地走上台，没有带任何稿子，就开始发言。1985年由朱老主编，我为副主编的《心理发展与教育》杂志，已经出版了三期。创刊号上有我自己一篇文章，题目是《试论我国儿童心理学前进的道路》。我就以这个题目为基础，在那次年会上做了发言。我的发言贯穿的是马克思主义的哲学理论，贯穿的是心理学中国化的道路，贯穿的是我的恩师朱智贤先生对心理学的科学观点。我最后还说："今天大家谈了好多很有趣的问题，但是你们怎么谈，我想都可归到如何认识朱智贤教授早在20世纪60年代运用马克思主义的哲学观所提出的儿童青少年心理学的四条基本发展规律上。"接下来，我又重复了一下朱老提出的四条基本规律，即先天与后天的关系，外因与内因的关系，教育与发展的关系，年龄特征与个体差异的关系。我前面那几位发完言的时候基本没有掌声，当我发完言的时候，坐在前边的几个学生带头鼓起了掌，最后在热烈的掌声中，我走下了讲台。

中国科学院心理研究所有一位比我大几岁的学者，他当时非常气愤地站了起来，他不敢对我说什么，就冲着陈会昌说："陈会昌你站起来！"陈会昌老老实实站起来了。他对陈会昌说："苏联最有名的心理学家是谁啊？""维果茨基。""还有呢？""是鲁利亚、列昂杰夫。""对啊，是维列鲁学派。他们也是发展心理学家，可是你刚才为什么谈这个夫，那个夫的。"这一下把陈会昌搞晕了，他有点"丈二和尚摸不着头脑"地说："我不是谈当前苏联心理学进展嘛，这些人是进展的代表人物啊。""得了得了，怎么进展也离不开维果茨基的思想！"他接着提高了嗓门，起码提高八度，几乎像狂吼一样地说："在我们这次大会上，居然有人把有些权威学者捧上了天。"我当时思考着，我要不要针对他的话再做一些说明，但是我想没有必要。为什么？因为别人并没有点我的名，何必再去招惹人家呢？我要表达的观点刚才不是都已表达清楚了吗？他无论怎么吼叫，又能怎么样呢？紧接着是会议讨论，讨论中多数代表还是坚持在中国、在现实的条件下，应该用马克思主义指导发展心理学的研究。原中国科学院的研究员、那时担任中国儿童发展中心研究员的方老师，尽管其发言带有和稀泥的成分，但是总的观点还是倾向必须坚持马克思主义观点指导发展心理学的建设，并在大会上向发展心理学老权威朱智贤教授致敬。有人捍卫我老师的观点，并且谈得很好，和我的观点前后呼应，我就没有必要再做什么补充了。这件事发生在1985年年底，到2017年还有人重新折腾此事。后来据北京师范大学党委组织的深入调查，结论是我上边说的是实事求是的，没有夸大事实，更没有诬陷当年发展心理学专委会主要负责人。人活着，自己有点光就应该知足了，我绝对不会去吹灭别人的灯的。

会议结束以后，郑和钧老师对我说，"文化大革命"期间他曾是中国科学院心理研究所的研究生，刚才冲我吼叫的那位正是"文化大革命"初期的"造反派"，我们用不着跟那些"造反派"争个你短我长。但是，长沙会议我仅仅做了25分钟的发言，我也没有点名道姓去批评任何人，只是坚持自己的信仰——马克思主义，却在整个心理学界传得满城风雨。发言的当天晚上，因为我要到南宁去讲课，就向当时的发展心理学专委会主任请了假，经他允许提前一天离会。说心里话，我对那位主任一向是十分尊重的，从来没有在背后说过他半句不敬重的话。我讲完课后，又去了桂林教育局做了两场报告，所以比在长沙开会的一般代表晚几天回到北京。回来后见了朱老，连朱老对我在长沙的表现都表示怀疑，他直截了当地问我："你在长沙会上是不是把老先生们都批了一顿？"我觉得非常奇怪，我当时也不敢多问。原来，朱老和我的几位研究生，当时也去参加了那次年会，但他们根本没有参加那天的大会，而是到橘子洲头去玩了。回来了以后，好多人告诉他们："你们林老师犯错误了，把心理学界的人都得罪完了。今天晚上他已经走了。"我觉得没有必要跟我的恩师多做解释。后来，这件事情在社会上传得越来越玄，传到我们心理系党总支，连我入党的问题都要往后推迟，说我不能够团结人。这个时候朱智贤教授问他的老助手吴凤岗老师："凤岗，林崇德到底在长沙干了什么坏事，引起大家的公愤？"吴老师说："朱先生，您要听真实的事情，还是听道听途说、流言蜚语的那些传闻？"朱老说："我当然要听听真实的情况。"吴凤岗老师非常谦虚地对朱老说："作为跟随您20多年的老助手，有人在批评你，批评你今天仍然坚持马克思主义，我没有勇气上去反驳，可是林崇德为了捍卫正确的观点，捍卫您的声望，他用在我们《心理发展与教育》杂志上发表的那篇文章的题目《试论我国儿童心理学前进的道路》为题，阐述了自己的观点。他的观点没有错，并且博得与会的绝大部分人的赞同，获得了别人没有的、只有他有的热烈的掌声。"朱老明白了。后来1985年的冬天长沙会议的那些传闻以两种观点在中国心理学界传开了。一种观点认为我锋芒毕露，树敌过多，得罪老人，不顾后果。对于那些不了解情况的人，这种传闻倒是让人家先入为主，认为林某是这样的一个人。可是，真正参加会的，为我做积极宣传的那一批人，却传出另一种声音：林崇德真正忠于他的恩师，林崇德坚持用辩证唯物主义和历史唯物主义的观点指导心理学建设；林崇德在坚持科学观点上，有理有据，并且对中国心理学、中国发展心理学的未来走向有自己的见解。这两种不同的意见一直传了8年。

为什么说传了8年呢？确切地说，是从1985年至1993年。1989年暑假，中国心理学会换届选举，因为朱智贤教授年事已高，他退下来了。当时我们发展心理研究所推出的代表是一位年龄比吴凤岗和我大的钱曼君老师，后来她当选为中国心理学会的理事。就在1989年于哈尔滨召开的中国心理学会换届大会和学术大会上，新的中国心理学会常务理事会在讨论发展心理学专业委员会的领导人选时，中国心理学会刚卸任理事长的荆其诚先生与新当选的中国心理学会理事长王甦先生两人提名我为发展心理学专业委员会的副主任委员。但是，这却遭到新的主任委员的强烈反对，她只希望我当一个一般的委员。后来，尽管我被确定为一般的委员，但是从1989年到1993年我基本上没有参加过一次发展心理学专业委员会的学术年会。因为我不想在尔虞我诈的这种环境中落得让人家说我"锋芒毕露"的结局。也是在哈尔滨的这次会上，荆其诚先生又建议我当《心理学报》的编委（图8-1）。《心理学报》的编委会是由中国心理学界最著名的心理学家所组

图8-1　与荆其诚先生合影

成的，专业委员会的主任和主要的副主任才是编委会的成员。《心理学报》是中国心理学会和中国科学院心理研究所合办的，当时的主编是中国科学院心理研究所的所长匡培梓教授。因为她从来没有见过我，就在会上提出了担忧，她说："听说林崇德这个人以势压人，我能够管得住他吗？他将来在《心理学报》开编委会的时候胡来，跟大家意见分歧该怎么办？"据说，当时荆其诚先生和王甦先生解释："林崇德不是这样的人。"尤其是荆其诚先生，他铿锵有力地坚持："说一千道一万，林崇德再有争议，也不能否定他是我们心理学界尊师的典范，和黄希庭等中年学者一样，是我们心理学界的后起之秀。"当时希庭兄长是新当选的中国心理学会常务理事，就坐在荆先生的对面。就这样，我成了中国心理学界这份最权威的杂志《心理学报》编委会的成员。一年以后，匡培梓教授对黄希庭等人说："我和林崇德共事一年了，他谦虚、谨慎，能够倾听各种各样的对学报文章的意见，然后发表自己中肯且有学术建树的观点。我觉得这个人，将来说不定是位我们心理学界很好的学术带头人。"看来学术的领头羊的成长还得有一番磨难，也许这意味着在逆境中成长比顺境中进展更重要。从中也使我感到，多一点忍耐，就会少几次后悔。现在回想1985年那次学术大会上，我捍卫恩师朱智贤教授的学术声望，捍卫朱老所提出的观点，坚持以马克思主义的辩证唯物主义与历史唯物主义哲学观作为发展心理学的指导思想，看来这个发言确实带来一定的反响，不论是积极的，还是消极的。1989年冬天，教育部社会科学研究与思想政治工作司在上海复旦大学召开教育部首届人文社会科学研究课题评审会，邀请沈德立、黄希庭、杨治良、许政媛和我担任心理学学科评议组成员，指定由我担任组长。他们几位都是中国心理学会的理事，德立和希庭两位兄长还是常务理事，我和他们一起担任学科评议组成员并由我来主持心理学组，我深深体会到其中的分量。

事物总是一分为二，就在争议的过程中间，我的观点、我的为人，让大家一点一点地了解并接受，再加上我自己的学术成果，1993年中国心理学会换届的时候由罗大华等教授在北京心理学会上提名我为中国心理学会的理事候选人（这里我想插一段谈谈我所了解的罗大华教授。我是1980年

1月在人民大会堂汇报《品德不良中学生的心理学研究》时认识大华兄的，我们相识、相交，成为挚友。他对人坦诚、真挚、友善；对中国心理学的事业忠心耿耿。他对中国法律心理学的建设——从无到有，从弱到强，从犯罪心理学到法制心理学、最后到法律心理学体系的完善，所付出的心血非常人所及。因此，他在心理学界和政法界都有较深远的影响。）。在全国代表对理事无记名投票选举中，我的票数进入了前十名，当时一共选出六十多位理事。1993年年底，在北京的城乡贸易大厦宾馆举行的学术会议上，我居然以超2/3的高票当选为中国心理学会常务理事。回想从1985年到1993年的争议，我倍感欣慰：一次二十几分钟的发言，能够引起一场争议；一个不大的举动，能够改变一个学科即发展心理学领域的一些观念；一次并无意识的展示，在全国心理学界能够产生影响并余波连连。我应该没有遗憾。从1985年事件的始终，不知为什么，我产生出一种莫名其妙的想法：在社会上，不受指责的是庸才；经不起竞争的是窝囊废。

这是个很大的变化。从此以后，我可以在发展心理学专业委员会乃至整个心理学界发挥作用了。但在1993年第一次的常务理事会讨论发展心理学专业委员会主任人选时，多数常务理事提议由我来担任，我也心动了，但我的好友沈德立、车文博两位教授却支持林仲贤理事长的提名，说发展心理学专业委员会主任应由中国科学院心理研究所方富熹教授担任。尽管我是常务理事，他不是，但是我得当他的副主任，我当时有点想不通，还遭到他们三人的批评："要是争一争只能困进死胡同；要是让一让就会海阔天空。"我想也对，我是海洋人，"海纳百川，有容乃大"。我接受了这个现实，真要有点"韬光养晦"了。此后，发展心理学专业委员会每年举办活动时，我都积极地参加，尊重别人就能赢得人际关系的亲密，维护本人的自尊是做人起码的条件。1996年，要在黄山开年会，那时我非常忙，不过还是和董奇两个人乘飞机到了黄山市参加会议，并且做了一个学术方面的发言。我在发言前提出了这么一个观点："来不来参加会议，是个态度问题；至于待几天，是不是一定要把会开完并且和所有代表一起上黄山旅游，那是个时间的问题。"我因为有一些其他的任务，只能提前离开会议。当时方富熹主任，还有两位副主任李文馥教授和缪小春教授等人非常赞同我的观点。就这样，我一步一个脚印地走在中国心理学界学术建设的道路上，为下一届当选副理事长奠定了基础。

【书生风范　钟爱学术】

有人说为了更好地让自己学科发展，最好去当官，学术带头人往往是行政干部。这个观点没有错。我国不少学科的首席专家都是大学的校长或是中国科学院、中国社会科学院某研究所的所长，因为他们是学校里的校长或研究单位的领导人，为学校里或研究单位里某学科的发展能发挥更大的作用，做出更大的贡献。但不是大学的校长、副校长，或研究单位的行政官员的"书生"呢？他能否当本单位某学科学术带头人，甚至这个学科全国性的学术带头人呢？这个问题太复杂了。

1989年6月前后，我已是北京师范大学发展心理研究所所长，恰逢学校领导换届。在民意测验中，我的呼声相当高，提名我担任副校长。朱老问我有什么想法，我表示就目前的状况，我还希望踏实地做好学问，打下扎实的学术基础。就这样，我把自己的全部身心都投入到教学与科研中去。没有想到，1991年3月5日，我恩师朱智贤教授逝世，我那时候的悲痛，是无法用言语表达的。我只有用自己的实际行动去表达我对恩师的深情和继承学术思想的愿望；表达我对他的心理学理论的发扬与继承，并让恩师的精神激励我们加倍奋发有为地去完成他的未竟事业，使其开创的事业蓬勃发展、代代相传。1991年3月19日，北京师范大学隆重举行了朱老的追悼会，他的治丧委员会里有全国人大常委会副委员长和全国政协副主席的名字，送别的近千人的队伍里有教育部老部长何东昌和老党组书记张承先两位领导。我在办完朱老的追悼会（遗体告别会）的第二天，即3月20日一大早就和董奇赴苏联去访问与讲学了，一直到5月中旬回来，历时两个月。回来以后，当时学校的教务长兼人事处处长沈复兴教授来找我，他说中央组织部部长宋平同志选干部，在中央党校办一个为期三个月的学习班，国家教委直属学校要动员一些有前途的校级干部到那边去学习，以便于选拔为教育部的副部长；也动员一些系、所、处级的干部去学习，以便选拔为司局级干部。他传达方福康校长对我的指示："你平时讲情义，热爱学校，又有水平，希望你去参加学习。估计三个月以后，能够选拔为教育部某个司的司长或副司长，对咱们学校建设有利。"我当时不知为什么非常生气，就对沈复兴说："复兴，你是我的好朋友，我的恩师尸骨未寒，你就让我离开北京师范大学？我可要接朱老的班，顶起朱老的事业来，当好北京师范大学发展心理学的学术带头人，现在，北师大是不是要轰我走啊？"我见沈复兴在摇头，又接着说："如果要轰我走，早点儿说。我相信国内心理学界，尤其北京心理学界有需要我的地方。"他连声说："不，不！没有这个意思，你辜负了方校长的一片好心。"后来他回复了学校党委，党委书记周之良教授说："你们看吧，林崇德真心实意不愿意离开北京师范大学，他要接朱老的班，当我校心理学的学术带头人，那就不要勉为其难了。"果真像周书记所讲的那样，我承担了一个又一个的科研课题；发表了一种又一种论著；一次又一次地获奖，其中，朱老和我的《儿童心理学史》竟获国家级优秀教材特等奖，我又拿了一个国家优秀教学成果奖；当选为北京师范大学校务委员会委员；1992年享受国家政府特殊津贴；1994年被人事部批准为国家级"中青年有突出贡献专家"。

由于我一心做学问，在社会上和学术界，也产生了一定的影响。1994年，国家新闻出版署要评定首届国家图书奖（政府奖），成立了一个评委会。主任是署长于友西同志，副主任有8位：中宣部副部长龚育之同志、中央党校副校长邢贲思同志、副署长杨牧之同志和5位学者。学者中有两位院士、北大季羡林教授、国家图书馆馆长任继愈教授和我。每位副主任兼一个组的组长，我兼任教育与心理学组组长。新闻出版署的一位干部通知我此事时，我问怎么会考虑到我，他说好像是教育部人事司与社政司推荐的，我当时也不敢多问。然而，在多次评议会上，与这些领导和前辈坐在一起，特别是季老，他年长我30岁，我当时特别心慌胆怯。好在任继愈先生是我恩师朱老的朋友，在朱老家我见过他老人家，于是壮大胆子过去与任先生说话，常常待在他的身后。我们教育与心理学组有5位成员：中央教科所滕纯先生、教育部一位退休副司长、人民教育出版社教育室主任、上海教育出版社老社长和我。评议结束后，我一方面感激新闻出版署和教育部有关部门对我的高度信任；另一方面，我也决心为我国教育与心理科学的中心出版单位人民教育出版社主编一套精品图书，这就是"应用心理学书系"（12部）的来由（图8-2）。经过多年的努力，该书系于1999年出版，参加编写的有心理学的前辈朱祖祥和冯忠良等教授，有高校的领导干部，更多的是我的同辈和好友，像罗大华、王重鸣、马谋超等国内心理学界各分支的学术带头人。2001年，"应用心理学书系"（责任编辑是我的弟子魏运华）获评国家图书奖，巧就巧在新闻出版总署（那时候已由署变为总署）竟命我代表第五届国家图书奖30位获奖者发了言，2005年该书又获国家高校优秀教材一等奖。1993年，上海教育出版社为编一部和顾明远先生主编的《教育大辞典》成姊妹著的《心理学大辞典》，邀请我和杨治良教授、黄希庭教授开始联合主编。因原先有朱老主编、北师大出版社出版的《心理学大词典》，我坚决推辞，但禁不住杨治良和黄希庭二位挚友一再劝说，最后只好从命。中国心理学界包括中国心理学会正副理事长在内的400多位有相当声望的心理学家参与编纂工作，经过10年的努力，2003年，终于正式出版，真的和顾明远先生主编的《教育大辞典》成为上海教育出版社出版的两本姊妹辞书（图8-3）。当然这些都是后话。

1995年，校长换届，在民意测验中，我自己的票数居然在前茅之列，好多系、所的教授和处级干部希望我出山。记得生命学院孙儒泳院士和系主任柳惠图教授在民意测验的动员会以后截住我说："林崇德，想当校长吗？"他们要做生物系教授的工作，把票投给我。这使我非常感动。民意测验后，我们党总支书记程正方同志向我传达，说教育部来组织这项民意调查的负责人希望我们几位得票高的做好上大会述职的准备，谈谈自己当校长的打算。我真的认真准备起来，重点突出"当校长就是抓学科建设"，

图8-2 "应用心理学书系"

图8-3 《心理学大辞典》

要使北师大在当好师范教育的标杆基础上，各门学科水平都在现代化方面上一个台阶。基于王梓坤、方福康两任校长所提出的"国内一流、国际有影响"的建校方向，我准备提出"学科建设，以人为本，特色发展，质量第一"的设想。当然，后来我没有参加竞选的述职，程正方同志告诉我在17位的"集中小组"里有分歧。老校长方福康教授事后问我："为什么你们教育口两位前辈对你有那么大的意见？"我傻乎乎地笑着，没有回答。当校长也得靠缘分，如果有缘，错过了还会有别的良机；如果无缘，错过机会还是有更上一层楼的可能。所以，虽然我不能够进学校的领导班子，但事后并没有因这一件事情影响我的情绪。也巧，那时正逢中央教育科学研究所所长也换届，国家教委人事司几位司长对我十分关心和重视，希望安排我到中央教科所去当所长。他们当时跟主管的国家教委副主任王明达同志做了汇报，谈了我的条件，搞教育科学的（心理学在师范院校是作为教育科学一部分），一个非常合适的所长人选。据说当时王主任也点头了。

这里还有一个缘由，一个插曲。这就是1994—1995年，中央教科所所长要换届之前，中央教科所的一位德高望重的老领导滕纯先生，他联络了一些中央教科所的老人，其中有老研究员和所里老领导班子成员曾经酝酿过这个问题，一致希望我去那里主持工作，并且向国家教委做过汇报。全国人大代表、四川教育学院院长（心理学家）杨宗义教授和全国政协常委霍懋征老师都在1995年"两会"期间做了议案或提案，要我到中央教科所去当所长。国家教委对他们两位的提案做回答时，肯定他俩的建议非常重要，国家教委党组会考虑他意见的。刚好北京师范大学选校长时民意测验中我又是呼声较高的，所以事情就基本上定下来了，并且主管副主任王明达同志也同意，就等着上党组会讨论这件事情。我道听途说式地听到其中一些传闻，寻思着中央教科所需要提高学术水平，去当所长就是去发挥自己的学术特长，也是为了促进中国教育科学，包括心理科学的发展，那就服从吧！那时，中央教科所副所长周南照教授因为考虑到中央教科所要主编许多书，希望我去他们那里组织编书工作，并且当主编。当我到了中央教科所时，人事处处长孙玉洁同志就问我："'所长'，你什么时候来所里上班？"我当时非常不好意思，但又诚恳地回答说："教育部党组决定让我什么时候来所里工作，我就什么时候来向你们报到。"当时中央教科所没有钱，于是我联络了中央教科所的一位处长，她是北师大的校友，她的妹妹、妹夫都在财政部工作，她通过他们向财政部有关司长表示希望能够得到资助，能够扩大中央教科所，盖起新的科研大楼。当然我最终没能去，也没有办成这件事。后来这个地盘都被教育部盖宿舍了。当时我和我妻子一起到宁波，是被邀请做学术报告的。因为我要到中央教科所的事情已经传到各地的教科所，上海市教科院的副院长叫顾志跃，他那天也在宁波，所以他就问我："我们的顶头上司，你什么时候上任？"我也实事求是地对他说："咱们都是朋友，我就是为此事到宁波来的。"我对宁波市教委副主任夏明华同志说："夏老师，中央教科所太穷了，连奖金都发不起，您能不能给我一点钱？"他说："好。我一年给你120万，3年给360万。"1995年的360万，多珍贵的数字！我问他："为什么要给我360万，您这360万从哪里出来的？"他说："咱们宁波有一个校办工厂叫华茂，华茂集团供你们国家教委的直属六所师范大学每家每年20万奖学金。但是你们是不是有点看不起我们校办工厂？居然六所学校没有一家感谢我们的。我跟华茂说好了再资助3年。下一个3年给你！一所大学20万，六所学校不是二六一十二，120万吗？3年不是360万吗？你到中央教科所去当所长，搞的是中国的教育研究，家乡教育界支持你！一年给你120万当奖金，够了吗？"我非常高兴。因为我是党培养起来的一个中年学者，又刚刚在前一年——1994年被国家人事部表彰为"国家级有突出贡献的中青年专家"。我知道到中央教科所去我的工资会减一半，但是为了中国的教育事业，为了教育科学的发展，也是为了我恩师的理想——做理论联系实际的研究，还为了利用中央教科所的学术平台引领中国的教育科学和心理科学的发展，我愿意到中央教科所去。当时我提出，要把中央教科所的工作做好，力争达到三个目标：第一，作为国家教委的参谋、智囊团；第二，理论联系实际，成为中国教育科学研究的龙头；第三，能够把中央教科所跟高校挂钩，建成博士、硕士培养单位之一，真正提高我们的研究人员的水平，能够培养更多的中国教育科学的人才，和中国科学院下属的每个所那样。我是本着这三点，根据这三个目标去工作的，减点儿自己的工资无所谓，但400多位同事和退休人员的工资那么低，又没奖金，这是我首先要解决的大事，而帮我解决问题的却是家乡的父老乡亲。但是后来，从中央教科所传出，说我们北师大个别老师做了一些手脚。哦，不管我对那位老师有多么真诚，他却依然怀疑我，在他看来，我干得再好也是目的不纯。于是，王明达副主任责成人事司重新研究这个问题，由最年轻的副司长到我们学校来调查。这位副司长工作太忙，来不及到我们系。当时我们党总支书记程正方已经做好准备，准备组织党员迎接对我进行干部考核；我们的支部书记申继亮也把党员集中起来，为我做干部考核。但这位副司长没有来系里，直接征求我们党委书记周之良同志的意见，周书记对我非常爱护，也非常关心。他与冯文林同志（后来是北京化工大学的党委书记）和郑君礼同志这两位副书记，几乎每天都到我家或者把我找到他们办公室里聊天，无非是说"老朋友，不能走！"周之良同志真心不希望我走，希望我留在北师大当心理学科的学术带头人。于是他就对教育部来组织考核的副司长说了一句话："林某人很硬。"究竟怎么硬，到底怎么回事他没有说。这一件事不知为什么又被我知道了。我问周之良书记："我怎么硬？"他说："我说你的业务很过硬。"我什么都不说了。不久，他亲自陪我到河南偃师市参加我主持课题的全国研讨会，我也消了消气。我对他还有什么意见呢？他是真心实意留住我的，他是好意。

有一天我在路上碰到了我们数学系一位教授，她侄女婿某某某受北京市教工委的推荐有可能去中央教科所工作。她问我："听说你手里有一笔钱能不能给我们？"我说："你侄女婿是山西人，我是宁波人。邓小平同志说'全世界宁波帮联合起来'，我是'宁波帮'，才能够用这笔钱。估计他们不一定会把钱给您侄女婿。不过，你们可以去试试。"她又希望我能够为其侄女婿的调动向人事司有关同志做点推荐。我果然不失信地给人事司某副司长打了个电话，做了推荐。这位副司长接着说："崇德，我在北师大工作时，咱们两个是老同事。北师大同事们对你的评价是'豁达'。我原以为是人们捧场，今天看来是千真万确。你明明自己还有机会去中央教育科学研究所当所长，这可是一个司局级的干部岗位啊！你完全可以去找教委主任朱开轩同志。听说你们都是上海中学的校友。朱主任也很赏识你，有人说你还有几次到国家教委来办事，然后坐他的车回北师大的。你为什么不去找他，去阐明自己的观点。可是你却推荐了别人，看来，你确实是一位豁达的汉子。"一方面，我十分感谢这位副司长，从此与他的感情也更加深厚；另一方面，我当时为什么不愿意去找开轩主任？因为我希望为官，要水到渠成，自然获得，而不能够求官，更不能靠老校友的关系去当官！求来的，就没有多大意思了。何况朱开轩主任在我心目中地位很高，他很正派，是我们上海中学校友中有名的廉政典范和尊师模范。我决心按周之良书记的要求，老老实实在北师大扎根，当好一位无官职的学术带头人。从此以后，我再不考虑当官，再不考虑用行政职务去抬高自己的学术地位。然而，过了若干年，中央教科所所长犯了生活上的错误，降两级处理。那位人事司副司长早已当了一个局的局长了，他有一次碰到我说："中央教科所所长给教育部丢尽了脸，细想起来责任在你。""为什么？""你当初要是去中央教科所，绝对不会犯这么低级的错误而给教育部泼脏水。"我们彼此哈哈大笑。

1997年，当时校党委书记袁贵仁同志非常关心我。那时候他已经兼任北京市的市长助理和北京市的教委主任，他让我校组织部部长整理我的材料，事后我知道是袁贵仁同志要推荐我去首都师范大学当校长。我谢过贵仁的好意。我说："两年以前我确实心动想当校长。两年中间我扎扎实实地来做学问，尽管我感受到人间的酸甜苦辣，但也真正尝到一名书生当学术带头人的甜头，我哪儿都不去了。"1999年，又面临着一次北京师范大学校长遴选工作，我仍然是作为北师大民意测验中间四个得票最高人之一。我记得程正方总支书记说，有位学者是这样评价我的："作风正、懂教育、有能力、肯投入。"给我这样12字的评价，是一种鼓舞，但那时候我已经58岁了，我再没有任何愿望去担当行政工作了。我的愿望是把北京师范大学心理学建设成国内一流国际上有影响的学科。那年，教育部评选出15个人文社会科学重点研究基地，北京师范大学上了两个，即顾明远先生为学术带头人的比较教育研究所和我们发展心理研究所。也在那年，国家教委召开了纪念党的十一届三中全会20周年大会，会上有清华、北大党委书记和上海市教委主任等10位发言者，我居然是其中之一，我的发言题目是《教师参加教科研是提高自身素质的重要途径》，似乎确认中小学教师参加教科研的观点是由我提出的。2002年，北京师范大学成立心理学院，我作为中国心理学会副理事长兼心理学院首任学术委员会主任上了典礼主席台，当大会开始奏响国歌的时候，我肃立在主席台上，双眼紧紧凝视着前方，坐在台下第一排的华东师范大学终身教授李其维事后对我说："多么庄重，无冕之皇！"不，我仅仅是一名书生，一名没有行政职务的学术带头人。

【团结协作　整体发展】

在中国心理学界流传着一些说法：沈德立、黄希庭、杨治良和我四个人是中国心理学界"四条汉子"，甚至于传出我们不愿意听的所谓"四大天王"。有人更是越说越离谱，我竟变成某种位置或地位很难为别人所替代的人，对此，我只苦笑一下而已。因为我仅仅是中国心理学学术带头人队伍中的一员，是我们几个好朋友中的一员，充其量是一名没有太高行政职务的学术带头人。即使说是全国心理学的学术带头人之一，这也是有依靠的。靠什么？团队的力量，同仁的友谊。因为任何事业的发展，总得有群志同道合充满正能量的人，一起奔跑在理想的大道上。

中国心理学界我最好的朋友是沈德立教授（图8-4）。沈老师是与我相知、相交达三十余年的挚友、兄长和学长。三十余年来，我们情同手足，不分彼此，不管是在事业上，还是在学术上，不论是处理问题，还是在日常生活方面，都是如此。我们两个人志趣相投，心心相印，积极沟通，做到了良友、挚友和畏友。所以有人评论，只要见到了沈德立就会想到林崇德，只要看到了林崇德就必然会问沈德立。这一种评价或许言过其实，但这正是说明我们两个人的名字紧紧联系在一起的意义了。我和沈老师从邂逅到知己，始于1978年10月某一天，在北京师范大学心理学的资料室里我和沈老师偶然地相遇，两人互通了姓名，一见如故。他长我7岁，正在北京师范大学与陈帼眉老师合作撰写《幼儿心理学》，而我刚归队，师从朱智贤教授攻读研究生。我俩十分投机，此后经常相见，逐渐发现彼此之间有诸多的共同点：经历相同、理想相同、观点一致、个性相像、处世方法相似、追求目标一样。在与沈老师长期的接触和交往中，我不仅找到两个人的共同点，而且还发现沈老师比我更好，我们就逐步成为知己。1979年沈老师

图8-4　与沈德立教授合影

因为工作需要调到天津师范大学，后来当了校领导。1980年春天，我提前结束了研究生的学习，于同年5月留北师大工作，担任朱老的助手，就这样，因专业接近，我们联系更多了，且在交往中增进了友谊。

1991年3月5日心理学的泰斗朱老逝世，学术界在缅怀朱老丰功伟绩的同时，不免要夸我这个当学生的和当助手的几句，说我为朱老的晚年学术业绩做了不少工作。然而朱老的助手绝对不是我一人，而是两个人，这另一位就是沈老师。早在1978年我就觉得朱老十分欣赏沈老师，说他德才兼备。1982年暑假，教育部基于高校心理学师资匮乏的现状，委托朱老在哈尔滨举办发展心理学讲习班。朱老请了很多有名的专家，其中有沈老师，当时他是最年轻的讲课教师，可见朱老对他的信任。同样，沈老师也为朱老做了大量的工作，虽然沈老师从未对人说过这些工作，然而，这却是事实。一方面，他为中国心理学的发展做了卓有成效的工作；另一方面，他躲在台下默默无闻地充当无名英雄。我和沈老师两家关系十分深厚。1987年我出国三个月，回国时候儿子已经上了高中。当时他骑了一辆崭新的、26吋永久牌自行车。一问才获悉是沈伯伯奖给他升入市重点高中的礼物，特地从天津用卡车托运来的。10年以后，我儿子在他的专著后记中写道："沈伯伯是父亲的莫逆之交和学长，可以说他是看着我长大的。在我成长的过程中无论从物质上还是精神上，他都给我一个严慈相济的长者的呵护和关怀，可谓长幼情深。"从中更能证明两家的情谊。

前面说到我是1989年开始主持教育部人文社会科学规划项目心理学评议组工作的，这个评议组成员有沈德立老师，有北大的许政媛教授，有西南师范大学（现在的西南大学）的黄希庭教授，有华东师范大学的杨治良教授。当时，按照资历和学术水平，应该是他们当组长。但是不知道为什么，教育部从20世纪80年代中期我晋升教授后就非常信任我，社会科学研究与思想政治工作司、基础教育司、师范教育司、外事司和人事司都先后让我担任评审委员会或者评审组的专家。在人文社会科学的基金评审中，我从20世纪80年代末就开始主持这一项工作，在工作中和沈德立老师、黄希庭老师、杨治良老师，甚至于王甦老师和车文博老师都增进了友谊。80

年代末，朱老主持心理学的两大研究项目，一个是关于《中国儿童青少年心理发展与教育》的国家哲学社会科学的重点项目，协助朱老这项工作的主要是沈老师和我。我们还邀请了很多前辈或同辈，这里边就有黄希庭教授和杨治良教授。朱老还有一项国家重点项目，让他领衔主编《心理学大词典》，组织这些工作的是朱老，承担具体工作任务的是邹泓，朱老对邹泓定位为主编助理。我是发展心理学分卷的主编，沈德立老师是基础心理学分卷的主编，而基础心理学分卷的副主编是杨治良教授。就这样，我和黄希庭教授和杨治良教授，彼此的友谊也是一天比一天地增长。

在心理学界，可能我与黄希庭教授的接触时间要比杨治良教授接触时间更早一些（图8-5）。早在20世纪80年代中期，年长我4岁的黄希庭教授就跟我有交往，逐渐成为知己。1985年长沙会议这个事件以后，黄老师是最支持我的中国心理学家之一。他说："如果自己的老师都不能够捍卫，都不能够尊重，那这样的人就没有多大交往的必要。"他对别人说："我欣赏林崇德，主要信服他两点：第一是他对他老师的尊重和敬爱；第二是他对事业的贡献和敬业。"也可能是所谓的"英雄彼此相怜惜"，我也非常尊重黄老师。后来他们西南师范大学的宋乃庆校长曾经跟我开玩笑说："黄教授可是'学术声望比山高'！"是的，香港心理学界的学术带头人陈烜之教授曾经称黄希庭教授为"西霸天"，可是宋校长竟然说我是唯一能够"批评"黄

图8-5　与黄希庭（中）、杨治良（左）二友在我7平方米书屋内合影

希庭教授而黄希庭教授也愿意接受我"批评"的人，尽管有点言过其实，但可见我们两个人友谊之深。杨治良教授是黄希庭教授北大的同班同学。他比我年长3岁，他上学早，比我高四届。后来我才知道，他是我上海中学的学长、师兄。他为人谦和，待人真诚，谦虚谨慎，从不背后论人整人，所以我非常尊重他。而他也对我十分信任，他的博士生开题、答辩都请我去华东师范大学。我也知道他的用意，以此让我多回几次上海与家人团聚。2001年，我主持他的博士生王沛等3人答辩，因为我多次夸奖王沛，杨老师就说："让王沛成为咱俩共同的学生吧。"于是我收王沛为博士后。王沛与我儿子同岁，哥俩关系不错，王沛的能干引起我儿子的佩服。我儿子多次对我说："您没有留王沛兄在您身边工作是您事业上的一个遗憾！"从以上可以看出，沈德立老师、黄希庭老师、杨治良老师和我四个人在一系列的工作中，特别是在各类各种科学基金项目的评定中，加深了友谊。至于王甦先生比沈德立老师年长几岁，他年龄比我大很多，又是黄希庭教授、杨治良教授的老师，所以我对王甦先生保持一种尊重的师生情谊。车文博先生也一样，他是北师大的校友，年长我10岁，所以我也同样地把他看成是师辈。而跟沈老师、黄老师、杨老师，我们却是真正的兄弟般友谊。记得1989年一次教育部课题评议会，如果按照课题标书的水平，应该把大部分课题批给北京师范大学和华东师范大学，但是，我们共同有个心愿，就是一个全国的概念。沈老师说要照顾大多数的学校，尤其是边远地区的高校，最后，我们按照沈老师的意见达成了决议，说明我们的友谊讲原则，以事业为出发点。

1993年我当选中国心理学会常务理事，沈老师当时是副理事长，黄老师和杨老师都是常务理事，所以学会工作又把我们拉得更近了。1997年，经1993年上任的那届理事长林仲贤提名，理事会和代表会无记名投票通过沈德立老师、黄希庭老师、杨治良老师和我一起当了中国科学院心理所陈永明理事长的副手。我在心理学界赢得了足够的信任，而我们共同辅佐陈永明理事长工作。陈永明教授是非常好相处的一位学者，在这4年里，正副理事长齐心合力，也带动全国心理学界的和谐气氛，并做了大量的建设性工作，创造出了中国心理学史上一段令人满意、繁荣兴旺的美好时期。我真的希望心理学界的后人们能学习我们。

与此同时，1994年国务院学位委员会心理学学科评议组换届。心理学学科评议组的组长是中国科学院心理所所长匡培梓教授，副组长是沈德立教授，委员有黄希庭教授、杨治良教授、北大朱滢教授、浙大王重鸣教授和我。这十多年我们彼此尊重、十分齐心，匡培梓教授也夸我们几人的作用。从一定意义上说，国务院学位委员会心理学学科评定组在当时心理学界，是权力最集中的组织。从1994年开始，我们发誓要把中国心理学学科建设成"心往一处想，劲往一处使"的团结的集体、欣欣向荣的学科。我们靠什么推动当初约定的目标的实现呢？团队的力量，团结的力量。我们要改变中国心理学界存在的互相拆台、凝不成集体的局面。学科建设的关键是团队的建设，团队建设的关键是团队内部之间的和谐与协作。我们这么做了，获得全国同仁的肯定。我从中体会到，我们的目标是正确的。目标的实现并不是靠我们七个人，而是靠整个中国心理学队伍的力量。我们七个人靠的是团队的力量、集体的力量；靠的是一种团队的精神、集体的精神；靠的是团结、全国同行的团结。中国心理学向更高层次发展，硕士点、博士点不断扩大，于是中国心理学界在这十几年迈入进一步兴旺繁荣的时期。对我来说，实现了自己1985年提出的"广交友、不树敌"的理想。

中国心理学界的学术带头人们，尤其是我是怎么靠团队力量来进行工作呢？主要是靠组织机构。组织机构是我们集体当带头人，带领着中国心理学界心往一处想，劲往一处使，积极努力工作的依靠。对我自己来说，依靠哪些组织机构呢？主要是三个。

一是靠教育部的相关部门。除了中国科学院心理研究所，国内95%的心理学力量在高校，我们在高校工作的人，主管单位是教育部，依靠教育部的司局是我们搞好学术工作的根本保证。我感谢教育部的多个相关部门对我的聘任，例如社会科学研究与思想政治工作司（后来分为两个司）于20世纪90年代初成立了高校人文社会科学咨询委员会，由40多位高校人文社会科学界的学术带头人组成，我是唯一的一个心理学家。21世纪初，这个委员会改名为教育部社会科学委员会，沈德立教授和莫雷教授也先后增选为这个委员会的委员。这个委员会成立了12个学部,我和华东师范大学钟启泉教授担任教育学-心理学学部召集人。国务院学位委员会设在教育部,学科评议组是学位管理与研究生教育司审批的。教育部中小学心理健康教育专家指导委员会和高校心理健康教育专家指导委员会分别是教育部基础教育司和思想政治教育司聘任的。此外,教育部人事司、师范教育司、科学技术与信息化司等都对我也相当信任。可以这么说,是教育部及其相关部门帮我推到心理学学科带头人的位置。这也说明教育部及其相关部门对我们心理学科建设的关心和支持。我也在为社会、为教育的服务中回报教育部及其相关部门对我的厚爱。

二是靠国务院学位委员会心理学学科评议组。如上所述,心理学要发展,全国都需要发展的平台,要博士点、硕士点。而我们这些人,前边说有7位,后来有的单位换人,又有杨玉芳、莫雷和沈模卫等教授补充上,我们都希望中国心理学的博士点越多越好,硕士点越多越好,因此我们从来不限制有些地区或学校的发展,只要够条件、条件成熟,我们都积极努力促进其发展。为了让有些学校成为博士单位,我们不知道做了多少其他学校校领导的工作。为了能多上一两个博士点、硕士点,我们不知道到国务院学位委员会跑了多少次。我们感谢国务院学位委员会办公室的主任们和处长们对我们热情的接待、积极的支持和无私的帮助。就这样一个个博士单位出现了,一个个博士点上去了,一个个硕士点兑现了,全国心理学整个学科建设呈现出一个迅速发展的可喜势头。这使我更加尽心尽责地工作,背靠着国务院学位委员会心理学学科评议组的大树,支持全国心理学界搞好平台建设,以此推动学科发展。

三是靠中国心理学会。在中国心理学学科建设中,中国心理学会的作用不可磨灭。中国心理学会的学术大会和专业委员会的一些活动促使中国心理学工作者提高了学术水平,因此,我们都喜欢参加中国心理学会组织的活动,发表各自的观点。我们有一个指导思想:在中国,心理学是一个小学科,要齐心团结,绝不能够搞尔虞我诈才能发展壮大。正因为中国心理学是一个小学科,要互相提携,相互帮助,一起推进。中国心理学是我依靠的点，也是我重点回报的面，因此我积极为心理学界出力，交心理学界的朋友。黄希庭教授组织了一个支援西部心理学发展的委员会，因为中国西部心理学发展比较落后，黄老师领导的这个组织开展活动，一、两年一次，前后搞了五六次了，我没有一次缺席（图8-6）。不管在重庆或西安，还是在宁夏或新疆，我都出席。为什么？为了心理学的整体。在中国心理学会里，我结识了一

图8-6　出席西部大开发学术会议

批著名的学者，也交了一大批知心朋友。上海的李其维、浙江的王重鸣、天津的乐国安和我是中国心理学界最早的4名博士研究生，从1978年认识至今，我们始终是好朋友。说到其维，他和上海的卢家楣教授，跟我特点相近：心直口快，表里如一。李其维是中国心理学界第二位博士学位的获得者，他是国内皮亚杰学术研究最有影响力的专家。2008年由他组织并请我与董奇同其一起主持翻译了Damon与Lemer主编的800万字的《儿童心理学手册》，由华东师范大学出版社出版，使我深深感动（图8-7）。2009年年底他当选为中国心理学会的副理事长和《心理科学》的主编。卢家楣以研究情感教育心理学而著称，他的教学水平非常人可比，我受中央文明办委托，请他在上海举办心理健康教育讲座，令人瞠目的是，会议期间主会场1000人，分会场9000人竟没有人退

图8-7　友谊的象征——《儿童心理学手册》中文版

场（图8-8）。莫雷教授不仅是华南心理学的学术带头人，而且还是我国中南部最有影响力的心理学家，他把华南师大和整个广东省的心理学学科建设搞得有声有色，处于全国的前茅之列（图8-9）。上述心理学家都为人仗义、厚道、谦逊，对我的关心和支持我难以言表。我在中国心理学界还交了一批六零后甚至于七零后的朋友，如浙大的沈模卫、葛列众，北大的周晓林、苏彦捷、方方，中国科学院心理所的张侃、傅小兰，陕西师大的游旭群（图8-10），东北师大的张向葵、华东师大的桑标、南京师大的叶浩生

图8-8　与卢家楣合影

图8-9　与莫雷合影

图8-10　游旭群与其侄子林羽霄

和河南大学的赵国祥等一大批忘年之交。

中国心理学的发展，就要靠全国团队的力量。只要这样坚持下去，中国心理学就会创出更大的辉煌，实现国内急需、国际一流的目标。

【领军学术　一流素养】

2007年10月18日，我感谢我的弟子申继亮、陈英和和方晓义以教育部人文社会科学重点研究基地北京师范大学发展心理研究所的名义，组织了"首届崇德学术论坛"，会议的主题是"创造性人才心理学研究"，后来每两年一次，每次一个主题。国内心理学界的要员纷纷赴会，也邀请了国际上从事相关研究的一些著名专家光临大会并做大会报告或在分专题研讨会上发言，这里要特别感谢钟秉林校长连续出席前四届论坛。

在首届崇德学术论坛上，来了不少媒体的记者，他们中间不少人不仅报道了论坛的情景，而且对"崇德论坛"的命名感兴趣，自然要关注我，并向我提出许多问题。有一个问题似乎是共同的，但也十分棘手，即"学术带头人应具备什么样的素养？"这有点使我为难，不知怎样应对这些好心记者的问题。我思考再三，说出四句话：拥有一流的学术成果；带出一流的学术队伍；引领一流的学术方向；具备一流的学术品行。他们请我结合自己的事例做解释，并具体地提了好多大大小小的问题，这使我更为难了，我可不能夸夸其谈啊，要实事求是！因为这些问题很有分量，至今还不时地在我脑海中翻腾。

第一，拥有一流的学术成果。

一位学术带头人，领头的是学术，学术水平主要是看成果。你没有像样的学术成果，即使在学术界有头有脸，是一位头面人物，社会公众舆论还是评定你为一位社会活动家，而不是真正的学术带头人（图8-11）。我倡导学术带头人有一流的学术成果，似乎有点苛刻。所谓一流，一是其成果来源具有一定的原创性，也就是今天社会上讲的"自主创新"；二是其成果

图8-11 学术报告会的一角

影响应该是在国内外学术界同行中引起共鸣；三是其成果价值能经得起时代的考验，具有长期性。

用这三点来衡量自己，我是有差距的。我只不过在友人的"肯定"和"恭维"下够点边。如前文所述，我十分感谢西南大学（原西南师大、西南农大合并组建而成）资深教授黄希庭对我的鼓励性评论。作为学术带头人，我肯定有一定影响的学术成果。但这种成果，对我来说，不要谈论几流，而是要分析其来自。如果没有北京师范大学的平台，我将一无所有；如果没有恩师朱老，和我的整个学术团队，我将寸步难行；如果没有党用人民助学金供上高中、读大学，哪有我今天的学术地位，更谈不上学术成果。我感激、感恩！

学术成果从一分为二的观点来说，我也不否定自己的作品有那么一点点创新的表现，也有一定的影响力。然而，我的作品的影响能持续多长时间？这就很难说了。而就目前来说，仅仅是一种短期的效应，因为我健在，对健在者做一些"过头"的评价，无非是一种安慰，一种对某项学术成果评价的客气或奖励性语言。

第二，带出一流的学术队伍。

我想，一个学术带头人，领头的是学术，其成果不仅有学术产品，即物质的作品；而且更要有学术队伍，即人才的作品。你没有像样的学术梯队，你本人再出色，你的事业也要枯竭。我在前文中已阐明一个观点，培养学术梯队是学术带头人的生命延续。所谓"带出"一流的学术队伍，重在"带出"或培养，这里的一流学术队伍，是指"带出"或培养的"结果"。结果是什么？是涌现一批"超越"学术带头人、值得老学术带头人"崇拜"的接班人。我多次强调，学生超过老师，这一点也不奇怪，秀才培养出状元郎。当老师的秀才不一定能考上状元，但是状元是秀才培养出来的，能够培养出状元的秀才是最幸福的秀才；能够培养出国家所需要的人才，是衡量师德高低的最重要的标准；能够带出一流的学术队伍，使老学术带头人的学术事业永葆一流水平，应该是学术带头人最大的幸福。

我的幸福在于"培养出超越自己，值得自己崇拜的学生"，学生是世界上最伟大的财富。"得天下英才而教育之"乃人生三乐之一！这是孟子的话，这句话就是我心境的真实写照。我既是心理学科的学术带头人，更是一名教师。对教师职业和教师事业的高度认同，让我从自己的教书育人的经历中，收获了很多幸福的体验。

2008年春，在纪念我的恩师朱智贤教授百年诞辰大会上，中国心理学界几乎所有的权威人物都赴会，我们用两天时间讨论了中国心理学学科建设问题。北大老教授朱滢先生说，这样规模的会是很难组织起来的。不少媒体的记者向我提出一个问题："学术的发展靠什么？"我毫不犹豫地回答："靠人才，靠接班人，靠学术梯队！这样才能代代相传，使老一辈未竟的学术事业滚滚向前，蓬勃发展。"当时我不敢说出一个事实：在原全国人大常委会副委员长严济慈院士为顾问的《中国科学家辞典》中，被写进的心理学家仅三位：潘菽老、陈立老和朱老，但朱老的后人似乎比另外二老要兴旺，而朱老尽管学术声誉并不如前两位，但今天的学术贡献肯定超过前二位。为什么? 因为朱老注意培养自己一代又一代的学生, 注意代代相传的大事。

带出一流的学术队伍, 是学术带头人的目标, 是学术带头人的幸福感。幸福感与学术带头人事业选择有着密切的联系, 如果一位学术带头人从内心认为自己所从事的事业及其后继有人是有价值的有兴趣的, 他会把带出一流的学术队伍的工作做得更好, 而且从中找到很多乐趣, 得到更多的快乐。由于心理学的适应性定律的作用, 金钱和物质带来的幸福感往往不会持久, 要增加这种幸福感, 必须有超越金钱的远大目标。而这个目标因人而异, 对于作为学术带头人的教师而言, 教书育人, 带出一流的学术队伍就是我们终生为之奋斗的目标。

第三, 引领一流的学术方向。

一位学术带头人, 领头的是学术, 和其他工作一样, 学术工作和学术活动要有方向, 要有计划, 要做出部署, 要取得成效, 因此学术带头人应有学术领导才华。你没有像样的主意和像样的策略, 没有一定的领导能力, 你就拿不到大课题, 没有足够的科研经费, 组织不起研究队伍, 怎么去主持学术活动? 即使你个人有天大的能耐, 被奉为"大师", 但领导不了学术大军。像打仗那样, 只能当一个勇士, 难以当将军, 更显不出帅才风范, 最后不是败给竞争者, 就是搞些小课题, 好像一个个体户, 经营单干的"买卖", 倒霉的可能不是你自己, 而是你所在的单位。所谓引领一流的学术方向, 是指学术带头人运用学术领袖的资质, 在学术领域能"顶天立地"。这"顶天", 指能思考并主持策划与国际接轨的、前沿的研究项目, 获取国内外公认的学术成果; 这"立地", 指能考虑到国情的需要, 运用研究成果为现实社会服务。为了"顶天立地", 要求学术带头人带领其研究队伍在研究中重视意识形态, 重视队伍和谐, 重视国际声誉, 重视实际应用。

实事求是地说, 我不是一位能引领一流学术方向的学术带头人。在学术带头人中有帅才、将才，而我自己，在引领学术方向上，充其量是个小头目而已，也就是说我是中国心理学界的一个小头目，我未能引领一流的学术方向。作为小头目，我只能提出适合局部领域的方向，诸如"中国心理学研究中的十大关系"这类问题。

2005年我在《心理发展与教育》杂志上发表了一篇题为《试论发展心理学与教育心理学研究中的十大关系》的论文。这篇文章引起心理学界的一些同行的重视，被2005年10月在华东师范大学召开的中国心理学会第九届学术大会的学术委员会看好，邀请我到2000多人的大会上做学术报告。当时做大会学术报告的有三位，一位是二军医大的陈院士，一位是原杭州大学的王重鸣副校长，还有一位是我。我把自己报告题目改为《中国心理学研究的十大关系》，这十大关系是：①自然面与社会面的关系；②国际化与民族化的关系；③基础研究与应用研究的关系；④继承与创新的关系；⑤整体研究与局部研究的关系；⑥个人研究与合作的关系；⑦现代化手段与常规研究的关系；⑧实验研究与史论研究的关系；⑨定性与定量的关系；⑩普及与提高的关系。在那次大会上，我着重报告了前4种关系，联系当前中国心理学的研究，我提出学术方向及其注意事项。尽管与会者反应较为强烈，媒体也给做了报道和宣传，但我还是认为自己在大会上以一个不完善不完美的学术带头人或者一个小头目身份在做小儿科的分析。而我期待的是中国心理学界有更高的领军人物，引领我们一流的学术方向。

第四，具备一流的学术品行。

要成为一位学术带头人，关键在于人品。你不会做人，没有像样的品格，即使你再有学问，学术界的同行也不会公推你为领军人物，就算有人指定你为一方的领袖，你也会遭到反对，最后会造成"四面楚歌"的局面。所谓一流的学术品行，不仅指脚踏实地取得学术成就，而且也要有宽厚的胸襟，还要有亲和力。因为学术带头人，尤其是全国性行业的领军人物，他不同于一般单位的领导。单位的领导可以发布行政命令，办事可以有"强制"性，而学术带头人尽管和同行无领导与被领导关系，但往往会让同行心服口服。所以从事学术活动，要有心地宽容、尊重他人、保持自律的亲和力。我很欣赏网上发的《生活18集》中对我们心理学"情商"概念的调侃："说话让人喜欢，做事让人感动，做人让人想念"。这是对亲和力者最好的写照。因为我没有领导才能，如前文提到也当不了领导，也由于无才能，所以更重视学术道德，强调襟怀坦荡，忠实积极，凭这一点赢得同行的亲近。

今天举国上下都在提倡建设和谐社会，重视心理和谐，其先决条件是"以人为本"。强调"以人为本"的"人"，在学术领域，就是学术队伍。搞学术研究的关键是学术带头人如何调动"人"的积极性，也就是调动"学术队伍"的积极性。而队伍建设、队伍发展的前提是团队精神并形成团队的集体力量。学术带头人是"带"学术队伍或学术团队的。有人问我"怎么带"？我的回答是："豁达大度，宽厚胸襟，在上不傲，在下不卑！"20世纪80年代中期，在我学术研究受到人际关系的干扰时，我在自己的7平方米的小书房里，挂起了一位书法家赠送的条幅："大肚能容容世间难容之事，慈颜常笑笑天下可笑之人。"还和治良、希庭二位兄长在条幅下方照了一张相片。我以人为本，和谐相处，宽厚待人，专心建设自己领导的学术团队，在20世纪90年代初见建设的成效。这才会有上文谈到的1994年《中国青年报》用一个版面写了我的人生哲理："豁达勤奋——人生发展的两个风火轮"，而豁达勤奋既是我一生的座右铭，又是我终身做人做事的规范。

能不能当好一名学术带头人，与是否有"亲和力"密切相关。感谢中国政法大学罗大华教授多次夸我有"亲和力"，惭愧！我做得远远不够，只是常常想起1976年离开雅宝路中学时要学习好友侯山潜为人，做到：人应该有傲骨，但绝对不能有傲气。2006年北京师范大学"共产党员先进性教育活动"后，校党委组织了8名党员教授向全校做了8次义务讲座。第一讲是我讲的，题目为《创造性人才的心理学分析》，师大学术会堂挤满听众，党委中陶副书记等不少领导也到场。在报告中，我无意地提到如何一视同仁地对待周边人群，我强调应该对谁都要有亲和力。我说道："在我心中，学校里校长、书记与扫地工人都是一个等级的，我都同等对待他们中的每一个人！"全场顿时为我响起热烈的掌声。我是这么说的，也是这么做的。在中国心理学界，我用中庸、和谐，特别是亲和力建立起有人缘、人气和人脉的和谐关系；与全国的不同层次的每一位同仁平等友善地相识、相交、相处。我敢说，在中国心理学界，我的人缘、人气和人脉可能属于上乘之列。

培養出超越自己值得自己崇拜的學生

贊歎榮譽董事理事會
歲次癸巳年元月於華愛堂□書

第九章　老骥伏枥志千里

　　2009年9月30日，我以全国师范院校代表的身份应温家宝总理的邀请出席隆重的国庆60周年招待会，与中国科学院院士钱士虎将军和人民大学郑杭生教授两位上海中学师兄同坐在204桌。当胡锦涛总书记等中央主要领导同志入座前，先由中央组织部部长（2013年后任国家副主席）李源潮同志来视察会场。当他接近204桌时，我高喊一声"源潮，这一桌有你三位上中的师兄"，他过来与我们仨亲切交谈。

　　10月1日，我又与70名全国优秀教师代表一起登临国庆观礼台，观看了无与伦比的盛大阅兵式。当滚滚铁流以如虹之势行进在自己面前时，我被这无比雄壮的场面深深震撼了。那一刻，我产生了前所未有的激动；那一刻，我真实地体验了中华民族的伟大复兴；那一刻，我作为中国人，体验着如此强烈的自豪与骄傲。是伟大的祖国给每个人以荣耀，怀揣一颗感恩之心，我在国庆观礼台上久久伫立（图9-1）。

图9-1　在国庆60周年观礼台上

　　祖国的辉煌映照每一位中国人的骄傲，作为一名老教师，我更强烈地感到自己的责任重大。百年大计教育为本，教育大计教师为本。为建设强大的祖国，我应老当益壮，始终不忘保持晚节；始终不忘为实现理想境界而艰苦奋斗；始终不忘"忠诚党的教育事业"，进一步提高师德与业务能力。曹操名言曰："老骥伏枥，志在千里。""志"原本应起于对事业的深情，这样才能远行千里；我这老骥愿竭尽所能，承担更多、更繁重的任务，培养更多、更优秀的人才。然而，我和魏王曹操有一个理念是根本对立的：曹操为人的原则是"宁可我负天下人，不可天下人负我"；而我的理念是"宁可天下人负我，我也决不负天下人"。

【学术修养　圆满句号】

我一生讲求学术修养，为学术而严谨治学，为学术而追求伦理，为学术而废寝忘食，我将学术作事业，我把事业当生命。我志在用学术为推动社会发展尽绵薄之力，而社会报我以厚爱。临近古稀之年，我成为资深教授，又当选为中国心理学会的理事长，这是社会的恩怀，也给我的学术修养画上了一个圆满的句号。

2003年，教育部下发了《关于进一步发展繁荣高校哲学社会科学的若干意见》。鉴于理工科有中国科学院院士、中国工程院院士的现实，中国社会科学院在其内部评定了学部委员，教育部也相应地为提升高校人文社会科学学术带头人的地位，发布了"校内设立哲学社会科学资深教授岗位"的举措，让高校文科的资深教授也能享受院士的待遇。北京师范大学按照教育部的要求，把当时健在的"文化大革命"之前评聘的三级以上文科教授钟敬文、启功、白寿彝、赵光普、何兹全和陶大镛等先生定为资深教授，但由于这些先生们年事太高，接着先后仙逝。于是2007年学校颁布了评定新的资深教授的通知。从中国科学院设有心理研究所来看，心理学应属于自然科学，属于生命科学领域，然而自从潘菽院士1988年逝世之后，心理学再也没有中国科学院院士，即使像荆其诚教授这样国内顶尖、国际影响颇大的心理学家其生前也难以冲刺成功，因为生命科学领域相当一部分院士不承认心理学为生命科学的一个组成部分，认为心理学的社会面太浓。不同的是，教育部系统，特别是北京师范大学既承认心理学的自然面，又把其纳入人文社会科学领域。

　　按教育部的要求，2007年我校文科首批可评出8位资深教授。北师大之所以要评定资深教授，是为了进一步加强学校人才队伍建设，充分发挥学术带头人的领军作用，促进学校的教学和科研发展。所谓资深教授，实际上就是在学科建设、人才培养、科学研究和社会服务等方面做出卓越的成绩和突出的贡献，取得国内或国际公认成就的专家。这既包括院士，又包括文科有院士待遇的那些专家。最早的时候，北京师范大学设立"资深教授"岗位不完全是指文科，而是文理科都有，岗位的总量是学校专任教师规模的1.5%~2%。后来鉴于理科有院士，学校就把资深教授限定于文科。资深教授怎么评？入门条件一是已经当了20年教授；二是年龄不低于62岁、不超过80岁。它的评定条件包括：①政治上，热爱祖国，拥护党的基本路线，遵守中华人民共和国宪法和法律，坚持以马克思主义指导教学和科研工作；②身体健康，能够胜任正常的学科建设、科研和教学工作；③忠诚教育事业，在教书育人方面有突出表现，并得到广大师生拥戴。那么符合上述条件的人，2007年在北京师范大学文科中有多少呢？既包括当时没有退休的，又包括已经退休的（还可以参评一次），学校粗略算了，约有70人可以申报。然后，在几十人里还要用两个条件来衡量，即《北京师范大学资深教授评定暂行办法》中提出要具备以下条件中的两条：第一条是学科建设，在创建学科、专业过程中做出杰出贡献，如以其为第一学术带头人取得博士点、重点学科或人文社会科学重点研究基地；第二条是教学水平，获得过以第一完成人身份的国家级教学奖项（"国家级优秀教学成果一等奖、优秀教材一等奖、国家级教学名师"中的一项）；第三条是学术成果，作为第一完成人的科研奖（国家自然科学的三大奖、国家哲学社科优秀成果一等奖、教育部人文社科优秀成果一等奖或者北京市哲学社会科学优秀成果特等奖中的一项）；第四条学术职务，是一级学科学会正会长或正理事长，或者是国际科学理事会所属的科学团体的理事长、会长或副理事长、副会长。这么一来，资深教授的申请难度确实很大，而我够上了三条。在评定的过程中，学校成立专门的评定工作组负责资深教授评定的组织工作，并颁布了具体程序：先是由本人申报，院、系（所）推荐。接着，院一级全体在岗教授要对本单位申报人或推荐人进行无记名投票，同意票数超过本单位在岗教授2/3的为通过。评定工作组根据评定条件审核推荐材料，确定有效候选人，报给文科学术委员会的委员。文科的学校学术委员会对有效候选人进行无记名投票。获得超过本组委员2/3同意票的有效候选人，按当年评定名额的两倍，根据得票依次当选为初选候选人。随后，评定工作组聘请7名校外同行评审专家对初选候选人进行评审。这7名专家里至少有3名为国内高校院士、资深教授或中国社科院学部委员。获得校外同行评审专家同意票数超过投票人数2/3的为正式候选人，并把名单提交给学校学术委员会评审。评审采取无记名投票方式表决，同意票数超过学术委员会总人数2/3的为通过。评审结果公示，公示期为一个月。

在评定的过程中，最初的申报者有几十个，后来用四个条件一卡，结果只剩不到20人。在文科学术委员会评定前，不知道为什么，有人居然给我打了一个电话，说她听学生说：Z领导在学生中放风，希望林老师退休。我听后有点奇怪，觉得简直是丈二和尚摸不着头脑，为什么我在全院全票通过以后，还会出现这样的事情？于是，我回答说："也可能是学生在瞎传，你别信；也可能作为基层的领导Z对我有什么意见，但一般不会吧？也可能就是你的意思！"事后，我给Z打了电话，Z对我说："林老师，您给我两个胆儿，我也不敢这么做啊！"我明白了，事情比较复杂，我原本就希望比自己年龄大的老先生先当上资深教授，于是我找到钟秉林校长，我说："如果不是因为我条件不够，而是因为名额有限，再加上我年龄偏低（因为其他申请人年龄都比我大），我愿意退出！到时候您或者书记跟我谈一次话，说明不是因为我条件不够，而是年龄不行，我可以让！"钟校长听了先是纳闷，但后来又比较高兴，他当时说了这么一句话："在北师大像你这样主动地表示可以退出的还没有第二个人。"后来在文科学术委员会评定过程中，通过的只有7位。按2007年指标，北大是12位；北师大是8位；复旦大学也是8位；人民大学本来是偏文科学校，可评13位且作为评定一级教授的试点。但是我校文科学术委员会评出来的却只有7位，我是少数几个全票通过的人之一。在这个情况下，就没有我和钟校长说的那种情况了，因为我们几位加在一起都不够应该评的8位了。但是，由于理科有一些院士对这件事非常慎重，他们觉得评个院士相当艰难，咱们学校文科一下要评出这么多资深教授可能不妥，就这样评定工作在北师大拖了半年多。就在这停滞半年没有启动的时候，国务院学位委员会公布了最近3年对全国70个一级学科调查的情况。在这70个学科中，我们北师大获得第一名的是教育科学、心理科学和中国语言文学三个学科；我们的历史是全国第二名；理科的成绩也不错：系统科学是第二名，天文科学是第三名，数学和生物科学都是第五名，环境科学、地理科学、物理学在第六名至第十名之间。但我们的文科在全国有三个处于领先的地位，而且历史也处于第二名。如果我们不评文科的资深教授，那怎么能更好地发挥我校文科的学术带头人的领军作用，促进学校的学科教学和科研的发展呢？于是，学校的书记和校长做了有些学术委员领导，特别是院士的工作，最后将7个正式候选人提交给学校学术委员会评定。2008年12月12日北师大终于评选出了2007年度过2/3高票的4位资深教授，这就是教育学领域的顾明远教授、历史学领域的刘家和教授、心理学领域的林崇德、中国语言文学领域的童庆炳教授。就这样，经一年半时间的评定，终于在2008年12月15日至2009年1月14日向全校公示，2009年2月15日经校党委批准，于2月27日最后发出聘任我等四人为资深教授的红头文件。也巧，2月27日正是我的阳历生日！听说与我校公示期差不多，复旦大学向该校公示了6位资深教授，比应评的指标少两名。可见，每所高校都在严肃地评定。一年以后，北师大又评出王宁、黄会林、瞿林东、王炳照4位为2009年的资深教授。学校为资深教授颁发聘书，聘期未写，意指"无限"，全校中层干部都出席了聘任仪式，济济一堂。怀着感激的心态，我在聘任典礼上感慨万千：给我们文科教授发聘书，意味着国家对社会科学和自然科学同样的重视；给我们已过退休年龄的老人发聘书，肯定的是过去，期待的是未来；给我们少数几人发聘书，说明是一种幸运，北京师范大学比我们强的大有人在，即使我被选上了，不就是在自己的学术生涯中，一靠老师，二靠学生，沾了光嘛！也没有什么了不起，相反地只有压力，只有责任，只有要求。

我当选中国心理学会的理事长的过程比资深教授更加跌宕起伏。我当选的是第十届中国心理学会的理事长，而在第八届、第九届选举前都有人鼓励我上，但我都持主动谦让的态度，我根本就没有想过要当中国心理学会的理事长。记得2004年第28届国际心联心理学大会在北京召开的时候，黄希庭和杨治良两位教授，车文博和沈模卫两位教授，分别用两个半天时间动员我一定要争取当上第九届心理学会的理事长，他们说："即使全民公决、全国投票也该轮到你。"但是，我当时用三个理由拒绝了：第一，中国心理学会挂靠单位在中国科学院心理研究所，除了北大王甦教授外，中华人民共和国成立以来历届的理事长都是由中国科学院心理研究所出的人选，我希望按照惯例由挂靠单位出理事长更好些，如所长杨教授就是一位人选。第二，我们学校张厚粲老师没有当过中国心理学会理事长，她曾是国际心联的副主席，作为她的学生，我的条件不如张老师，没有资格当。第三，我的学生董奇等人在学术研究方面的成果都已经远远超过我，他已经接替我的副理事长职务，应该在中国心理学会发挥更大的作用。但是，4年又过去了，由于形势发生了两方面的变化，才把我参选理事长之事推上议事日程。一方面，主要是国内心理学界的推动，因为北师大的心理学学科建设被国务院学位委员会评定为全国第一名，整个社会舆论促进并推动北师大的心理学必须要在新一届心理学理事会中发挥更大的作用。另一方面，北师大心理学内部也觉得这一次可以去竞选一下理事长。我的同事们在议论，中国科学院心理研究所担当的第九届的理事长是很强的，像这样学术上和行政能力上都是强手的人员在中国科学院心理所比较难找了。在这个情况下，就推动我非"拼"不可了。一直到2009年6月，在中国心理学会常务理事会上，在多数常务理事又来做我的工作的情况下，我再推辞就显得虚伪了。后来，由北大朱滢教授为主任的第十届理事长、副理事长提名委员会于9月份通过了提名决定，其中提出了包括我在内的3名理事长候选人进行差额选举。当正准备上报中国科协审批的时候，出现了一段小小的风波。

论直选，全国各地的多数心理学同行都猜测我能当选。可就在选票要进入"一边倒"的时刻，突然一场风波差点儿把我的名字从理事长候选人名单中抠下。理由是我68周岁了，离70岁为期不远，能干完一届吗？我本来就对此事并不热衷，想借机"临阵脱逃"了事，可是我的弟子董奇、金盛华和申继亮等几位常务理事却说："奇怪，我校某教授主持的某一级学会比中国心理学会规模大得多，他可是78岁换届继续当会长，您才68岁，而且民政部规定的是当选时不超过70岁就可以了！"于是他们掀起一场"保卫战"。这中间曲曲折折、十分激烈，别提多费神劳心了。最后多亏朱滢教授在关键时刻坚持原则，提出合理的动议，使"柳暗花明又一村"。

最后呢，进入了直选的阶段。全国代表是由这一届理事、上一届理事和会员代表组成的，人数总共是298名，而实际出席人数是242名。在代表大会上，3位被中国科协批准的候选人，每人要做五分钟的"演说"。按姓氏笔画，我是第二位上台演说的，大屏幕只出现我的题目《用心理学增进民众福祉》，我没有一页页翻动电脑里的PPT，而是底气十足地表达了四层意思：心理学即我的生活、事业和生命；参加本届理事长选举作为新的人生使命；从心理学从业者与基础研究和应用研究的关系两个层面上让中国心理学会增进民众福祉；实现目标的道路（重要措施）。代表们在五分钟里三次为我鼓出热烈掌声。最后，选举主席宣布我以149票，即过六成的票数一次性当选为第十届中国心理学会的理事长。选举主席请我再次上台表个态，我向代表们鞠了一躬，没有表态，只是打开了电脑里PPT的最后一页，大屏幕上出现的字样为："祝福大家！祝福中国心理学会！衷心感谢大家的支持！"就这样我在热烈掌声中走回我自己的座位。事后，新当选的中国心理学会的秘书长、中国科学院心理研究所的副所长（后来的所长，党的十八大、十九大的代表）傅小兰教授诚恳地对我说："林老师，您应当看到这是一种学术的声望，是一种荣誉。"我觉得她言辞有理、十分中肯。我能够花多大力量去干中国心理学会的工作？像我这样年龄的人，优势资源是经验和对全国情况的熟悉，现在当选为中国心理学会的理事长，我能做的，是用自己的经验团结中国心理学全体同仁，全力为心理学界年轻一辈们创造更好的环境，推动心理学为中国普通民众的福祉发挥作用。选举工作总算告一段落，在富于变化，但跌宕起伏的风波中，沈德立教授、车文博教授非常关心我的身体，担心我受打击会大病一场。也在这场风波中我接到无数安慰的手机短信，其中有一位著名教授写道："您这辈子只有爱人之情而无害人之意，只有帮人之态却无防人之心，天地良心都知道！它们会保佑您！"包括有的中国心理学下属的专业委员会或分会负责人在内的更多的短信竟出现"粉丝们支持您！"我深深地感动，也知足了。我当选理事长并不是因为我的学术水平，论学术水平，相当一批年轻的心理学家已经超过我。我之所以能当选，是来自自己在心理学界的人缘、人气和人脉，或叫作一种"威信"的因素。说实在的，我自始至终把这件事看得很淡，所以从未过心。然而，我也从未像这几个月表现得那样沉着和稳重，我学会了遇事冷静，接近古稀之年才掌握了轻易不介入、不表态的行为。现在，我和第九届学会几位领导人的关系也比任何时期都亲密。各为其主嘛，他们为自己单位，而我也为的是北师大。我的弟子们则说："我们相信，从开头到现在，我们都把理事长问题看作是我们老师学术声望水到渠成的表现。"我没有他们想得那么自信，我只不过看重的是学术竞争的公平性，看到的更多是中国心理学界的新需求。当选之后，学会中有人要替我行使起理事长的权力，黄希庭兄长来电大"骂"，称我为"傀儡"。我还挺高兴。学会，仅仅是群众性的学术团体，理事长只是本团体学术声望的一种象征，要"权"干什么？面对希庭兄长的电话我哈哈大笑："学会的理事长不是'官'，不要去与人计较，只要基本完成工作任务就行了，谁做不是一样。有人替我干了，我有什么损失，又不占我一分钱工资，我应出自内心谢谢对方才对。"当这样的"傀儡"，我愿意，不是谁想当就能当得上的。当选理事长的第二年，中国心理学会的工作开展得轰轰烈烈，尤其在上海举行的学术年会上，国际心理学联合会的领导也来了，加上卢家楣贤弟的努力，居然请出上海师大著名音乐家们为大会闭幕式晚会演出了精彩节目。人应该"见好就收"！第三年2月27日即我70岁生日前，我向中国心理学会提交辞去理事长的报告，从此中国心理学会理事长改革为"三长制"：每年选候任理事长，第二年成为现任理事长，第三年改为前任理事长，遇事三长共同讨论。让更多的心理学家，尤其是有声望的中年心理学家轮流地走上学会的领导岗位。

【筹建学派　不二法门】

在第二章里我曾经谈到1964年9月刚进大学五年级开学不久的时候，赶上了北京市高校的清理思想运动。在1964年春天大学四年级学习心理学史的时候，我曾在日记里写下这么一句话："为什么国外有心理学派，唯独中国没有？"我是以一种感慨的心态来写的，希望中国也和国外一样能有心理学派，促进心理学的发展。没有想到这一句话不知道谁"偷"看了，不仅仅看了，而且向组织上汇报了。1964年9月系里就有人断章取义散布了我日记的"内容"。于是，我被批判为"野心家"。在大学毕业鉴定的时候，也为此差一点落得"企图成名成家，资产阶级名利思想严重"的结论，幸亏于陆琳书记爱护学生使我"逃过一劫"。于老师十分信任我，20世纪90年代她从将军的职务退休下来，与张友渔等几位大教育家创办了中国第一所民办大学"中华社会大学"，还让我去那里帮忙当一段副校长。在于老师年近80岁时这所学校被北京市教委接收改为北京市民办经贸学院，我又去当了一段董事会的董事。这当然是插曲。

从今天来看，我总觉得时代不同了，如果不把学派看得太神秘、太离奇或无组织、无纪律、追名逐利之"组织"的话，它只是一种同一学科中由于学术观点不同、学说不同而形成的派别。我们中国的古人往往把学派看作是一门学问中由于学术师承不同而形成的派别，如上海辞书出版社的《辞海》所介绍的我国古代的学派就有紫阳朱熹学派、姚江王守仁学派。其实国外心理学派多数也是与师承有关的派别，如俄国维果茨基、鲁利亚、列昂节夫的"维列鲁学派"，又叫作"社会历史文化发展学派"。实际上它就是从维果茨基到鲁利亚、列昂节夫等一些师兄弟，如赞科夫、艾里康宁、

图9-2 与达维多夫合影

陈千科等，再到第三代如艾里康宁的学生达维多夫（图9-2）的学术派别。这里更多体现的是一种师承的关系。西方从弗洛伊德，到弗洛伊德的弟子阿德勒和荣格等人，到弗洛伊德的女儿安娜·弗洛伊德等形成精神分析学派，这也是一种师承关系的体现。当然，也有些学派纯粹是因为学术观点相同而形成的，如美国心理学的机能主义学派，它分广义的机能主义和狭义的机能主义，广义机能主义的学术带头人是詹姆斯，其成员中有的是他的学生，如霍尔，有的不是他的学生，而是学术观点相同的人，这里并不完全是师承的关系了。狭义的机能主义是由杜威开创的。杜威是霍尔的学生，又成了师承关系，而杜威的学生是华生，创始了行为主义，他的承继人斯金纳却不是华生的学生，而是崇拜者。因此，这里既有学术观点相同而形成的派别，也有一些是师承关系所致。

在第六章里曾经谈到我原想把商务印书馆出版的《我的心理学观——聚焦思维结构的智力理论》当作封笔之作（但后来没当成，又添了新作品，见图9-3。如前所述，2020年出版《林崇德文集》前，把此书改名为《我的智力观》）。这本书出版后，有车文博先生等老心理学家，有李其维教授等同辈的心理学家，还有一批中青年的心理学家，像俞国良教授等发表了评论。他们在评论中有这样的意思：衷心冀望《我的心理学观》一书不要成为我的封笔之作。他们指

图9-3 商务印书馆出版的《我的心理学观》

出，既已"立一家之言"，当必须"成一派之说"。鼓励我以能力、以责任去完成历史赋予的重托。他们还做了一段概括的论述，指出我倾尽全力将40多年教学科研精髓都凝聚在该书之中，并恭维：无论是该书的理论体系，还是研究的广度和深度，都形成了"桃李不言，下自成蹊"的局面，开创了我国心理学界"立一家之言，成一派之说"的先河。车先生最后期待"让我们翘首以盼！"我特别感谢车先生，感谢同辈心埋学家认真的评议、感人的论述和殷切的期望！这对我来说是莫大的鼓舞！俞国良是我的学生，既有更深的亲近感，又了解我写《我的心理学观》的背景。他从五个方面来分析：第一，他指出该书高度重视对前辈理论观点的继承和发扬，非常重视其恩师朱智贤教授的理论，用一整章的篇幅详细介绍了朱智贤教授的心理发展理论，以及自己是如何继承和发扬这些理论观点的，这在同类著作中是非常罕见的。在国良的笔下，我的心理学观正是建立在朱老理论的基础之上，这就在一定程度上由于师承关系决定了该书是一部站在巨人肩膀上向前看的专著。第二，他指出该书十分强调思维和智力研究的中国化，遵循的是"摄取—选择—中国化"的独特原则。第三，他指出基础研究与应用研究并重是该书的另一个重要特色。第四，研究课题与研究手段与时俱进，并有"一家之言"的实验研究实例。第五，他指出我的书最为重要的是提出了自己的理论观点，即我一直在探索和验证基于思维心理学的智力理论。凭借自己的学术胆识、崇高品德（尤其是师德）和学术观点，将自己当时已培养的70多名博士、10多名博士后打造成了一个和谐、优秀的学术团队，《我的心理学观》也可以说是这一优秀学术团队集体智慧的结晶。国良认为该书不仅全面介绍了我自己的智力与思维理论，更为我国心理学，尤其是智力与思维研究领域的进一步发展提供了有说服力的"一派之说"。看来，筹建学派，我的弟子们提出来了，国良只是这类观点的一个代表。我感谢我的弟子们，尤其是国良的一番好意，但是建立一个学派谈何容易？他们把问题提出来了，引起了我的重视，我愿意作为筹建这个上文多次提及的从朱老到我，再到董奇为首的一代学派之负责人，至于这个学派的真正完成不是在我这一代，而是在我的弟子们。

本节题目叫"筹建学派 不二法门"。什么叫"不二法门"？《现代汉语词典》指出它是佛教的用语。"不二"是指不是两个极端，"法门"是指修行入道的门径。意思是说观察事物的道理，要离开相对的两个极端而用"处中"的看法，才能得其实在。其意为直接入道，不可言传的法门，后来用它来比喻独一无二的门径。学派的建立实际上就需要那种独一无二的门径。也就是学术也好、观点也好，它要离开了相对的两极而"处中"才能够得其实在。我的弟子俞国良提出要"立一家之言，成一派之说"，希望我来领头筹建心理学派，就是这个意思。我就把这一个学派的筹建仅仅看作是雏形阶段，而这种雏形的形成又有哪些有利的因素呢？

建立一个中国心理学的学派是学科建设的需要。任何一个学科里学派的建立都是为了顺应这个学科发展的需要。生物学之所以有达尔文的进化学说、苏联的"米丘林学派"，实际上是对进化问题持不同的观点、不同的看法。后者对前者有否发展？这是有争议的，现在看来更多像是一种修正。因此，学派的建立实际上在某种程度就是为了推进一个学科的发展和学科的建设。我们国家古代有很多很多学派，像前边提到的紫阳学派、姚江学派。中华人民共和国成立以后我们党一直鼓励科学技术和社会科学的繁荣发展。早在1957年的时候，毛泽东主席就提倡"百花齐放，百家争鸣"，实际上就是鼓励不同的学说、不同的观点形成不同的学派。今天在科学技术上，党中央、国务院提出了《国家中长期科学和技术发展规划纲要（2006—2020年）》，希望在2006年到2020年我们能够建成创新型国家，促使科学技术突飞猛进地提高。当时我们在创新型国家中，国际地位排第25位或26位，希望到2020年能够上升到第12位或13位，成为先进的创新型国家。现在从国际上的评比材料来看，我们已经达到2006年提出的目标。同时，在哲学社会科学上，我们党反复强调要繁荣和发展。中央的意图是"车有两轮、鸟有双翼"，意思就是说我们理工科和文科要一起发展。理工科和文科的发展都要有不同的学说、不同的观点、不同的学派，这样才能够繁荣我国的科学事业。因此，今天已经具有了学派建立的时机，这是社会发展、科学发展、创新型国家发展的一种需要。

如果说学派是一门学问中由于学术师承不同而形成的，那么，我们在心理学观点上，师承的是朱智贤教授。朱老的观点具有独特性，正像俞国良的书评里提到的杭州大学原校长陈立教授评论的那样："新中国成立以后，成一家之言者实所少见，而老兄却'苦心深思，用力之勤，卓著硕果，可谓独树一帜'。"这"独树一帜"就是创造性或创新。朱老提出了心理发展的先天与后天、内因与外因、教育与发展（量变与质变）、年龄特征与个体差异四个基本规律，并凭借卓有成效的实证研究，已经在国内外产生了相当的影响。而我正是继承和发扬我恩师的观点而来的，而我的弟子们有好多观点都是从这儿开始的，或者都是从这儿引用、引申、发扬、发展的。所以，我们要筹建的中国心理学的学派其实只是一代一代师承的过程。

作为"立一家之言，成一派之说"的雏形，我们已经呈现了一些初步的理论和实践。从目前看来，我们创办的杂志《心理发展与教育》体现了独特的"教育与发展学说"理念。至少如下的观点是我们团队所持一致的：我们界定了教育的实质，从发展心理学出发，教育就是一种发展，是一种推动人的发展，进而推动社会发展的社会实践活动，而这样一种社会实践活动是通过"双主体"作用，即教师的主体作用促使学生的主体作用而实现的；我们提出心理发展的"先天与后天、内因与外因、教育与发展（量变与质变）、年龄特征与个体差异"等规律，并以这四个基本规律作为人类心理发展的出发点；我们关注心理发展中主体的心理结构，因此，聚焦了思维结构的智力理论，提出了品德发展的结构观念，支撑人类心理学研究的理论基础正是心理结构观；我们倡导心理学中国化，认真、深入地研究了中国儿童青少年心理发展的真实特点，这才出现了从朱老主持的"中国儿童青少年心理发展与教育"的国家哲学社会科学重点项目（1986—1990）到董奇主持的科技部投入了1310万元的"中国儿童青少年心理发育"的基础研究课题（2007—2010）；我们强调发展心理学的实际价值，尤其是对学校教育的贡献，我领衔"七五"至"九五"的国家重点课程，以培养学生思维品质作为发展其智能的突破口，才出现30多万学生受益的客观事实，才会有张文新、陈光辉与我写出的《应用发展科学——一门研究人与社会发展的新兴学科》、辛自强与我写出的《发展心理学的现实转向》的文章。我们还有一系列观点和措施，就不在这里一一阐述了。

如果要逐步地实现俞国良所主张的"立一家之言，成一派之说"的话，那么它的条件是什么呢？条件就是我们有较强大的学术团队。如前文《人民教育》所述，在我们国家，心理学的主要单位——全国和省级重点师范院校里二分之一的学术带头人是我们的团队成员，被誉为"半壁江山"（图9-4）。我敬佩自己弟子的能耐，且不说他们在科研和教学方面的成就，就拿北京师范大学在中华人民共和国成立60年庆典上观礼台一事来说，共有9位教师获此殊荣，除我之外，有我的弟子董奇、庞丽娟、邹泓和李庆安，刚好占一半。自2009年召开的中国心理学会第十届代表大会以来，每届的常务理事中，我们团队几乎都达四分之一；实行理事长"三长"制后，两届理事长（白学军和李红）均出自这个团队，几乎每届4位副理事长中总有1~2位来自这个团队。我为什么要说这一点，是因为我的弟子的发展太令我欣慰了，天下桃李自成蹊，受益园丁当奋发。正像前文所讲的，我的教育理念是要培养出超越自己而值得我崇拜的学生，对我来说，已经实现了这一点，这是我引以为自豪的，也是鞭策自己继续奋发努力的动因。而他们

图9-4 2009年的弟子联谊会

每个人所从事的心理学各领域的研究中，有一个突出的、统一的观点，这就是"教育与发展"。董奇所创建的国家重点实验室，侧重研究认知神经科学，然而它的名称却是"认知神经科学与学习国家重点实验室"，其意为设在师范院校的重点实验室，突出的是"教育-学习"，其一个重要的特色是教育与认知发展神经科学的研究。这个团队有谁和"教育与发展"相偏离？极少！因此，这是"教育与发展"学派形成的一个关键性的条件。人生能有几次搏？我们这个学术团队有信心，有条件，也有能力一步一步地经过未来的十几年或更长时间的努力，最终可能建立一个中国的"教育与发展"的心理学派，为国家学术事业和教育事业做出贡献。

【保持晚节　和谐家庭】

道德的特性之一是个体差异，或者叫作道德层次的区别性。区别在哪儿？大致有道德规范、道德范畴和心理结构。而道德范畴主要是反映个人对社会、对他人和对自己的本质的、典型的、一般的道德关系的基本概念。道德范畴有哪些呢？以前在有些书里比较多地讲四个：义务、幸福、良心、荣誉。1989年出版的我的《品德发展心理学》里，加上了三个概念：善恶、节操、正直。这样就成为七个范畴。这也体现我十分重视节操这样的人与人之间的品德差异。现在老了，我尤其注意保持晚节。

什么叫晚节？据《汉语大辞典》的解释，它是指"晚年的节操"。有哪些晚节呢？每个人对晚节有不同的认识，有不同的表述。我所重视的晚节，主要包括三个方面：第一，坚持爱国，永不变节；第二，忠贞我国的意识形态，对社会主义核心价值观不变节；第三，在生活作风上保持晚节。

我的爱国心缘起于童年，从热爱家乡到热爱祖国，至今家国情怀更为深沉。一个人，不管是学术大师还是杰出将领或显赫的官员，他能否保持晚节是一个很严肃的问题。并不是说一个人一开始的时候在节操上就有问题的。我曾看过姚雪垠先生的小说《李自成》，其中写了明朝的一位文武双全的将领洪承畴。论文采，他是万历年间的进士，是武英殿的大学士；论将才，在崇祯年间他是兵部尚书。他在抗清的过程中是相当勇敢的，但清朝还是希望他投降。当时清政府曾经对他以封高官许愿，他并没有答应。到了崇祯十四年，他在抗清的过程中不幸被打败并被俘虏。起先不管清朝的君王怎么劝说，洪承畴都誓死不投降。他慷慨陈词、感人至深，甚至于在监狱里绝食、滴水不进。后来，清朝用尽了一切办法，硬的、软的，手段多多，尤其是在动摇其信念上下功夫，使洪承畴最后还是投了清朝，成为一个明朝的叛徒。秦伯益院士在《漫说科教》一书中也提到这个故事。看来，爱国主义问题，谈何容易，不是那么简单的事情。现在并没有哪个国家要跟我们打仗，我们暂不用到前线去保卫祖国而表现爱国主义；也没有说我们在战争的过程中被捕了，被诱降成为叛徒。没有这么一回事吧！然而，国际与国内确实存在着干扰我们爱国心的因素。例如，在2009年诺贝尔奖颁发前夕，文学奖得主赫塔·穆勒对中国人权发难，污蔑我国还远远不是一个民主国家，敦促西方国家对我们采取更加强硬的立场；新加坡的郑永年先生撰文《中国须警惕"社会墙"越筑越高》(《参考消息》2009年12月9日第16版)，作者好心地指出我国国内有对国家存在过度不信任的人群。所有这一切，譬如诱降洪承畴成卖国贼的温床，可能降低我们的爱国情绪和信念。当我们在面临大是大非问题的时候，我们能不能保持一颗爱国心，真正体现把国家的利益放在首位，则成了保持晚节的第一部分。尽管我的爱国心不会轻易变化，但社会背景不能让人乐观，怎样使爱国晚节至死不变？在好友吴昌顺的启迪下，我提出了15字的行为准则，这就是要在今天的条件下"明国情、懂国格、树国威、知国耻、扬国魂"，让我自己以及弟子们以此为训，铭记心头。

毛泽东主席说过，领导我们事业的核心力量是中国共产党，指导我们思想的理论基础是马克思主义。这是我们的根本意识形态，是社会主义核心价值观的精髓。那么，现在我们能不能仍然坚持这个根本的信念呢？这一点呢，在现在的情况下就很难了，国外的媒体纷纷报道我们共产党员存在着"信仰危机"。在这种背景下，我们的信念或社会主义核心价值观会被变节吗？我常想，作为中国共产党党员，要保持这种信念晚节就得坚持这两条：忠于中国共产党，忠于马克思主义。否则，为什么还要加入中国共产党呢？2009年国庆节后我接受《光明日报》记者采访时提到过一件事，说明社会上对爱国与爱党一致性理解的难度。这一年4月份我出席了在深圳召开的中国心理学界12个杂志的主编会，会后应北师大原党委书记、时任北京师范大学珠海分校的董事长陈文博教授的邀请，去珠海分校做了一场报告。我上午从深圳出发，中午到珠海分校，下午做了两个半小时有关"心理和谐"的报告。我报告完毕接受提问时，有个学生居然以一种截然不同观念的口吻提出这样一个问题："爱国和爱党有什么关系？爱国者是不是一定要爱党？"我毫不思索地回答："我今天上午从深圳来到珠海，路经虎门大桥，下车参拜了林则徐前辈的铜像，真是感慨万千。从1842年鸦片战争失败开始，中国就沦亡为一个半殖民地、半封建的国家。是谁领导我们历经艰险，付出惨重牺牲，进行英勇奋斗才换得今天？是谁使中国人民真正站了起来、富起来、强起来？是谁使咱们中国成就为这样伟大的国家，使我们立足世界可以跟国际上欺压咱们的强国抗争？是中国共产党！没有中国共产党就没有今天中国的一切，中国共产党与国家的根本利益是一致的！"我稍停了片刻提高了声音："过去我们高唱'没有共产党就没有新中国'，今天我们更要高唱'没有共产党就没有中华民族的复兴'。由此，我深深体会到，爱党与爱国是紧密相联的。"经历了国庆庆典，我更坚定了把这一理念贯穿于自己行动中的决心，让我的学生也真正将爱国与爱党紧紧结合在一起。中国共产党的指导纲领是马克思主义。马克思主义不是一成不变的，它在中国获得了发展，在中国发扬光大。问题是我们能不能忠于这个党的最基本的纲领，能不能坚持党的领导核心，能不能坚定党的意识形态。坚信马克思主义，是一个共产党员保持晚节的一个重要组成部分。如果连党的指导思想都可以不忠诚，那我们为什么还要入党呢？我也从内心真切地体会到了坚持党的基本纲领和意识形态的义务。正是这个原因，每次出国或出境（去港台），我在登记表上老老实实地填上"中国共产党党员"，在国外或境外，我也多次表示：本人坚信马克思主义。此外，在神圣的讲堂上，我把马克思主义的哲学原理——辩证唯物主义与历史唯物主义融进了教学中，在广大的学生和听众中讲授。

　　始终保持清廉是一种高尚的人格。在有些报刊上我看到什么"58岁事件"或"60前事件"。它是指干部60岁退休而58岁到60岁这个期间出这样那样的问题。这是因为快到任期结束，此时有权不用更待何时？于是，在生活作风上就开始腐败、堕落。也正因为如此，我时时警醒自己：在生活作风上要清白、廉洁。我也曾经多次对我的学生说，甚至在毕业生毕业典礼讲话中提出："在生活上注意床别找错了，口袋别伸错了。"既然对学生这么提，那么我自己必须要以身作则，这也是对保持晚节的一个重要的考验。在某种程度上，我在这方面的行为为自己的学生树立了榜样。古人讲晚节，主要指不贪财，避免"晚节遴，唯恐不足于财"。遴，通"吝"，意贪财。1995年，辽宁师范大学要申报博士学位授予单位和五个二级学科的博士点。作为国务院学位委员会心理学学科评议组的成员，当时我是辽宁师范大学的兼职教授，辽宁师范大学的何鸿斌校长是与我同龄的一位学者，他是学物理的，我是学心理的，我们俩的关系相当密切；再加上心理学的学术带头人杨丽珠是我师妹，她的丈夫刘占华教授是我感情相融的师弟；辽宁师范大学还有我的博士研究生张奇，我后来的博士后刘文。因此，对辽宁师范大学申请心理学学科的博士点，我是大力支持的。但能否成为博士点，关键问题有两个，一是辽宁师范大学能不能成为博士学位授予单位；二是辽宁师范大学的心理学博士点能不能在国务院学位委员会心理学学科评议组里通过评审。当时负责评博士学位授予单位的有10位师范院校、民族院校和艺术院校的校领导。由于平时我人缘不错，就向8位相关校长介绍了辽宁师范大学学科建设的情况。事前何校长有话："辽师大在大连，大连这个地方是相当不错的，不论是海边的环境，还是生活的条件，足以作为您未来养老的一个好去处，也是您平时一个非常好的休闲地方。我们正在盖教授楼，您是我们的兼职教授，我将给您留一套最好的房子，外界也不会对您说三道四。"我当时笑着点了头。后来辽宁师范大学成了博士学位授予单位，心理学成了全校唯一通过的博士点。何校长要兑现他的承诺，房子盖好了以后，他要把一套位置非常好的88平方米的房子的钥匙交给我，却遭到我断然拒绝。何校长很惊讶地问我："咱俩当时不是说好了吗？"我回答说："如果我当时要是拒绝了，那么您肯定认为我不为你们卖力气，让你们失去申报的信心和勇气。我认为你们心理学学科点够不够博士点的资格、你们学校够不够博士学位授予单位的资格是一码事，而我是不是收礼又是另一码事。确认你们合格是我的职责，作为一个国务院学位委员会学科评议组的成员，绝不能昧着良心干事；何况我作为一个兼职教授，有义务为辽宁师范大学做一些力所能及的工作。但是，我不能够接收房子！如果我收房子，就意味着'贪'。因为如果我不是国务院学位委员会学科评议组成员，如果我没有现在这种学术地位，您能信任我、委托我办这件事吗？评委会成员能答应我的要求吗？"事情办完之后，一直到现在已经有二十多年了，这二十多年里，我很少去辽宁师范大学。我觉得这个博士点确实是在我的帮助之下成长的，但现在也可以不需要我了。如果我去了，以什么身份出现呢？他们把我当"功臣"、当"恩人"？那大可不必。这说明，我过去讲廉洁，不贪；现在呢？我仍然坚持不贪财、不收礼，也不用自己的声望去办私人公司，甘心情愿当清贫学者，因为这是晚节。2009年年底我校党委召开一次会议，有部分院士、资深教授和中层干部参加。当会上无意中提到退休教授重返第一线讲课一事时，自然提到有的退休教授去某些大学帮助学科建设每年挣到50万或60万的年薪。作为浙江同乡，历史学院杨共乐教授对某些教授做起评价："她值50万""他值60万"，突然他在本子上写了"无价"两字，举在手里说："咱们林先生'无价'。"这使我十分感动。既然有人评我为"无价"，自然对有价的财礼就"不屑一顾"了。2009年年末，为了执行"照顾西部"的政策，我主持并建议把一位名次靠后的西部大学的学者评上长江学者特聘教授，这是该校第一位这个等级的特聘教授，学校的副校长与人事处长来北师大要重重地"表示心意"，却被我谢绝了。我往后对西部、东北和地方院校的"照顾"仍然会很多，但我对"谢礼"绝对不会接受一份。有人说，在财的问题上可以避免，在色的问题上就"英雄难过美人关"了。我可以实事求是地说，从年轻时起，我就特别注意自己在这方面的行为举止；今天保持晚节，我更能严格管好自己。

我和女性相处，注意尊重她们，但我从来不与女同事两人一起出差。由此可见，我非常严肃地对待这个问题，因为，晚节能不能保住，往往在生活作风上容易打破缺口。生活作风上的清廉是坚持晚节的前提。为此，弟子李虹教授用短信对我做了一番评议，其中有那么几句挺有意思："保持身正廉洁，上不负天，中不愧民，下不疚己，至少心地坦然好入眠。"

我能保持晚节，一个重要的原因来自家庭的支持，是我的妻子、是我的儿子、是我的儿媳妇，甚至于是孙子的支持，我有一个好家庭。有时候作风的晚节往往是从自己家里的亲人打破缺口的。假如说我自己不收财礼，而我妻子、我儿子、儿媳妇他们替我收了财礼，那又该怎么说呢？因此，我非常感谢我的家庭。别说我的妻子她从来不替我收财礼，就是我拿回家一些她认为不属于我的东西，都会一遍一遍地追问。我儿子也是这样，有时我的一些弟子给他打电话："喂，什么什么时候，你来拿些东西吧。"如果这些学生已经工作且相当有成就，甚至于远远超越我的，他们要给我送点茶叶，或者是出差中捎回些土特产，我儿子又是他们的师弟，他就说："行，我过来。"如果不是这样，或者礼物太贵重了，他是绝对会拒绝的。我儿媳妇也是这样，她也在北师大工作，要是谁到她单位里去给我送财礼，她会一概拒绝，除非是学校或相关单位给我发什么东西，请她捎回，否则她会说声"对不起"就谢绝了。如再版前言所述，2021年10月16日我获得"2021年度杰出教学奖"（全国共8人）（图9-5）。该奖是由陈一丹基金会资助，联合教育部中国教师发展基金会共同设立的。在获奖后，是家人主动与我商量决定把全部100万元奖金捐赠给北师大教育基金会，希望用来激励对基础教育教学和人才培养做出贡献的师范院校的老师。

我有这样的家庭，这样的环境是我保持晚节的一个重要原因。

说到家庭，我的家是一个和谐的家庭、幸福的家庭，在一定程度上，也是一个令人羡慕的家庭。我家的关键人物是我的妻子，那真是"少年夫妻老来伴"啊（图9-6）。记得我1986年提了教授以后，那时出差一般很少坐飞机，所谓的司局级以上的干部和教授能够坐火车的软卧，这个软卧上往往坐四个人，同软卧有一批老同志或老干部。我从他们那里学会四句话："财权不可丢、子女不可靠、邻居关系要搞好、老伴最重要。"三十多年过

图 9-5 获得 2021 年度杰出教学奖（大会提供）

去了，现在出差条件变得更好了，可是"老伴最重要"这句话老在耳边回荡着。我这个老伴太使我感激了。年轻时，我们亲密、幸福和相依为命，虽然我们现在都已进入耄耋之年，但仍然保持着一种"谁也离不开谁"的关系，我俩彼此信任、彼此相爱的程度不亚于年轻的时候。对上一代，我们一起行孝。我们先后为我89岁父亲追悼，为我91岁岳母送终，为我94岁母亲奔丧。母亲在世时，母亲长期随妹妹崇月生活，我们不能在她跟前行孝，于是包下母亲的生活费。2007年在我妻子建议下，我俩由儿子和儿媳妇相陪，携孙子一起到杭州，请我妹妹、妹夫陪着我老母亲也一起到杭州，一是让她游览一下她喜欢的杭州这个天堂之地；二是能让母亲见见她的曾

图 9-6　与妻子合影（张超摄）

孙子。我母亲非常高兴。2009年，我参加完国庆60周年庆典活动后的第二天，10月2日一早又和妻子、儿子、儿媳妇携孙子一起回老家，为我的母亲过90岁大寿。我的妻子经常提醒我，每个星期要给我石浦的母亲和上海的母亲，即两位母亲打电话。每个星期都如此，从不间断。为什么？历久弥新的感激；出自内心的感恩报恩；终生不忘的尽心尽孝。我非常欣赏网上两句话："清明烧万堆纸钱，不如在世端碗饭"；"一次生前的孝敬，胜过身后百次扫墓"。很惭愧，我没有为父母去扫过墓。2017年暑假应象山县委邀请去县城为全县中小学教师做三个多小时的师德报告，报告后县领导派人要陪同我去次石浦。我回答：爹娘在，石浦是我的老家；爹娘不在，石浦是我的故乡。对故乡，我可以去也可以不去，去了只能忆爹思娘，痛苦难熬！

我儿子在这种家庭熏陶中成长。他不仅和我有一种天生的父子情，而且在很多品质上特别像我。我儿子是单位一位正高职称的中层干部。他为人忠厚、不占不贪，工作任劳任怨，看问题较敏锐，待人诚恳，所以群众关系很好。有人说我儿子的不贪财特别像我，不管是平时的财物分配还是年终奖金，他真是把钱财都看得很轻，甚至少拿相当一个数字的钱。在家中，我最感到幸福的，还是"婆媳亲，全家和"。我们家庭的和睦、和谐，主要靠我妻子与儿媳的亲密关系。我儿媳妇是我儿子大学的同班同学，她是一位有硕士学位、副高职称的教师，在北师大图书馆工作。儿媳跟我妻子相处26年了，婆媳之间从没有红过一次脸。我妻子退休前我们家在北师大校内住，70多平方米的一个小三居室，当然儿子儿媳妇婚后还有一个15平方米的筒子楼的房子。我记得每天中午，我儿媳妇是11点45分下班，11点50分骑车到家，就"抢"下婆婆手里的活，热一下昨天晚上的剩饭、剩菜，或者做一点儿新菜作为我、我妻子和她的午饭。晚上5点半她下班后，骑5分钟自行车，5点35分到家，一回家她又"夺"下来婆婆手里的一些活，说："妈，您去看电视！"晚上就由她来操持家务。我妻子退休不久，一人不仅挑起家务重担，还要照看年幼的孙子，儿媳妇更加体贴婆婆，孙子长大了也特别疼他奶奶。后来我们家搬到了北师大集资建造的宿舍京师园。我和我儿媳妇分别登记京师园的房子，我们全家仍然住在一起。房子是复式的，我儿子、儿媳妇带着孙子住在上一层，我们老两口住在下一层。房子大了，谁来打扫？我们搬到新房后，没有雇过一个外边搞清洁的小时工。楼上楼下所有清洁工作都是由儿子和儿媳妇两人完成。儿媳妇对婆婆十分尊重，我妻子对儿媳妇也十分疼爱，就像自己女儿那样，可以讲比亲生女儿还亲。每逢节假日，儿媳妇主动承担起"家庭主妇"的责任，从做饭烧菜到零碎家务；而儿媳生病时喜欢吃中药，一副副汤药都是我妻子煎的。我深深体会到"婆媳亲，全家和"的真理。至于孙子，隔代亲嘛，谁家都这样。但我们全家对他的要求还是比较严格的。因为有这么一个和谐的家庭，使我真正地感到家庭的幸福，也为保持晚节提供了家庭的基石。

【俭朴人生　永葆青春】

我的"俭朴人生"既来自伟人的教导，又受我父亲的影响，且成为一种习惯。我永远忘不了毛泽东主席关于艰苦朴素的一段话："我们民族历来有一种艰苦奋斗的作风，我们要把它发扬起来……坚定正确的政治方向，是与艰苦奋斗的工作作风不能脱离的，没有坚定正确的政治方向，就不能激发艰苦奋斗的工作作风；没有艰苦奋斗的工作作风，也就不能执行坚定正确的政治方向。"我也永远忘不了父亲的形象。在前文中我曾提到我在父亲的追悼会上对其的评价："父亲的一生，两个字可概括：一是'勤'；二是'俭'。"家里人都用宁波方言赞颂父亲"做人家"——节约俭朴。我们兄弟姊妹都受此影响，个个都做到勤俭节约、朴素生活。

我对俭朴人生的基础——艰苦奋斗有着较深刻的理解，在《我的心理学观》里，有一段话："艰苦奋斗是人的性格乃至人格的高尚而深刻的品质。如果说，性格中有意志特征，表现出自觉性、果断性、坚持性、自制力四种意志品质，那么，艰苦奋斗比这四种品质更深刻。"前文曾提及《孟子·告子下》的那段名言道出了艰苦奋斗的心理学特征：一是具有良好的适应性，能适应处境艰危的环境，做到遇挫折不折、愈挫愈勇，积极地寻找挫折与机遇的平衡；二是具有能动性，能在艰难困苦的现实中预见未来，反映了这种品质的目的性、计划性和操作性，反映了主体的一种胆识和远见卓识；三是具有稳定性，能坚持"铁杵磨成细针"的精神，长期艰苦努力，不避艰险，艰苦奋斗不是一种短暂行为，而是一种稳定的品质；四是具有迁移性，能发挥内在的迁移作用，生活上的艰苦奋斗可以转化为学习和工作上的踏实勤奋，反之，在学习和工作上的艰苦奋斗，也可以接受生活上的艰辛。深化非智力因素的性格，即加强艰苦奋斗的训导，就成为人的精神生活的重要内容之一。它不仅在智力活动中显现出百折不挠获取成就的力量，而且它能够振奋人心，振兴民族，所以它必然成为中华民族的传统美德，是中华文化的精华。

我的艰苦奋斗、俭朴人生表现在事业上，使我积极完成任务。在第一章里我曾谈到海洋给我的影响，这一辈子我所追求的是豁达与勤奋。俭朴的人生所经历的艰苦奋斗首先表现在对事业的勤奋上。老了能否保持这一种作风呢，我想自己还是有这种作风的。在2010年本书初版前，我们心理学院每年的绩效工作表上，我是最高的或最高之一，这在一定程度上也反映了我的工作量。说明我今天仍是勤勤恳恳、踏踏实实地为学术、为事业在奔命。我自己绩效带来的效益不仅体现在自己的绩效工资上，更体现在为学校创造的一些成果上（图9-7）。这里举五个例子：一是我协助董奇教授承担了一项前面提过的1310万元科研经费的科技部大项目"中国儿童青少年心理发育"，协助他组织全国发展心理学家，特别是我自己的弟子们来共同承担这项大课题的研究。二是我自己先后三次拿到教育部社科重大攻关项目，一次拿到教育部重大社科委托项目，这种类型课题都是较重量级的，别说是四个，拿一个也不容易。我敢说，拿下四项重大攻关项目，在自己学校里属第一次，即使在全国高校哲学社会科学界也没有几位。四次课题结题都获"优"，也显示出自己对学校关注的课题研究的投入。三是我曾任北师大的教学指导委员会主任12年，十多年中我一直为学校教学工作、教学决策和教学咨询来出力气。一年要主持多少次会议或活动，我已记不住了，问题在于我们这个委员会的工作很少听见有人埋怨的，尤其每年评议各类"优秀"教师或教学成果工作，其公平性还是让全校上下满意的。四是自1991年朱老逝世，我一直担任《心理发展与教育》杂志的主编，近年来，杂志越办越好，据万方网站统计，我们在近5年的影响因子逐年上升，位居全国12本心理学杂志的第一名。五是在学校提倡教授上讲台的今天，我于2009年暑假以后，为本科生开了一门新课叫"智力发展心理学"。尽管只是40课时的课程，但我也为这一门课讲了4个学年。虽然人老了，但我仍想把课讲好，自己在课堂上艰苦奋斗一辈子，现在上课对教风、学风依然不敢有丝毫松懈。我感谢从66位到一百多位听课的学生在期末对教师的16项评价中，给我打出最低为4.88分（满分为5分）的总评成绩，算作是对一位开课的老教师的鼓励吧！

我的俭朴人生、艰苦奋斗表现在待人接物上。做人应持"不卑不亢"四个字的品质。作为一位老人，当自己有了学术声望，受到大家尊重的时候，当自己有了学术地位，得到大家爱戴的时候，更要做到谦虚谨慎、低调为人，对任何人都应一视同仁地对待。我尊重我们学校里任何一个部门的工作人员，这也包括心理学院所在的英东教育楼或后主楼的清洁工人，我能够喊出他们为某某师傅，他们也都非常尊重我，称我"林老师"或者"林先生"。我对他们的尊重和我对校领导、对那些著名教授们的尊重是一样的，是一视同仁的。我感谢学校各行政部门对我的支持和帮助；感谢后勤部门，特别是车队对我的关心。此外，在注意俭朴或节约问题上，我对

图9-7　33项政府奖励

待自己所在的学校和对待其他单位，也是一样的。我为北师大每一分钱的开支都考虑到了节省，因为我要体现我俭朴的人生。同样地，我对其他单位，也就是非北师大单位也是这样。每年有许多单位请我去讲学，请我去主持博士研究生答辩，请我去商讨学科的发展，我办完正事，很少去旅游。在某种程度上，我觉得应该也为对方单位省点钱，至少省点旅游费。

我的俭朴人生、艰苦奋斗表现在生活上，已形成的生活习惯，让我改也不容易。我年轻时记住了毛泽东主席的一段名言："要使我国富强起来，需要几十年艰苦奋斗的时间，其中包括执行厉行节约、反对浪费这样一个勤俭建国的方针。"从青年到中年都是按这样的指示过来的，习惯了，到老年仍保持俭朴的习惯，想在生活上"奢侈"一番，也难啊！但我生活上有自己的乐趣，那就是读书和教书。也就是说，我这辈子在生活中的艰苦朴素，并不是生活上没有追求。有人问我："什么是你生活中最大的爱好？"我觉得这不是自己今天的爱好，而是一辈子的爱好。"我喜欢教书，教书是我生活中最大的爱好，而教书的基础是读书。"因为只有通过读书和教书才能体会到享受。当然，这里涉及两个因素。一方面有育人的因素，能够培养人才，培养国家栋梁之材。因此，我想通过我自己教书育人使我带的研究生，或者我教过的本科生是高水平的。但另一方面，喜欢教书已经成瘾。有时候外地要请我去讲学，我马上答应。我的老伴对我说："咱们老两口现在的工资已足够我们开支了，你还去外边奔什么命啊？"她以为我接受外边的邀请去讲学是为了挣钱，其实不是。我对我自己受邀请去某个单位的讲课费给多少根本不在乎，有就收，我也不推；但是没有，或者给少一点，我也从来不计较，我去的目的在于我能上讲台，过瘾！与此同时，也提高了相关院校的教育质量。所以，有人说"林某人好请"，"这个老先生没有架子"，是啊，我生活上的最大的追求就是教好书。所以我老伴对别人说："我家老头不抽、不喝、不赌、不嫖，生活上唯一的爱好就是教书。"真的，不管我多累，一上讲台我就把什么都忘了。到了耄耋之年，我还能讲上三四个小时，一气呵成，连休息都想不起来，还加一条，就是始终保持着我那种海洋人的特点——大嗓门儿，自始至终地表现我那种角色的投入，那种屈己为人的教书匠特色。为了教好书，必须认真读书，何况读书是我从小到老的嗜好。这就是我的生活的乐趣，这种乐趣是常人很难理解的。

我的俭朴人生和艰苦奋斗的经历，使我积极生活、永葆青春。这里的所谓的"永葆青春"是指老年人对身心健康的一种理解。什么叫"青春"？它是指"青年时期"或少壮的年龄。青春期是一生中最关键而又有特色的时期，是人一生中的黄金时代。我想青春是美好的，朝气蓬勃，风华正茂，"像早晨八九点钟的太阳"。然而青春不可能永留，"永葆青春"只是一种比喻，指的是追求身心健康、积极向上的心态，像保持青春时期的品质那样。心态不同，人生的境遇便会天差地别。只有修炼一颗淡泊宁静的心，才会使老年人永葆青春。有哪些因素使我保持积极向上的心态呢？

第一是注意作息时间。过了古稀之年，我更加珍惜时间，因为来日不多了。从小我就接受"一寸光阴一寸金，寸金难买寸光阴"的教育，因此，怎么安排时间与老年健康保持青春时期的品质有直接的关系。我做到了早睡早起，并执行老年作息：晚9点至第二天6点半手机静音，以保证睡眠。早晨五点多钟醒来以后就起床。我在学校有好多工作，都尽量安排在下午。要不是有关的部门开会，或者有些业务活动，上午我尽量在家里办公。我上午怎样安排？我7点钟到9点钟坚持学习认真读书，那时脑子特别清醒。读书是智慧的来源。古人寒窗苦，才创造了中华五千年博大精深的传统文化；以色列人均读书64本，才成为没有文盲的国家。我认为国人应爱读书，把学习时间安排好。9点钟到10点钟，我和我老伴两人一起到附近公园去散步40分钟，这是老年人最好的运动。回来后约10点钟，继续工作和写作一个半小时。午休后一般去学校工作，若学校无事，在家工作和写作三个小时。中间休息时与老伴聊聊天，晚上要看新闻联播和读读报纸，10点钟保证睡觉。老人的生活必须有规律，必须有适合自己的作息时间，以保持较健康的状态。

第二是要注意身心健康。我每天早晨都会接到同年龄段亲友发来问好的微信，90%带着与"健康"有关的祝词。世界卫生组织指出，健康包括身体健康、心理健康和有良好的适应能力。老年人健康靠饮食，俗话说"人是铁、饭是钢"，但吃饭要讲卫生，切忌暴饮暴食。不管什么饭菜，每天我吃的都一样多，绝不挑食，会吃饭、吃好饭是身体好的基础，靠补品没用，所以我也不吃补品，唯一保健品是水或绿茶水。老年人生病要比年轻人多，我常年高血压，这是祖祖辈辈遗传的，还有呼吸暂停综合征。有病就得看病，有病不能够拖。我感谢校医院和其他医院的医生们对我的关心和治疗。心理健康比生理健康更重要。我觉得要保持一种乐观向上的心情，管好情绪是关键。我的挫折比一般人多，我的荣誉也不少，我保持着有荣誉跟受挫折一个样的心态，遇到使人特别激动的场景尽量不激动，经历痛苦的时候尽量不伤心。一个人的心理健康是防止衰老、永葆青春的一个最重要的因素。

　　第三是永葆青春，突出表现在夫妻同乐上，这就使爱情常在。婚姻，常指因结婚而产生的夫妻关系。婚姻与事业紧紧相连，良好的婚姻，有助于事业的发展；自古到今，多少事业有成者，往往有着美满的婚姻。我十分欣赏《庄子·大宗师》中"相濡以沫"一词，它意指泉水干涸，鱼靠在一起以唾沫相互湿润。它可以表达我与我老伴的婚姻：相依为命，共度困境；互敬互爱，同获幸福。我俩真正相濡以沫地度过了半个多世纪。人老了，和年轻人的那种卿卿我我的爱情有截然的区别，但是永葆青春就表现在夫妻之间仍然彼此相融，心往一处想，劲儿往一处使；彼此相爱，永不变节，幸福与我俩终身相伴；彼此信任，从不你猜测我、我猜测你；彼此相敬，关心对方。我只要出差两天，会在外埠惦念着她；她呢？会在家牵挂着我。我儿子常说："父亲是母亲的'开心果'，母亲每天找茬儿念叨当唱歌，而唯一欣赏这'美妙'音乐的只有父亲一个'听众'。"我非常感谢我老伴的体贴。我们早上5点多钟起床前，要做一套北师大老干部处请的一位气功师所教我们的按摩动作，以避免猛一下起床发生头晕等症状。我老伴动作比我快，我还没有做完按摩动作，她已把一碗温白开水端过来了，我则把她早晨要吃的药也送了过去，使彼此感到十分温暖。年轻时她每天为我们买菜、做饭伺候全家。买全家的果品蔬菜等食品其实是够累的，女同志当然没有男同志有力气，她两个胳膊常酸疼难受，还得过两次肌腱炎。我则尽量抽时间陪她去超市，为她提篮回家。提不动咋办？可以用小推车推嘛。现在老了，生活由儿子、儿媳照顾了。但我不会忘记，在一定意义上，爱情与青春是同义语。

　　第四是保持朝气。精气神太重要了，多年来，我给人一种印象：精神，充满朝气！老年人体力肯定不如从前了，但是能不能保持青春活力的面貌呢？精神面貌是首要因素，因为人必须要有点精神。所谓精神，是指个体或群体在长期的实践中积淀起来的，并在心理和行为中体现出来的特征，特别是一种内在的风格、风尚和作风，或者是一种习惯和准则。从生活境界来说，精神集中德性的精华，是最高的思想境界，体现出一个人或一个群体的价值观、是非观、苦乐观，甚至于生死观。良好的精神状态是一种潜在的心理力量，它使某个个体或群体在社会上被普遍认可、接受和推崇。所以我格外重视精气神。有时我和年轻人一起走路，走得比他们还"快"，于是学生们"表扬"我："林老师真精神！"如果某个人每天愁眉苦脸，像秋后的干树枝让风霜打了的样子，那多没劲啊！老年人可以每天保持着朝气蓬勃、积极向上的精气神。前面提到年轻人朝气蓬勃"像早晨八九点钟的太阳"，但朝气蓬勃仅是指年轻人吗？也不见得，这不是年轻人的专利，老年人也可以朝气蓬勃、积极向上。因为朝气蓬勃、积极向上是一种精神与心态，是一种生命活力，与年龄既有关又无关。老年人可以用精气神来"永葆青春"（图9-8）。

　　当然，"永葆青春"只是一种说法，人至古稀，尤其是耄耋之年后，不

图 9-8　在杭州的生活照（史耀辉摄）

服老是不行的。"老骥伏枥，志在千里"，仅仅说老年人应该有志向。但老年人最重要的事是要交班，要期待并扶植年轻一代超过自己，这是规律。在我完成这一章口述史把录音笔交给我学生的时候，情不自禁地吟诵一首最能阐明规律的古诗：

> 离离原上草，
>
> 一岁一枯荣。
>
> 野火烧不尽，
>
> 春风吹又生。

　　它预示着我们老一代的荣与枯，也预示着新一代的新生。代代相传，代代催生，新生代永远胜过老一代，我在我的弟子或弟子的弟子身上看到了真正的青春（图9-9）。

图9-9　2001年，届时董奇副校长与研究生院常务副院长陈英和在授予王耘及陈学锋博士学位后与导师合影

第十章 发挥余热未稍怠

林崇德文集

林崇德文集

林崇德文集

林崇德文集

林崇德文集

林崇德文集

2019年9月30日，我又以全国优秀教师代表身份出席了国家主席习近平同志邀请的国庆70周年招待会。我和与会的4200余位代表共同聆听了习近平主席的讲话。会场气氛热烈，代表们都为祖国70年来史诗般的进步而礼赞。我深深地体会到：中国人民意气风发，开拓进取，走在了时代前列；中华民族书写了人类发展史上的伟大传奇；对我们的人民和民族来讲，这是沧桑巨变，换了人间，迎来了从站起来、富起来到强起来的伟大飞跃，迈上了实现中华民族伟大复兴的历史征程。对此，我热血沸腾，无比自豪。我更爱我的祖国！

那么，作为一位超龄服务的老教师，我应该怎样进一步发挥余热呢？从人民大会堂回到家中时，我不觉想出一句话："对国以忠，待人以宽；未有私故，不怠至终。"后来，我们发展心理研究院（2019年所改院）的一位年轻教授彭华茂对此评论说："您的立身写照，也是我们修习的目标。"我这句话既代表过去的心声，也代表未来的决心，并可作为新的一章（第十章）之楔子。我的家国情怀深，所以懂得如何处理国家利益与集体和个人利益的关系；我待人亲，所以群众关系好；我真的没有"私故"，上一章所述的竞争理事长的故事，我也仅仅是因为我要为北师大而搏了一下。我出自内心地感激中国科学院心理研究所所长傅小兰教授，连续数年，每年都第一个祝贺我的生日。2020年，她怕我学生抢先祝贺，居然在我生日前一天上午就发来祝贺短信，这让我十分感动。我现在进入了耄耋之年，发挥余力要"勤为本""未尝稍怠"，且保持终身。为此，我总结了近10年来自己所做的几件有意义的事情。

【核心素养　育人目标】

2019年2月中共中央、国务院印发的《中国教育现代化2035》文件指出，要"明确学生发展核心素养要求"。我担任"中国学生发展核心素养"

课题组主持人。这个项目起始于2013年4月，2016年9月13日教育部在北京师范大学召开新闻发布会，宣告这项研究成果交给了社会。

2013年4月，北京师范大学老校长、时任教育部部长的袁贵仁教授为了把党的教育方针的宏观要求细化为具体的人才培养目标，通过部党组会议决定制定中国学生发展核心素养，并把这个任务由教育部社会科学司作为委托项目交给我来完成。中国民间有句老话："七十三、八十四，阎王不请小鬼叫"，2013年我正值虚岁七十三，能接受这个任务吗？由于年龄缘故，我担心完成不好这项艰巨的任务！我问向我布置任务的教育部刘利民副部长："给我多长时间？""半年先交出初稿。研究范围应覆盖各级各类学校，能代表中国绝大多数学生的素养。"就这样，我接过了这个研制课题，越干越感到任务的艰难。

我应该如何组织科研力量呢？按照部党组提出的要求，初步想到三点。这三点实际上是完成任务的三个条件：一是我能指挥得动；二是应顾及绝大多数的学生，需要找人口大省，要有代表性；三是分课题负责人要有权力，能指挥，应该是校党委书记、校长或副校长。为此，我首先组织我们院内的研究力量，有方晓义、陈英和、辛涛、刘霞、黄四林等。其次，因河南、广东、山东是中国人口的三个大省，于是我找了河南大学校党委书记赵国祥、华南师范大学副校长莫雷、山东师范大学党委副书记张文新；东北或西部必须有，所以我找了辽宁师范大学副校长李红。校外的这四个人前两位与我关系密切，后两位是自己的弟子，我能指挥得动。就这样，我很快地组织了98位专家的课题组。

什么是学生核心素养？课题组征得了教育部的同意，把学生发展核心素养定义为"学生在接受相应学段的教育过程中，逐步形成的适应个人终身发展和社会发展需要的必备品格和关键能力"。怎么解释这个定义？经课题组讨论，认为有六个特征：第一，学生发展核心素养是所有学生应具有的最关键、最必要的基础素养。第二，学生发展核心素养是知识、能力和态度的综合表现。第三，学生发展核心素养是通过接受教育来形成和发展的，这就是教育部为什么要把学生发展核心素养和育人目标联系在一起的原因。第四，学生发展核心素养具有发展连续性和阶段性，因此我们不仅要研究中国学生发展核心素养的总框架，而且要规定学生发展各阶段，包括小学生、初中生、高中生和大学生的核心素养。第五，核心素养兼具个人价值和社会价值，适应学生终身发展的需要和社会发展的需要。第六，学生发展核心素养是一个整体，应该把必备品格与关键能力看成是学生发展中的一个体系，具有整合性，价值取向是其关键。学生发展核心素养通过鉴定后，我看到一个评论说："林氏的核心素养与西方发达国家的核心素养最大的差异在于必备品格上。"立德树人，我认为道德品质是一个人核心素养的核心。

从2013年5月起，有关"中国学生发展核心素养"的研究就开始了：一是开展项目研究的顶层设计，细化研究方案。二是实施子课题研究。子课题如何构成？经讨论分纵横两个形式。纵者，如上所述按年龄或年级划分为小学生、初中生、高中生和大学生四个子课题；横者，按支撑研究内容来定，有学生核心素养的政策研究、国际比较研究、中国传统文化分析、教学大纲（课标）分析、实证调查研究、内涵研究，形成学生发展核心素养的整体框架的六个子课题，而纵横两个形式的子课题又交叉进行。三是先后召开了50余次总项目及子课题研讨会，整合研究成果；进行多轮意见征询，征询130余人次的学科专家、课标组专家、课程教材专家、教育学心理学专家的意见，修改完善总框架。四是委托教育部基础教育课程教材专家工作委员会、国家教育咨询委员会等进行审读与评议，并征求教育部、全国各省（自治区、直辖市）教育行政部门、中国教育学会的各地教育学会和相关分支机构，以及一线教育实践专家的意见。

课题组将横向的六个子课题称为支撑研究，目的是获得学生核心素养的整体框架。如何进行研究呢？

首先是进行我国教育政策的研究。我们梳理了从1950年到2013年中央和教育部所有的教育文件，约15万字的资料。其中包含党和国家对教育方针的三次变革。1957—1958年，毛泽东同志提出了党的教育方针；党的十六大、十八大又先后对党的教育方针进行了修改。从教育政策的梳理中，看到了我国的育人政策和育人理念：注重思想道德教育、培养全面发展的人；围绕"德、智、体"的主线，具体内容随社会发展而变化；体现德育为先、能力为重，强调社会责任感、创新精神、实践能力等。从中我们看到宏观而抽象、代表国家利益的教育目标。

其次是进行核心素养的国际比较研究。研究目的是比较分析各国际组织和国家建构与发展核心素养的研究背景、研究程序、内容体系与实施途径。我们采用的研究方法是，确定研究主题与对象，收集文献，进行文献资料分析，最后获得结论与建议。我们在文献中看到，尽管国际上"核心素养"所用的词汇不尽相同，但都表达了所在国际组织、国家对于培养什么样的公民的追问。OECD（经济合作与发展组织）率先启动了"素养的界定与遴选"项目，随后15个国际组织和国家纷纷建构了基于自身价值取向和服务目的的素养、核心素养或核心技能等框架与体系。于是，我们分析比较了OECD、联合国教科文组织、欧盟、美国、加拿大、英国、法国、芬兰、匈牙利、俄国、澳大利亚、新西兰、新加坡、日本等多个国际组织和国家的核心素养的内容。我们发现，由于各国际组织和国家的出发点、服务对象和政治文化制度等方面的差异，直到21世纪，在"核心素养"研究上出现了4种相对有代表性的价值取向，这就是成功生活、终身学习、个人发展和综合取向。我们课题组把4种取向中48种素养因素归为两类：一类是高度重视和强调的传统基本素养的指标，如语言能力、数学素养、学会学习、问题解决能力等；另一类是高度重视和强调的现代关键素养的指标，如沟通与交流、团队合作、国际视野、信息素养、创新与创造力、社会参与与贡献、自我规划与管理等。在核心素养的国际比较研究中，我们整理出四十余万字的资料，课题组在此基础上提出："尽管4种取向有所不同，但最终均指向培养学生的自主性、社会性和文化性。"没想到这句话在社会某些人群中捅了马蜂窝。有人指责："核心素养课题组在走崇洋媚外的道路！""什么三性，无非是抄袭OECD的3个一级指标：能自主行动、能在社会异质团体中互动、能互动地使用工具。有什么正能量？"

针对社会上的批评意见，课题组里有些人坐不住了，问我怎么办？我当时不知哪来的沉着，让北师大的几位课题组成员出示他们准备好的马克思主义的三段经典。马克思在《1844年经济学哲学手稿》中指出："人的类特性恰恰就是自由的自觉的活动。"培养"全面发展的人"，首先必须承认和确立人作为独立生命个体的存在性，即人的自主性。马克思在《关于费尔巴哈的提纲》中指出："人的本质并不是单个人所固有的抽象物。在其现实性上，它是一切社会关系的总和。"这一科学论断深刻地揭示了"全面发展的人"的另一内涵，即人的社会性。马克思在《1844年经济学哲学手稿》中指出："动物只是按照它所属的那个种的尺度和需要来构造，而人却懂得按照任何一个种的尺度来进行生产，并且懂得处处都把固有的尺度运用于对象；因此，人也按照美的规律来构造。"马克思从对人的本质和实践活动的理解出发，强调文化所具有的自觉性和创造性，并将其作为人区别于动物的特征。这揭示了"全面发展的人"的又一内涵，即人的文化性。我在向教育部汇报阶段进展时谈道："基于'全面发展的人'的内涵与本质，我国学生发展核心素养研究团队在立足中国国情、借鉴国际经验的基础上，提出从自主发展、社会参与、文化基础三个方面凝练中国学生全面发展的核心素养。"因此，中国学生发展核心素养的研制，坚持"洋为中用"，批判地吸收核心素养国际研究中的科学方法与合理成分，实质是坚持马克思主义的指导思想。不久，我去上海见到了几位理论界的人士，他们无一否定我们的指导原则。

再次是进行有关核心素养的中国传统文化研究。山东师范大学的研究人员最热衷，因为山东有孔老夫子，在厘清传统文化中关于修身成德的思想以及传统教育的人才培养内容与要求中，山东人自认最有发言权，所以他们积极地提出研究方法。选取不同历史时期关于中国传统文化与传统教育的文献，包括修身成德、教育政策、学校设置、教育内容与方法、人才选拔与学规、教育家思想与教育实践。进而我们分析文献，提取基于中国文化的核心素养指标。中国学生发展核心素养体系在"素养"这一核心概念界定上，充分吸收中国文化中对道德规范、思想品格和价值取向的论述，体现出中国特色、中国风格和中国气派。关于"素养"一词，我国早在《汉书·李寻传》中就有记载："马不伏历（枥），不可以趋道；士不素养，不可以重国。"《现代汉语词典》认为："素养"主要是指"平日的修养"，强调其是后天习得和养成的。在分析中我们获得了中国传统文化对修身养性和人才成长的要求，也整理出了近20万字的资料，并从四个方面加以归纳：家国情怀，包括孝亲爱国、民族情怀和乡土情感；社会关怀，包括仁民爱物、心怀天下和奉献社会；人格修养，包括诚信自律、崇德弘毅和礼敬谦和；文化修养，包括人文历史知识、求学治学方法、文字表达能力和追求科技发明。中国传统文化与传统教育中包含的丰富思想和优良的传统，为民族的、科学的、现代的学生核心素养指标体系的构建提供了重要借鉴。

最后是进行核心素养的实证调查研究。这应该是该课题的一个特色。教育部把中国学生发展核心素养交给心理学家来主持，可能是因为心理学研究重视"从量到质"的实证（含调查）研究。我们研究的目的是了解不同社会群体对我国学生核心素养的意见和看法。我们采用3种研究方法：一是开展了48场共575位不同领域专家出席的焦点小组访谈；二是对年事已高的院士和专家做个别访谈；三是围绕核心素养国际比较所获得的48种因素，对上述575位专家开展问卷调查，并进行相关数据的统计与整理。48场焦点小组访谈对象涉及12大群体，包括知名的中小学校长和教师（大学校长随其专业划入各专业组）、教育管理者、各级行政领导、高层领导干部（多半是离退休副部级以上干部）、自然科学技术领域专家（三分之一以上是院士）、文化与历史领域专家、教育学领域专家、心理学领域专家、社会学领域专家、经济学领域专家、社会名流、航空航天领域专家。我们对访谈内容进行文本转录，形成约385万字的文本材料。基于访谈文本进行编码分析，要求访谈专家按编码体系在学生健康与安全、知识基础、学习与发展、与人交往、公民意识五大项内发言。整个实证调查在东北（含内蒙古）、华北、华东、中南（含西部）和华南五个地区进行，并把调查结果在10000名中小学家长（每个地区2000名）中做验证。调查结果显示，各地区访谈具有高度的一致性，各地区对国外核心素养指标的评价结果具有高度的一致性。

2013年10月底，我们做完上述五项子课题的研究（对核心素养的课标或教学大纲的分析因较简单，故不在这里展示），课题集中讨论了中国学生发展核心素养的内涵。中国学生发展核心素养的因素指标如何遴选呢？课题组经整合讨论，提出三个依据：一是我们的研究是否符合全面贯彻党的教育方针，落实立德树人根本任务？课题组表示，研究出发点以培养全面发展的人为核心；研究内容突出增强学生社会责任感、创新精神和实践能力为重点。二是我们的研究能否反映全面贯彻落实社会主义核心价值观？课题组表示，研究以实现社会价值和个人价值为目标；体现学生应该具有的国家、社会、个人层面的信念和价值要求；以文化修养的不断积累和自主发展能力的不断提升为支撑条件，最终主要反映在学生的社会参与及互动过程中。三是我们的研究是否达到教育部提出的三个研究原则——科学性、时代性、民族性？课题组表示，研究基于学生身心发展规律，采用科学的程序与方法，把握了科学性原则；面向未来，反映时代要求，把握了时代性原则；立足国情和现实需要，传承优秀传统文化，把握了民族性原则。

在这个基础上，我们建构了中国学生发展核心素养总框架，它应该是由文化修养、自主发展、社会参与三大领域组成，意在培养全面发展的人（图10-1）。

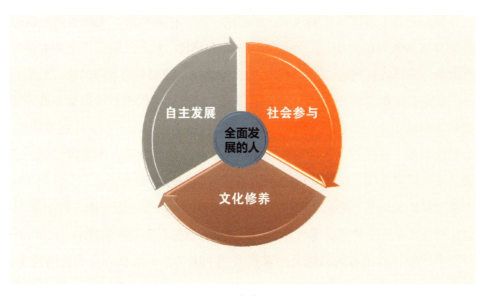

图 10-1　核心素养的三大领域

三大领域以动词的形式命名，反映其动态变化和与时俱进的发展性理念。

按上图，出现了具体的核心素养结构：三大领域、十二个指标、三十六种素养因素（每种指标由三个因素组成）。

核心素养总框架的建构（第一次框架）（图10-2）：

图10-2　核心素养体系总框架——十二个指标

我们把这个总框架连同说明，厚厚的一大本作为初稿，连同不到3000字的摘要报给教育部党组。一周后，2013年11月5日，刘利民副部长来到北京师范大学，见到我高兴地说："看了你们的初步成果，我对核心素养的研究充满信心。部党组也很有信心。"这些当然是鼓励。接着，他代表教育部党组肯定了我们的研究工作所坚持的"三性"原则，也肯定了我们的研究工作的艰巨性。最后他拿出一张稿纸，上面写着10条意见，如，内容太杂，不便记忆；把道德品质与国家认同、国际理解、社会责任放在一起，难道后边三个方面不属于道德品质范畴吗？说语言素养、数学素养等，不就突出语文课、数学课等，这是核心素养还是学科或课程素养……这10条意见是相当有道理的。

半年中，我所有的时间几乎都投入到中国学生发展核心素养的研究上，没有周末和节假日，包括五一劳动节和国庆节都在研究中度过。针对部党组的意见，如何根据已有的大量研究材料，重新建构出新的框架，是一项十分繁重的任务。一天中午，一直与方晓义等人讨论，未像往常那样午休一会儿，下午四点钟，感到头晕眼花，就回家了。回到家里后，前胸后背都发痛，出汗，想吐，站不住，立不稳，这一下把我老伴着急坏了，她马上往我办公室打电话。半小时后，方晓义所长、办公室主任郭德山和我的博士生刘国芳一起赶到家里，送我进入中国人民解放军306医院急诊室。

据后来方晓义等三人回忆，我当时脸色灰白，确实有点"惨"。在306医院，经过五个多小时的常规检查、验血和仪器检查，诊断结果是心绞痛，这是我生平第一次心绞痛。检查过程中，我儿子林众闻讯赶到医院，我躺在急诊室的病床上，隐隐约约地听到医生告诉儿子："你爸现在的低压不到50！"别的什么也没听到。

我没有住院治疗，在家休息了两天又回到岗位上，除原先课题组成员外，我又请了一批不同学科的专家，探讨如何更好地建构中国学生发展核心素养的总框架。2013年12月12日，我母亲在老家浙江省石浦镇逝世，我怀着悲痛的心情回浙江奔丧两天，返京后又和研究团队全力投入研究工作。经过半年的努力，拿出了三大领域九个指标二十七种素养因素的框架。

核心素养总框架的建构（第二次框架）（图10-3）：

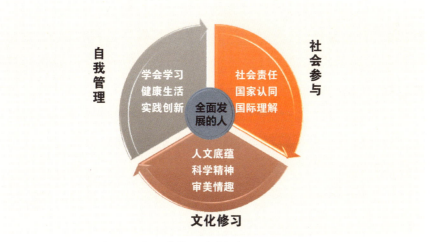

图10-3　核心素养体系总框架——九个指标

这个总框架在全国各地讨论了将近三个月，在接近达成一致意见的时候，突然有教育界较权威的地方领导提出要把"实践创新"改为"生涯规划"，理由是我们的高中生不会填报升学志愿。他的观点居然被主管司长同意，一度真的把"实践创新"改成了"生涯规划"了。从教育部传来核心素养指标要改为凭拍脑袋来形成的这个信息后，我表示反对，理由是：一是我们调研内容时从来没有听到哪位专家提过生涯规划；二是生涯规划不是一种素养；三是实践创新是我国教育决策的要求，是学生应该具备的核心素养。我当时没有赴会，代替我出席会议的方晓义带回主管司长的一句话："中央文件的起草者是没有权力决定最后文件的内容的。"我立刻表示："作为一名共产党员，我懂得少数服从多数、下级服从上级、全党服从中央的组织原则和纪律，我将无条件服从教育部党组的最后决定，但我现在保留意见还是允许的吧！"我的意见不知怎么传到部党组书记、部长袁贵仁同志那里，他责成召开部分省的教育厅厅长或副厅长会议，专门围绕这个问题征求大家的看法，最后会议取得一致意见，还是"实践创新"好。

　　就这样，教育部决定采用我们的原稿，并委托中国教育学会于2016年元月向全国中小学校征求意见，据学会负责这项工作的干部反馈，近90%支持，5%提出修改意见，5%持反对甚至骂街的态度。反对甚至骂街是件好事，至少说明他们在关注我们，在重视学生核心素养的研制，我出自肺腑地感恩他们的一路督促，支持是一种帮助，提意见是一种帮助，反对也是一种帮助。这些意见都促使我和我的课题组更谨慎地对待中国学生核心素养的完善。于是，我和课题组坚持按研究结果，进一步修改中国学生发展核心素养的总框架。在课题组的努力下，在教育部相关领导的帮助和指导下，最后获得三大领域六个指标十八种素养因素的中国学生发展核心素养的总框架。

　　核心素养总框架的建构（第三次框架）（图10-4）：

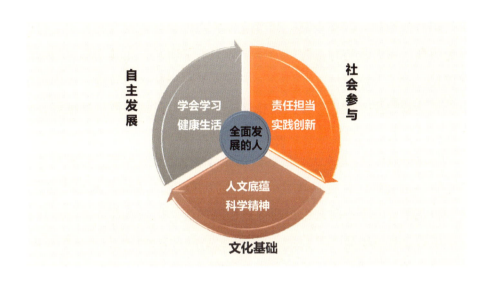

图 10-4　核心素养体系总框架——六个指标

　　我们把十八种素养〔学会学习基本要点：乐学善学，勤学反思，信息意识；健康生活基本要点：珍爱生命，健全人格，自我管理；责任担当（道德品质）基本要点：社会责任，国家认同，国际理解；实践创新基本要点：劳动意识，问题解决，技术应用；人文底蕴基本要点：人文积淀，人文情怀，审美情趣；科学精神基本要点：理解思维，批判质疑，勇于探究〕做了一一界定，并汇总研究材料，郑重地呈报给教育部，等待鉴定。与此同时，在核心素养总框架的基础上，我们也抓紧按学段进行深入的研究。2016年4月初，教育部委托前副部长王湛同志召开了庞大的专家会，有六所部直属师范大学的校长，有各省（自治区、直辖市）教育厅（教委）的领导，有一批像顾明远、陶西平等这样的教育家，共70多位，一起对我们承担完成的中国学生发展核心素养进行了一次研讨。这次会议与其说是研讨会不如说是一次超规模的鉴定会，十分严肃，也十分严谨。经过两个小时的研讨，会上一致通过了对中国学生发展核心素养的鉴定。中国学生发展核心素养的总框架被通过了，我多多少少松了一口气。当我走出会议大厅时，东北师范大学校长史宁中教授、西南大学校长宋乃庆教授和陕西师范大学校长房喻教授（院士）等人和我紧紧地握手，向我祝贺。从20世纪90

年代到21世纪初，我在为其他师范院校的心理学科建设方面都出了自己应出的力气，所以我与师范院校的领导都交上了朋友，尤其是部属的师范大学校长。除了上述三位，还有华东师范大学校长俞立中教授、华中师范大学校长马敏教授（2016年在担任校党委书记）与我的关系也都很好，他们对我都处处关心。我发自内心地感激他们的友谊。

2016年5月，在北京大兴区的教育部行政学院校长大厦，由教育部部长兼党组书记袁贵仁教授召开了中国学生发展核心素养研究成果汇报大会。我上台花了近一个小时来汇报研究过程和内容。据说教育部各司局和各事业单位的主要领导都出席了会议，国务院学位委员会各学科评议组召集人、基础教育各学科课标组组长等专家也列席了这次会议。这里不阐述袁部长如何做总结报告了，我记忆中有三人前来见我，其中一位由我的学生、基础教育化学教学首席专家王祖浩相陪，见了我鞠90度的躬："林先生，我是华东师大季浏，感谢您对我的提携，让我成为长江学者！"我与他俩刚交谈完几句，一位50多岁的干部来找我："林老师好！您还记得我吗？我是您的学生！"我想了半天想不起来，按他的年龄应该是78或79级学生，可是我对我的心理学专业78或79级学生没有一人叫不上名字。"你是？""我叫姜钢，1978年毕业于三道学校，当时您是学校领导，又是我们十年级政治老师，是您教我们政治课，1978年我考上北京化工大学。""你现在在哪里工作？""国家考试中心主任。"我意外地又找回一位多年不见的老学生。

按教育部计划，2016年6月要召开中国学生发展核心素养的新闻发布会，但6月袁贵仁部长因年龄到届，换届新任的部长是陈宝生同志，经过两个月的熟悉情况，陈部长同意于9月份召开新闻发布会。就这样，2019年9月13日，在北京师范大学召开了中国学生发展核心素养研究成果发布会。在新闻发布会上，我对中国学生发展核心素养做了一个比喻："核心素养是一根扁担，一头挑着学生的修养，另一头挑着祖国的未来。"从全球经验来看，核心素养已逐渐成为一套有系统规划、具有实践操作经验的完整育人的目标体系。世界上很多国际组织和国家，都按目标指向，即未来挑战、社会与个体发展需求，来确定他们的素养的核心内容。学生发展有了核心素养框架指标，现在的关键点是实践落实。

2018年第5期《人民教育》发表了对一位教育部领导的采访。他在采访里指出："党的十九大报告提到了发展素质教育……贯彻党的教育方针，发展素质教育，具体讲就是培养学生的核心素养。"这位领导的看法，反映了核心素养的基本定位，我把它归为四大功能（图10-5）：

图 10-5　核心素养在教育改革中的主要功能

以指导课程体系设计为例。从2014年起，教育部基础教育二司（现改为教材局）以中国学生发展核心素养为基础，领导着高中教学改革，实现了新的突破，不仅完善了学业质量体系，实现了与新高考的有效衔接、无缝对接，而且经过两年多时间为每个高中学科都提出了学科核心素养，并制定了高中各科新课标（图10-6）。2017年学生发展核心素养被我国基础教育界称为教育的"热点"。随着各科核心素养的出台，到2018年，高中各科新教材以核心素养为基础走进了全国的高中。

图 10-6　《中国学生发展核心素养研究报告》获奖证书

从2019年起，教育部教材局仍以学生发展核心素养为基础，领导着义务教育的教学改革。小学和初中的义务教育各科编制了核心素养，而新课标正是在各科核心素养统领下形成的。2022年度出版的义务教育阶段的各科新教材，也走进了全国小学与初中学校。主持这项"高中—初中—小学"教改的主要干部不是别人，正是我的学生——基础教育司原副司长、后教材局的一级巡视员申继亮教授。

【心理健康　开拓耕耘】

从1997年到2017年，我先后担任了20年四届教育部中小学心理健康教育专家指导委员会（2007年前称专家咨询委员会）主任委员。如果要回忆，有两件事比较值得提及：一是心理健康教育走向正规。前面我曾说过，1983年我在《中学生心理学》一书里率先提出了"心理卫生"，即"心理健康"的概念及其原则，希望在学校里开展心理卫生（心理健康）的教育。1987年我作为上海市黄浦区教育局的顾问，直接参与并指导了该区围绕非智力因素培养的中小学心理健康教育，合作者是后来成为知己的区教育学院徐崇文院长。这是不是我国最早开展的中小学心理健康教育？我不想妄作评论。随着20世纪80年代末、90年代初我国中小学心理健康教育逐步开展起来，教育部于1997年成立中小学心理健康教育专家咨询委员会来指导相关的工作也是必然的事情。该委员会在教师队伍建设、教材建设、开展心理咨询（辅导）、示范校评定、学术讨论等方面，尤其是在抗震救灾中做了大量工作。从一定意义上说，它使我国心理健康教育走上了规范科学之路。二是端正心理健康教育的路子。在全国迅速开展心理健康教育之时，社会上刮起了一股心理问题扩大化之风，甚至有的媒体、有的学术报告也跟着走，竟然提出：为什么要开展心理健康教育呢？因为高中生和大学生有太多心理问题。他们提出有心理问题的高中生和大学生占比达20%、30%、50%，甚至于个别的往70%上提。针对这些危言耸听的观点，我十分着急，于是在2001年11月26日的《中国教育报》上发表了一篇《心理健康教育路一定要走正》的文章，我在文章中强调："学生的心理健康是主流"，"有些学生由于学业、生活、环境的压力产生暂时的心理不适，要求咨询和辅导，他们要求健康是主流"。开展心理健康教育绝不是说我们学生心理问题太多了，而是从根本上要提高学生的心理素养或心理素质。有一次我与教育部主管基础教育的吕副部长和基础教育司李连宁司长谈到这个问题时，还提了一个"奇葩"的问题："既然心理问题那么多，不妨把大中小学统统改为精神病医院。"这两位领导惊奇地看着我的眼睛，看看我精神上有没有问题，反问"为什么？"我回答："心理统计学上非常重视第三个四分点，也就是75%，意指绝对有效数据。现在媒体都把我们的学生心理问题炒到接近第三个四分点了，那我们学校教育还有什么意义？如此下去就得逼我们的老师都得学习精神病学，当精神病医生。"我用这种方式向教育部领导汇报并商量工作，无非是为了引起他们对这个方向问题的重视。2004年个别媒体还在炒作学生心理问题的数据，那年10月正值我与霍懋征老师等5人被教育部党组表彰为师德模范，我在人民大会堂做完报告后，在多家媒体簇拥下受到全国人大常委会陈至立副委员长接见时，表达了一种呼声，希望媒体多宣传心理健康教育正确的方向，制止不科学数据的泛滥。为了使全国中小学心理健康教育方向正确，2001年暑假，我在教育部中小学心理健康教育专家咨询委员会提出加强心理健康体系的建设，尽快制定中小学心理健康教育的指导纲要。经过深入调查、讨论、研究后，我的弟子俞国良教授完成《中小学心理健康教育指导纲要》的研制，2002年由教育部党组审议后印发第一版，2012年又印发修订版。纲举目张，这纲要成为我国中小学心理健康教育方向的标志性指导文件。

我们中小学心理健康教育专家指导委员会不仅成为全国中小学心理健康教育的核心，而且在各类救灾中冲在第一线。2008年四川汶川发生了"5·12"大地震，震后第二天，我和一些专家以及人民教育出版社的编辑夜以继日地修改2003年"非典"时面向中小学的心理疏导手册，三天后由秘书长申继亮教授随教育部领导送往灾区。继亮在抗震救灾第一线工作了3个多月，他的敬业精神、出色能力和无私爱心获得教育部领导的高度评价，这也是当年10月他晋升为教育部基础教育二司副司长的原因之一。遗憾的是继亮失去了当年获得长江学者特聘教授的机会，尽管他已进入长江学者最后审议阶段，且在通讯评审中票数相当靠前，但因为要去从事行政工作，只能从当年上会的长江学者候选人名单中撤了下来。当年有的评委惋惜而开玩笑地称他为"准长江学者"，那算是一个插曲吧。与此同时，我被批准主持研究有关救灾的教育部重大攻关课题"灾后中小学生心理疏导研究"。课题组面对着余震、暴雨、塌方的情况，冒着生命危险奔赴了抗震救灾的第一线。伍新春教授协助我抓这个课题达3年之久，使我们承担的课题在结题时获得96分的好成绩。课题组创造性地提出了"专家—教练—教师"相结合的创伤干预模式，持续开展灾区教师培训，并基于大量实证研究提出创伤后心理反应的"辩证-整合"理念，指导临床工作。基于长期的追踪和干预研究，新春带领团队成员在国内外高水平期刊发表了120余篇学术论文，这也使他的团队成为目前国际创伤心理学领域的重要研究团队之一。后来的玉树、雅安、九寨沟、宜宾四场地震，舟曲泥石流和西昌森林火灾等，都是在灾后的三天内就有中小学心理健康教育专家指导委员会组织的专家奔赴灾区做心理救助工作，尤其是北京、四川、云南和江苏的心理学教师表现更为出色。西南民族大学陈秋燕教授每次救灾中都抢在最前边，发挥了不可替代的积极作用。在抗灾的火线上我让她报考北师大在职教育专业的博士研究生，收为弟子。2013年陈秋燕获得博士学位。中小学心理健康教育专家指导委员会就这样奋斗在全国各级各类中小学日常心理健康教育的领域，又在各种抗灾中做了大量心理疏导工作，以党的教育方针为根本遵循，以人民至上（学生至上）、生命至上为出发点，救助了无数受灾的人特别是学生，书写下了令人难忘的一页。

全国普通高等学校学生心理健康教育专家指导委员会成立于2005年9月28日，主管单位是教育部社政司，后来社政司调整为思想政治工作司和社会科学司，心指委由思想政治工作司领导。心指委成立典礼在教育部南面的一个宾馆举行，十分隆重，教育部袁贵仁副部长（2009年担任部长）和社政司靳诺司长等领导出席，袁贵仁副部长代表教育部为三十多位委员颁发了任命书，并宣布天津师范大学学术委员会主任、前副校长沈德立先生为主任委员，我和（北）京、（天）津、沪（上海）的教育工委副书记为副主任委员。2009年和2011年换了两次届，而我一干就三届，做了不少工作，这里不一一交代。俗话说"天有不测风云，人有旦夕祸福"，谁能想到我在心理学界和教育界最亲密的同仁沈德立教授竟会在2013年3月不幸与世长辞。这对我说来，是说不尽的悲痛！我失去了一位最亲近的兄长和志同道合的挚友。前面我曾讲过，在中国心理学界与教育界，只要有人遇到我就会问沈先生好，只要有人遇到沈先生就会打听我的消息。我们这种情谊犹如冰冻三尺非一日之寒，是久经考验的。在送别沈先生的那一天，我儿子开车载着我和继亮奔赴追悼会场。在送别会上，天津师范大学把我安排在校长和天津市委常委之后，当我靠近沈德立教授遗容时，忍不住放声大哭。在这前一天，天津师范大学校报整版登载了我的悼念文章《友谊因事业而发展——悼念挚友沈德立教授》，在学校的心理学研究大楼挂着我的挽联"心理学泰斗以德立人心系全国开心理技术先河树科学巨擘风范；教育界巨匠以智超人胸怀全局创心育理论大成立学术宗师品格"，以此表达我对自己挚友、密友、畏友的怀念和追思。

从2013年3月后，心指委工作出现了空缺，时任教育部思政司冯刚司长请我代理主任委员的工作，出于对高校心理健康教育事业的负责，也是对挚友沈德立教授的怀念，我只得担负起这个责任。2014年12月3日教育部办公厅发布《关于调整普通高等学校学生心理健康教育专家指导委员会组成人员的通知》，公布了新一届心指委的名单。任命我为主任委员，京、津、沪教工委副书记与吉林大学党委书记杨振斌教授和天津师范大学梁宝勇教授为副主任委员，北京航空航天大学原副校长王建中教授为秘书长，共有47位成员组成新一届心指委。这是一支强有力的心理健康教育科研与实践的队伍。因要有一系列的准备工作，到第二年2015年4月22日才召开换届大会。为了专心做好高校心理健康教育工作，2017年我向教育部基础教育司提出申请，辞去中小学心理健康教育专家指导委员会主任的职务，可基础教育司出自对我的信任和尊重，挽留我担任名誉主任，名誉主任意指顾问。

作为高校心指委的主任委员，5年来我做了哪些工作呢？主要是7件事，即在纲要制定、课程建设、心理测试、疫情防控、危机干预、队伍建设和评示范校方面做了一些力所能及的工作，这里着重讲5件事。

一、把中国高校心理健康教育的体系建设放在首位

记得高校心指委换届会上，教育部杜玉波副部长问我："这一届心指委重点抓什么问题？"我毫不迟疑地回答："制定大学生心理健康教育的指导纲要，一是因为纲举才能目张；二是为中国高校心理健康教育的体系建设奠定基础。"我把目光转向旁边的冯刚司长，提出在研究经费上希望得到思政司的支持，冯司长一口答应。会后，我把制定这个纲要的任务交给了自己的弟子、高校心指委委员、中国人民大学俞国良教授，因为中小学心理健康教育先后出台的两个纲要都是国良起草的。国良没有辜负我的希望，更没有辜负高校心指委的委托，他把这个重要的任务作为研究课题来完成。国良组织人员有所选择地向全国各类各级高校进行调查，听取意见，而冯司长批给他的经费才8万元。国良没有嫌少，他从自己其他的课题经费中支出了20多万元资助这项工作。经过近两年的努力，国良在调查研究的基础上，起草了《高等学校学生心理健康教育指导纲要》。纲要包括六个部分：一是指导思想；二是总体目标；三是基本原则；四是主要任务；五是工作保障；六是组织实施。高校心指委协助国良在京内外召开了多个高校领导和心理健康教育教师的座谈会，一次又一次修改稿子，终于于2018年春天向教育部思政司上交了定稿。2018年7月4日我在教育部网上看到《中共教育部党组关于印发〈高等学校学生心理健康教育指导纲要〉的通知》，《中国教育报》和各大网站都公布了这个纲要。中国高校心理健康教育有了指导纲要，这是探索心理健康教育体系所做的一次实实在在的尝试，是心理学研究中国化的一次实实在在的行动。2019年，北师大党委程建平书记与我主持了教育部党组委托重大研究项目《党的创新理论引领建构哲学社会科

学知识体系:心理学》,在研究过程中,我进一步认识到高校心理健康教育知识体系建设的重要性和艰巨性。于是,在2021年心指委再次换届时,我通过思政司规划了几个研究组,其中排首位的就是心理健康教育的体系研究组。

二、心理健康教育用什么作为载体

教科书是载体的一种,心指委前后编出了两套教材,地方上也陆续出台了某些教材,但不知什么原因,效果并不理想。2016年3月某天,我接到心指委副主任、吉林大学杨振斌书记的一个电话,他就有关高校心理健康教育的网上教学载体一事谈了其想法,我听了十分兴奋,这是一个对心理健康教育教程建设创新的设想。过不久他来北京,并约了一家公司的负责人找我和其他人商量此事。经振斌书记介绍,公司代表是上海智慧树教育科技公司葛新董事长和她的副手陈弘。陈弘原先是复旦大学杨校长的助理,杨校长去英国当诺丁汉大学校长后,他离开复旦到智慧树就职。也可能是某种缘分,我一见陈弘就有一种亲切感,不一定仅仅因他是一个上海人吧。那天振斌书记先做了一段开场白:"北京大学林建华校长在重庆大学任职时,鉴于西部高校的教育质量,他成立了东西部高校课程共享联盟,推出了许多高质量的网上课程,这些课程多半是由智慧树制作。林校长回北大后,又把这个联盟带回了北大,去年制作了一个敦煌艺术的通识课程,两年内有45万名学生列为选修课。目前高校心理健康教育课程从内容到形式,再到效果参差不齐,令人担忧。咱们能否也来建设一个高质量的心理健康教育网上载体?至少把它建设好作为一门可供大学生选修的课程。"

接着,葛新给我们讲解了这门课程的制作方法、网上课程建设的理念和操作方法后,我首先表示赞同。我们推振斌书记为这套"大学生心理健康"网上教程的主编。振斌转身对我说:"请林老师当这套教材学术委员会的主任,给这套教程把关!"教材建设中哪有什么学术委员会主任的设置,作为党委书记的振斌无非是出自对我的一种信任,让我从心指委的角度担起责任来。

在那次会上，定下了网上教学的内容和教师，主讲教师都是国内心理健康教育的名家。我们说干就干，经过一个多月的备课，2016年5月，智慧树在北大的制作室开始为这门课录像了。这门课程分四个部分，由相关专家担任主讲：绪论（2小时，由我主讲）和三章，每章分4节，每节1小时。第一章认知与探索：自我探索与人格成长（清华大学李焰）、家庭关系与心理健康（南京大学桑志芹）、漫谈爱情心理发展（桑志芹）、自我规划与管理（吉林大学胡远超）；第二章调试与应对：情绪管理（中山大学李桦）、压力管理与挫折应对（李桦）、和谐人际关系（李焰）、学习与适应（胡远超）；第三章发展与提升：阳光心态（李焰）、危机管理（北京大学徐凯文）、生命教育（徐凯文）、心理资本（胡远超）。另外，这门教程每个学期安排4次互动翻转课堂，即线上面对面，上课一个半小时，提问答疑半个小时。后来由我带头，又邀请北京大学钱铭怡和苏彦捷、清华大学樊富珉和桑志芹等教授都上过互动翻转课堂。2016年暑假，教育部相关部门委托北大林建华校长、北师大董奇校长等5位专家审议鉴定该课程，领导和专家一致叫好。记得林建华校长反复强调我在绪论中的一句话"心理健康教育的目的是全面提高学生的心理素质"。这门课程自2016年秋季上线，到2021年秋季，已经运行12个学期，累计选课学生399.45万人，累计学校1022所。2019年教育部思政司请高等教育出版社为我录像，让我谈谈这门教程的意义，我脱口而出："人们常说教师桃李满天下，在这门线上的课程中，我懂得了它的真正含义。"

三、抗疫情，我们一起上心理战场

2020年1月，我国湖北武汉暴发了新型冠状病毒感染的肺炎疫情，在党中央、国务院的领导下，国家出台了一系列果断有力的决策和措施。为了在这场阻击战中取得决定性的胜利，白衣战士冒着生命危险奋战在抗疫的第一线，子弟兵一批批奔赴抗疫战场。明知山有虎，偏向虎山行；明知前方有艰险，越是困难越向前。他们毅然决然地挑起重担，冲向疫情阻击战的最前线。这就是英雄气概，这就是中国精神。应该说，抗震抗疫冲在第一线，并表现出积极有效的行动，也是中国心理学工作者的优良传统。所以，获悉疫情信息后，我立即联系教育部思政司主管心指委的张文斌副司长，1月26日正月初二我又给文斌打电话，明确提出高校心指委要立即行动，得到文斌的积极支持。1月28日，教育部以明电形式印发了《关于针对新型冠状病毒感染的肺炎疫情开通心理支持健康热线和网络心理辅导员服务的通知》。1月27日正月初三，我请刚从四川过完春节在家隔离的心指委副秘书长方晓义教授打电话邀请一批专家，组织全国高校心理热线人员进行在线培训。2月2日，我们见到国务院针对性的文件《关于设立应对疫情心理援助热线的通知》，更坚定了信心。2月5日至7日，在教育部思政司的指导下，在北师大信息中心的支持下，我们对全国高校相关人员围绕着怎样针对当前疫情建设好心理援助热线进行线上培训。培训的目的是建好全国各高校热线，而建好热线的关键是做好两件事：一是明确对象，二是掌握"技术"。作为心指委主任，由我担任培训第一讲，对全国高校心理健康教育界做动员——《抗疫情，我们一起上心理战场》；接着是《心理援助热线建设和工作流程》（北京师范大学乔志宏）、《心理援助热线中的关系建立》（北京师范大学侯志瑾）、《心理援助热线问题种类与应对》（北京师范大学蔺秀云）、《心理援助热线的伦理问题》（北京理工大学贾晓明）、《心理援助热线来电者心理应激评估》（北京大学第六医院唐登华）、《心理援助热线的咨询技术》（西南民族大学陈秋燕）、《心理援助热线的危机干预流程与技术》（清华大学李焰）、《心理援助热线人员的自我情绪管理与督导》（华中师范大学江光荣）。这系列培训，收视者达49万人次。

因为热线对象是大学生，为了守护大学生心理健康，坚决打赢疫情防控阻击战，心指委接着于2月8日至10日又组织专家面向全国大学生针对疫情心理应激对策进行在线直播。我仍担任第一讲《用健康的心态来迎接复学》，接着是《疫情心理应激的特点和发展规律》（清华大学樊富珉）、《疫情心理应激的觉察与自我评估》（华中师范大学吴才智）、《疫情心理应激的管理与自助》（天津师范大学白学军）、《我们可以在延长的假期中做些什么》（北京大学钱铭怡）、《疫情引发的歧视及其应对》（华中师范大学周宗奎）和《大学生积极心态建设》（北京航空航天大学马喜亭）。收视者近1400万人次，多地反馈，直播为广大大学生提高"三信"（有信念、有信心、对人对事抱着信任的态度）起了推动的作用。

疫情主要集中在武汉，地处武汉的华中师范大学"青少年网络心理与行为教育部重点实验室"成了教育部抗疫领导小组办公室的工作中心，建设和运行了"教育部华中师范大学心理援助热线平台"（周宗奎为主任）。基于"组织+网络+心理"的基本路径，快速构建了互联网的热线心理服务平台和资源整合模式。在突发重大疫情的中心地区，面向全国和重点地区，要提供有影响力的抗疫心理援助服务，实现用最强资源给予最有力支撑的抗疫心理保卫战。教育部抗疫领导小组办公室邀请我担任名誉主任。专家委员会征得教育部抗疫领导小组办公室的同意，向全国心理学界发出通知，希望心理学工作者积极参与武汉的工作。短短三天就集结了1240多所高校和科研机构的几千名咨询师、督导师，我们挑选了1200位分三班倒投入这条热线工作，为医务人员、公安和安保人员、患者及其家属以及海内外大学生和华人华侨这四类重点人群开通专线，总服务达7万余人次，危机干预数量（主要是自杀倾向）近千次。对这条热线，我只能用三个"空前"来表达：平台接口力度空前，支持1000线并发呼入；工作强度空前，大容量的心理援助热线，24小时连轴转；每日发出的简报空前。与此同时，举办了针对咨询师的培训和面向大众的网络公益讲座80多场，听者达数百万，服务满意度达94%。人民日报、光明日报、人民网、新华网、央视新闻等上百家主流媒体大量报道。作为一位进入80岁的老人，我竟然在这个时刻，扛起这样的任务，我真不知道自己出席了多少次线上会议，读了多少份简报，提出了多少建议，干了多少工作（图10-7）！

图10-7　疫情后在办公室，从左到右：黄四林、刘霞、白学军、林崇德、陈英和、方晓义、罗良（张叶摄）

四、以"人民至上、生命至上"来解决大学生心理危机干预的机制

2020年疫情期间，大、中、小学生宅家，尽管能接受学校的线上教育，尽管学生的心理健康情况主流是良好的，然而，像我在上面提到的，疫情的严重性和疫情所造成的社会关系变化，必然会引起学生心理危机，包括出现极少数学生走向非正常死亡的极端情况。党和国家领导人十分关心学生的心理健康，先后发布了26个批示，突出"人民至上（包括学生至上）、生命至上"的理念。从心指委的视角，要出色完成心理健康教育的任务，必须把学生、把人民生命安全和身心健康放在突出位置，心理危机干预是关键。2020年8月6日，文斌副司长到我办公室来商量工作时，我提出在心指委下边成立一个心理危机干预研究组，待将来条件成熟时可以发展为研究中心，得到文斌副司长的首肯。谁来主持这项工作呢？我建议梁宝勇教授。梁教授是位学医出身的心理学家，尽管退休十余年但仍长期坚持医学心理学的研究。心指委面临着换届，我推辞不了还得继续干，我不能让比我还小两岁的副主任梁教授就从心指委退下来。他有位学生、原精神病学医生杨丽教授，目前是天津大学心理研究院的院长、天津市自杀研究所的主任，正好和梁教授一起抓好这个研究组。当天，我给梁教授打电话，他欣然答应，并希望思政司联系天津大学作为挂靠单位，后又得到振斌书记的支持。经过近一个月筹备，在思政司借调干部姚崇教授的协调下，心理危机干预研究组顺利成立。梁宝勇教授为组长，杨丽教授为常务副组长，北大六院唐登华教授和上海精神卫生中心党委书记谢斌教授为副组长。成员是由各地推荐并经思政司审查的专家。心指委心理危机干预研究组围绕着解决大学生乃至社会心理危机干预的机制开展一次次的深入工作。

2020年11月，教育部接到中央领导同志关于大学生非正常死亡问题的批示，批示中还指出高校应把大学生的抑郁问题和家庭问题作为重点问题来解决。我接到教育部的指令，为落实中央领导同志的指示做点实事，这

也正是发挥心理危机干预研究组作用的机会。在思政司的指导下，11月29日起连续三天，由教育部行政学院网站组织全国高校与研究单位相关人员进行直播与录播。思政司仍让我做直播第一讲，我的题目是《做好大学生安全的护航者》；接着由梁宝勇、唐登华、谢斌和杨丽四位教授分别以《高校学生心理危机的预防策略与方法》《高校学生抑郁障碍的识别和应对》《当前大学生的主要心理压力及其应对策略》《自杀心理与行为的干预策略》为题做了直播。录播的是清华大学李焰、南方医科大学赵静波、西南民族大学陈秋燕、中南大学唐海波四位教授围绕着大学生心理危机干预工作体系、家庭冲突、抑郁防治、自杀危机识别等方面的演讲。最后由华中师范大学周宗奎和北京师范大学乔志宏两位教授做了经验介绍。据统计，收视者达530万人次。事后调查，大学生自杀率不断降低。从中我体会到，大学生心理危机干预工作，特别是自杀心理与行为的干预问题是一项综合工程，它涉及心理、教育、社会、管理，甚至政治等领域。杨丽教授说得好："防止一桩自杀事件，不仅挽回一条生命，挽救一个家庭，而且使社会一片安定，这对国家稳定是一项非常之举。"

五、开展大学生心理健康问题的筛查

2013年9月某天，思政司冯刚司长通过北京航空航天大学副校长、心指委秘书长王建中教授，邀请我和方晓义去北航商量组建"普通高校大学生心理健康问题筛查量表"研发团队的工作。在会上，我建议由建中和晓义两位教授牵头。经两年十几轮征求专家的意见、两次预试，建构了涵盖严重心理问题、一般性心理问题，以及一般压力与适应困难两个水平的"中国大学生心理健康筛查量表"。最后根据有代表性取样的方法，提取全国57所本科和高职院校共计37240名大学生为样本，收集并建立常模数据。项目于2015年4月22日举行了专家鉴定会，获得与会专家的一致好评。之后，因建中先调北京建筑大学任党委书记，后又去北京市委任组织部常务副部长，晓义请高等教育出版社参与这项工作。高等教育出版社花了一年左右的时间筹建大学生心理健康网络测评平台，并于第二年获得评审通过。自2016年秋季起，该量表用于对我国大学生新生的心理健康普测，到2021年暑假，几年下来累计施测的院校数是3166所，有1406万大学生通过了心理健康状况评估。

此外，高校心指委随思政司督查16省市高校心理健康教育情况，并评选出17个示范校或示范中心。我们一直关心全国高校心理健康教育教师和辅导员的成长，开过多次培训会议，等等。这里就不赘述了。

【规范师德　建设师风】

师德师风是教师的职业规范，是从教者的职业道德要求，是深厚的知识修养和文化品位的体现。育人的根本在于立德，教师的师德师风直接关系到人才培养，关系到国家的前途命运，关系到人类文明的传递。

我的师德观的形成，源于成长道路上的几位教师：小学的陈庭征老师、初中的张佛吼老师、高中的孙钟道老师和大学的朱智贤老师，基于他们的言传身教，更是基于他们的榜样力量。所以，我从当上教师在那一天开始，就重视自己的师德修养。在基础教育工作如此，到大学工作仍是这样。我有热爱教育的定力，赤诚爱生的坚守，执着于教书育人。我感谢教育部党组于2004年10月把我表彰为5位师德模范之一，我也感激教育部从1997年后让我多次参与中小学教师和高校教师师德规范制定过程中的讨论或审议。

1998年我应山东教育出版社的邀请，着手主编《师德通览》，我请冷洪恩、郭齐家、张斌贤、吴昌顺和沃建中5位专家担任副主编，分别完成以下五编的编写或组织任务：马克思主义师德观、中国师德观、外国师德观、名师（100位特级教师）论师德、师德与教师素质。《师德通览》于2000年出版，这是一部169万多字的微观与宏观相结合、理论与实践相结合、知识性与科学性相结合、古为今用与洋为中用相结合的艰巨工程；学术性、资料性、可读性、实用性融为一体的宏大著作。出版后我还请方晓义把100位特级教师作为被试，运用"内隐观"在100篇文章中获得名师被试的师德观念，并与我的师德内容敬业爱岗（师业）、关爱学生（师爱）、严谨治学（师能）和为人师表（师风）挂钩，梳理一下名师被试的认同程度。结果在他们文章中找出"关爱学生"的有95人、"为人师表"的有90人，接着是"爱岗敬业""严谨治学"，都远远地超过75人，即远超第三个四分点。由此可见，教育界"没有爱就没有教育"的师德观已渗透进优秀教师的心灵，所以关爱学生的师爱已经成为教师师德的灵魂，我把它称为"师魂"；为人师表反映的是教师的职业道德，受"从经师到人师"师德观的影响，成了特级教师的一种追求。所以，这两种师德的内容在百篇名师的文章中，获得充分的体现是完全可以理解的。

　　2012年9月10日，在第28个教师节来临之际，中央有关领导来到北京师范大学，与师生员工欢度教师节，并安排听一堂以"教师大计 师德为本"为主题的课。我受学校党委委派，担任了这项光荣的讲课任务。听课的是一百多位来自新疆、西藏和贵州三地到北师大参加基础教育"国培计划"的优秀进修教师。我的课受到听课的领导和教师的充分肯定，其中有三个问题引起了大家的兴趣与关注。一是当我讲到师爱的表现"爱在生死时"与"爱在细微中"的时候，提出一个问题"哪一个更伟大一点？"引起听课者的简单争论。我自己做了肯定的回答"一样的伟大！"我解释道，教师对学生的爱主要表现在爱在细微中；像汶川地震中优秀教师为了学生的安全而做出牺牲是伟大的，但毕竟在日常教育中是少数、是特殊情境下的特例，我相信我们身为人民教师在遇到生死时，99%以上的老师都会把生献给学生，把死留给自己。此时，全场响起热烈掌声。我又解释道，咱们每天都与学生相处，在日常细微的学习和生活中，如何把咱们的关爱，作为教育的感情基础，促进学生学会学习，促进学生健康生活，这与生死时一样要我们每一位当老师的付出无私的爱，要有着忘我精神。因此爱在细微中与爱在生死时一样的伟大。二是我反复强调，良好的师德师风是当今我们大、中、小、幼教师的主流。我以四川为例，有近百万的中小学教师，在遇到2008年特大地震时经受了生死时的考验，像范跑跑这样教师中的败类只出现一例，仅占百万分之一。我们今天教师的师德师风是高尚的，师德师风中出现的问题毕竟是极少数。三是我出示一个90%和10%的对比直立图（图10-8）。某直辖市教委研究人员第一天随机取样100位教师，让他们自我体验对"在平时非常关爱学生、关爱学生、一般、不太注意、不关爱"五种情况选一种打钩，这100位教师回答的结果是，选非常关爱和关爱学生者占90%以上。第二天，在这100位教师所在的不同学校选择了他们教过的学生约3000多人，采用类似的提问方法"你体验到老师对你非常关爱、关爱、一般、不太注意、不关心？"这3000多位同学选择非常关爱和关爱的不到10%。我反复强调关爱学生不是一件容易的事。根据我自己的切身体会，结合《中国教师报》几个对学生关于"学生喜欢什么样的老师"的调查，尊重、信任、公正、真情、真诚、关心、爱护、负责任、激情、微笑、风趣幽默、知识广博、"懂我"和以身作则等词成为学生喜欢老师且接受老师关爱的关键词。而很少有学生提及老师的教学成绩和升学率等指标。而

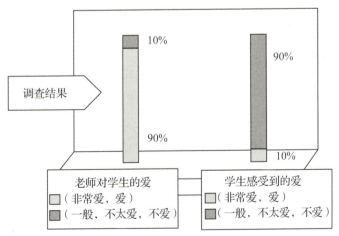

图 10-8　关于师爱的调查结果

这些关键词正是反映了教师的人格和伦理精神，正是这些人格和伦理精神，才能使学生接受师爱。陪同中央领导来听课的教育部袁贵仁部长对此图很感兴趣，问在他旁边坐着的董奇校长："你们老师从哪里搞来这份材料？"这个谜底要到6年后才揭开，上海市教委尹后庆老领导有一次开会时看到这幅图时说："这不是我们的调查吗？"在这前后，我以这堂课的PPT为基础，向全国各地基础教育界宣讲师德近30场。2015年3月12日，教育部高校教师网培中心又邀请我录像《开学第一课：听林老师讲师德》，向全国高校录播。我在这堂课上反复阐述了高校教师的师德与基础教育的不同点，高校教师的师德以崇尚学术为基础，以培养杰出人才为标志，以淡泊名利为行为准则，以教育和科研创新为前提。我又以这节课的PPT为基础，向全国各地高校宣讲师德10多场。2012年年底，教育部社会科学教育司"教育部哲学社会科学普及读物项目"向全国征集科普读物的选题，北京师范大学社会科学处申报了"教师大计 师德为本"的题目，并获得了批准。我正是在上边两讲师德报告的基础上，本着认真贯彻《国家中长期教育改革和发展规划纲要（2010—2020年）》、积极传播高尚师德的精神，认真构思这本科普读物的内容，定名为《师魂——教师大计 师德为本》。全书分引言、八讲和结束语。引言中我提出"讲师德必须处理好八个关系"，即与国家、学生、事业、业绩、修养、学识、教育公平和日常表现的关系。八讲内容包括：贵师德，中华文明立其根；重师德，国际杏坛有共识；析师德，人之模范重修道；论师业，爱岗敬业铸师魂；讲师爱，无私大爱最神圣；有师能，严谨治学守规范；立师风，为人师表重履践；辨师责，高教基教有差别。在结束语中，我以成长之路和我的师德观来阐述"师德精神，代代相传"。此书由高等教育出版社于2014年出版，浙江教育出版社于2021年出了修订版，受到全国各地读者的欢迎。我感谢四川教育厅和成都教育局还为我举办了新书发布会。上海智慧树公司获悉后为我录制了《师魂》的线上教材，供师范院校使用，先后两次获教育部"精品课程"和"国家一流网上教材"奖。

2017年7月，教育部教师工作司黄伟副司长来北师大找我，提到为了细化党对中小学教师师德师风的要求，教育部准备制定《中小学教师师德修养培训课程指导标准》，希望我主持这项工作。谈话中，我获悉教师工作司已经先后委托两位专家从事制订工作，后来他们的成果都被专家领导小组否定了，是专家领导小组建议让我出山来完成这项任务的。那时我刚刚完成"中国学生发展核心素养"的课题，还没喘口气，又来了新课题；何况又是别人干过而没有成功的任务，俗话说"别人嚼过的馍不香"，我有点犹豫了。但黄伟副司长很谦虚又很会办事，他抛开这个课题与我聊起了师德问题。我俩谈到了习近平总书记于2014年来到北京师范大学与师生共庆第30个教师节，在与我们座谈时提出"四有好老师"的要求："当好老师，就要有理想信念、有道德情操、有扎实学识、有仁爱之心。"作为与会者的我，深深地体会到"四有好老师"是对以往中央的、教育部的文件中有关师德要求的最高的概括。当我们再聊到《中小学教师师德修养培训课程指导标准》时，我说了句"这个培训课程的指导思想应该是'四有好老师'"。黄伟副司长诚恳地表示："太好了！林老师已经点题，那就请林老师出山！"看来黄伟副司长很会办事，我没有退路了。我叫来我的助手黄四林副教授（2020年晋升教授），介绍给黄副司长，并对四林说，像刘霞是学生发展核心素养课题的助理那样，你就是这个师德研究课题的助理。与其说助理，不如说事实上四林代替我完成了这项研究。我们组成了一个类似核心素养的课题组协同攻关，以北京师范大学牵头，请出陕西师范大学游旭群教授团队、华东师范大学庞维国教授团队、华中师范大学周宗奎教授团队，以及上海教委老领导尹后庆主任和上海市教师培训中心周增为主任等专家，确立以"四有好老师"为指导思想，开展了师德内涵的理论、我国中小学教师职业规范政策、国际教师职业规范比较和社会公众对教师的社会期望与师德评价四个方面的系列研究，总结了上海市师资培训的经验。以上的研究为制定中小学师德修养培训课程提供了直接理论指导和实证支撑，也就是"研究指导标准"的基础。这个课题历时一年，最后向教育部提交《中小学教师师德培训课程指导标准》，并通过由顾明远教授为组长的专家领导组的鉴定。2019年第1期《北京师范大学学报（社会科学版）》发表了《我国中小学教师职业规范政策研究》《教师职业行为规范的国际比较及其启示》《中小学教师师德的社会期望与评价——基于公众与教师视角的实证调查》和《中小学师德修养培训课程指导标准的研制》4篇文章。同年年底教育部教师工作司新任司长任友群教授为我们课题组颁发了采纳证明（图10-9）。2020年7月，教育部正式颁布《中小学教师培训课程指导标准（师德修养）》（以下简称《标准》）。

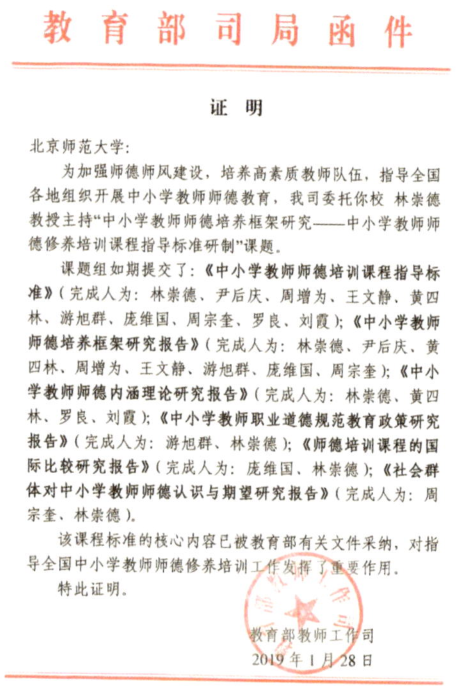

这个《标准》的特色在哪里？首先，它确立中小学教师师德修养指导标准研制的理念，即价值引领，确保方向；遵循规律，培育师德；学生为本，立德树人；学思践悟，知行合一。其次，以"有理想信念、有道德情操、有扎实学识、有仁爱之心"的"四有"好老师为

教育部司局函件

证　明

北京师范大学：

为加强师德师风建设，培养高素质教师队伍，指导全国各地组织开展中小学教师师德教育，我司委托你校 林崇德教授主持"中小学教师师德培养框架研究——中小学教师师德修养培训课程指导标准研制"课题。

课题组如期提交了：《中小学教师师德培训课程指导标准》（完成人为：林崇德、尹后庆、周增为、王文静、黄四林、游旭群、庞维国、周宗奎、罗良、刘霞）；《中小学教师师德培养框架研究报告》（完成人为：林崇德、尹后庆、黄四林、周增为、王文静、游旭群、庞维国、周宗奎）；《中小学教师师德内涵理论研究报告》（完成人为：林崇德、黄四林、罗良、刘霞）；《中小学教师职业道德规范教育政策研究报告》（完成人为：游旭群、林崇德）；《师德培训课程的国际比较研究报告》（完成人为：庞维国、林崇德）；《社会群体对中小学教师师德认识与期望研究报告》（完成人为：周宗奎、林崇德）。

该课程标准的核心内容已被教育部有关文件采纳，对指导全国中小学教师师德修养培训工作发挥了重要作用。

特此证明。

教育部教师工作司
2019 年 1 月 28 日

图 10-9　师德培训课标采纳证明的教育部函件

目标导向，结合国内外中小学教师师德理论与调查研究成果，提出12个二级指标：有理想信念包括爱国爱党、爱岗敬业、乐于奉献；有道德情操包括为人师表、团结协作、廉洁自律；有扎实学识包括严谨治学、科学施教、与时俱进；有仁爱之心包括以人为本、关爱学生、公平公正。从二级指标分别或交叉细化出31个研修主题，围绕各研修主题设计相应的课程专题。再次，围绕每个研修主题，构建了包含A、B、C三个层级的师德培训课程内容。A类层级，是必修的通识性、基础性课程；B类层级，是基于教学资源综合运用的拓展性、情感体验性课程；C类层级，是以问题探究为出发点的专题化、特色化课程，有利于发挥教师在某一领域的专业特长和创造性。各地可结合本地实际，自行设计B类和C类课程，以便互相借鉴，资源共享，充分发挥教师个人的经验与优势，鼓励师德教学改革和教育创新。最后，找出指导标准有效实施的关键问题。包括努力涵养崇尚师德的核心品质；注重多渠道的师德涵养路径；构建以落实立德树人为核心的评价机制。

　　在教育部颁布指导标准以后，为有效掌握师德修养培训课程指导标准实施的效果，把这项工作做细、做实、做到底，2021年我们陆续邀请北京、上海、湖北、广东、陕西、河南等省市中小学校一线的教师、教师培训专家和教育管理人员进行调查，采用座谈和问卷的方式收集了大量对指导标准内容与实施情况的反馈。至少我们看到了三点，一是认同以"四有"好老师为目标细化的12个二级标准。来自广东省129所学校超过95%的被调查者认同这个标准。二是认为指导标准的课程设计体系是切实可行的，尤其是针对每个二级指标采用A、B、C三类课程设计为落实与丰富师德修养课程提供了明确范围与拓展空间。被调查的北京市、广东省的中小学教师中，有98%的教师赞成采用这种分类课程来提升师德修养，同时认为三类课程层层递进，遵循了师德的内在规律与实践要求。不过，在座谈和调查过程中也有教师指出，三类课程设计要避免有教师误以为是用来衡量教师师德水平高低的课程，以发挥各地师德培训过程中地方、学校和教师自主性的作用。三是师德修养的校本课程研发与实施是可行的，约81%的被调查者认为所在学校可以研发师德修养的本地教材或校本教材。但是师德修养课程的落实存在时间、评价和管理三个方面急需解决的问题，为了真正实现以德施教、以德育人的目的，我们课题组会按照调查结果，进一步协助教育部教师工作司改进与完善中小学师德修养培训课程的指导标准，使这项政策研制能较完美地落实。

【心理研究　中国特色】

　　心理学研究的中国化，是中国前辈心理学家的共同愿望，尤其是潘菽、朱智贤和高觉敷三位前辈在他们的著作里做了精辟的论述。到了我们这一代，车文博、沈德立、黄希庭、杨治良和我等心理学家，更是极力倡导心理学研究的中国化。

　　我从1978年归队重返心理学领域后，几乎用大半生的精力在为心理学研究中国而努力。立足中国、借鉴国外，挖掘历史、把握当代，关怀人类、面向未来；着力走心理学中国化的路子；在指导思想、学术体系、研究方法、话语体系等方面充分体现中国特色、中国风格、中国气派成为我毕生的追求。2019年年底，国家侨联和香港凤凰卫视联合评出第三届8位"华人教育名家"，我有幸上榜，在颁发给我的奖杯上刻着"心理学研究中国化的典范"。能否这么评价，只能留给历史来做鉴定。

2019年5月18日，国务院学位委员会心理学学科评议组、教育部高等学校心理学类专业教学指导委员会、全国应用心理专业学位研究生教育指导委员会和中国心理学会在天津师范大学联合主办"第三届中国特色心理学智库建设高峰论坛"。在国务院学位委员会心理学学科评议组召集人、华南师范大学校长刘鸣教授的主持下，我做了《加快心理学研究中国化进程》的主旨演讲，演讲内容包括四个方面：继承弘扬两种心理学史实，即科学心理学史和中国古代心理学思想；越是民族的东西越能走向国际化；心理学研究中国化的含义；心理学研究中国化必须强调应用。接着在北京师范大学董奇校长、中国科学院心理研究所傅小兰所长、华南师范大学莫雷（前）副校长和中国心理学会周晓林理事长的报告中，都肯定了我的主旨演讲的精神，同时也提到心理学研究中国化的理念，代表了这届高峰论坛的基本观点。从天津回来，我根据自己在论坛上的演讲整理成《加快心理学研究中国化进程》一文，9月份我以网上投稿的方式投给了国内权威的教育刊物《教育研究》。不到两个星期，该杂志网站上就登出"刊登"的录用通知。后来，文章就被这份权威刊物发表在2019年第10期。手里拿到发表的《加快心理学研究中国化进程》一文，三个感受油然而生：一是通过文章道出自己在40多年里探索心理学研究中国化理论体系的思路，该说的几乎都说了；该呐喊的也真诚地呐喊了。二是我感激我的弟子、中国心理学会经济心理学专业委员会主任辛自强教授在理论上的支持、帮助和合作，其中较有影响的我俩的《发展心理学的现实转向》一文，主要出自他手。在那篇文章中，进一步探讨了心理学的中国化问题，明确提出了中国化与国际化的关系，并指出必须警惕以"国际化"或"与国际接轨"的名义，把中国完全变成西方理论和方法的试验场，更不能把自己变成了西方同行的中国数据的收集员。在我的弟子中申继亮的哲学功底曾被人敬佩，之后又有一位擅长哲学理论的心理学家，这就是自强。三是使我沉浸在回忆中，回味着对我心理学中国化影响最深的四位心理学家。

第一位当然是我的恩师朱智贤教授。他是把西方心理学、苏联心理学中国化的典范。我记得中华人民共和国建立以后，大学用的教材都是苏联教科书的翻译本。1961年，党中央命中央宣传部组织全国著名高校和中国科学院专家编著高校教材，中宣部副部长周扬同志请了中国科学院心理研究所老所长潘菽先生、副所长曹日昌先生和北京师范大学朱智贤先生到中宣部，给他们的任务是分别编出我们国家自己的教育心理学、普通心理学和儿童心理学（即今天的发展心理学）教材。直到1966年"文化大革命"前，只有朱老一个人完成这项任务，独立而完整编写了《儿童心理学》上、下两册，分别于1962、1963年由人民教育出版社出版。这是一部研究中国儿童青少年心理发展现实的高校教科书。在这部著作中，提出了国际上少有的以马克思主义为指导的人的心理发展四大规律：先天与后天的关系，内因与外因的关系、教育与发展的关系、年龄特征和个体差异的关系。这是心理学研究中国化创造性的开端。难怪如前所述，杭州大学校长、后来的浙江大学名誉校长陈立先生于1982年在给我的恩师朱老一封信中写道："新中国成立后，心理学界就一方面问题成一家之言者，实为少数。老兄苦心深思，用力之勤，卓有硕果，可谓独树一帜。"独树一帜就是创新。1978年10月，我到朱老的办公室，跟他谈如何帮助他建儿童心理学实验小楼。我跟他说，在中学工作期间，我曾当过校办厂厂长、盖过房子，我有盖房子的经验。现在学校要给您盖实验室，这个任务我会好好地完成的。但朱老盯着我，语重心长地说了我在第四章第一节表达的那段话，希望我以心理学工作者身份重回中小学去做心理学实验，在实践中逐步践行心理学研究的中国化。就这样，在朱老的指导下，如前所述我从两个实验班开始，一直做到全国26个省（自治区、直辖市）3000多个实验点，受益的教师有一万多人，提高了教育质量，促进了三十多万学生的发展。我在教育改革的实验中做的是一些心理学中国化的研究。这当然要归功于我的恩师朱老！他是把西方心理学和苏联心理学中国化的典范，他影响了我的心理学研究人生。

对我有影响的第二位心理学家是霍尔（G.S.Hall，1844—1924）。霍尔是美国心理学家，他是把德国心理学美国化的学者。霍尔有三个称号：teacher、founder、catalyst。Teacher——老师：霍尔带出来一大批学生，其中他培养的博士研究生就有92位，三分之一都像他那样能够搞行政工作，当校长；三分之一是如杜威、卡特尔、推孟、格塞尔等这样的名家；还有三分之一就做什么的都有了。所以，霍尔是一位好老师。Founder——创造者或开拓者：美国的心理学史或西方心理学史中，可看到霍尔有17个第一，他是科学心理学创始人冯特（W.Wundt，1832—1920）的第一位美国的学生，美国自主培养的第一位心理学博士，美国克拉克大学第一任校长，美国第一个实验室的建造者，美国第一本心理学杂志的创始者，是美国心理学会的创立者，并且是两届心理学会主席的第一人，国际上第一本青少年心理学的作者，且把德国普莱尔儿童心理学对象从婴幼儿扩展到青少年。1922年，他逝世的前两年，出版了《衰老》——国际上第一本老年心理学著作，研究人的后半生，等等。Catalyst——中介者：他把德国的心理学美国化，把普莱尔的儿童心理翻译到美国来，他请弗洛伊德到美国讲学，介绍精神分析理论。有人说霍尔第17个"第一"是请弗洛伊德到美国讲学的第一位心理学家。我不太同意，因为弗洛伊德到美国总共就那么一次，既然只来过一次，还有什么第一？霍尔22岁从威廉兹学院毕业，毕业以后，他去了德国当冯特的学生，因他对心理学感兴趣，但是没有拿到冯特给他的心理学博士学位。原因是多种的，没有缘分可能是一个原因；冯特的研究内容并不是霍尔感兴趣的课题。冯特是科学心理学的创始人，但他的研究内容也有欠缺的一面。例如他不主张研究儿童，他认为儿童无法用内省法来研究。冯特不研究思维，他有个德国的学生，也是他特别喜欢的学生叫屈尔佩。屈尔佩对冯特说："老师，人的智能最高因素是思维，您应该研究思维。"冯特说："不研究。"第二次跟冯特讲，人家艾宾浩斯研究记忆，很有成就感，咱们研究思维比他更为重要。冯特依旧不同意研究思维。第三次讲后冯特还是不研究思维。屈尔佩灰心了，当拿到博士学位后，他去符兹堡大学工作。1894年屈尔佩任符兹堡大学教授，在那里他建立了思维心理学实验室，形成符兹堡学派，也叫思维心理学派。而霍尔对冯特的实验室十分热衷，但他的兴趣是心理的生物学基础，所以待了两年也没有在德国拿到博士学位。霍尔回到了美国，随着年龄的增长，他要生活：恋爱、结婚、生孩子，没有找到好工作就没有生活的来源。后来，他到哈佛大学的培训机构教英语。他英语教得不错，好多学生都喜欢他。他有一位好朋友，叫詹姆斯，是美国机能心理学创始人。詹姆斯对他说："你不是对心理学感兴趣吗？我研究哲学心理学，你到我这儿来学习，我授予你心理学博士学位。"就这样，他成为美国第一个心理学博士，但研究内容与生物学有关，博士论文题目是《关于空间肌肉知觉》，用的是从冯特那里学到的实验心理学方法，不是詹姆斯的哲学心理学之思辨。与此同时他又觉得，科学的心理学要以实验为基础，这个博士学位不足以建实验室。于是他第二次去德国，尽管他是冯特第一位美国的学生，但拿到的是美国心理学的博士学位，冯特当然不会高兴。然而，无论如何，霍尔还是在德国冯特那里刻苦、认真地学习冯特的实验心理学，又是两年。回美国以后，霍尔先在普通大学工作，后来他书教得好，霍普金斯大学聘他去当教师。于是1881年，他进入了霍普金斯大学，3年后1884年成为教授，他带出了杜威、卡特尔，杜威后来又带出了华生，卡特尔又带出了桑代克、吴伟士。由于霍尔的出色表现，美国新建的克拉克大学请他去当校长，因此他是第一位克拉克大学的校长，他又带出了大家所熟悉的推孟、格塞尔等一大批心理学家。因此，霍尔是把德国心理学美国化的一位大师。霍尔对我影响很深，尤其他是一位发展心理学家。他提出很重要的一个理论——复演说。有人批评复演说，人怎么能够复演从动物到人一系列的过程呢？我说你少批评一点行吗？恩格斯不是有同样的观点吗？

　　第三个对我有影响的心理学家是维果茨基（Lev Vygotsky，1896—1934），他把西方心理学俄罗斯化，他应用了俄罗斯的文化和马克思主义，形成了影响全球的社会历史文化学说。他提出身心统一论，强调心理发展观，重视意识的历史主义，更重要的是，他提倡理论联系实际，这些构成他的四个研究原则。维果茨基不仅把西方心理学俄罗斯化，而且也培养出一支苏联心理学的主力军，如国际心联副主席列昂捷夫、最早涉及脑机制研究的专家鲁利亚和被中国教育界所熟悉的搞教学实验的赞可夫等一大批心理学家。

1991年，我和董奇、李文海等到苏联去交流讲学，接待我们的是苏联教育科学院的院长达维多夫。他非常自豪地说："我是维果茨基学派第三代的掌门人。"是的，维果茨基是他的师爷，从苏联到今天的俄罗斯，心理学界的主力都与维果茨基有关。维果茨基把西方心理学俄罗斯化，深深地影响了我。

最后一位对我有影响的心理学家是皮亚杰（J.Piaget，1896—1980），这是大家熟悉的心理学家。他和维果茨基不一样，维果茨基只活到了38岁，他是维果茨基同龄人，却活了84岁。我们能不能这样讲，以皮亚杰为代表的欧洲著名的发生认识论和日内瓦学派心理学是皮亚杰创造的。皮亚杰反对美国的实用主义哲学，他回归心理学研究的欧洲化。卢梭早期的观点是只讲外因，不讲发展；卡尔·彪勒的思维观点是只讲内因，不讲发展；结构的心理学讲内因，又讲外因，但是不讲发展；联想主义心理学既讲外因，又讲发展，但不讲内因；桑代克的尝试错误学说既讲内因又讲发展，但不讲外因。皮亚杰认为这五种观点都有一定的问题，他既讲内因，又讲外因，讲两者之间转化的发展观。因此，伟大的皮亚杰影响了我的成长。皮亚杰有两位中国的同事，一位是我们北京师范大学的林宗基先生（"文化大革命"时期把他调到北京二外去教法语），还有一位是华东师范大学的左任侠先生，也就是李其维教授的导师。左先生联络了林宗基先生和皮亚杰的学生、云南师院老校长卢濬教授，想在1980年请皮亚杰到中国来讲学。当时我听了非常兴奋，但很可惜的是，1980年皮亚杰与世长辞，给我留下一终身遗憾。

既然朱老提倡心理学中国化，既然霍尔能够把德国的心理学美国化，维果茨基将西方心理学俄罗斯化，又有皮亚杰倡导回归欧洲的心理学，我们为什么不能够倡导心理学研究的中国化或本土化呢？如果不能在世界背景下建立我们自己的知识传统和知识体系，中国的心理学不可能在国际上有自己的地位。要建立我们的心理学知识传统和知识体系，必须强调研究的中国化，中国化是中国心理学的道路。什么叫中国化？一是研究中国现实的问题；二要借鉴国外科学心理学的理论和方法论的同时，充分挖掘咱们本土的智慧、方法论与研究方法；三要建立中国心理学自己的知识体系，特别是理论体系。这样才能实现我们的目标，即如上所述的在指导思想、学术体系、研究方法、话语体系等方面力求体现心理学研究的中国特色、中国风格和中国气派。

在心理学中国化的过程中，我看到了一个对我启发特别大的事实，这就是越是民族的东西越能走向国际化。以我们团队为例：董奇和薛贵两位教授在 Science（《科学》）期刊上发了一篇题为《重复之间更大的神经模式相似性与更好的后期记忆有关》的文章，他们的研究来自我前文提到的"学习与认知神经科学"国家重点实验室，研究内容有中国语文研究的基础。我的弟子、中国人民大学的雷雳教授，他和他的学生在国际上发表的论文的影响指数进入了全球的前1%，他研究的是中国的互联网心理问题。同样地，前文提到的美国的周正教授，她到了我的实验点——天津静海的一个农村小学，用她的认知量表测试，结果发现，我们农村的孩子因为长期接受我提出的思维品质训练，超过北京的孩子，但P值大于0.05，与美国的学生比较，P值则小于0.01。她把我们合作的研究报告先投到了 Cognitive Development（《认知发展》）杂志上发表。被美国权威《教育心理学》第10、11、12（2013）版所引用。加上如前所述我和庆安的文章在《理论心理学》发表后被重视，这使我深深地体会到，越是民族的东西越能走向国际化（图10-10）。

我于2013年曾写过一篇文章《国家急需，世界一流：中国心理学建设的方向》，引起了同行高度重视。在这中间，我倡导中国的心理学应该重视

图 10-10　中国心理学会终身成就奖状、凤凰台的"教育家"奖杯、
北师大"四有好老师"终身成就奖奖杯

国家急需与行业领先应用课题的研究。中国的心理学重视应用，是老一辈心理学家的传统，也是衡量心理学界各单位特色显著性的指标，又是处理与基础研究和应用研究关系的重要手段。早在1982年，罗大华教授与我带领北京心理学会犯罪心理学讲课组去南京为全国公检法系统办培训班。我俩到南京师范大学拜见了心理学前辈高觉敷先生，高老接见我俩时的一段话使我终生难忘："中国的心理学为什么那么容易被打倒？为什么那么轻易被风吹？社会上的极左思潮固然是一个因素，但主要原因还是我们不重视应用研究，于是老百姓也觉得心理学没用。长此下去，若干年后，像姚文元一类的政治骗子还会出来说'中国心理学，九分无用，一分歪曲'。"我后来几次去南京师范大学，都背诵了高老这段话。高老的话，阐述了心理学应用的价值。尽管2005年，我发表了《中国心理学研究的十大关系》一文，其中谈了基础研究与应用研究的关系，强调两者都很重要。然而，心理学如何更好地走出象牙塔，实现高老所说的"走入寻常百姓家"，为老百姓福祉提供指导和助力，这正是心理学研究的中国化必须要强调的应用研究。应用研究要遵循五个原则：一是研究范式突出学科交叉性；二是理论工作者和实际工作者两支队伍"跨界"合作；三是综合考虑心理规律的普遍性和文化的特殊性；四是"求真"与"至善"的结合；五是开展以现实问题为导向的研究。看起来很不容易，但本章第一节所介绍的"中国学生发展核心素养"的研制过程正是一个以现实问题为导向实现心理学研究中国化的范例。由于中国社会的发展日益与心理和心理学有关，作为中国心理学家的我深切地体会到，我们专业人员必须勇于面对各种现实的、实际的问题，而不能只满足于国外理论的修修补补，仅仅满足于实验室精巧的控制，尽管我从来都重视实验室的实验。如果我们的研究工作不考虑生态效度，不考虑现实的需要，不考虑人民的要求，对于国家和社会的发展而言这个学科就是无足轻重的，我们永远只是旁观者，而不是成为社会责任的担当者，心理学研究的中国化只能流于纸上谈兵。